国防教育与学生军训文库 / 学术系列

陈 波 总主编

# 国防教育与学生军训
## 新时期、新机遇、新挑战

陈 波 / 白 丹◎主 编
李先德 / 郝朝艳◎副主编

时 事 出 版 社
北 京

**教育部哲学社会科学研究重大课题攻关项目**

“新时期学校国防教育和学生军训工作体系建设研究”（14JZD052）资助

教育部全国学生军训年度报告 2017 支持项目

全国军地国防教育与学生军训协同创新研究基地支持项目

## 《国防教育与学生军训文库》
## 编委会



## 《国防教育与学生军训：新时期、新机遇、新挑战》
## 项目组


**主　编：** 陈　波　白　丹
**副主编：** 李先德　郝朝艳
**参　编：** 侯　娜　王沙骋　余冬平　刘建伟
池志培　王萍萍　张海燕　李玲玲

# 总 序

兵者，国之大事，死生之地，存亡之道，不可不察也。

国防教育是关系国家生死存亡的社会工程，是建设和巩固国防的基础，是增强民族凝聚力、提高全民素质的重要途径。学校国防教育是全民国防教育的重要组成部分，是国家培养现代化人才的战略性举措。在学校尤其是普通高等学校设置军事课程，进行学生军事训练，是《中华人民共和国国防法》《中华人民共和国兵役法》《中华人民共和国国防教育法》等赋予普通高等学校的神圣职责，是适应国家高等教育发展和提升人才综合国防素养的需要，也是世界各国的通行做法。

天下虽安，忘战必危。尽管和平与发展仍是时代的主题，但全球性挑战日益增多，新的安全威胁因素不断出现，局部战争和武装冲突时有发生，天下仍不太平。作为世界上最大的发展中国家，中国仍面临多元复杂的安全威胁，生存安全与发展安全互为影响、传统安全与非传统安全威胁相互交织，维护国家统一、领土完整、发展利益的任务艰巨繁重，加强国防教育特别是学校国防教育和学生军训任重而道远……

为加强国防教育和学生军训教学、科研水平，中央财经大学国防经济与管理研究院军地国防教育与学生军训协同创新研究基地、全国国防教育与学生军训协同创新联盟等单位从即日起开启国内首部《国防教育与学生军训文库》的编写工作，文库含学术系列、教学系列等几个子系列，着力展示学校国防教育、学生军训和全民国防教育等领域优秀学人在本领域重大理论与现实问题研究方面的学术成果，亦包括支持高水平教学的教材、教辅参考书籍等，并建立开放型的运行机制，不断补充新的系列和新的选题。

文库出版受到教育部哲学社会科学重大课题攻关项目和教育部国防教育办公室、教育部全国军事教学指导委员会等有关部门、机构的支持和指导，在此一并表示最诚挚的谢意！

教育部全国普通高等学校军事教学指导委员会副主任委员
教育部哲学社会科学重大课题攻关项目（国防教育）首席专家 陈　波

2018年1月·北京

# 前　言

为提高我国国防教育特别是普通高等学校国防教育和学生军训教学科研水平，促进全国从事国防教育和学生军训的管理、教学、科研人员间的交流合作，由全国国防教育与学生军训协同创新联盟、中央财经大学国防经济与管理研究院主办，中央财经大学国防经济与管理研究院全国军地国防教育与学生军训协同创新研究基地、吉首大学国防教育研究院等单位承办的首届中国国防教育学年会于 2017 年 7 月 13 ~ 14 日在中央财经大学举行。此次年会的主题是“国防教育与学生军训：新时期、新机遇、新挑战”，年会选题紧密结合新时期我国国防教育特别是普通高等学校国防教育和学生军训改革发展中的重大理论和现实问题，涵盖国防教育理论、国防教育实践、国家安全教育、国防素养意识、国防教育学科、军事课程建设、军事教学改革、军事技能训练、军训保障创新等诸多领域。

此次年会得到国家和军队有关主管部门、军地院校、研究院所，特别是长期从事国防教育和学生军训组织、教学、科研工作者的大力支持和广泛参与。年会面向全国从事普通高等学校国防教育和学生军训工作的高校、科研、管理人员以及从事国防教育的其他相关机构人员，共吸引来自全国 25 个省（自治区、直辖市）和陆军、海军、空军、火箭军、战略支援部队等解放军系统所属的普通高等院校、职业技术院校和军事院校以及其他科研、管理机构的 130 余名代表出席会议。涌现出一批具有一定深度的理论研究、案例研究或在实践基础上的总结、提炼性研究，一定程度上反映了当前我国国防教育特别是普通高等学校国防教育与学生军训的教学科研水平。本次年会组成独立的论文评审委员会，通过论文查重、匿名评审等环节，最终年会从众多来稿中评出优秀论文一等奖 11 篇、二等奖 15 篇、三等奖 27 篇，其他入围论文 32 篇。本论文集收录的是获年会优秀论文二、三等奖的部分论文，获年会一等奖的论文已先期收入《国防教育研究（2017）》。汇编原则上仅对论文格式进行统一编排，不对论文内容做大修改，论文内容由作者本人负责。

正如本次会议主题所显示的那样，新时期学校国防教育与学生军训既面临难得的发展机遇，也面临很多的问题和挑战，机遇与挑战同在，唯其如此，才需要一代代学人的艰苦努力和不懈奋斗。让我们携起手来，为推动中国国防教育与学生军训教学、科研的发展、繁荣而贡献我们的智慧、才华与不懈努力。

**编者**

2018 年 1 月

# 目　录
# CONTENTS

## 国防教育理论



## 国防教育实践



## 国家安全教育



## 国防素养意识

## 军事课程建设



## 军事教学改革



## 军事技能训练



## 军训保障创新

# 国防教育理论

# 我国高校国防教育研究的现状、水平以及前瞻
## ——基于 CNKI（2011～2015 年）的统计分析

黄 斌 蔡秋英 赵 岚*

**摘 要：** 以 CNKI 期刊数据库收录的期刊文献为分析样本，采用文献计量分析法，对我国高校国防教育研究的现状进行总结，明确当前我国高校国防教育研究的热点地域、高影响力高校与作者以及当前研究的热点。基于当前我国高校国防教育研究的总体水平不高，认为主要在研究选题、学术水平与研究队伍三个方面存在问题，并就此提出未来的方向。

**关键词：** 高校国防教育 CNKI 现状

## 一、研究背景

我国高校国防教育的研究始于 20 世纪 80 年代中后期，经过 30 余年的发展，取得了一定的成绩。那么我国高校国防教育研究水平怎样？如何评价？这就要求我们在加强国防教育研究的同时，还要增进对国防教育研究的评价，即要加强对国防教育研究的研究。对此，厦门大学的郑宏与西安交通大学的李科分别通过对 1997 年到 2009 年四届全国普通高校国防教育学术研讨会论文，与 2002 年到 2011 年 CNKI 中期刊数据库的“国防教育”论文进行了分析与评价①②。然而，自李科的研究③也已经过去五年了，当前我国高校国防教育研究的热点是什么？未来的方向是什么？这是从事高校国防教育研究的相关人员关心与关注的要点。

为此，本研究以 CNKI 中期刊数据库收录的期刊文献为分析样本，采用文献计量分析法，对我国高校国防教育研究的现状进行总结，明确当前我国高校国防教育研究的热点地域、高影响力高校与作者以及当前研究的热点，并结合存在的问题来谈未来发展的方向。因本文考察的重点是各高

---

* 作者简介：黄斌（1973 年～），博士，现任福建农林大学军事教研室讲师；蔡秋英（1986 年～），硕士，现任福建农林大学军事教研室讲师；赵岚（1982 年～），硕士，现任福建农林大学军事教研室讲师。

① 李科：《我国国防教育研究现状与前瞻——基于 CNKI（2002～2011 年）的统计分析》，《教育文化论坛》，2013 年。

② 郑宏：《中国普通高校国防教育研究：回顾与前瞻——基于 1997～2009 年全国普通高校国防教育学术研讨会论文的分析》，《高等教育研究》，2011 年 1 月。

③ 李科：《我国国防教育研究现状与前瞻——基于 CNKI（2002～2011 年）的统计分析》，《教育文化论坛》，2013 年。

校从事国防教育相关人员的研究情况与方向，所以本文以作者单位含“军事教研室”为关键词，检索2011年到2015年间发表在相关学术期刊上的论文，同时，考虑到高校国防教育群体的特性，单位并不全署“军事教研室”，所以统计中增补了部分作者单位为高等院校教学单位与武装部的期刊论文。

## 二、我国高校国防教育研究的现状分析

基于以上检索标准，并删除其中纯教育学、体育教育、军队训练以及一稿多投的文章，共得到342篇有效文献。

### （一）发文数量与研究热点地域分布分析

从2011年到2015年间，我国高校国防教育的研究论文发文总量基本稳定在年均60～80篇之间，其中中文核心期刊的发文量不到20%，每年基本在个位数水平。

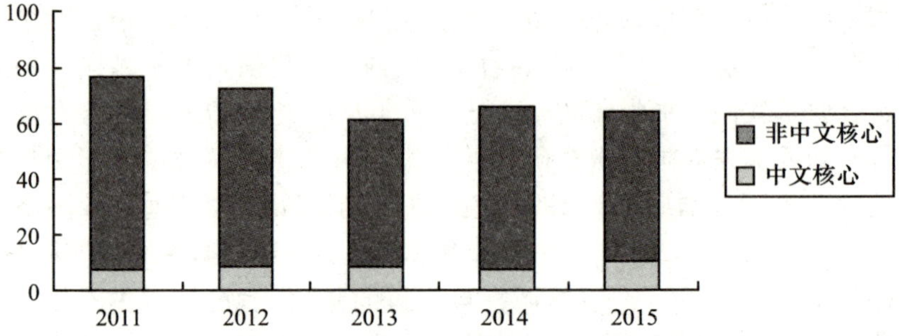


**图1　2011～2015年我国高校国防教育研究论文发文量**

2011～2015年间，大陆31个省级行政单位中共有27个省、市、自治区在国内刊物上发表了高校国防教育的研究论文，仅天津、甘肃、云南、新疆四地没有相关论文发表，其中江苏（84篇）、陕西（56篇）、福建（37篇）稳居前三席，占了全国高校国防教育研究论文总量的52.4%。

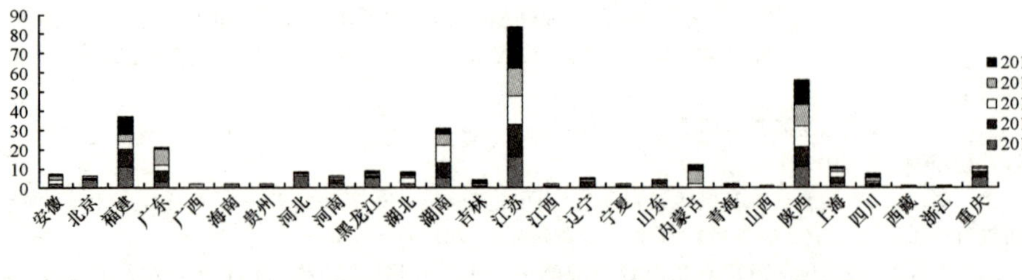


**图2　2011～2015年大陆高校国防教育研究论文发文量省级行政单位分布情况**

2011～2015年，这五年我国高校国防教育的研究形成了较为稳定的群体，从而保证了相对稳定的发文量，但总体上高水平论文较少，体现在发中文核心期刊的比例低于20%；与2002年到2011年间的数据比较[①]，我国高校国防教育研究的活跃地区集中且稳定，江苏、陕西、福建占据了半壁江山，而这其中又以江苏实力最强，占绝对优势。

**（二）高影响力高校与作者分析**

在国防教育研究方面，地方院校发表文献数远领先于军队院校，这一结果与李科[②]的结论一致，表明地方高校才是国防教育研究的主阵地。从表1来看，共有12所院校发表论文排名全国高校国防教育研究的前10位。其中西安交通大学发文数第一（总数45篇），而东南大学发表论文"质量第一"（9篇中文核心），这两家无疑是当前我国国防教育研究最高水平的代表。12所院校中西安交通大学、东南大学、中南大学、厦门大学等4所为招收高校在职教师攻读国防教育专业硕士学位院校。此外8所院校中，福州大学、湖南科技学院两所院校在2002～2011年相关研究发文量就位列全国前10[③]，特别是湖南科技学院，6篇论文中就有2篇发于中文核心期刊，有相当的学术实力。综合来看，西安交通大学、河海大学、东南大学、厦门大学4所发文数领先，有5人以上的研究团队，且发文质量较高（有2篇以上中文核心），可以被认为是国防教育研究的重要基地，而福建农林大学等8所院校也是国防教育研究领域中较有学术影响力的院校。

**表1　2011～2015年我国高校国防教育研究发文排名前10位一览表**

| 排名 | 发文单位 | 发文数 | 作者数 | 人均发文数 | 中文核心数 |
|---|---|---|---|---|---|
| 1 | 西安交通大学 | 45 | 14 | 3.2 | 2 |
| 2 | 河海大学 | 20 | 12 | 1.7 | 4 |
| 3 | 东南大学 | 18 | 13 | 1.4 | 9 |
| 4 | 福建农林大学 | 10 | 7 | 1.4 | 0 |
| 5 | 厦门大学 | 9 | 5 | 2 | 4 |
| 6 | 福州大学 | 9 | 6 | 1.5 | 0 |

① 李科：《我国国防教育研究现状与前瞻——基于CNKI（2002～2011年）的统计分析》，《教育文化论坛》，2013年。

② 李科：《我国国防教育研究现状与前瞻——基于CNKI（2002～2011年）的统计分析》，《教育文化论坛》，2013年。

③ 李科：《我国国防教育研究现状与前瞻——基于CNKI（2002～2011年）的统计分析》，《教育文化论坛》，2013年。

续表

| 排名 | 发文单位 | 发文数 | 作者数 | 人均发文数 | 中文核心数 |
|---|---|---|---|---|---|
| 7 | 内蒙古财经大学 | 9 | 2 | 4.5 | 0 |
| 8 | 苏州大学 | 7 | 2 | 3.5 | 0 |
| 9 | 中南大学 | 7 | 11 | 0.64 | 0 |
| 10 | 湖南科技学院 | 6 | 2 | 3 | 2 |
| 10 | 华南师范大学 | 6 | 5 | 1.2 | 1 |
| 10 | 吉首大学 | 6 | 2 | 3 | 0 |

2011～2015年间共有272人以独著或合著的方式发表342篇相关论文，其中以第一作者身份发文量占前5%的有14名（详见表2），这14人发文量占到全国高校从事相关国防教育工作者总发文量的35.0%，而其中在中文核心期刊上的文章更是占到我国高校国防教育的研究论文在中文核心期刊上发文量的42.9%。所以这14人可以视为从事高校国防教育的研究中坚力量，其中57.1%具有博士学位，85.7%获科研基金资助，其中更有2人获国家社科基金资助。这其中以东南大学的陆华教授最为突出，虽然5年内发文总数不是最多，但发文质量最高，80%的中文核心，3项科研项目（其中国家社科基金1项）。这一结果表明，科研与完整的学术训练是提高学术水平的关键。

**表2　2011～2015年高校国防教育研究第一作者发文量占全国总论文量前5%的作者一览表**

| 序号 | 姓名 | 发文数 | 中文核心数 | 第一作者 | 项目 | 学历背景 | 国家基金 |
|---|---|---|---|---|---|---|---|
| 1 | 李科 | 21 | 2 | 18 | 5 | 博士 | |
| 2 | 叶欣 | 11 | 3 | 10 | 6 | 博士 | 1 |
| 3 | 闫忠林 | 10 | 0 | 8 | 3 | 博士 | |
| 4 | 王建中 | 8 | 1 | 8 | 1 | | |
| 5 | 刘瑞 | 8 | 0 | 8 | 0 | | |
| 6 | 游博 | 6 | 4 | 6 | 0 | 博士 | |
| 7 | 胡勇胜 | 6 | 2 | 6 | 4 | | |
| 8 | 陆华 | 5 | 4 | 5 | 3 | 博士 | 1 |
| 9 | 曾蓉 | 5 | 0 | 5 | 1 | | |
| 10 | 昝金生 | 5 | 0 | 5 | 1 | 博士 | |
| 11 | 张正明 | 9 | 0 | 4 | 6 | | |

续表

| 序号 | 姓名 | 发文数 | 中文核心数 | 第一作者 | 项目 | 学历背景 | 国家基金 |
|---|---|---|---|---|---|---|---|
| 12 | 初阔林 | 8 | 0 | 4 | 2 | 博士 | |
| 13 | 郑宏 | 4 | 2 | 4 | 1 | 博士 | |
| 14 | 问鸿滨 | 14 | 0 | 3 | 7 | | |

### （三）研究热点分析

以 CNKI 的学科分类为准，全部 342 篇研究论文，学科属性涉及高等教育、体育、思政教育、军事、中国政治与国际政治、教育理论与教育管理、历史、马克思主义、文化以及其他等共 10 个大类，这体现了国防教育研究的跨学科性。其中高等教育占大多数，发文量达 66.96%；其次是军事，发文量占 12.57%（详见表 3）。这一比例也真实反映了国内对于国防教育学科归属的认识，从早期的军事学科到现在普遍认为国防教育应该隶属于教育学范畴。从中文核心期刊上的发文比例来看，中国政治与国际政治、历史、教育理论与教育管理、思政教育都在 10% 以上，是当前高校国防教育研究的优势方向。

**表 3　2011～2015 年国防教育研究论文学科分布**

| 分类 | 高等教育 | 体育 | 思政教育 | 军事 | 中国政治与国际政治 | 教育理论与教育管理 | 历史 | 马克思主义 | 文化 | 其他 | 合计 |
|---|---|---|---|---|---|---|---|---|---|---|---|
| 数量 | 229 | 3 | 14 | 43 | 18 | 11 | 8 | 3 | 3 | 10 | 342 |
| 百分比（%） | 66.96 | 0.88 | 4.09 | 12.57 | 5.26 | 3.21 | 2.34 | 0.88 | 0.88 | 2.92 | |
| 中文核心 | 21 | 0 | 2 | 4 | 9 | 2 | 2 | 0 | 0 | 0 | 40 |
| 中文核心比例（%） | 9.17 | 0 | 14.29 | 9.30 | 50.00 | 18.18 | 25.00 | 0 | 0 | 0 | |

在“高等教育”这个研究方向下，又可细分为基础理论研究、教学改革创新研究、学生素质培养、师资队伍建设四个子方向（详见表 4），其中 61% 的论文集中在了基础理论研究，涉及高校国防教育地位与作用、学校国防教育的理论基础、国防教育的课程建设与学科建设等方面。但师资队

伍建设与学生素质培养方面的研究在中文核心期刊上的发文比例高于教学改革创新研究与基础理论研究，说明如何提高国防教育的师资队伍与国防教育如何融入学生素质教育才是当前国防教育在教育学领域研究的前沿问题。

**表4　2011～2015年国防教育研究论文在“高等教育”中的分布**

| | 基础理论研究 | 教学改革创新研究 | 学生素质培养 | 师资队伍建设 | 合计 |
|---|---|---|---|---|---|
| 数量 | 140 | 35 | 38 | 16 | 229 |
| 百分比（%） | 61.14 | 15.28 | 16.59 | 6.99 | |
| 中文核心数 | 12 | 3 | 4 | 2 | 21 |
| 中文核心比例（%） | 8.57 | 8.57 | 10.53 | 12.50 | 9.17 |

## 三、总体学术水平分析

学术水平体现在研究的手段、文章发表刊物的影响力与资助项目的层次等三个方面。首先从研究的手段来看，当前论文多以理论分析为主、主观认识多，统计数据支持偏少，总体上学术水平偏低。其次从文章发表刊物的影响力来看，五年中高校国防教育研究论文主要发在13种期刊上（详见表5），13种期刊中除《教育理论与实践》《黑龙江高教研究》《教育与职业》三份期刊为中文核心刊物外，其余10种期刊平均综合影响因子（2015年）仅为0.1041，高水平论文少，仅有12.3%的论文（42篇）发在中文核心期刊上。其三，基金项目少，342篇论文中只有113篇论文获94个基金项目资助，而且基金项目层次偏低，多以学校教改与自主立项项目为主，国家社科基金仅有两项。与其他学科相比，总体来看，当前我国高校国防教育研究的水平不高。

**表5　2011～2015年CNKI收录期刊中高校国防教育研究发文量前十名刊物一览表**

| 排名 | 期刊 | 文献数 | 综合影响因子（2015） |
|---|---|---|---|
| 1 | 《文教资料》 | 11 | / |
| 2 | 《教育教学论坛》 | 10 | 0.055 |
| 3 | 《中国科教创新导刊》 | 8 | 0.028 |
| 4 | 《滨州学院学报》 | 7 | 0.05 |
| 5 | 《社科纵横》 | 5 | 0.106 |

续表

| 排名 | 期刊 | 文献数 | 综合影响因子（2015） |
| --- | --- | --- | --- |
| 5 | 《武汉科技大学学报（社会科学版）》 | 5 | 0.23 |
| 7 | 《教育理论与实践》 | 4 | 0.272 |
| 7 | 《教学研究》 | 4 | 0.267 |
| 7 | 《黑龙江高教研究》 | 4 | 0.472 |
| 7 | 《华南理工大学学报（社会科学版）》 | 4 | 0.182 |
| 7 | 《教育与职业》 | 4 | 0.309 |
| 7 | 《科教文汇（上旬刊）》 | 4 | 0.042 |
| 7 | 《南京工业职业技术学院学报》 | 4 | 0.081 |

## 四、我国高校国防教育研究的反思与前瞻

基于 CNKI 数据与往年①②数据进行比较发现，近五年来我国国防教育研究有了不小的进步，体现在我国高校国防教育研究在江苏、陕西、福建等的活跃地区形成了集中且稳定的研究团队，同时文章的数量与质量有了提高。但五年前的老问题仍然存在，主要表现在以下三个方面：

第一，从选题上看，研究视域不够开阔。大部分研究是从教育学角度进行的（66.96%），选题重复，宏观多，微观少，还有很多值得关注的高校国防教育的研究领域没有触及。

第二，从学术水平上看，研究手段单一，缺乏适合的学术期刊，难有科研项目。大部分论文泛泛而谈，缺乏深入的探讨，偏向宏观，缺少微观方向的实证研究，不少论文因为没有数据支撑，而缺乏可信度和说服力。多数研究成果观点雷同，没有实质性进展，缺乏创新，提出问题多，分析原因少。没有适合的学术期刊，就难有学术阵地，难发高影响力的论文，国内与国防教育最相近的刊物是《国防》与《国防教育》，而被视为国防教育权威刊物的《国防》③，2016 年综合影响因子才 0.032，2011 年新办的《国防教育》则根本没有被 CNKI 收录，所以可以认为这两本刊物在学术圈内实际影响力有限，当前我国高校国防教育研究缺乏一个稳定的学术阵地，影响了高

① 李科：《我国国防教育研究现状与前瞻——基于 CNKI（2002～2011 年）的统计分析》，《教育文化论坛》，2013 年。

② 郑宏：《中国普通高校国防教育研究：回顾与前瞻——基于 1997～2009 年全国普通高校国防教育学术研讨会论文的分析》，《高等教育研究》，2011 年 1 月。

③ 李科：《我国国防教育研究现状与前瞻——基于 CNKI（2002～2011 年）的统计分析》，《教育文化论坛》，2013 年。

校国防教育学术圈子的形成。没有学术圈子就难有学术活力和影响力。

第三，从研究队伍上看，研究者水平良莠不齐，缺乏科学研究训练，甚至还存在一稿多投的现象，资助项目缺乏，合作研究不够。总体上没有形成学术共同体，没有严格的学术规范，基本处于无序和混乱的状态。

所以从以上情况与问题来看，高校国防教育研究的兴起与发展，首先要拓宽高校国防教育研究视域。一方面，在“高等教育”这个热点下，重视国防教育过程中“教”与“学”的环节的研究（如师资队伍建设与素质教育的融合研究）；另一方面，积极挖掘国防教育内涵，特别是国防教育本身的“跨学科”性质[①]。从 CNKI 数据中可以明显看到，当国防教育和中国政治与国际政治、历史、教育理论与教育管理、思政教育学科结合后，发中文核心的比例明显提高，所以跨学科是国防教育研究的趋势，如可以将“红色文化”“国防文化”与思政教育相融合[②③]；既把两者教育目的的一致性相统一，又为两者扩展新的角度。另外，国防教育研究需要紧紧围绕理论发展，注重研究的现实性，如把握“总体国家安全观”，主动探索国家安全视域下的国防教育理念、政策与普通高校人材培养的结合机制，这是地方高校国防教育与专业教育的交叉点[④⑤]，也是高校国防教育的方向[⑥]。

其次，提升高校国防教育研究的水平。加强国防教育领域实证研究，重视研究论证的科学性，借鉴其他学科研究的方法与手段，通过多元化渠道，搜集客观、准确的第一手资料，用数据来支持理论。要明确当前国防教育的研究主体是地方而不是军队这一事实，国防教育学科应该隶属教育学的范畴[⑦⑧]，相关刊物应倾向于地方高校的研究团队，从创办高水平刊物

---

① 李科：《我国高校国防教育：基本模式、问题及对策》，《武汉科技大学学报（社会科学版）》，2013 年 4 月。

② 赵岚、黄斌：《福州国防文化资源考察刍议——以爱国主义教育基地为例》，《太原城市职业技术学院学报》，2015 年 12 月。

③ 赵岚、黄斌：《论体验式教学在国防教育中的应用——以红色旅游资源的教学设计为例》，《人才资源开发》，2015 年 12 月。

④ 黄斌、赵岚、陈长树：《“非传统安全观”视域下的普通高校国防教育创新刍议》，《武夷学院学报》，2016 年 8 月。

⑤ 周善标、黄斌：《非传统安全教育纳入普通高校国防教育课程探析》，《内蒙古农业大学学报（社会科学版）》，2012 年 3 月。

⑥ 李科：《我国高校国防教育：基本模式、问题及对策》，《武汉科技大学学报（社会科学版）》，2013 年 4 月。

⑦ 郑宏：《中国普通高校国防教育研究：回顾与前瞻——基于 1997 ~ 2009 年全国普通高校国防教育学术研讨会论文的分析》，《高等教育研究》，2011 年 1 月。

⑧ 吴温暖、郑宏：《论国防教育学的学科归属》，《厦门大学学报（哲学社会科学版）》，2010 年 4 月。

着手，来营造国防教育研究的学术圈，从而提升高校国防教育研究的水平。

第三，科研与完整的学术训练是提高学术水平的关键。通过科研项目来形成学术共同体，以科研项目来培育研究团队，强化学术思维；人才培养是重点，高校国防教育的研究队伍成员学科背景较杂，学历层次多样，学术训练程度不一，需增加必要的学术训练，培养一支高学历的研究队伍。

**参考文献**


[1] 李科：《我国国防教育研究现状与前瞻——基于 CNKI（2002～2011 年）的统计分析》，《教育文化论坛》，2013 年。

[2] 郑宏：《中国普通高校国防教育研究：回顾与前瞻——基于 1997～2009 年全国普通高校国防教育学术研讨会论文的分析》，《高等教育研究》，2011 年 1 月。

[3] 李科：《我国高校国防教育：基本模式、问题及对策》，《武汉科技大学学报（社会科学版）》，2013 年 4 月。

[4] 赵岚、黄斌：《福州国防文化资源考察刍议——以爱国主义教育基地为例》，《太原城市职业技术学院学报》，2015 年 12 月。

[5] 赵岚、黄斌：《论体验式教学在国防教育中的应用——以红色旅游资源的教学设计为例》，《人才资源开发》，2015 年 12 月。

[6] 黄斌、赵岚、陈长树：《“非传统安全观”视域下的普通高校国防教育创新刍议》，《武夷学院学报》，2016 年 8 月。

[7] 周善标、黄斌：《非传统安全教育纳入普通高校国防教育课程探析》，《内蒙古农业大学学报（社会科学版）》，2012 年 3 月。

[8] 吴温暖、郑宏：《论国防教育学的学科归属》，《厦门大学学报（哲学社会科学版）》，2010 年 4 月。

# 论国防教育学的逻辑起点

邵贵文*

**摘　要：**本文运用从具体到抽象再到具体的方法对国防教育学的逻辑起点进行分析，通过对逻辑起点的规定性的验证，从而确立国防知识是国防教育学的逻辑起点；本文认为确立国防知识为国防教育学的逻辑起点，有助于确定国防教育学的学科归属，有助于构建国防教育学严密的理论体系，有助于确立国防教育学学科建设的重点与核心。

**关键词：**国防教育学　逻辑起点　国防知识

任何一门学科的理论体系都是由一系列范畴组成的。一切科学的理论体系都是范畴的逻辑体系。逻辑起点是“运用从抽象上升到具体的方法以形成系统理论而选定的作为分析起点的概念或范畴”。[①] 所谓“从抽象上升到具体的方法”就是从该学科最一般、最抽象的范畴开始，通过一系列的中介范畴，越来越深入、具体地反映该学科的对象，直至在范畴的终点达到在科学体系中具体地再现该学科的对象为止。

和哲学、社会科学一样，在自然科学中探索逻辑起点也是构建自然科学理论大厦的一个关节点。爱因斯坦在《关于科学方法的一般考察》中认为，在物理学中的“原始概念”在这门科学中处于非常重要的地位：“其他一切观念——从物理学的观点来看——只在它们通过命题同原始概念联系在一起的时候才具有意义。”[②] 爱因斯坦这里提到的“原始概念”实际上就是学科的逻辑起点。由此看来，不管是自然科学也好，还是社会科学也好，探讨逻辑起点都是构建学科理论体系的基础。

国防教育学是一门创生中的学科，我们可以运用从抽象上升到具体的思维方法来构建其理论体系，而运用从抽象上升到具体的思维方法，选择一个合适的开端即逻辑起点是重要的一环。因此，探讨国防教育学的“原始概念”即“逻辑起点”，对于构建国防教育学理论体系是有必要的。

---

* 作者简介：邵贵文（1969 年~），男，1991 年毕业于南昌陆军学院，2007 年获武汉大学高等教育学国防教育方向硕士学位，现任厦门大学军事教研室讲师。

① 彭漪涟、马钦荣：《逻辑学大辞典》，世纪出版集团、上海辞书出版社 2004 年版，第 605 页。

② 爱因斯坦：《爱因斯坦文集第 1 集》，商务印书馆 1976 年版，第 344 页。

## 一、确立国防教育学逻辑起点的思维路线

在国防教育领域内，如何确定逻辑起点呢？这就需要我们按照马克思主义的“从具体到抽象再到具体”的思维路线，首先，从国防教育学的研究对象——国防教育的具体实践出发，对国防教育活动的具体现实进行分析，从而抽象出国防教育的基本要素；其次，从这些基本要素中抽象其共同的本质属性，抽象出一个新的要素；其三，对该要素进行逻辑起点规定性检验。这个思维过程就是一个从具体到抽象再到具体的思维过程。

按照从具体到抽象再到具体的思维路线首先对国防教育进行考察，我们可以发现，国防教育是由众多的因素构成的。考察国防教育，首先要考察国防教育本身。关于国防教育，学术界有许多不同的定义，比较有代表性的定义是厦门大学吴温暖教授对国防教育下的定义：“国防教育是国家为增强公民的国防意识，提高公民（国家）的国防行为能力而进行的教育，是国防建设和国民教育的重要组成部分。”① 从这个定义来说，国防教育中的一个重要因素就是国防意识，另一个是国防行为能力；国防教育的主体是国家，国防教育的对象是全体公民。从国防教育的属性来说国防教育既有国防的属性，又有教育的属性。从活动的本质来看，国防教育是一种教育活动，国防只不过规定了这种教育活动的方向。既为教育活动，就少不了知识的传递与传承，对国防教育而言传递和传承的就是国防知识。国防教育的目的是增强公民的国防意识，提高公民的国防行为能力。而国防意识主要由国防知识、国防意志、国防情感组成。什么是国防知识？我们先来看一下知识的概念，知识是人类认识的成果或结晶。从总体上说，人的一切知识（才能也属于知识范畴）都是后天在社会实践中形成的，是对现实的反映。社会实践是一切知识的基础和检验认识的标准。（《辞海》1999 年版）因而知识就是人类在实践过程中的对现实的认识成果。国防，是指“国家为防备和抵抗侵略，制止武装颠覆，保卫国家的主权、统一、领土完整和安全所进行的军事活动，以及与军事有关的政治、经济、外交、科技、教育等方面的活动”。（《中华人民共和国国防法》）因而我们可以简单的说，国防就是国家防务。从语义学的角度结合逻辑学定义一个事物的方法，我们可以认为国防知识就是在国家防务的实践中形成的认识成果。不管是增强公民的国防意识也好，还是提高公民的国防行为能力都必然要求公民具有相应的国防知识。因此，国防知识是国防教育学中不可或缺的一个范畴，这就为国防知识成为国防教育学的逻辑起点提供了可能性。

---

① 吴温暖：《国防教育学学科基本定义探析》，《厦门大学学报》，2006 年 6 月。

国防教育领域的现实虽然纷繁复杂，但还是可以从现实中抽象出一系列范畴，如军训、军事理论教学、国防教育教师、国防知识、国防观念、国防建设、国家安全等范畴。吴温暖教授在《国防教育学理论体系的基本范畴探析》中列出国防教育学理论体系的一些基本范畴：国家与公民、国防意识与国防行为能力、学校国防教育与社会国防教育、理论教育与行为教育。除了基本范畴之外，他还提出了一些第二层次和第三层次的范畴，如国防教育领导体制、国防教育组织形式、国防教育方针、原则，国防教育保障、军事训练、国防知识、军事技能等。这些范畴，从国防教育的要素来看，最基本的要素有国家、公民、军训、国防教育课程、学校国防教育、社会国防教育、中央和地方的国防教育机构等。国家是国防教育的主体，是国防教育的组织者和管理者，也是国防知识的传授者；全体公民是国防教育的对象，是国防知识的承载者和发展者；国防教育课程则是组织起来的国防知识系统，军训则是国防知识的具体应用和体验；学校国防教育与社会国防教育都是传递国防知识、培养国防意识的形式，而国防知识是国防意志和国防情感的前提和基础；中央和地方的国防教育管理机构是国防知识传递的管理部门。就国防教育活动的单元看可把国防教育分为国防教育教学、国防教育科研、国防教育管理（包括学校管理与社会管理）这些要素。国防教育教学是国防知识的传递与升华的活动；国防教育科研是研究国防知识如何传递、如何发展的一种活动；国防教育管理则是对国防知识的传递与传承进行管理。这说明，国防教育学的任何一个概念都可以通过国防知识的特性来给予定义，可见，国防知识就是国防教育领域众多元素抽象出的共同的本质的属性。确立逻辑起点的最后一步就是对作为国防教育学的逻辑起点的国防知识做逻辑起点规定性检验。

## 二、国防知识作为逻辑起点的规定性检验

逻辑起点有什么规定性呢？学术界有多种看法。厦门大学王洪才教授认为，逻辑起点至少有四种规定性：一是基本性或单一性，作为逻辑起点的东西是一单纯的质，是一处高度抽象化的东西；二是公设性或不证自明性，作为逻辑起点的概念所代表的物是一种客观存在的事实；三是内涵的广延性，即最基本的概念有丰富的内涵，它的全部内涵可以指代该门研究对象所蕴含的规律，又可以说明该学科的内存逻辑，从而使学科各概念之间具有内存的统一性并构成整体；四是自在性，即概念有自身发展的逻辑①。

① 王洪才：《论高等教育学的逻辑起点》，《江苏高教》，1997 年第 2 期，第 10 页。

华东师范大学瞿葆奎教授认为逻辑起点具有以下的规定性：第一，逻辑起点是一门科学或学科中最常见、最简单、最抽象的范畴；第二，逻辑起点与研究对象相互规定；第三，逻辑起点是一切矛盾的“胚芽”，是事物全部发展的雏形；第四，逻辑起点表现着或者说承担着一定的社会关系；第五，逻辑起点同时也是历史的起点。[①] 从以上两位学者的观点看来，有一定的相同之处，又有所区别，对此，笔者较为认同瞿葆奎教授的观点。因此，笔者关于国防教育学的逻辑起点的规定性检验就以瞿葆奎教授的观点来展开。

那么国防知识符合逻辑起点的规定性吗？下面我们就通过逻辑起点的规定性来进行验证，看国防知识是不是符合逻辑起点的规定性。

**（一）国防知识是国防教育领域中最简单、最抽象的范畴**

黑格尔认为，逻辑起点必须是绝对的、抽象的。“它于是不可以任何东西为前提，必须不以任何东西为中介，也没有根据。”[②] 逻辑起点是不以该领域中任何东西为前提的，也不以该领域内任何东西为依据。列宁指出：“马克思在《资本论》中首先分析资产阶级社会（商品社会）里最简单、最普通、最基本、最常见、最平凡、碰到过亿万次的关系：商品交换。”[③] 那么什么是在国防教育领域里出现的最普通、最基本、最常见、最平凡的关系呢？从国防教育的实践出发，我们可以发现国防知识传递是国防教育过程中碰到的最普通、最基本、最常见、最平凡的关系。因此我们要研究国防知识传递，就必须对国防知识进行研究。

从国防知识的属性我们可以发现，国防知识在国防教育领域内，它出现得最常见。国防教育领域内一切活动就离不开国防知识。“开端除了是单纯的和普遍的东西以外，就更无别的规定性，这一点本身就是规定性。”[④] 国防知识就是一个“纯存在”，不依赖于国防教育领域内的任何其他概念。国防知识的概念是不用国防教育领域内其他任何概念来说明，国防知识是客观存在的。国防知识是国防教育的前提。前述的范畴中，国防知识是最抽象的范畴。国防知识在这几对范畴中起着基础的作用。所谓“最简单”，就是指不能再分割，以最简单的形式表现出来。一是“不消灭研究对象的内在的、本质的特征，就不能对它再进行分割的东西”。[⑤] 这说明所谓最简

① 瞿葆奎、郑金洲：《教育学逻辑起点：昨天的观点与今天的认识（一）》，《上海教育科研》，1998 年 3 月，第 4 ~5 页。

② ［德］黑格尔著，杨一之译：《逻辑学（上）》，商务印书馆 1966 年版，第 54 页。

③ 列宁：《列宁全集第 55 卷》，人民出版社 1990 年版，第 307 页。

④ ［德］黑格尔著，杨一之译：《逻辑学（下）》，商务印书馆 1976 年版，第 534 页。

⑤ 刘炯忠：《〈资本论〉方法论研究》，中国人民大学出版社 1991 年版，第 343 页。

单的东西是和一定的、特定的研究对象有关系，并且是由研究对象的内在的、本质的特征所规定的，即在国防教育领域中是由国防教育的本质特征所规定的。二是“从研究对象内在的、本质的因素的边际总和的意义上说，它是简单的东西”。[①] 就像在资本的逻辑中，商品的内在的本质的因素只有价值和使用价值，不能去掉其中的任何一部分。在国防教育的逻辑中，在资本的逻辑类似，国防知识的本质因素只有“攻”的知识与“防”的知识，两者缺一不可。黑格尔在论及思维从抽象上升到具体的方法时提出，开端是在认识的界限内抽象的东西，抽象的东西和具体的东西比较起来，是更容易把握的东西。[②]

马克思在《资本论》逻辑中，吸取了黑格尔关于逻辑起点必须是“抽象的东西”原理的合理成分，把“抽象的东西”理解为既定的、具体的、生动的、整体的、抽象的、单方面的关系。思维由逻辑起点开始上升到具体，从而推导出资本主义生产方式的社会关系的总和。从《资本论》的逻辑可以看出，在从抽象上升到具体的过程中，最抽象的范畴的产生和发展，并不依附于在它之后出现的具体的任何范畴的产生和发展。商品就是这样一个范畴，它不需要借助于在它之后出现的任何其他的政治经济学范畴。同样，国防知识在国防教育领域内并不需要国防教育领域内其他范畴来做规范或说明。

逻辑起点是多样性统一的基础。作为起点的抽象，不仅是最简单的、最直接的，而且还要是最一般的。“最一般的抽象总是只产生在最丰富的具体的发展的地方，在那里，一种东西为许多所共有，为一切所共有。”[③] 在我们研究的过程中把最一般的关系、本质作为由抽象上升起点的最一般的抽象，它就成为研究体系内所有其他范畴的基础，就潜在地包含着所有其他范畴，没有了它就没有其他的范畴。而国防知识就是国防教育研究体系内的最一般的抽象，它包含着国防教育领域内其他范畴。如没有国防知识，国防教育就成了无本之木、无源之水。因此国防知识其实隐含国家安全，隐含了国防，也包含了国防教育。国防教育的一切领域都含有国防知识的影响。

**（二）国防知识与国防教育的相互规定性**

逻辑的展开过程是向外离开开端的过程，同时也是向内回归开端的过程。国防知识是国防教育领域内最简单、最抽象的范畴，我们只是说在国

---

① 刘炯忠：《〈资本论〉方法论研究》，中国人民大学出版社 1991 年版，第 344 页。

② ［德］黑格尔著，杨一之译：《逻辑学》上卷，商务印书馆，1977 年版，第 61 页。

③ 马克思、恩格斯：《马克思恩格斯选集第 2 卷》，人民出版社 1972 年版，第 107 页。

防教育这个特定的研究领域内它是抽象得不能再抽象的东西，逻辑起点要和它所反映的对象保持一致；一旦向前再简单抽象的时候，真理再向前迈一小步，就变成谬误，逻辑的对象发生质变，从而破坏了逻辑与对象的一致性，逻辑也失去特定领域内的意义。也就是说我们在考察国防知识这个范畴时，必须在国防教育领域内进行，考察国防知识在国防教育领域中起的作用，在国防教育领域内的地位与作用，以及在思维抽象过程中国防知识的地位与作用。可以说，国防知识是国防教育的前提，没有国防知识就没有国防教育。国防教育是国防知识的传递和传承，没有国防教育也就无法对传递和传承国防知识，可见，国防知识与国防教育有相互的规定性。

**（三）国防知识是揭示国防教育一切矛盾的“细胞形式”，是国防教育领域内其他事物发展的雏形**

作为逻辑起点的范畴，必须以“细胞”的形式隐含着后续规定的内容，它可以合理演化出相当多的后续概念及范畴。它可以使体系进展下去。它是整个体系发展的基础。王洪才教授认为，作为逻辑起点的一个重要属性就是内涵的广延性，指的是“作为逻辑起点的最基本概念具有十分丰富的内涵，它的全部内涵可以指代该门学科研究对象中的每一具体事物，其内涵演变过程可以指代研究对象所蕴含的规律，又可以说明该学科体系的内在逻辑，从而使该学科各概念之间具有内在统一性并构成理论体系整体”。[①] 国防知识这个概念有着丰富的内涵。国防教育中的很多范畴都可以由国防知识延伸发展而来。如国家安全、军训、军事理论训练与军事技能训练、公民、国防意识、国防观念等没有国防知识就无从谈起。国防教育进行过程中无时无刻不体现着国防知识的展开，上至国防教育的教学，下至国防教育的管理，都体现了国防知识内涵的扩展。

国防知识是国防教育学整个理论体系得以展开、赖以建立起来的客观根据和基础。黑格尔认为，最初的范畴是基础和根据，以后的范畴是从基础范畴演绎过来的，演绎的逻辑进程就是对作为最初的根据的范畴做进一步的规定、发展和具体化。开展国防教育目的就是要传授国防知识，从而在公民的意识中形成国防观念。没有国防知识，国防教育就成了无源之水、无本之木，国防教育学的理论体系更是无从建立。我国多部法律对国防教育进行了规定。《中华人民共和国宪法》第 55 条规定：“保卫祖国，抵抗侵略是中华人民共和国每一个公民的神圣职责。依照法律服兵役和参加民兵组织是中华人民共和国公民的光荣义务。”《中华人民共和国兵役

① 王洪才：《论高等教育学的逻辑起点》，《江苏高教》，1997 年 2 月。

法》第43条规定："高等院校的学生在就学其间，必须接受基本军事训练。根据国防建设需要，对适合担任军官职务的学生，再进行短期的集中训练，考核合格的，经军事机关批准，服军官预备役。"《中华人民共和国国防教育法》规定："高等学校、高级中学和相当于高级中学的学校应当将课堂教学与军事训练相结合，对学生进行国防教育。"这些法律就是学校开展国防教育的基本依据，也是国防教育得以进行的法律保障。在其中，我们也可以看出国防知识贯穿其间。掌握一定的国防知识是保卫祖国、抵抗侵略的前提，保卫祖国、抵抗侵略的行为是国防知识升华后的结果。学生军训首先了解的是国防的基础知识。因此，国防知识在国防教育中起着相当重要的作用，它是国防教育得以进行的基石，同样也是国防教育学理论体系展开的依据。

**（四）国防知识承担着一定的社会关系**

"作为逻辑起点的范畴不能直接以关系的形态出现，而应当是以直接存在为形态的社会关系。"① 国防知识从最初的人与社会环境的生存斗争中总结了"防"的经验发展而来，反映了人与外界环境之间的关系。国家产生后，上升到国防知识，国防知识反映了国家与外部环境之间的关系。国防知识作为国防教育的重要内容，对国家和人民而言都是有用的。国家可以用它来教育民众，使民众增强国防观念；民众可以用国防知识来保卫国家。国防知识就是民众与国家之间的某种形式的桥梁。国防知识作为有关国家防务的知识，是人类关于国家防务的认识成果和结果，它凝结着人类对国防活动的认识，也是人类对国防这个现象的认识，这里体现人与国防环境的关系，人类在与国防这个活动的相互作用中产生了联系和矛盾。综合以上论述，可以认为国防知识承担着一定的社会关系。

**（五）国防知识是国防教育的历史起点**

"那在科学上是最初的东西，必定会表明在历史上也是最初的东西。"②马克思主义认为，"历史从哪里开始，思想进程也应当从哪里开始。"③ 从这个意义上来说，历史的起点就是逻辑的起点。

据此我们要考察国防教育历史的起点。考察国防教育的产生与发展就必须考察国防知识的形成与发展。

人类社会历史上，国防知识的产生经历了漫长的历史时期，在国家产

① 瞿葆奎、郑金洲：《教育学逻辑起点——昨天的观点与今天的认识（一）》，《上海教育科研》，1998年3月。

② ［德］黑格尔著，杨一之译：《逻辑学（上）》，商务印书馆1966年版，第77页。

③ 马克思、恩格斯：《马克思恩格斯全集第13卷》，人民出版社1962年版，第532页。

生之前，其实关于“防”的知识早就存在，人类社会在发展过程中总是和环境不断地做斗争，为了生存，积累了很多关于“防”的知识。这里的“防”不是指传统意义上的单纯的防卫，而是指防备，既包括了敌方来进攻时进行的防，也包括了对敌实施进攻的防。一个部落要应付外来威胁或者对外掠夺，就要组织起来进行“防”，这是国防的雏形，当然还不是真正意义上的国防。而“防”有力地保障了部落的生存，就使有的部落发展得越来越大，在部落发展过程中，就是为生存而战的“防”的知识逐步传承了下来。这种知识就是国防知识的萌芽状态。原始社会后期，随着金属工具的发明，社会分工的产生，使氏族社会走到了尽头；氏族社会被“分工及其后果即社会之分裂为阶级所炸毁。它被国家代替了”。[①] 社会发展到一定阶段产生国家。私有制的产生和发展，冲破了氏族制度生产关系基础，社会分裂为奴隶主阶级和奴隶阶级。“国家是阶级矛盾不可调和的产物和表现。在阶级矛盾客观上达到不能调和的地方、时候和程度，便产生国家。”[②] 由于奴隶主和奴隶两大阶级矛盾不可调和，奴隶主阶级为维护自己的统治地位和利益，必然采用暴力来镇压奴隶阶级的反抗，把部落组织和武装力量变成了镇压奴隶阶级的工具，并形成了一系列的制度，于是奴隶社会的法律和军队就产生了，随着法律的制度，维护法律的监狱也产生了。国防知识产生的一个动力就是部落与部落之间频繁的战争。战争是一个部落获得敌对部落财富与奴隶的一个重要途径，也是维护本部落生存的重要手段。在战争中，就生产了攻与防的相关知识，相对于防而言进攻是消灭敌方有生力量、获得奴隶的重要手段，这些“攻”与“防”的手段逐渐形成了原始的国防知识。国家建立以后，拥有了固定的地域，国家为了保护统治阶级的利益和民族的生存，用军队这个专门的武装组织，一方面保护统治者的利益和维护统治阶级的特权，另一方面保卫本地域、本民族的生存。为保护本民族的生存和发展，在部落与部落之间的战争中的“防”逐渐演变成国家的“防”的过程中，“国防是与国家同生的，有国就有防，国防也是与国家同在的，无防即无国”。[③] 而实施国家的“防”必然会用到在部落对抗时传承下来关于“防”的知识，这个时候“防”的面就更宽了，“防”的知识也开始变得越来越复杂，于是“防”的知识就上升到了国家层次，关于国家防务的知识也就产生了，至此国防知识正式形成。奴隶主阶级为其政权的巩固，镇压敌对阶级反抗，防止外来侵略和对

---

① 马克思、恩格斯：《马克思恩格斯选集第 4 卷》，人民出版社 1972 年版，第 165 页。

② 列宁：《列宁全集第 25 卷》，人民出版社 1958 年版，第 374 页。

③ 王普丰：《现代国防论》，重庆出版社 1993 年版，第 9 页。

外扩大本国势力和保卫国家安全，在进行“防”的同时，逐渐在思想上认识到要将传承下来的相关的国防知识，化成人民理性认识上的自觉行动，就进行国防知识的教育。这样一来，国防教育也就产生了。由此看来，国防教育的历史起点就是国防知识。

纵观国防教育的发展历史，国防教育的发展与国防知识的内在属性的不断发展和外在属性不断拓展是分不开的，国防教育的内容也是随着国防知识的两个属性的发展而发展的。从这个角度说，国防知识是国防教育学的逻辑起点。

综上所述，国防知识符合逻辑起点的一切的规定性，因此，我们可以认定国防知识是国防教育学的逻辑起点。

## 三、国防知识对构建国防教育学理论体系的意义

以国防知识作为国防教育学的逻辑起点，有以下的理论与实践的意义：

一是有助于确定国防教育学的学科归属。关于国防教育学的概念有许多不同定义，如毛文成、兰书臣在《国防教育》一书提出了国防教育学的概念：“所谓国防教育学，就是研究国防教育领域内的教育现象，揭示其本质和规律的理论知识体系，是教育科学的分支学科。”①《国防理论》也提出了国防教育学的概念：“国防教育学是研究国防领域里的教育对象，揭示教育活动本质和规律的知识体系。”②《国防教育学》提出的国防教育学的定义是：“国防教育学是研究国防领域里的教育现象，探索国防教育的本质，提示国防教育客观规律的理论知识体系，并用于指导国防教育实践的学科。”③ 目前，从这些定义来看国防教育学这一概念仍然存在众多分歧，对学科的归属也存在着分歧。毛文成、兰书臣把国防教育学归为教育学的门下，而刘鸿基的《国防理论》和《国防教育学》（国防大学出版社2000年版）把它归于军事学的门下，虽归属不同但还存在相同的地方，即国防教育学既和军事学有关系，又和教育学有关系。国防教育和军事教育相关，但不单纯是军事教育；和普通教育相关，但也不单纯是普通教育，而是两者的结合。双方的共同点是不管普通教育还是军事教育，都是以某种知识的传递和传承为基础的一种培养人的活动。而国防教育学作为研究国防教育本质与规律的理论知识体系。把国防知识作为国防教育学的逻辑

① 毛文成、兰书臣：《国防教育》，解放军出版社1988年版。

② 刘鸿基、罗海曦：《国防理论》，国防大学出版社1996年版，第150页。

③ 武炳等：《国防教育学》，国防大学出版社2000年版，第5页。

起点，使我们可以看得更清楚，作为国防知识的传授和传承规律的理论体系，国防教育学归之于教育学更为合适。

二是有助于构建国防教育学学科严密的理论体系。以国防知识作为国防教育学的逻辑起点可以使国防教育学具备严密的理论体系。前文已经论述到，国防知识可以定义国防教育学中的任何其他概念范畴，这是国防知识作为逻辑起点的最基本的功能，把国防知识作为逻辑起点的最大作用就是它能够推导出国防教育学的理论体系。国防知识的存在可以推出学生军训、国防技能等关于国防知识自身属性的范畴，因此，国防知识论在国防教育学中处于本体论的地位；国防知识与国防教育主体的国家相伴而生，这样国防教育学理论体系就可以过渡到主体论的范畴体系，从而揭示如国防教育教师、国家、公民、国防教育各级管理机构等主体性范畴；从主体论的范畴可以过渡到目的论范畴，如国防、国防观念、国防意识、国防技能、国防素养等，通过目的论可以过渡到动力论范畴，就可以揭示国防教育发展的动力等范畴，如国防、国家安全等范畴。把国防知识作为国防教育学的逻辑起点，可以揭示国防教育学的基本概念范畴。国防知识范畴隐含着国防知识自身有其演进的逻辑，国防知识自身演进的逻辑决定了国防教育的基本规律。

三是有助于确立国防教育学科建设的重点与核心。以国防知识为逻辑起点的国防教育学学科，在建设上要注重建立学科的几个支撑点。随着国防知识范畴的展开，从而推导出国防知识的教与学，国防技能的训与管，这样一系列的范畴构成国防教育学严密的理论体系，因此，国防知识是构建国防教育学的一大支柱，也是国防教育学基本理论建设的核心。国防知识扩展开来，研究历史上国防知识是如何传承又是如何发展的，这便构成了国防教育史；研究国外如何进行国防知识的传承与发展，和中国的国防知识的传承与发展相比较，从中获取经验教训，这便构成了国防教育比较；国防知识如何升华成国防情感，升华到国防意识，这又构成了国防教育心理学。有这些理论支撑点，国防教育学的理论体系的建构就有了一个坚实的基础。

**参考文献**

[1] 彭漪涟、马钦荣：《逻辑学大辞典》，世纪出版集团、上海辞书出版社 2004 年版。
[2] 爱因斯坦：《爱因斯坦文集》（第 1 集），商务印书馆 1976 年版。
[3] 吴温暖：《国防教育学学科基本定义探析》，《厦门大学学报》，2006 年 6 月。
[4] [德] 黑格尔著，杨一之译：《逻辑学（上）》，商务印书馆 1966 年版。
[5] 列宁：《列宁全集第 55 卷》，人民出版社 1990 年版。

［6］［德］黑格尔著，杨一之译：《逻辑学（下）》，商务印书馆1976年版。
［7］刘炯忠：《〈资本论〉方法论研究》，中国人民大学出版社1991年版。
［8］马克思、恩格斯：《马克思恩格斯选集》（第2卷），人民出版社1972年版。
［9］王洪才：《论高等教育学的逻辑起点》，《江苏高教》，1997年2月。
［10］瞿葆奎、郑金洲：《教育学逻辑起点——昨天的观点与今天的认识（一）》，《上海教育科研》，1998年3月。
［11］马克思、恩格斯：《马克思恩格斯全集》（第13卷），人民出版社1962年版。
［12］马克思、恩格斯：《马克思恩格斯选集》（第4卷），人民出版社1972年版。
［13］列宁：《列宁全集》（第25卷），人民出版社1958年版。
［14］王普丰：《现代国防论》，重庆出版社1993年版。
［15］刘鸿基、罗海曦：《国防理论》，国防大学出版社1996年版。
［16］武炳等：《国防教育学》，国防大学出版社2000年版。

# 军民融合创新体系下开展学生军训工作的几点思考

李新柱*

**摘　要：** 学生军事训练是贯彻党的教育方针，推进素质教育，培养有理想、有道德、有文化、有纪律的社会主义新人的客观要求，是国防后备力量建设的重要措施，是学校国防教育和教学的重要内容，是青年学生履行兵役义务的一种形式。组织学生军训工作，是党中央赋予政府和军队的一项具体工作。新形势下如何增进共识，增强合力，积极主动作为，通力协作规范开展学生军训工作，是我们面临的现实问题。本文立足军民融合创新体系，从工作思路、运行机制、法规制度、管理保障四个方面探讨军地合力抓好学生军训工作的几点措施。

**关键词：** 军民融合　学生军训　思考

学生军事训练是国家行为，是青年学生履行兵役义务的一种形式，是国家人才培养和国防后备力量建设的重要措施。但随着我国教育体制改革、军队调整和市场经济的不断深入，学生军训工作在普及深化中，面临难得的发展机遇和严峻的现实挑战。2017 年 3 月，中共中央总书记、国家主席、中央军委主席习近平在出席十二届全国人大五次会议解放军代表团全体会议时强调指出，立足经济社会发展和科技进步的深厚土壤，顺势而为、乘势而上，深入实施军民融合发展战略，开展军民协同创新，推动军民科技基础要素融合，加快建立军民融合创新体系，下更大气力推动科技兴军，坚持向科技创新要战斗力，为我军建设提供强大科技支撑。习主席的重要讲话，聚焦军民融合，突出军民协同创新，为新形势下军地合力推进学生军训工作开创了新的局面。

## 一、着眼国防建设大局，更新学生军事训练的工作思路

学生军训工作从试点到普及，经过近 30 多年的探索与实践，虽然取得了很大成效，但由于受“惯性思维观念”影响，仍然没有摆脱低层次循环的状况。要改变这种现状，就须着眼国防建设大局和任务发展需要，确立学生军训工作的新思路。

---

* 作者简介：李新柱（1966 年 6 月 ~），男，河北徐水人，研究生，现任边防学院学生军训教研室教授，主要从事军事理论教学与研究工作。

### （一）强化学生军训工作的地位作用

学生军事训练是贯彻党的教育方针，推进素质教育，培养有理想、有道德、有文化、有纪律的社会主义新人的客观要求，是国家人才培养的重要方法，是国防后备力量建设的重要措施，是学校国防教育和教学的重要内容，是青年学生履行兵役义务的一种形式。特别是在高技术条件下，战争的发展、信息化军事装备的普遍运用，对军人的科学文化素质提出了更高的要求。没有掌握信息化装备的高素质军人，即使装备了高技术武器，也打不出信息化战争。掌握高技术装备和驾驭信息化战争，需要科学文化素质较高的军人。军事人员科学文化素质的普遍提高，主要靠广泛吸收文化素质较高的兵员来实现。这就要求把兵员征集的对象定位于普通高等学校毕业学生。普通高等学校学生的国防观念、身体状况、军事素质和参军热情的高低，是制约兵员素质的重要条件。如果高等学校毕业生，普遍具有良好的军事素质、健康的身体条件和高昂的报国之志，那么，我们的兵员素质肯定会大幅度提高。青年学生的报国热情不是自发产生的，而是积极教育的结果，只有搞好有组织的军事训练和国防教育，才能使学生逐步树立起保卫祖国的使命感和参加人民解放军的荣誉感，奠定基本军事素质，具备健康的身体条件，从而保证我国兵员质量的普遍提高。因此，学生军训工作不仅是《国防法》《兵役法》和《国防教育法》赋予的政治任务，是提高学生综合素质，增强其国防观念和国家安全意识的重要途径，而且也是维护社会稳定，加强后备力量建设，培养储备高素质后备兵员，建设信息化军队打赢信息化战争的实际行动。组织学生军训工作，是党中央赋予政府和军队的一项具体工作。

### （二）确立地方政府部门的主体地位

学生军训涉及多方力量，触及的矛盾集中反映在对人力、物力和财力的调整使用上，与地方许多部门、单位构成了直接或间接的利益关系。但在一些地方仍然存在着学生军训是军事行为，应由军队系统组织完成的片面认识，出现军地“角色”错位的现象，影响制约了学生军训工作落实效果。《兵役法》《国防法》《国防教育法》都明确规定了地方各级政府，负有领导本区域内学生军训工作的职责，开展学生军训是法律法规赋予各级政府、教育行政部门和有关学校的责任。地方各级政府要从国家培养合格人才和加强国防后备力量建设、输送合格兵员的战略高度，充分认识做好学生军训工作的重要性，切实加强领导，保证学生军训工作的顺利开展。普通高等学校要把学生军训工作列入议事日程，统筹安排。要按照学生军训大纲的规定，保证军训内容和课时的落实；要加强军事教师队伍和军事教育学科的建设，积极开展教学研究，定期组织培训，努力提高军事课程教学质量；要不断完善军训与教学设施，改进教学手段，为学生军训创造良好的条件；要通过学生军训形成良好的学风校风，促进学校全面发展。因此，必须要牢固确立各级政府、教育行政部门和学校在学生军训工作中的主体地位，加强组织领导，计划调控，综合保障使学生军训工作与学校素质教育协调发展、整体推进。

**（三）坚持军民融合创新发展道路**

学生军训虽然经过多年的实践，摸索了一套可行的工作方法。但由于施训目的不明确、管理体制不完善、制约机制不健全，在一些地方学生军训工作厚此薄彼、各自为阵的现象比较突出，加之近年来军队编制的调整改革，帮训官兵数量难以满足各高校的需求，少数体能拓展训练公司为了自身利益，打着军队的旗号，挤占军训市场，导致个别学校的学生军训秩序混乱，甚至出现打骂体罚等不良现象，败坏军队形象，对社会产生了不良影响，严重干扰和破坏了学生军训工作的正常开展。学生军训工作所产生的政治效益、军事效益、社会效益更难以在现实中发挥应有的作用。这就要求我们必须要站在国防建设的高度，从国家社会的整体利益出发，坚持军民融合创新发展的战略，把学生军训工作纳入本地区后备力量建设整体规划通盘考虑，与民兵预备役建设结合起来，科学合理区分民兵预备役学生军训的训练内容和层次，构建训、用、储、征“一体化”学生军训模式。在军事技能训练上坚持以校内训练和基地训练为主、部队驻训为辅的组织形式。一方面，积极组织培训退役大学生士兵、国防生、民兵和预备役等素质较高人员，解决帮训官兵数量不足的问题；另一方面合理安排军训时间，结合民后预备役人员的训练模式，推行基地化训练，提高军训基地的使用效率，化解各高校因军训时间相对集中而产生的各种矛盾。在军事理论教学上，要严格落实教学大纲的相关规定，科学制定教学计划，及时收集检查教学情况，不断完善教学质量评价标准，加大专职军事教师、派遣军官和兼职军事教师的培训和管理，推进军事理论教学的健康发展。

## 二、理顺军地部门关系，构建学生军训工作高效运行机制

学生军训是一项多领域、多层次、多要素构成的社会化系统工程，涉及军政警（武警部队）民，是一项利国强军的基础事业，具有军地双重属性，单靠一方难以规范开展。因此，必须要适应院校多元化的特点，构建与现行教育体制和社会组织功能、利益关系相适应的管控体系，党政军相关部门加强组织协调，才能满足学生军训的动态要求，增强工作的实效性。

**（一）在学生军训工作思路上，把握好“三项原则”**

一是统一规划的原则。为了避免因军训时间相对集中和帮训官兵数量不足的矛盾，地方院校在部署安排军训任务时，要充分考虑部队建设实际，对开展学生军训的客观条件、制约因素和相关措施进行通盘筹划，积极上报军训需求。省军区学生军训办公室与教育厅相关部门共同对本省的普通高校的学生军训工作进行科学筹划、统一安排，对军训所需人力、物力、财力的投入和军训时间进行统一安排、统一调配、实现资源的有效配置。

二是科学指导的原则。针对学生军训规模日益增大、人数不断增多、内容更加多样的特点，地方主管单位和军队承训部门要区分训练对象，按照属地负责，突出训练重点，实施分类指导；要改革传统工作方法和行为方式，运用法规制度和行政调控手段，引导和保障学校开展军训工作，从而使学生军训工作更好地适应社会经济变革和国防后备力量建设的新要求。

三是注重实效的原则。把质量效益、训练内容、训练时间的落实作为评估和检查学生军训工作的重要尺度，制定修改切实可行的教学和训练大纲，军队和地方有关部门联合制定统一的技能训练计划，严格按纲施训，严格依法治训，杜绝随意降低训练标准、随意减少训练内容和压缩训练时间的不良倾向，使军训与教育相结合、养成与训练相统一、学习与运用相一致，最大限度地发挥学生军训工作的巨大作用。

**（二）在学生军训工作过程中，运用好“三条机制”**

一是归口领导机制。在明确各系统、各部门职责权限的同时，打破各单位传统隶属关系，从顶层设计抓起，自上而下形成业务对口的专职或兼职的纵向领导体制；教育部门负责管理和指导区域内各类学校开展学生军训工作，军事机关负责协调和指导驻地各类部队参与学生军训工作。

二是属地管理机制。属地军事机关、教育行政部门分区域、分层次构建融合式军训管理模式，对同一辖区内受训学校和帮训部队，在工作上实施集中管理、统一计划、就近结对，确保训练资源的有效利用。

三是军地协调机制。坚持军地双重领导，成立统一的军政警有关业务部门参加的工作机构，建立横向联系和多边协作制度。定期召开军地业务协调和工作联席会议，分析形势、研究解决有关重大问题，努力做到主要工作、重难点工作，军地双方思想统一、步调一致、协作有力、配合密切。

**（三）在学生军训工作环节上，处理好“三种关系”**

一是要处理好军事部门与教育部门的关系。教育行政部门应该发挥主导作用，在安排部属学生军训工作、筹划经费预算时，应听取军事部门的意见和建议，考虑部队年度任务实际，提出切实可行的需求；军事部门要发挥“参谋”作用，积极向地方党委、政府进言献策，及时通报工作情况，形成团结一致、齐心协力抓落实的良好工作局面。

二是要处理好帮训部队与受训学校的关系。帮训部队要积极挖掘自身潜力，在人力、物力和场地等方面支持军训学校开展学生军训工作；受训学校要主动加强与帮训部队的联系，充分利用自身人才、科技优势，通过开展科技拥军、知识拥军、文化拥军等活动，帮助部队提升建设水平，维持其长效、稳固的“帮训”关系。

三是处理好学生军训办公室与院校军训机构的关系。省（市、县、区）学生军训办公室要加强对院校学生军训机构的指导力度，及时传达上级指示精神，合理部署教学任务，积极协调解决有关实际问题，为开展教学工作创造有利条件；院校学生军训机构要主动接受学生军训办公室的工作指导，认真完成学生军训办公室交给的任务，及时请示、报告工作，形成上下贯通、联系紧密的工作关系。

### 三、健全法律法规体系，保障学生军训工作依法开展

目前，我国《国防教育法》《兵役法》《教育法》《预备役军官法》等虽然都涉及了学生军训的一些内容，但较为宏观零散，操作性不强，对一些实质性问题并未做出明确规定，致使学生工作开展缺乏有力支撑。

#### （一）健全法规体系

各省（自治区、直辖市）要从实际出发，对现行学生军训法规制度进行认真研究和把握，把操作性强的政策、原则以及实践中的成功经验加以科学论证，升华为专项系统法规制度，结合地区实际，制定相关政策和落实标准。切实明确学生军训工作的地位和作用；明确社会各级开展学生军训工作的权利、责任和义务；明确学生军训的内容、方法和标准，以及师资配备和经费、器材、场地保障办法等，形成完善配套、互为补充的法规体系。

#### （二）筑牢用法意识

立法的根本目的就在于用法。要以领导干部、军地相关部门、青年学生为重点，采取知识竞赛、法规考核、报刊连载、开办网站、发送信息等形式多样的法规宣传教育，从根本上提高各级对学生军训工作的思想认识，强化依法开展学生军训工作，依法参与和支持学生军训工作的责任意识和使命意识。

### （三）强化执法力度

学生军训领域各种社会关系的调整，迫切需要用法律确认和规范。在工作实践中，要坚持用法规调整和约束政府部门、军队系统和社会团体在学生军训工作中的行为关系，加大管理力度，及时通报情况，纠正军训不落实、不规范等问题，形成集中统一、严格正规、监管有力的学生军训管理体系。处理和化解矛盾，努力形成结构合理、功能互补、运转顺畅的工作格局。

### （四）坚持依法奖惩

各级学生军训工作领导机构要全面掌握本区域学生军训工作情况，协调党政军或军政警联合实施奖惩通报。充分发挥好自身职能作用，树牢育人意识、主动作为意识、服务意识和协作意识，切实做到统筹规划科学，组织实施严密，落实制度严格，检查督导有力，服务保障到位，维护法规制度的严肃性，确保学生军训标准立起来、工作落下去。

## 四、明确各级职能任务，推动学生军训工作健康发展

军地相关部门要把学生军训纳入工作总体计划，在任务部署、工作指导、资源分配等方面通盘考虑。特别是在学生军训工作全面展开后，要及时明确各个部门的职责任务，完善工作责任追究，确保在学生军训工作在人、财、物等需求矛盾日益突出的情况下，提高资源的使用效益，实现资源的综合集成，保证学生军训工作的健康持续发展。

### （一）树立全面参与、主动作为的工作意识

在积极争取地方政府大力支持的同时，要摒弃“等靠”的思想，通过运用政策机制和开展形式多样的共建活动，积极协调社会各团体、企事业单位、驻军、武警部队参与学生军训工作，争取最广泛的资金、技术、设备、人力、物力的支持。同时，还要引导各类组织和单位发挥自身优势，取长补短，合理调配、使用社会资源，增强学生军训工作的发展动力。

### （二）打造齐抓共管、军地共赢的工作局面

普及学生军训工作，是军地双方共同的责任。各级党委、政府、军事机关要自觉将此项工作纳入职责范围，建立建强责任制。宣传文化部门要采取形式多样的宣传和动员活动，为开展学生军训工作营造良好氛围；财政部门要根据工作需要，研究制定学生军训经费保障办法及政策；省军区系统要把学生军训纳入军事工作总体计划，统一安排部署，以形成由地方党委、政府议大事、做决策，军地有关部门抓落实、同管理的良好局面。

### （三）构建深挖潜能、勇于创新的工作机制

在学生军事训练工作的保障上，要摒弃“等”“靠”“要”的思想，

积极挖掘社会和学校自身潜力，勇于创新，不断探索研究解决学生军事训练工作中遇到的问题和矛盾。例如，对于帮训官兵数量不足的问题，可以组织民兵“四会”教练员和高校退伍学生、国防生担任军事技能训练教官；对于军事教师人员匮乏的问题，可以从地方聘请有教学经验的退伍军转干部或有军事知识特长的人员担任军事理论教员等。学校在学生军训经费保障上，在财政支付或补贴和自筹的形式解决基础上，可考虑采取“三个一点”（即政府拨一点、学校补一点、学生拿一点）的办法分摊负担。在教（器）材保障上，由省军区、教育部门根据学校军训教学需求牵头联系购置，统一配发。在训练枪弹保障上，由省军区系统协调解决。

**参考文献**

[1] 全军学生军训工作办公室编：《学生军训工作理论研讨会论文选》，海潮出版社 2005 年 4 月第 1 版。

[2] 苑士军等：《学生军事训练概论》，解放军出版社 2007 年 12 月第 1 版。

[3] 张培松、陈依工：《学生军训理论与实践研究》，长征出版社 2008 年 1 月第 1 版。

[4] 贾云生：《高校军训模式研究》，云南人民出版社 2005 年 10 月第 1 版。

[5] 许杰、孙红林：《学生军训工作应着力破解“四个矛盾”》，《国防》，2011 年第 8 期。

# 国防教育实践

# 着力构建“四位一体”国防教育协同管理新模式
## ——以湖南工业大学为例

李正军　文春风*

**摘　要：**高校国防教育的重要性越来越凸显。针对目前高校国防教育的现状，应突出协同管理，充分调动各方面的主动性和积极性。湖南工业大学作为一所地方本科院校，认真研究新形式、新特点、新规律，构建了以机制建设、平台建设、内容建设、队伍建设为主体的“四位一体”大学生国防教育协同管理新模式，形成了“唱响国防教育主旋律与打造军训、军事理论课教学、征兵工作主阵地相结合”的大学生国防教育工作新格局。

**关键词：**四位一体　国防教育　协同管理

高校国防教育的重要性越来越凸显，针对目前高校国防教育的现状，应突出协同管理，充分调动各方面的主动性和积极性。作为一所地方本科院校，湖南工业大学高度重视大学生国防教育与学生军训工作，认真研究新形式、新特点、新规律，构建了以机制建设、平台建设、内容建设、队伍建设为主体的“四位一体”大学生国防教育新模式，形成了“唱响国防教育主旋律与打造军训、军事理论课教学、征兵工作主阵地相结合”的大学生国防教育工作新格局。

### 一、以“四个重视”为保证，构建高校大学生国防教育工作机制

地方各级领导高度重视地方高校的大学生国防教育工作，有效构建了学校大学生国防教育工作机制（组织架构图见图1）。

#### （一）省市领导高度重视

湖南省委高度重视全省高校思想政治工作，要求每位省委常委联系一所本科院校。根据分工安排，湖南省委常委、省军区黄跃进司令员联系我校。黄跃进司令员非常关心我校的发展，尤其是国防教育工作。他多次来我校开展调研，与教职工、学生举行座谈会，下宿舍吃食堂，与师生交心，并以《我国周边安全形势与国防意识》为题为我校师生讲授国防教育

---

* 作者简介：李正军（1971年～），男，湖南株洲人，博士，现任湖南工业大学党委武装部部长、教授，主要从事大学生思想政治教育和国防教育方面的研究；文春风（1975年～），女，湖南株洲人，硕士，现任湖南工业大学军事理论课讲师，主要从事军事课教学和国防教育方面的研究。

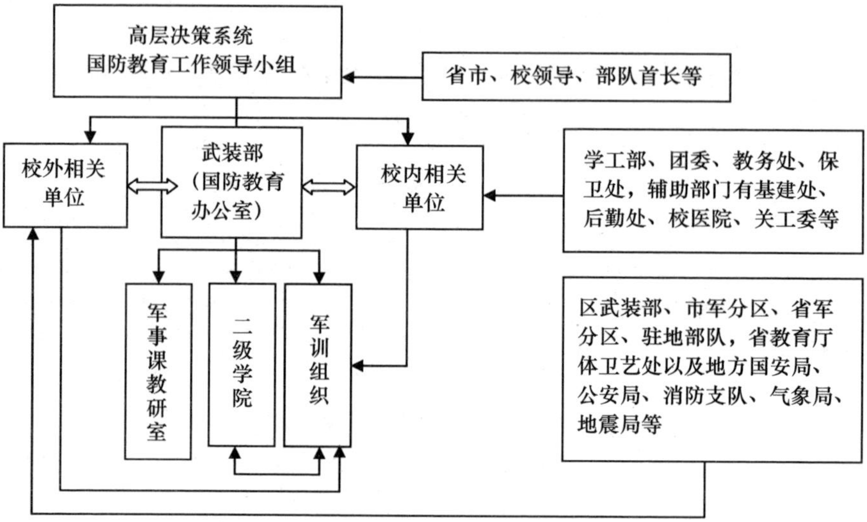


**图 1　国防教育工作机制的组织架构图**

课。特别值得一提的是，黄跃进司令员连续三年到我校调研指导新生军训等工作，参加军训动员大会，检阅新生军训成果汇报表演，协调地方预备役师承训我校军训任务。他多次指示，高校要深化国防教育，增强学生国防观念。株洲市委书记毛腾飞同志作为株洲市军分区第一政委，多次到学校调研，为学校军训、征兵工作做出批示，株洲市军分区首长对学校国防教育工作给予指导和大力支持。

### （二）学校领导高度重视

我校成立了由党委书记、校长任组长，分管教学、保卫和学工的副校长担任副组长的大学生国防教育领导小组。领导小组负责制定我校大学生国防教育工作的总体规划，指导、协调和推动学校国防教育各项工作的开展。领导小组下设国防教育办公室，校武装部长任办公室主任，并按照高等学校军事教学机构建设标准建立了教研室、器材室、资料室、武器库等“三室一库”。党委会、校长办公会每年专题研究和部署推进全校国防教育工作。近年来，学校出台了《关于进一步加强我校国防教育工作的实施意见》及系列配套文件，着力构建了大学生国防教育工作的长效机制，形成了良好的国防教育传统与氛围。

### （三）学校职能处（室）高度重视

我校以“日常国防教育、新生军训、大学生征兵、军事理论课教学”为内容，由党委武装部牵头，学生处、教务处、保卫处、校团委为主要成员单位，各二级学院、校内其他职能部门、地方政府相关单位及地方武装部门为协助单位，相互配合、相互协同，定期召开工作例会，研究问题，紧紧围绕新时期大学生的国防教育开展工作，形成了较为完备的国防教育协同管理体系，收效明显（国防教育协同管理系统模型图见图 2）。

**（四）二级学院高度重视**

作为国防教育的一线单位，各二级学院根据学校的统一部署，组织相关人员进行认真研究，结合自身专业特点制订大学生国防教育的实施方案，推行“一院一品”战略，着力打造独具特色的二级学院国防教育品牌活动。例如，文学与新闻传播学院结合自身专业特色每年开展国防教育主题演讲、征文活动，法学院开展《国防法》《兵役法》等法制宣传活动，建筑与城乡规划学院开展国防知识竞赛活动，电气与信息工程学院开展国防建设图片展，音乐学院开展唱响红色经典系列活动等（如图 2 所示）。

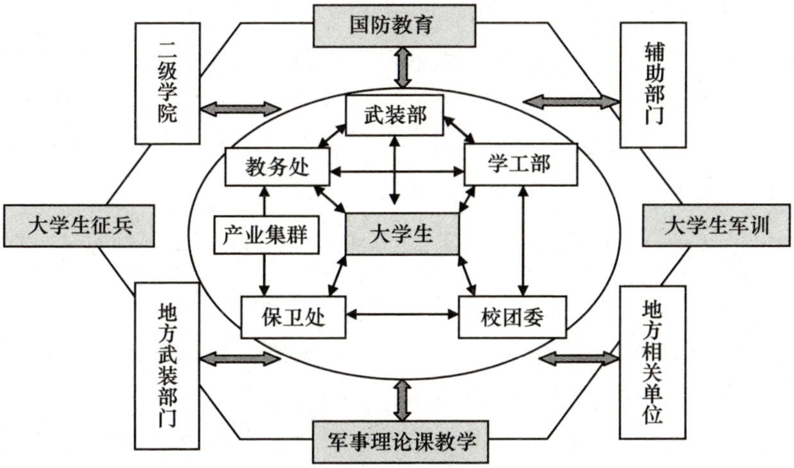


**图 2　国防教育协同管理系统模型图**

## 二、以“四个结合”为抓手，打造我校大学生国防教育工作平台

我校以“四个结合”为抓手，将国防教育纳入大学生思想政治教育的主要内容，分层次推进，分对象展开，收到了很好的效果。

**（一）将集中宣传教育与日常国防教育相结合**

以“全民国防教育日”“九一八事变”“纪念红军长征胜利 80 周年”等重大纪念日为契机，开展集体升旗、图片展、演讲比赛、形势政策报告会等形式多样的爱国主义和国防教育活动，潜移默化地提升全校大学生的政治素养和国防意识。同时，我校还通过开展主题班会、团日活动、校园网、校园广播、宣传展板、学生手抄报等开展日常国防教育。

**（二）将大学生征兵宣传与思想政治教育相结合**

我校利用征兵宣传工作对全体大学生进行理想信念教育、爱国主义教育和国防安全教育。“一季征兵，四季准备。”近几年的五月征兵季，我校都承办了株洲市的“大学生征兵宣传周”启动仪式，并集中组织各种宣讲或展示活动。

**（三）将校内教育与校外教育相结合**

我校地处红色教育资源丰富的湖南省，在秋瑾故居、韶山、井冈山等革命老区建立了爱国主义教育基地，开展丰富多彩的革命传统教育等社会实践活动。另外，我校武装部与地方武装部紧密配合，邀请维和士兵、抗战老兵进校园做报告，广大学生深受感染和教育。

**（四）将科学研究与实际工作相结合**

我校将“国防教育课题”单列为校级思想政治教育课题，给予经费支持，鼓励辅导员与军事理论课教师申报。同时，我校每年9月份对国防教育做一次全校调研，并形成《年度大学生国防意识状况调查分析报告》。学校还在新生《录取通知书》和新生入学教育、毕业生离校教育中加入国防教育的内容。

## 三、以“四个丰富”为依托，创新我校大学生国防教育工作内容

我校紧跟时代发展要求和国内外形势，不断拓展国防教育内容，依托军事理论教学与军事技能训练两大抓手、国防主题教育与大学生应征入伍两大平台开展大学生国防教育工程建设，形成了较为完善的国防教育内容体系，着力打造国防教育精品工程（如图3所示）。

**（一）丰富国防教育特色活动内容**

我校力求把国防教育、征兵宣传与爱国主义教育、法制教育、国防知识和技能教育、体育教育、公共危机处理能力培养等特色内容有机地结合起来，并依据学生的思想实际，确立不同的层次和重点，采取灵活多样的教育形式，有的放矢地开展蕴含国防教育的各种活动，增强国防教育的吸引力和感染力。

**（二）丰富军事理论课的教学内容**

突出爱党、爱国、爱军、爱社会主义的教育内容，结合国内外重大形势及变化、国防法律法规、爱国主义歌曲、安全教育等开展课堂教学。安排全体军事理论课教师集体备课，重点安排征兵宣传、国内外形势、危机意识等授课内容与课时，保证教学效果。

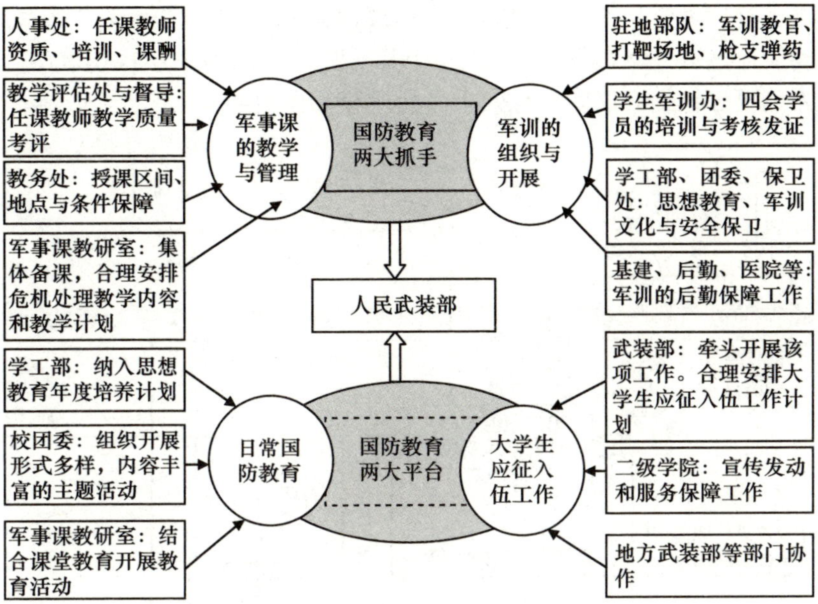


**图3　国防教育精品工程体系**

**（三）丰富军训中的国防教育内容**

强化队列、军体拳、匕首操、战术知识、阅兵式、分列式等训练内容，同时穿插学唱军歌，讲授军事基本理论知识，邀请部队官兵到校做报告，激发大学生爱国爱军队的热情。

**（四）丰富征兵进程中的激励内容**

为了做好大学生征兵工作，我校组织预征兵对象开展有针对性的教育，邀请退伍老兵与他们座谈，用他们自身的亲身经历、成长变化，来影响和激励学弟学妹积极携笔从戎投身军营。退伍老兵回到学校继续学业学习，他们在军营的亲身经历，对学弟学妹非常有感染力。

## 四、以“四个拓展”为路径，建设我校大学生国防教育工作队伍

**（一）拓展国防教育工作合力**

我校坚持“教育对象在哪里、工作阵地就延伸到哪里”的思路，积极推进军事理论课教师、思政课教师、辅导员、班主任、党政干部参与国防教育工作，引导支持学术大师、教学名师、优秀导师参与国防教育。

**（二）拓展四级队伍联动机制**

我校构建了以“高层决策系统、相关职能部门教育管理系统、武装部

与二级学院、大学生”为主的四级队伍联动协同体系，各级分工合作，目标明确。通过近几年的实践，我们发现，只有在这四个层次上实现了协同，才能更好地提升国防教育效果（协同模型图见图 4）。

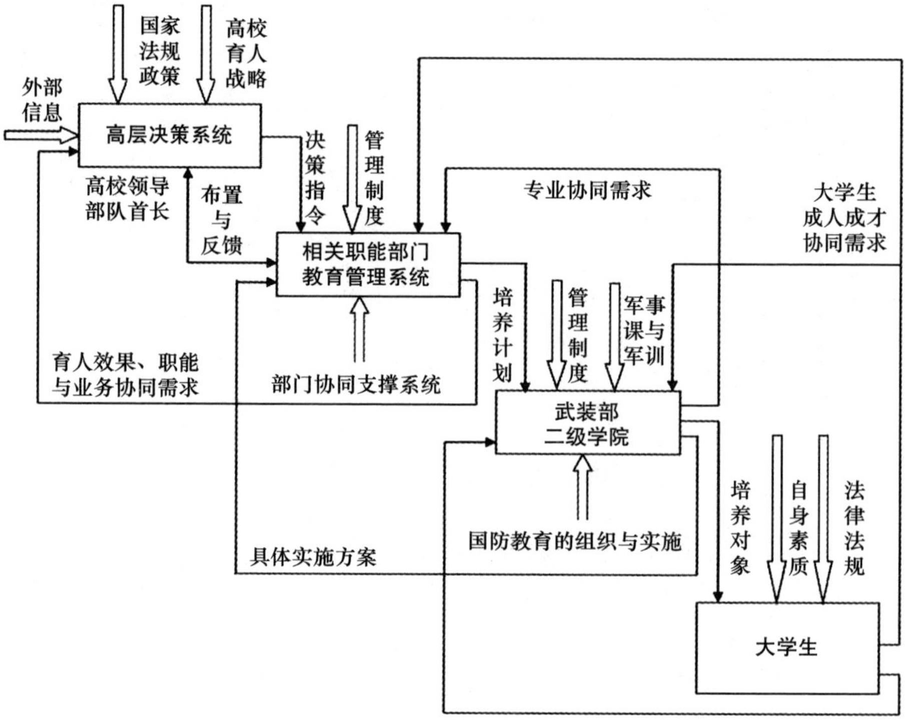


**图 4 国防教育四级队伍联动协同模型图**

### （三）拓展军事教师提升渠道

学校设立了军事理论教研室，并将从事国防教育教师的培养纳入学校师资培训规划和人才培养计划。教研室现有专、兼职的军事理论教师 30 余人，其中博士 3 人、硕士 22 人，他们多次获得湖南省军事教学一等奖。

### （四）拓展军训教官综合能力

我校按照军事技能训练教练员与学生 1：50 的比例配备军训教官，从 2014 年开始，我校逐步开展自主军训，成立了 130 人的学生军训教官团，负责军训工作。在学生军训教官的培养过程中，制定了完整的选拔程序、考核规范，对学员教学计划、时间安排、教材内容、教学质量等一系列问题做出明确规定。通过严格施训、科学施训，受训学生必须顺利通过“四会教员”的考核才能成为一名军训教官。

## 五、以“四个促进”为目的，助推我校国防教育不断取得新成效

《国防教育法》规定，国家通过开展国防教育，使公民增强国防观念，掌握基本的国防知识，学习必要的军事技能，激发爱国热情，自觉履行国防义务。我校以此为工作方向扎实推进国防教育，多次被评为湖南省征兵工作先进单位、学生军训“先进单位”等。

### （一）促进大学生筑牢国防观念

我校积极培育具有鲜明国防教育特色的校园文化，通过开展形式多样的国防宣传活动，学生参与国防教育活动的积极性越来越高，并在有关国防教育活动中取得较好的成绩。我校获2016年湖南省高校校园文化建设优秀成果二等奖，在市、区组织的“维护海洋权益，共建强大国防”主题征文活动和“中国海洋国土和防卫政策知识”答题竞赛活动中，征集论文1000余篇，参与竞赛答题1000余人，其中学校获得优秀组织奖，获奖的前10篇优秀论文作者均为我校学生。

### （二）促进大学生掌握国防知识

我校通过加强师资队伍建设，牢牢掌握国防教育的主渠道，在《军事理论课》教学、科研方面取得了较为丰硕的成果，为学生学好国防知识奠定了坚实的基础。2011年，汪翱、江铁、言波三位老师分别获得湖南省第三届高校军事教师授课竞赛一、二、三等奖；2012年，文春风、江铁获得第三届全省高等学校国防教育科研论文比赛一等奖，汪翱获二等奖，陈秋平获三等奖，文春风老师还参加全国国防教育科研论文竞赛并获二等奖；2013年，文春风、言波两位老师获得湖南省第四届高校军事教师授课竞赛一、二等奖；2014年文春风老师获首届全国军事训练营军事课教师军事教学展示三等奖；2015年，言波、袁静两位老师获得湖南省第五届高校军事教师授课竞赛一等奖；我校军事理论课教师丁梦、陈秋平分别获得第五届全省高等学校国防教育科研论文比赛二等奖、三等奖。

### （三）促进大学生学好军事技能

我校通过创新模式，不断推进军训工作取得新发展。从军训时间、教官配备、条件保障、射击安排等诸多环节严格把关，确保军训不走样、不缩水，每年的军训效果不断提升。2015年、2016年连续获得“全省学生军训先进单位”；湖南省首届高校武装干部、军事教师军用枪射击比赛二等奖；陈登科、言波荣获“2015年全省学生军训先进工作个人”；易曲辉获“2016年度全省学生军训工作先进个人”；言波获“2016年度全省学生军训工作优秀军事教师”。

### （四）促进大学生自觉履行义务

在浓厚的国防教育氛围中，我校大学生参军入伍的热情不断高涨，在校大学生入伍人数连年攀升：2013 年为 20 人，2014 年为 46 人，2015 年为 71 人，2016 年为 77 人。2015 年、2016 年连续两年被湖南省军区司令部、省教育厅评为"征兵工作先进单位"，我校武装部部长李晓翼、李正军也分别被评为"2015 年、2016 年征兵工作先进个人"。2014 年我校武装部被株洲军分区评为"先进基层武装部"，被天元区区委、区人武部评为"党管武装先进单位"；2011 年、2012 年、2014 年被株洲市天元区人民政府评为"征兵工作先进单位"。

总之，做好大学生国防教育工作，要因事而化、因时而进、因势而新。我们将继续加强国防教育体系建设，将其作为高校思想政治工作的重要组成部分，作为加强和改进高校宣传思想工作的重要环节，作为大学生思想政治教育工作的重要载体，以改革创新的精神努力做好大学生国防教育工作，不断提高国防教育教学的能力和水平。

### 参考文献

[1] 苑士军：《国防教育概论》，解放军出版社 2004 年版。
[2] 季云飞主编：《新中国国防教育理论与实践》，海潮出版社 2004 年版。
[3] 贾云生：《新时期国防教育理论与实践》，四川大学出版社 2007 年版。

# 重庆大学国防教育和学生军训工作创新案例

蒋研川　赵　林*

**摘　要：** 重庆大学党委武装部紧紧围绕学校立德树人的人才培养目标，积极推进“军政并举”的国防教育模式，依托丰富的红色文化资源，发挥好国防教育的育人功能，将爱党爱军光荣传统融入校园精神，培养学生“耐劳苦、尚俭朴、勤学业、爱国家”的重大精神；将大学生革命传统教育、素质教育、职业生涯教育和新生入学教育融入军训全过程，将国防教育、爱国主义教育有机融入大学生思想政治教育，积极开展“爱国主义教育基地”实践活动，促进国防教育进校园、进教材、进课堂、进活动，做到入耳、入脑、入心。重庆大学30余年如一日，始终坚持营造浓厚的国防教育的良好氛围，抓好国防教育内容和形式的创新，在硬件和软件建设上下苦功夫，通过一代又一代人的不懈努力，重庆大学国防教育形成了活动经常、内容丰富、形式新颖、触动灵魂、感悟深刻、全员参与、成效显著的良好局面。

**关键词：** 重庆大学　创新　国防教育

重庆大学作为国家在全国高等院校中开展军训最早的试点院校之一，开设军事理论课程和坚持军训已30余年，被评为“全国全民国防教育先进学校”“全国学生军事训练工作先进单位”和重庆市征兵工作先进单位等殊荣十余次。2011年教育部以简报的形式肯定了我校的军训工作，2015年学校通过重庆市国防教育基地考评并被授牌。重庆大学党委武装部紧紧围绕学校立德树人的人才培养目标，积极推进“军政并举”的国防教育模式，依托丰富的红色文化资源，发挥好国防教育的育人功能，将爱党爱军光荣传统融入校园精神，培养学生“耐劳苦、尚俭朴、勤学业、爱国家”的重大精神；将大学生革命传统教育、素质教育、职业生涯教育和新生入学教育融入军训全过程，将国防教育、爱国主义教育有机融入大学生思想政治教育，积极开展“爱国主义教育基地”实践活动，促进国防教育进校园、进教材、进课堂、进活动，做到入耳、入脑、入心；军训效果和军训汇报表演多次受到成都军区、重庆警备区领导的高度评价，教育部网站、中央电视台七台、重庆卫视频道等多次刊登和播出专题报道。

## 一、依托红色文化资源，加强革命传统教育

重庆是红色之都，抗战历史文化资源丰富，是红岩精神的重要发祥

* 作者简介：蒋研川（1970年～），男，1992年7月毕业于四川外语学院英语语言文学专业，学士学位，现任职于重庆大学学工部；赵林（1972年～），男，四川苍溪人，硕士，现任重庆大学武装部正科职员，主要从事国防教育及大学生思想政治工作研究。

地。重庆大学拥有全国很多高校无法比拟的丰富的红色资源，学校所在的沙坪坝区既有红岩、白公馆、渣滓洞等爱国主义教育基地，附近还有军校、野战部队和预备役部队。这些得天独厚的条件为学校开展国防教育创造了条件，烈士墓前入党宣誓、渣滓洞中缅怀革命先烈、走进军营体验部队生活、开展支部结对子共建活动，一批又一批学生在这种氛围的熏陶中坚定了理想信念，明确了政治方向。学校校园中有二战期间遗留下来的“七七抗战”大礼堂、第一教学楼（原理学院）、第二教学楼（原工学院）、寅初亭、民主湖、团结广场等人文历史景观，组织学生参观白公馆、渣滓洞、红岩村等革命历史遗迹，瞻仰聂荣臻元帅、刘伯承元帅和邱少云烈士纪念馆，到驻渝某红军师和红军团参观军史展览馆，让学生感悟红色军营的光荣传统，从而自觉地把军训经历转化为个人的精神财富，增强了大学生热爱军队、献身国防的意识。

## 二、重庆大学“一体一特三结合”大学生国防教育的具体实践

近年来，重庆大学积极构建“一体一特三结合”国防教育新机制。“一体”，就是学校以大学生军事课为主体，夯实军事课教学工作；“一特”，即以民防基地和民防知识普及教育为特色，确立人防知识进教材、进课堂、进网络成为我校国防教育的特色内容；“三结合”就是把国防教育与思想政治教育、综合素质能力提升、文化传承创新相结合，收到了显著成效（如图1所示）。

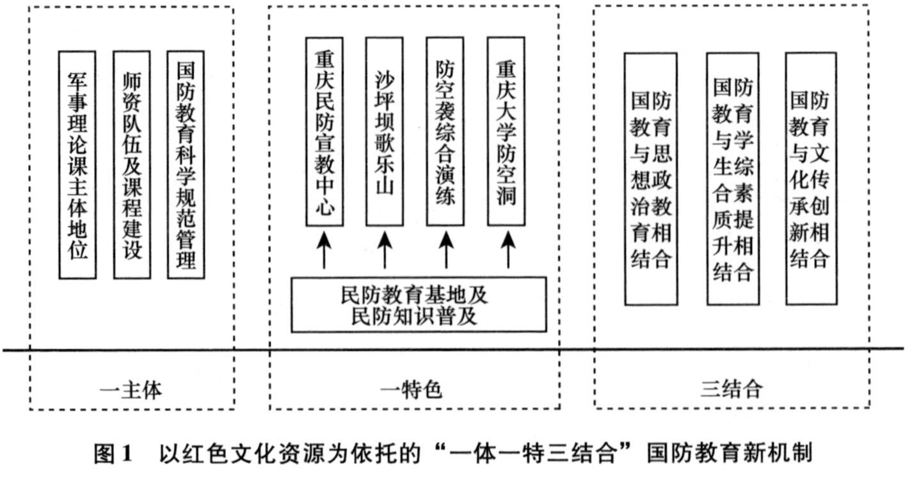


**图1　以红色文化资源为依托的“一体一特三结合”国防教育新机制**

**（一）一体：学校以大学生军事课为主体，夯实军事课教学工作**

一是确定军事理论课的主渠道和主阵地地位。重庆大学始终将军事理论课教学确定为国防教育的主渠道和主阵地，开设为必修课程，计两个学分，列入教学计划和培养方案。二是加强师资队伍和课程体系建设。依托中国人民解放军重庆通信学院强大的师资队伍，采取外聘重庆通信学院军事教员1～2人，内聘学院副书记、辅导员等方式，组织培养了近30人的中青年教师队伍。定期组织召开集体备课，聘请军事教育、教师发展中心专家开讲座，根据教师的教学特长，将授课内容划分为四个小组，采取版块教学的方法，聘请老专家和学校教学督导组成员为督导专家，做好课前、课中、课后全过程的监督、检查和管理。三是强化国防教育的科学化、规范化管理。党委武装部除每年制定军训工作总体方案和各种工作制度、训练制度外，还总结制定了《重庆大学学生军训思想政治工作指导意见》《军训手册》《重庆大学军事理论课教师职责》等规章制度，使我校国防教育有章可循。四是建立和完善军事课检查、监督制度。设立“专家领导听课制度”“课程达标评估制度”“教学工作例会制度”“教学检查制度”等制度，进一步提升“教与学”的质量。五是推进军事课考试方式等创新。采用实践教学与课堂教学相结合的军事课考试方式，军事训练成绩占70%，易班网络考试占30%，每次考试前，还通过易班网络社区公布复习题和模拟考试题，帮助学生复习和掌握教材知识点，军事课网络考试简单、快捷，为军事课教学网络化取得长足进步，东北大学、武汉大学等高校慕名前来取经，教研组一人以第二主编身份参加重庆市军事课统编教材《军事课教程》的编写工作，为规范和引领重庆市军事理论课程的建设做出了巨大贡献。

**（二）一特：以民防基地和民防知识普及教育为特色教学内容**

利用重庆是抗战时期的陪都及山城特点，同时重庆大学有1.2万平米的防空洞等有利的地理条件，以及重庆市民防宣传教育中心平台，重庆较场口惨案等历史事件等，丰富军训内容，开展防空袭疏散演练，探索“人防知识进高校”新途径。一是推进民防知识进校园试点。作为全国民防知识进校园示范高校，重庆大学在全校范围内开展民防知识进校园、进课堂、进训练营的试点工作，普及防震防灾的逃生知识和技能等系列活动，新生参与率达到百分之百。邀请重庆市民防宣教中心的老师利用新生军训的机会进校园，普及防震防灾、野外露营等逃生知识和技能；在军训拉练和汇报表演中融入防空警报、穿越染毒区等科目的训练和表演；以统一课件、统一着装的方式在全校军事课教学中专门安排两个课时讲授民防知识；利用官方微博、微信、易班网络社区广泛宣传民防知识、人防知识竞赛等，效果显著；邀请重庆医高专师生到校讲解和展示战地救护等技能。二是成立大学生民防志愿者协会，在每年4月举行的国防教育活动月活动中，派出学生到重庆市民防宣教中心实地体验和野外拉练，提高学生应对各种突发事件的能力，锻炼学生临危不惧的健康心理，提高学生的国防观念和人防意识。三是每年定期开展防空袭疏散演练。普及防空警报知识，学生航模队自己制作航模飞机作为模拟轰炸飞机配合演练。注重防空袭知识和技能的普及，演练通常分为空袭来临、紧急疏散、防空疏散以及隐蔽防护四个环节。通过演练帮助大学生学会通过心肺复苏、止血、包扎、固定、搬运方法进行自救互救，以及如何穿戴防毒面具、口罩、毛巾等通过各种毒气沾染地带，同时利用专业知识穿插心理救护与疏导环节。2017年还举办了全体新生参加的重庆大学消防演练和消防运动会，通过系列活动的开展，起到了增强青年学生的国防意识和忧患意识，激发学生的爱国热情，强化学生的使命感和责任感的作用。2015年9月19日，教育部、国家人防办、国防大学、全国国防教育学会、各省市、自治区教育厅（委）的领导齐聚重庆大学，检查观摩了重庆大学人防知识进课堂，防空疏散演练等人防知识主题教育活动，受到教育部、国家人防办和来宾的高度评价。

**（三）三结合：坚持“军政并举”育人思想，努力做好“三结合”，上好大学生入学教育第一课**

第一，把国防教育与大学生思想政治教育相结合。重庆大学将国防教育与大学生思想政治教育有机融合：一是坚持专人负责。坚持为9个新生军训营设专职教导员、为45个军训连设专职指导员，分别由各学院分管学生工作的副书记和辅导员担任。每年新生到校后进行为期3周的集中军训。把出早操、整理内务卫生、礼节礼貌和日常习惯养成贯穿于军训之中，通过严格的军政训练，确保国防教育的质量和效果。二是以活动实现育人功能。从2012年开始，每年4月确定为重庆大学国防教育月，学校党委武装部面向全校师生开展以“国防义务和国防安全”等为主题开展系列国防教育活动。其中以“实弹射击体验”“走进军营体验部队生活”“参观重庆国防教育馆”“定向越野”“防灾减灾模拟体验”“真人CS”和国防教育征文比赛等活动的规模与教育意义尤为突出，活动持续一个多月，每年参与师生近万人，为在我校宣传和推动爱国主义教育、普及国防知识奠定了坚实的基础。三是主题教育活动引导。在军训过程中，重庆大学始终坚持在新生军训师积极开展“唱奏革命歌曲”“讲抗战故事”“学抗战精神”等主题教育活动，培养锻炼学生“爱党爱军”的特殊感情、过硬的身体素质、严格的纪律规范和崇高的精神品格，坚定学生铭记历史、珍惜和平的信心和决心，培养学生的爱国主义精神。

第二，把国防教育与学生综合素质能力提升相结合。一是培养大学生的综合素质和能力不动摇。重庆大学从2013年起在全校高年级国防生中抽调50位综合素质强的国防生担任新生军训排长，既培养了国防生带兵的能力和综合技能，同时，高年级带新生实现了“传帮带”，传承了重庆大学“耐劳苦、尚俭朴、勤学业、爱国家”的“重大精神”。二是训练科目和强度不打折。每年军事训练中坚持组织新生10公里徒步拉练，增强学生体质，培养学生意志品质。长期以来，学校十分注重通过高强度的军事训练，增强学生体质，每年军训10公里徒步负重拉练风雨无阻。目的就是要通过训练，锻炼大学生的体质和体能，培养大学生团结协作，不抛弃、不放弃，以及坚韧不拔的意志品质。三是培养学生良好生活和学习习惯不放弃。为规范大学生活作息时间，努力培养大学生早睡早起，吃早饭、上早自习的良好生活习惯，2016年起，为巩固军训成果，在新生中推行“晨曦计划”，即学生晨读、晨跑活动，定期公布出勤情况，规范大学生的生活习惯和寝室卫生习惯，新生上课出勤率高达90%以上，锻塑了学生崭新的素质风貌。

第三，把国防教育与文化传承创新相结合。一是做好国防教育的文化传承。重庆大学把新生入学教育、“聂荣臻元帅精神报告会”、《红岩魂》报告会和图片展、标兵宣讲会、纪念红军长征胜利80周年主题演讲比赛、安全疏散及消防运动会等有机融入军训之中，结合重庆红色文化资源优势，不断促进文化传承创新，拓展国防教育途径，加强爱国主义和革命传统教育，丰富了大学生国防教育的内涵。打造了一系列文艺精品项目，如自编自导自演微电影《男儿何不带吴钩》《军魂》等。二是军训期间在全国首创成立新生军乐连。每年从上千名的军训新生报名者中选拔独立编制的军乐连，在做好军事训练基础项目的基础上，特邀国内相关领域专家开展行进管乐的专业训练，使军乐连成为学校艺术团行进管乐团的强大后备力量源泉，丰富了军旅文化，培养了大学生的良好艺术技能，实现了成立不到五天，就能成功演奏抗战时期表现抗大为青年蓬勃的青春活力和豪迈的革命气概的《抗日军政大学校歌》；利用“九一八”和全国国防教育活动日的机会，学校通过组织大学生集体演唱《游击队之歌》《大刀进行曲》以及《解放区的天》等抗战歌曲，让大学生铭记历史、缅怀先烈、珍惜和平、开创未来。三是做好宣传报道和文化传承。配合新闻网制作军训专题网站，出版校报军训专版和军训纪实光碟，多篇新闻入选重庆市学生军训工作简报，长达16分钟的新生军训专题片在重庆卫视频道、重庆新闻频道播出；收集30年的影像图片，举办重庆大学国防教育30年光辉历程回顾展等。通过举办一系列文化活动，让学生把所学所感所想写出来、讲出来、演出来，让学生在活动中经受了心灵洗礼，砥砺了思想品格，增强了国防观念。

## 三、“一体一特三结合”大学生国防教育的实践成效

### （一）重庆大学国防教育工作成效得到一致认同

近年来，重庆大学国防教育成效逐渐显现，受到上级部门一致的认同。2012 年获重庆市普通本科院校军事课课程建设评估优秀；2014 年我校在全军军事训练带队干部座谈会上做交流发言；2015 年 6 月市教委、市警备区、市民防办等单位指定我校承办的重庆市第八期军事理论课教师培训活动；2015 年 9 月，教育部、国家人防办、国防大学、全国国防教育学会、各省市、自治区教育厅（委）的领导到校检查观摩重庆大学人防知识进课堂、防空疏散演练等人防知识主题教育活动，相关领导给予高度评价，教育部授予我校为2015 年军事课教学检验“优秀协办单位”，军训汇报展示获得重庆市警备区领导的充分肯定。

### （二）国防教育实践经验做法受到国内同行高校推崇

重庆大学依托红色文化资源“一体一特三结合”大学生国防教育创新实践成果，得到了其他高校的一致认可。近几年来，东北大学、武汉大学、南京大学、大连理工大学、西北工业大学、西南大学等高校专程到校调研我校大学生国防教育方面有关经验做法。《国防教育》杂志社专题报道我校的经验。

### （三）教学队伍建设取得丰硕成果

重庆大学作为重庆市军事课教学指导委员会副秘书长单位，1 人入选教育部军事课教学指导委员会普通高校组委员，2 人入选重庆市人防知识教育专家库专家和重庆市委党校、行政院校系统人防教育专家库成员；1 人以第二主编参编重庆市军事课统编教材《军事课教程》，2 人参编高等职业教育公共课程“十三五”规划教材《大学生安全与国防教育》；具体指导的大学生国防教育实践成果之一《重庆大学 2015 年学生军训阅兵表演集锦》获第六届中国高校电视奖综艺类一等奖。60 余篇学术论文参加了教育部、省、市组织的国防建设研讨会的交流，有 18 篇被分别评为一、二、三等奖和优秀论文奖。

### （四）学生的精神风貌受到锻塑

通过一系列国防教育活动的开展，学生系统学习了国防、军事知识，接受了系统的爱国主义教育和革命传统教育，深刻理解了国防建设和国防教育的重大意义，掌握了必要的军事技能，锻炼了过硬的身体素质，养成

了严格的纪律规范，锤炼了坚强的意志品质，培养了学生爱国主义情怀，促进了思想道德素质的提升。学生参加教育部 2016 年军事课展示（定向越野、无线电测向）获团体二等奖 2 项，团体三等奖 1 项，单项奖 2 项，我校在两次参赛中被评为“优秀组织奖”。

### （五）学生的责任担当意识得到增强

重庆大学在近几年来的征兵工作中取得了较为明显的成绩，形成了大学生参军入伍的热情高、积极性强、人员素质高的新局面。学校把征兵宣传贯穿军训、国防教育全过程，各二级学院选派一名专职辅导员担任学院大学生征兵工作宣传联络员，各学生班还设立了一名学生义务宣传联络员，在军事课程面对面教学中安排专题讲座，抓好“国防教育月”等覆盖面广、教育意义强的品牌活动，激发了大学生参军报国的热情。近三年来，我校预征报名数名列全市高校前列，仅 2016 年全校本科生报名数达 1318 人，正式参军 24 人。连续三年被评为重庆市大学生征兵工作先进单位。

重庆大学 30 余年如一日，始终坚持营造浓厚的国防教育的良好氛围，抓好国防教育内容和形式的创新，在硬件和软件建设上下苦功夫，通过一代又一代人的不懈努力，重庆大学国防教育形成了活动经常、内容丰富、形式新颖、触动灵魂、感悟深刻、全员参与、成效显著的良好局面。

### 参考文献

[1] 张培松、陈依工：《学生军训理论与实践研究》，长征出版社 2008 年版。
[2] 张进喜、陶劲松：《中外国防教育比较研究》，武汉理工大学出版社 2004 年版。
[3] 徐则平等：《中国国防教育史》，贵州人民出版社 2005 年版。

# 高校国防教育活动的传承与创新
## ——以云南民族大学国防教育实践探索为例

赵锦霞*

**摘　要：**本文以云南民族大学的国防教育实践探索为例，探析高校国防教育活动与高校人才培养、专业建设、科研建设相结合，在军队业务部门指导下，依托高校教学科研机构，有效整合资源，解决学生军训中帮训力量不足、国防教育教学活动不规范等问题，提升高校学生军事技能训练和军事理论教学的质量，向专业化、标准化、规范化的方向发展，促进高校国防教育目标的实现，为我国高校国防教育工作的发展与创新提供借鉴思路。

**关键词：**国防教育　高校　云南民族大学

在高校学生中开展以军事技能训练和军事理论课程教学为主要内容的国防教育活动，是落实国家人才培养战略、加强国防和军队现代化建设的战略举措，是贯彻总体国家安全观的实际需要，也是为国家、军队建设培养合格建设者和接班人的重要途径。然而，近年来随着高等教育事业发展和军队改革的深入，高校国防教育工作面临新情况新挑战，主要体现在：高校对国防教育的目标认识不足，军事教学机构设置不规范，教学、科研力量都相对薄弱，导致国防教育长期处于形式化、低层次、低效能状态；高校扩招导致学生人数逐年递增，而军队专业帮训人员则逐年递减，学生军事技能训练组织协调的任务量加大，军训质量和效果受到一定程度的影响；高校军事理论课教师数量不足、教学管理不规范等问题突出，影响了高校国防教育目标实现。正视困难，创新高校国防教育途径，提升高校学生军事技能训练和军事理论教学的质量，实现高校国防教育的目标，这是高校国防教育工作毋庸置疑的任务。地处我国西南边疆的云南民族大学，始终坚持服务边疆民族地区经济社会发展的使命，结合高校人才培养的定位、专业建设的发展和科研机构的建设，从学生军训模式领域的探索起步，在国防教育专业人才培养、理论研究领域进行了有益的实践，对当前高校的国防教育活动创新、学生军训工作改革均有借鉴意义。

---

* 作者简介：赵锦霞（1976 年～），女，云南鹤庆人，硕士，现任云南民族大学人民武装学院副教授，主要从事国防教育与管理、边境管理等方面的研究。

## 一、云南民族大学国防教育活动的传承

### （一）开创“老生训练新生”军训模式

云南民族大学是一所培养各民族高级专业人才的综合性大学，是教育部、国家民族事务委员会与云南省人民政府共建的省属重点大学，前身是云南民族学院，创建于1951年8月1日，是我国最早成立的民族高等院校之一，第一任院长为著名爱国将领周保中将军，2003年4月更名为云南民族大学。1985年，普通高等学校学生军训试点工作在全国范围内推开，云南民族大学武装部、军事教研室在邀请部队官兵进校帮训学生的同时，开始逐步探索校内自训的路子。1992年，学校开始独立承担学生军训任务，在校内实施“老生训练新生”的军训模式，即由学校武装部、军事教研室负责，协调军队帮助指导学校培养学生军训教练员，保障军训枪支弹药和物资器材，学生军事技能训练完全依靠学校自身的教学力量独立组织完成。

在学生军训工作中的开创性探索使云南民族大学广受关注，成为全国高校学生军训工作的一面旗帜。1993年3月，原国家教委举办的全国高等学校军训工作表彰会在云南民族大学召开，学校获得“全国高等学校学生军训工作先进单位”称号。1994年4月，原国家教委副主任邹时炎莅临云南民族大学并就学生军训工作进行专题调研。1998年12月，云南民族大学成功承办了全国国防教育经验交流会，《解放军报》《中国国防报》《中国民兵》杂志社等媒体总编到云南民族大学专题调研学生军训工作情况，并联名向云南民族大学增送了“国防学院军训楷模”的锦旗。[①] 25年来，云南民族大学一直采用“老生训练新生”的军训模式，取得了显著的成效。

### （二）创建军地联合培养国防教育专业人才的培养模式

云南民族大学关注国防建设事业，专注于学生军训工作，与驻地军事机关联系紧密，协调合作。2000年，经云南省人民政府批准，云南省军区与云南民族大学以联合办学、军地共管的形式，成立了云南民族大学人民武装学院，学院列为省军区司令部直属队和云南民族大学二级学院，实行军事化管理，办学层次为大专，设置人民武装专业，主要培养乡（镇）、企事业单位专职人民武装干部。省军区司令部派出现役军官、云南民族大学派出处级干部到人民武装学院担任学院领导，学院的学生管理工作、部

---

① 贾云生：《高校学生军训模式研究——老生训练新生模式实践探索》，云南人民出版社2005年版。

分军事课程教学任务全部由军队现役人员承担。

自此，云南民族大学的国防教育活动进入了新的发展时期，“老生训练新生”的军训模式步入了专业化发展的阶段。学校每年一届的新生军训工作由学校学生处、军事教研室、人民武装学院共同承担，校学生处领导和人民武装学院的现役军官在学校学生军训机构担任领导职务，军事教研室负责人和人民武装学院现役干部具体负责学生军训方案制定与实施，遴选人民武装专业大二以上的优秀学生组成军训团教官，负责培训学生军训教练员，并全程参与新生军训工作，还从人民武装学院选派国防教育课程专职教师到军训团，进行军事理论课授课。通过人民武装学院这个军地联合办学的平台，云南民族大学打造了专业的国防教育团队，培养了专业的学生军训工作人才，出色地完成了历届学生军训工作任务，保证了学生军训工作的高质量。

2004 年，人民武装学院办学层次升为本科，经教育部批准设置了《国防教育与管理》本科专业，主要培养云南省国防教育与管理领域专业人才。根据人才培养的目标定位，在专业课程体系中设置了《国防教育学》《国防动员学》《军事技能》《人民武装工作》《国防后备力量建设概论》《军事高技术与信息化战争》《国防历史》《学生军训组织与实施》等课程。随着人才培养层次的提升和专业师资队伍的成长，云南民族大学人民武装学院在云南省国防教育人才培养、课题研究、教材编著等方面推出了一批成果，培养了大批国防教育专业人才，创建了云南省国防教育和学生军训工作的专业品牌。2012 年，在教育部本科专业目录调整中，国防教育与管理专业被合并到公共事业管理专业，云南省教育厅基于云南省情和社会需求的考虑，同意云南民族大学继续以公共事业管理（国防教育与管理方向）的专业名称，按专业方向培养从事国防教育与管理的专业人才。人民武装学院本科专业的学生们在参与社会实践、学年实习的过程中，展示出了优良的军事作风、专业的国防理论素养和军事专业技能，获得各级军事机关和各类学校的赞誉。各县级人武部主动联系学院，请求学生在假期实践环节参与完成当地中小学军训任务，许多高职高专类院校专程到学院来招聘毕业生去院校军事教研室任职、担任学生管理工作等，部分学生因军事素养突出被选入南京航空航天大学、四川民航飞行学院等培养成为飞行员。在办学过程中，云南民族大学人民武装学院始终着眼云南民族大学边疆性、民族性的办学特色，坚持为边疆民族地区国防后备力量建设培养军民复合型人才的办学定位，源源不断地培养着云南省国防后备力量建设、国防教育事业的后备人才。

## 二、云南民族大学国防教育活动的创新

随着中央军民融合发展战略的提出，军队改革的不断推进，边疆地区国防后备力量建设、国防教育、国防动员等事业的重要性日益凸显，作为军地联合办学的学院，云南民族大学人民武装学院在国防教育和学生军训专业人才培养、科学研究、社会服务方面的职能得到军地有关部门的关注。

### （一）加强国防教育与学生军训工作的实践研究

自2012年起，云南民族大学人民武装学院陆续参与了云南省军区关于国防教育、学生军训工作等相关课题研究，研究成果在系列文件中得到体现，如：云南省人民政府和云南省军区下发的《关于加强新形势下学生军训工作的意见》；云南省教育厅和云南省军区司令部下发的《云南省普通高等学校和高中阶段学校学生军训工作评估实施办法》；中共云南省委高校工委、云南省教育厅、云南省军区司令部、中共云南省委机构编制办公室、云南省人力资源和社会保障厅共同下发的《云南省普通高等学校武装工作管理办法》。2014年，人民武装学院与云南省国防教育办公室合作，编写出版了小学、初中、高中、大学等整套国防教育教材，填补了云南省学校国防教育教材的空白。2015年，在云南民族大学立项的云南省哲学社会科学重大招标项目中，云南边疆少数民族地区的国防教育问题被列为其中一个专题开展研究。2016年，中国人民解放军昆明市警备区委托人民武装学院编制了《昆明市军民融合深度发展十三五规划》，把国防教育列为一个专题，通过昆明市委、市政府和警备区批准得到实施。

### （二）搭建起国防教育活动的行业平台

为检验云南省高校历年来学生军训的实践情况，2016年12月1日，云南省教育厅委托云南民族大学承办了“云南省驻昆高校军训成果汇报表演暨军事技能竞赛”活动，由人民武装学院负责组织实施。活动共设列兵式、单兵战术、5公里武装越野、精度射击、军事理论考试等5个竞赛科目和分列式，在昆高校39支代表队6000余名学生参加活动，取得圆满成功。同时，云南省教育厅在云南民族大学挂牌成立“云南省学校国防教育研究中心”，并将云南省教育厅“云南省学校国防教育指导委员会”秘书处办公室设在云南民族大学人民武装学院，主要职能是指导全省学校国防教育教学改革、拟定云南省学校国防教育教学大纲，开展高层次的国防教育理论研究和学生军训工作理论、法规政策和体制机制研究，协助省教育厅开展学生军训、征兵工作、师资培训以及学校国防教育教学活动的检查、督导与评估；加强与省内外国防教育研究机构的交流合作，组织相关

学术研讨活动，为创建国防教育新兴学科提供智力支持，为国防教育的社会实践提供指导和服务。①

**（三）探索国防教育活动规范化的创新途径**

由于军队改革日益深化，学生军训工作面临新的局面，院校和中学军训工作缺乏专业教官的问题迫在眉睫，部分在昆高校、职业技术学院、高级中学纷纷到云南民族大学人民武装学院联系，希望派出军训教官共同完成军训任务。借助云南民族大学提供的平台，云南省学校国防教育指导委员会及时召集云南省部分高校学生军训工作负责人，调研整理了目前云南省各高校的意见建议和急需解决的问题并上报省教育厅，为省教育厅进一步规范学生军训工作提供了依据；云南省学校国防教育研究中心就当前省内各级各类学校国防教育、学生军训工作中存在的问题拟定了研究课题，发布招标课题，以凝聚专家学者的共识，进一步推动云南省学校国防教育、学生军训工作创新发展。下一步，云南民族大学还将积极发挥“一委”“一中心”的作用，持续推进云南省国防教育活动的专业化、规范化、标准化；在省教育厅的领导下分批次开展组织全省国防教育教师和军训教官培训；组织全省“国防教育特色学校”和“中小学国防教育示范校”评审，通过制定评估标准、规范课程内容、督导落实等方法手段，进一步加强和提升学校国防教育教学质量；联合省内部分高校、高级中学、初级中学、小学等，成立“云南省学校国防教育协会”，依托行业协会，协助省教育厅组织学生军训、开展国防教育、军事技能培训和完成省教育厅赋予的各项活动等。

## 三、对新时期高校国防教育活动的启示

多年来，云南民族大学一直胸怀国防，与云南省军区保持良好的互动，在国防教育工作中率先实践，大胆创新，创出了“老生带新生”的军训模式之后，又走出了与军队合作办学的新路子，搭建了军地合作的新平台，培养出一批批从事国防教育、学生军训工作的专业人才，以专业化、标准化、规范化的发展模式，真正地把国防教育工作做成了一项生机勃勃的事业。云南省军区和云南民族大学以军地合作为基础，共同创办了实施军事化管理的特色学院——人民武装学院，打造了公共事业管理的特色专业品牌——培养国防教育与管理方向人才，在国防教育和学生军训工作领域书写了多彩的篇章，成为云南省高校中的一个亮点。云南民族大学在国防教育和学生军训工作领域的努力与成果备受关注，2016 年，被云南省教

---

① 毛智贤：《云南省学校国防教育研究中心年度工作计划》，2017 年。

育厅评为“云南省国防教育特色学校”，被国家教育部评为“全国国防教育特色学校”。云南民族大学在国防教育工作中的实践经验说明：

**（一）军地部门认识一致是高校开展国防教育的思想基础**

云南民族大学历任领导班子国防意识强，始终关注国防建设事业，这呈现在学校对学生军训模式探索、与云南省军区合作办学、对人民武装学院专业建设与发展的支持力度上。云南省军区领导有前瞻意识，这体现在依托国民教育地方高等院校培养军民复合型人才方面，通过云南民族大学的办学积淀、人才资源、教学资源、科研资源等，在国防教育、国防动员、后备力量建设等行业领域实现专业化人才培养，为边疆民族地区的后备力量建设事业储备人才。正是源于军地部门领导共同的国防责任意识，使双方能够相互协作，共享资源，创建平台，联合推动了国防教育与学生军训工作的进步和创新。随着军队改革的进行，地方高校应该主动协调，取得各地军事机关国防教育机构、军训业务部门的指导与支持，为高校国防教育工作的创新奠定军民融合的基础。

**（二）打造专业人才队伍是高校开展国防教育的重要途径**

要提升国防教育与学生军训工作的质量，必须建立国防教育与学生军训工作的实施规范和评价体系，而要实现国防教育与学生军训工作的专业化、标准化、规范化，关键在人，必须先培养一支专业的国防教育人员队伍。在军改不断推进的情况下，国防教育与学生军训工作的职能将主要由地方教育机构来落实，打造专业的高校国防教育与学生军训工作人才队伍迫在眉睫。地方高校专业化的人才培养体系、稳定的生源规模、优质的科研资源，再加上自身开展国防教育的需求，使地方高校成为打造专业国防教育人员队伍的最佳机构。云南民族大学通过举办人民武装学院，设置国防教育与管理专业方向，开展国防教育领域专业建设，进行国防教育领域专业人才的培养和理论研究，不仅培养了一支从事国防教育教学和研究工作的稳定的教师队伍，而且专业面向培养军民复合型人才。毕业生既具备公共事业管理的专业知识和能力，同时也具备组织国防教育活动、开展军事技能训练、从事国防动员工作的素质和能力，具备一定的综合军事素质。他们在校学习期间能够成为组织新生军训的教练员，有效地解决了帮训人员不足的问题；还可以结合专业实习担负各级各类学校的学生军训工作、参与各类社会国防教育活动；毕业之后无论在哪一类行业就业，都能成为全民国防教育活动的排头兵、军事技能训练的组织者、国防教育活动的传承者。

**（三）整合资源发挥合力是高校开展国防教育的未来趋势**

高校有自身的使命，国防教育与学生军训工作是育人工作中的一个环节，要高质量高效率地开展好各类国防教育活动，完成学生军训任务，在注重专业化、标准化、规范化的同时，还应当关注效益性。云南省教育厅经过综合考察，选取云南民族大学作为云南省学校国防教育的教学和研究基地，再由云南民族大学牵头整合全省院校国防教育与学生军训工作，充分发挥“云南省学校国防教育研究中心”和“云南省学校国防教育指导委员会”的作用，建立行业协会，开展专业研究，出台行业规范，培养专业人才，推动本地区国防教育、学生军训事业的新发展。各地也可以根据地区差异和发展水平的实际，选择有较好的国防教育学科建设积淀、学生军训工作经验积累的高校作为龙头，协调军地相关业务部门，整合当地的军地国防教育资源，开展国防教育活动的实践与创新。

## 结　语

加强高校国防教育工作，强化大学生的国防观念和国家安全意识，培养大学生一定的军事技能，全面提升大学生的综合素质，是贯彻总体国家安全观的实际需要，是实现中国“强国梦”“强军梦”的必然要求，高校应主动担当，创新思路，开创国防教育、学生军训工作的新局面。

## 参考文献

[1] 何锋：《中国国防教育史纲》，厦门大学出版社 2013 年版。
[2] 杨力：《国防教育新论》，高等教育出版社 2000 年版。
[3] 武炳：《国防教育学》，国防大学出版社 2000 年版。

# 新形势下学校国防教育改革创新之我见

马滨强　廉　欢*

**摘　要：** 学校国防教育必须要从战略和全局的高度认清其重要性，要依据新形势下对学校国防教育提出的新要求，有效探索国防教育改革创新的新途径。

**关键词：** 国防教育　改革创新

国防教育是一项战略事业，是凝聚国家意志，动员战争力量的现实手段，事关国防建设的大局、全局。习近平同志提出，加强国防教育，增强国防观念，使关心国防、热爱国防、建设国防、保卫国防成为全社会的思想共识和行动自觉。这为我们新形势下国防教育工作指明了努力方向，提供了根本遵循。学校作为培养各种人才的重要基地，担负并完成培养国家建设者和保卫者的任务，在国防教育中的作用举足轻重，必须加强对新形势下国防教育的研究和思考，努力推动国防教育改革创新发展。

## 一、新形势下学校国防教育改革创新面临的新背景

新的历史时期，加强全民国防教育，既是贯彻总体安全观的实际需要，也是实现“中国梦”的必然要求。学校开展国防教育要紧紧围绕全面贯彻落实习主席关于国防和军队建设的系列重要指示为统揽，从战略和全局的高度，认清国防教育的新背景和新挑战。

第一，进一步加强学校国防教育是实施军民融合发展战略的必然要求。实现中华民族的伟大复兴，必须坚持富国和强军相统一。进一步加强学校国防教育力度，充分认清“中国梦”就是“强国梦”，也是“强军梦”的道理，牢固树立经济建设和国防建设融合发展的理念，积极营造全社会关心支持国防和军队建设的浓厚氛围。

第二，进一步加强学校国防教育是应对国家安全挑战的必然要求。当前国家安全形势极为复杂，特别是海上方向面临的现实威胁更呈上升趋势，这也要求要进一步加强学校国防教育，增强忧患意识和责任意识，进而激发关注国防安全，依法履行国防义务的思想和行动自觉。

第三，进一步加强学校国防教育是意识形态领域安全的必然要求。国

---

* 作者简介：马滨强（1963 年～），男，山西阳城人，本科，现任海军陆战学院学生军训教研室主任，主要从事国防教育方面的教学与科研工作；廉欢（1978 年～），女，黑龙江克山人，硕士研究生，现任海军陆战学院学生军训教研室讲师，主要从事国防教育方面的教学与科研工作。

防教育是一项普遍性的、层次较高的意识形态教育，也是一项凝魂聚气的基础性工作。当前意识形态领域斗争十分复杂尖锐，要通过深入持久的国防教育，焕发学生的爱国之心、报国之情、强国之志，进一步形成为国家民族利益而奋斗的共同意志和精神长城。

## 二、新形势下学校国防教育改革创新提出的新要求

十八届五中全会提出："实施军民融合发展战略，形成全要素、多领域、高效益的军民深度融合发展格局""要高度重视意识形态领域工作，切实维护意识形态安全"，这也将国防教育迫切提到一个前所未有的高度，学校应紧紧围绕新形势下对国防教育提出的更高要求，充分发挥其在不同阶段的教育作用。

### （一）普及作用至关重要

小学和初级中学，担负着对学生进行国防普及教育的任务，主要进行的是爱国主义的教育。可以预见，一个稚气十足的孩子，经过十多年的学校教育，不仅体魄上逐渐长大成人，而且思想道德和科学文化上也不断提高，在学习和掌握各种知识技能的过程中，对国防方面的知识技能也有所涉猎，这种教育，是"初次印象"，最容易打上"烙印"，对人的一生影响尤深。

### （二）提高作用不容忽视

高级中学或相当于高级中学的学校，担负着对学生提高国防教育的任务。在这个阶段中，一方面要寓国防教育于各科教学，另一方面要开展必要的军事训练。因为这阶段毕业的学生一部分可以应征入伍或进入高等院校继续深造，这样可以为军队培养具有一定军事素质的兵员，另一部分要走上各行各业工作岗位，直接参加劳动和管理，成为具有一定知识技能的国防后备军。因此学校在教学过程中，要把培养劳动后备军和国防后备军作为目标，将二者有机结合。

### （三）深造作用更加关键

高等院校在国防普及教育的基础上对学生进行更加深入的国防教育，即深造作用。除了进行必要的军事训练，教育局、总参谋部、总政治部在2002年印发了《普通高等学校军事课教学大纲》，对课程的专题、学时等都做了明确要求，课程建设相对较为完善。随着当前形势变化，适当增加教育内容的深度和广度，结合所学专业有针对性地增加一些如战场救护、应急抢险等方面知识，为国防动员做好相应准备。

## 三、新形势下学校国防教育改革创新的有效途径

《国防教育法》对学校如何开展国防教育明确指出，随着新时期对国防教育要求的不断提高，学校国防教育的教学内容、教学方法、教学保障也要不断改革和创新。

**（一）紧紧围绕目标要求，深化拓展教学内容**

依据新形势下对学校国防教育提出的目标要求，学校国防教育要在爱国主义教育、革命英雄主义教育、国防知识教育等方面不断拓展和深化。

1. 巩固爱国主义教育

爱国主义教育是国防教育的重要内容，爱国主义思想是国防观念的基石。爱国主义教育作为国防教育中的一项必修课、基础课，必须抓深、抓细。学校应在各科教科书内容的基础上，充分宣传祖国优越的地理环境、丰富的矿藏能源、锦绣的山河、壮丽的自然风光，用生动具体的宣传教育激发对祖国的热爱；充分宣传祖国的悠久历史及其对世界的贡献，增强学生的民族自豪感，激励发扬我国勤劳勇敢、勇于创新的优良传统；充分宣传近代和现代中国人民反抗外国侵略的历史，宣传近代爱国先驱和广大人民群众对外国侵略者不屈不挠、前仆后继的斗争精神，宣传中国无产阶级高擎爱国主义旗帜登上政治舞台后出现的反帝运动的崭新局面；加强热爱党、热爱社会主义的教育，充分认识中国共产党的伟大和正确，充分认识社会主义道路的正确性，充分认识祖国的命运和中国共产党的命运、社会主义命运紧密相连不可分割，坚定实现民族复兴中国梦的信念。

2. 深化革命英雄主义教育

革命英雄主义是我党、我军和我国人民在革命斗争中形成的优良传统，是我们战胜国内外敌人的无价之宝，是我们夺取社会主义革命和建设事业伟大胜利的强大精神力量，在国防事业中具有特殊的地位和作用。一是要进行严守纪律和培育自我牺牲精神的教育。具有坚强的纪律观念，严守纪律，当祖国安全受到威胁时，一声令下，才能召之即来，来之能战，战之能胜；才能有令必行、有禁必止，才能使全军、全民步调一致，万众一心，夺取胜利。二是要进行大公无私和先人后己的教育。有了这种精神，才能正确处理个人利益和国家利益的关系；有了这种精神，当祖国需要时才会挺身而出，勇敢地走上保卫祖国的战斗岗位；有了这种精神，才会在反对侵略、保卫祖国的战斗中，具有大智大勇；有了这种精神，才会自觉抵制资产阶级腐朽思想的侵蚀，不做争名逐利贪生怕死的庸人。三是要进行坚持革命乐观主义、排除万难去争取胜利精神的教育。中国共产党领导中国人民在长期的革命斗争中充分发扬了这种革命乐观主义、排除万

难去争取胜利的精神。尽管我国逐步走上了富裕道路，国家实力逐步增强，但在今后国防建设和“新常态”的考验中，仍然需要发扬革命乐观主义、排除万难去争取胜利的精神。

3. 拓展国防知识教育

根据不同阶段的教育特点，适度拓展国防教育知识。一是加强国防理论的教育。国防理论的内容很广，学校应联系实际，有的放矢地组织和宣传一些基本理论。结合一些经常性的形势教育，引导学生把国防意识、国防观念建立在理性认识的基础之上。二是加强国防军事知识。根据新时期国防建设的需要和各阶段学生的承受能力，讲授一些领土和疆界的知识、我国武装力量的知识、现代军事科技知识、城市人民防空和三防知识、应急救护知识等，更是一种生动的国防意识的熏陶。三是深入国防法制教育。充分宣传国防和军事法规的地位和作用，增强国防法制观念。在初、高中阶段深入学习宪法中关于国防的法律条文和兵役法，充分宣扬我国兵役制度的特点和优越性，为积蓄后备兵员、开展国防动员做好相应准备。

**（二）依据教育特点规律，创新完善教学方法**

国防教育的长期性、内容的广泛性等性质决定了国防教育必须采取特殊的方法，尤其在市场经济讲究效益、追求现实利益的情况下，国防观念、国防意识容易淡化，这些特点和心理状态都要求国防教育的形势和方法进行相应的改革，做到多样性、生动性、趣味性，因人制宜、因地制宜、因时制宜。

1. 坚持课堂教学主阵地，抓好经常教育

国防教育一方面要重视运用大量的活的教材，一方面还要使教育内容系统化，因此要利用好课本教材中有关国防教育的内容进行规范。如中学政治课中专门有一课“爱祖国”，指定方志敏的《可爱的中国》等为阅读材料，教育学生懂得“祖国利益高于一切”，为祖国要勇于献身。《政治常识》读本中有一节课专讲《我国的人民军队》，让学生懂得没有一支人民的军队，就没有人民的一切，懂得依照法律服兵役和参加民兵组织是公民的光荣义务。语文课本里有反映爱国主义和革命英雄主义的优秀文学作品《荷花淀》《谁是最可爱的人》以及边塞诗等，历史课中既有我国历代军事思想的丰富内容，又有我国近代有国无防或防而不固的沉痛教训。我们要充分利用这些教材，善于渗透、巧于结合，使其成为一堂堂生动的国防教育课。

2. 充分利用各种宣传阵地，搞好随机教育

充分利用报刊、广播、电影、网络等宣传工具，发挥好国防教育智能，许多省市报刊都有《国防天地》《部队与民兵》等专栏，这种专栏有

通讯、有消息、有言论、有资料，短小活泼，可读性强；播放一些军事教育片如《地道战》《上甘岭》等，对青少年的教育作用也是不可估量的；学校的广播定期开办一些国防教育专题，宣传一些有关国防军事的科技知识等，对国防意识也会发生积极的影响；对于中职学校，学生学习相对自主，可以引导其利用网络加以学习，如鼓励倡导学生尝试参与慕课（MOOC）学习，这种风靡全球的新型教学模式必将带来不可估量的教学效果。

3. 经常组织专题活动，做好集中教育

经常组织一些实践性教学活动，参观英雄雕像、纪念碑、纪念馆、烈士陵园等，通过组织祭扫烈士墓、瞻仰英雄雕像，参观和讲解纪念馆内文物和展览，请老红军讲当年的斗争经历等，加强国防意识的熏陶。开展一些国防月、国防日、评比竞赛等活动，如围绕纪念中国抗日战争暨世界反法西斯胜利70周年进行的阅兵仪式，开展抗战胜利纪念小报评比、主题作文竞赛、演讲比赛、军事知识竞赛等。学校还可根据需要联系部队派遣军官进行更为专业和深入的国防理论教育、国防法制教育、军事知识教育。

**（三）把握教育管理特征，规范细化教学保障**

国防教育管理，是对国防教育的对象、内容、形式、方法、经费等有关内容的管理。这些管理需要遵循一定的规程和准则，才能收到预期的效果。

1. 构建规范化管理体系

一是科学制定国防教育规划，有计划、有步骤地开展国防教育。明确国防教育的教学目标，以及需要采取的途径、步骤和办法等，将年度国防教育计划纳入学校总体教学计划范畴。二是组织编写国防教育教材。组织具有较高学术水平、丰富教学经验和有工作经历的人员进行统编教材，要根据各阶段学生年龄和心理特点，编写出具有时代气息的国防教育教材；要处理好自然科学知识和社会科学知识的比例，统筹兼顾、协调发展。三是加强国防教育师资队伍建设。教师是学校实施国防教育的主导力量，在教师编制中设立专职国防教育教师岗位，有助于长期、系统、深入地开展教育，确保效果。四是加强国防教育质量跟踪，采用多种方式考核。一方面将国防教育课程纳入学校的必修课程成绩，纳入考试范畴，另一方面采用多种方式对国防教育质量进行评估，比如结合学生就业率、入伍率等进行长效评估、合理评估。

2. 完善规范化保障机制

国防教育是一种稳定的、社会化的教育活动，有关法律法规中明确强调了国防教育的保障和法律责任，要完善规范化保障机制，确保现有各项法规制度的落实。一是健全国防教育组织机构，成立以校领导为第一责任人的国防教育领导小组和工作小组，明确其职责和任务，统筹学校国防教育的具体工作，以坚强的领导力量、健全的组织机构确保国防教育有序进行。二是建立国防教育工作机制，实现国防教育制度化、规范化。将国防教育工作放在和教学工作同等重要的位置上，定期分析国防教育形式，研究解决开展教学过程中出现的各种问题，切实强化国防教育的组织领导工作。三是完善国防教育监督机制，加大奖惩力度。成立教学督导组，适时深入检查、考核和检验教学效果和质量，改变以往“有教学无评估”的状况。教育行政部门，依据有关政策规定，研究制定符合学校实际的检查考评细则，广泛开展达标活动，根据达标情况，赏优罚劣，切实保障国防教育按照素质教育的要求，足额、深入地开展。

“功崇惟志，业广惟勤。”习近平主席在阐述中国梦时，引用了《尚书》中的这句话，即“只有具备志向才能成就伟业，只有勤勉工作才能事业发达”。用这句话来激励国防教育事业也很恰当，只有各级有关部门高度重视，认真落实，才能为实现中国梦积聚强大力量。

**参考文献**

[1] 张冉:《以“十八大”精神为指导推动学生军训教学创新发展》，载《普通高等学校军训教学研究论文集》，国防大学出版社 2013 年 9 月版。

[2] 王春新、韩鹏:《新形势下学生军训改革与创新发展的思考》，载《全军学生军训30 周年理论研讨会论文集》，国防大学出版社 2015 年 12 月版。

[3] 赵志丹:《推动学生军训工作创新发展，军事机关应当强化“四种意识”》，载《全军学生军训 30 周年理论研讨会论文集》，国防大学出版社 2015 年 12 月版。

# 国家安全教育

# “总体国家安全观”视阈下普通高校国防教育创新研究

姚　遥*

**摘　要：**总体国家安全观的提出为大学生国防教育提供了一个全新的视角，通过对国防教育现状的研究，探索将总体国家安全观融入普通高校的国防教育的创新路径，以期提高大学生参与国防教育的积极性、增强国防教育的有效性。

**关键词：**总体国家安全观　国防教育　创新研究

习近平在2014年4月15日中央国安委第一次会议上明确指出：“中国国家安全内涵和外延比历史上任何时候都要丰富，时空领域比历史上任何时候都要宽广，内外因素比历史上任何时候都要复杂。”① 随着我国综合实力的逐渐强大，我国在国际上的地位、影响力也逐步上升，增加了西方某些敌对势力的敌视，我国的不安全、不和平因素也在无形地增长。与国际交流、合作的机会逐步扩大，给不和谐势力制造了一定的可乘之机。我国面临的错综复杂的安全问题把国防教育推向了新的阶段。习近平主席适时提出“总体国家安全观”概念，内容涵盖11个领域：政治、国土、军事、经济、文化、社会、科技、信息、生态、资源和核安全。“总体国家安全观”的提出为大学生国防教育提供了一个全新的视角，普通高校国防教育的内容与形式也理应做出适当的调整。

## 一、“总体国家安全观”视阈下普通高校国防教育创新的背景

“总体国家安全观”的提出为高等院校国防教育的开展提供了指导思想，也为如何破解当前国防教育面临的困境和难题提供了新的思路和根据。唯有坚持以“总体国家安全观”为指导，推进国防教育模式的创新，才能使高等学校国防教育获得旺盛的生命力和持久的驱动力。

### （一）扩充了普通高校国防教育的教学内容

根据《普通高等学校军事课教学大纲》的规定，现在的普通高校国防教育的课程包含五大教学内容，分别为中国国防、军事思想、国际战略环

---

* 作者简介：姚遥，女，2010年6月毕业于中南大学，硕士，现任中南林业科技大学讲师，主要从事国防教育方面的研究。

① 习近平：《坚持总体国家安全观走中国特色国家安全道路》，《人民日报》，2014年4月16日。

境、军事高技术、信息化战争。这个大纲于2002年颁布，2006年进行了一次修订，也就是说这个教学大纲自2006年至今都未再进行过修订和更新。然而我国的内外部安全环境在这十多年间已经出现了很多新的变化。面对不断变化的安全形势，现行的教学大纲显然已不能适应。

在“总体国家安全观”的视阈下，普通高校国防教育的内容理应突破以往陈旧的模式，不断充实国防教育的内容，保证现有的国防教育能够与新的国家安全形势相匹配。在理论教学环节，可考虑对五部分内容进行拓展，如在“中国国防”中加入“总体国家安全观”的概述，提升学生的国家安全意识；在“国际战略环境”中加入“总体安全观”的理论，引导学生从新的视角把握世界格局走向；在“军事高技术”中加入“科技安全”的内容表示国家科学技术发展的一种安全态势，这种态势体现了在国际大环境下，国家通过政治、军事、外交、经济、科技等手段，使国家科学技术系统既通过与国际环境的开放式作用和系统内部的协调运行达到功能优化，又保证该系统不招致来自内部和外部的威胁，并以此维护国家利益；在“信息化战争”中加入“信息安全”的内容，现在的大学生作为使用网络最活跃的群体，对这个群体开展网络安全、信息安全教育就显得尤为迫切。

### （二）加深了普通高校国防教育的理论深度

“总体国家安全观”是对国家安全及国家安全相关问题的历史、现状、发展、规律、本质等的认知、评价和预期。在冷战结束之前，大部分国家都认为军事安全就是国家安全的全部，要实现国土安全、主权完成主要是依靠军事手段。进入21世纪以后，大家逐渐认识到传统安全观已经无法概括当下全部的安全问题，很多非传统安全领域的问题越来越突出。

对于国家安全的内涵，普通高校的国防教育的重点一直以领土与主权为核心，强调传统军事安全。“总体国家安全观”的提出是在安全观念领域的一次革故鼎新，是对既有经验的总结与突破。相较而言，“总体国家安全观”将国家安全的外延进一步扩大：一是内外兼顾，不仅强调外部安全，同时也强调内部安全，并且内外部安全具有一定的相关性，在一定的条件下可以相互转换，不能将二者孤立地看待；二是强调安全层次的多元化，全球安全、地区安全和人民安全等都被予以考虑；三是强调安全领域的拓展，经济安全、信息安全、环境安全和社会安全等各领域被纳入安全范畴。

### （三）增强了大学生国防教育的兴趣程度

现在的大学生思维活跃，获取知识的渠道广泛，传统的军事安全教育以及传统的教学方法已无法满足学生的要求。我们可以在“总体国家安全观”视阈下，拓展国防教育的外延和内涵：以树立危机意识为切入点，强调公民参与国家防务的重要性，不断强化全体公民的安全意识。

“总体国家安全观”的提出，使得国防观念不论是内容深度还是范围广度都得到扩充，而且形式多种多样，能够覆盖当今大学生的兴趣范围。与国家安全相关的信息安全、经济安全、文化安全等方面的知识与我们的社会生活有着密切的联系，再加上事例多、时代性强，更能引发大学生的共鸣和认同。将“总体国家安全观”融入普通高校国防教育有助于增强大学生国防教育的兴趣程度，从而提高大学生国防教育的参与度和实效性。

## 二、“总体国家安全观”视阈下普通高校国防教育创新的动因

### （一）重要性认识不够

部分高校认为大学生进行了军训就是接受了国防教育，学校的国防教育就已经完成了任务。而实际上，普通高校的学生是国防强大的后备力量，对普通高校学生进行国防教育应上升到国家安全的高度。根据2006年修订的《普通高等学校军事课教学大纲》规定：“军事课程以国防教育为主线，以军事理论教学为重点，通过军事教学，使学生掌握基本军事理论与军事技能，增强国防观念和国家安全意识，强化爱国主义、集体主义观念，加强组织纪律性，促进总体素质的提高，为中国人民解放军训练储备合格后备兵员和培养预备役军官打下坚实基础。”① 也就是说给大学生进行国防教育的目的就是要培养当代大学生的国防观念和国家安全意识。很多高校将国防教育简化为军训工作，而且很多高校看重军训也是出于提高学生组织纪律性的考虑，而对于学生的国防观念和国家安全是否提升并不关注。而军事理论课在高校里的地位更是十分边缘，因为在很多人的观念当中开设军事理论课对学生而言意义不大，能够足额开满要求的36课时的学校并不多。

### （二）教学内容陈旧

《普通高等学校军事课教学大纲》规定的教学内容有五大块，分别是中国国防、军事思想、国际战略环境、军事高技术和信息化战争。从严格意义上来说，这五大块内容中的每一块都可以作为一门单独的课程来讲授。如果按照《大纲》所规定的36学时内把这些内容讲完，只能是简单讲述，点到即止，很难让学生真正理解掌握。而实际情况是，大部分高校都没有达到36学时的要求。内容多，课时少，这必然会导致重点不突出，

---

① 教育部、总参谋部、总政治部：《关于印发新修订的〈普通高等学校军事课教学大纲〉的通知》，教体艺［2007］1号。

课堂教学的实效性不强。

国防教育理论教学的内容比较杂乱，没有统一规范的教材，课时安排上也都无法达到最低要求。军训的实践教学内容没有创新，与当今社会发展脱节，更不能和最新的信息化战争形式相适应。而且这些教学内容还是偏重军事知识和军事技能的培养，重视传统领域安全，忽视非传统领域安全，这显然不能适应“当下我国国家安全内涵与外延比历史上任何时候都要丰富，时空领域比任何时候都要宽广，内外因素比历史上任何时候都要复杂”的新形势，原有的课程内容设置并未能反映出当下安全领域的新变化，甚至可以说已经与当下的“总体安全观”脱节，亟待更新和完善。

#### （三）教师队伍不稳定

一支稳定、素质高的教师队伍，是国防教育实效性的重要保证。但是，目前军事课教师缺乏稳定性已经严重制约了国防教育的发展。国防教育非一个独立的学科是造成军事课教师队伍不稳定的一个主要原因。由于没有学科挂靠，在高校内部评聘职称的时候只能挂靠到其他学科或专业上。没有独立的评审体系，军事课专职教师的职称评聘很难落实。很多高校由于编制和经费问题，无法配齐专职教师，只能从辅导员或是部队转业干部中选聘兼职老师。这样的师资队伍，素质参差不齐，而且面临着职称难解决、待遇难提高、课程边缘化的现状。在这样的状况下，军事课成为行政人员转教学的跳板或是混课时的一种选择。

从现有的情况来看，各高校的教学平台设置不太规范。从归属上看，只有极少数高校设置了相对独立的教学机构，绝大部分高校都将其挂靠在马克思主义学院或者是武装部等部门。国防教育的教学平台没有独立，很难获得足够的重视，长此以往边缘化的趋势在所难免。而边缘化的结果必然会导致国防教育的师资队伍的专业培养和常规培训无法正常开展，教师的职称和待遇问题无法妥善解决，这支队伍专业性和稳定性也无法得到保证，这严重影响国防教育课程的实际效果及国防教育的可持续发展。

### 三、“总体国家安全观”视阈下普通高校国防教育创新的路径

#### （一）重塑教育目标，建立新的普通高校国防教育的发展导向

普通高校的国防教育从 1985 年军训试点开始，已经整整开展了 32 年，教学大纲经历了三次修订。从教学形式上看，由“军训”发展到“以军事理论教学为重点”；从课程目标上看，由只强调“增强国防观念”到“国防观念与国家安全意识”并重，这些变化反映了这门课程的导向在不断地调整。但是不管如何变化，教学大纲的核心依旧是传统的安全观。

在国际国内形势发生巨大变化的今天，将总体国家安全观与普通高校

国防进行有机的结合，重塑国防教育的核心和目标，变得越来越有必要。而要实现国防教育核心和目标的重塑，必须要对教学大纲进行及时的修订，因为军事课课堂教学是实现国防教育目标最重要的一个平台，而教学大纲则是各个高校在开展课程教学时基本的依据。大纲在修订的过程当中，应当充分考虑非传统安全领域的变化，从提高学生国防观念和国家安全意识的高度出发，制定这门课程的新的培养目标和发展方向。

**（二）提高教师水平，建立高素质国防教育队伍**

要发挥普通高校国防教育平台的作用，提高大学生的国防观念和国家安全意识，关键在于拥有一支高素质的国防教育队伍。“总体国家安全观”扩充了国防教育的内容和理论深度，对国防教育队伍提出了更高的要求。每位一线教师都应该树立全新的国家安全观念，构建大国防观。将国家安全所涉及的11个方面内容融入教学内容，完善国家安全意识教育的课程结构。一支过硬的国防教育师资队伍，不仅要具有一定的军事素养，还要将视野延伸到非传统安全领域。随着信息化时代的到来，新媒体在教学过程中的运用，军事课教师要加强信息获取和识别能力，这就要求教师要不断加强学习，丰富自己的知识储备，提高自己的教学和科研能力，才能真正使国防教育课程获得应有的教育效果。

建立高素质国防教育队伍，提高教师水平，最重要的就是要让教师能安心此项事业，解决教师的后顾之忧。国防教育要有属于自己的学科体系，方能解决一线教师的评职称问题，才能让这支队伍稳定。稳定的队伍是建立高素质队伍的前提，是课程建设的重要保证。

**（三）注重理论指导，加强军事课堂教学**

《中华人民共和国国防教育法》第15条规定：“高等学校应当设置适当的国防教育课程。”目前我国普通高校主流的国防教育模式就是“军事课堂教学+军事训练”，而军事训练以其特有的表演性及可以在短时期内提高学生的组织纪律性的特点，受重视程度远高于军事课堂教学。所以不少高校在实际操作和执行过程中，“重军事训练轻理论教学、偏好能表演的阅兵式和分列式等有形科目，而忽略了‘意识’和‘思想’层面的教育与培养的根本目标”。① 这样的做法实际上是国防教育目标导向的偏位，课堂教学应该作为国防教育最重要的平台和主渠道，通过发挥课堂教学主渠道的功能，引导大学生去思考和关注国家的安全问题，从而真正做到培养学生的“国防观念和国家安全意识”。

① 李科：《我国高校国防教育：基本模式、问题及对策》，《武汉科技大学学报（社会科学版）》，2013年4月，第455—459页。

国防教育工作者要注重理论指导，加强军事课堂教学，以“总体国家安全观”为导向，不断改革课程设置，更新知识体系，提高课堂教学质量，通过多种途径使学生了解最新国防动态，更新知识储备、加强忧患意识。在教学过程中要改变传统的灌输式教学方法，增强学生的主体地位，引导学生积极参与课堂教学，让他们自己将知识内化，而不是把国家安全的大道理强行教给他们。可以考虑不同专业学生的知识背景进行有区别的授课，比如对于理工科学生，可以从信息安全和科技安全的角度跟他们讲国家安全的重要性，引导学生从所学专业出发思考国家安全与个人的关系，从而使学生树立国防观和国家安全意识。

**（四）丰富教学形式，创新军事课教学模式**

《普通高等学校军事课教学大纲》中要求“学校在完成规定的学时外，应积极开设与军事课相关的选修课和举办讲座”，传统的“必修课+选修课+讲座”三位一体的传统教学模式，强调和凸显的都是教师的主体地位。而现在大学生的思维方式和所处的社会环境发生了很大的变化，传统的教学模式很难将学生真正吸引到课堂上来。

在军事理论课教学过程当中，可采用互动式教学模式，在发挥教师主导作用的同时，充分发挥学生的主体地位，真正做到师生之间深层多向互动。通过互动的方式，正确地引导和教育学生。例如在所讲授的课程中，采用课堂小组讨论、课前演讲等教学形式来发挥学生的主体作用。所谓课前演讲，就是要求学生以小组为单位，根据上节课所讲授的内容，选择自己感兴趣的知识点准备一个5分钟的演讲，并且要求有PPT展示，教师根据他们所讲的内容当堂点评。

高校除了组织必修的军训与军事理论课之外，还应尽可能多地为学生创造一个积极的国防教育环境，将日常的国防教育作为课堂教学之外的重要延伸。如将学生中的军事爱好者组织起来，成立大学生军事爱好者协会，通过丰富的社团活动在整个学生群体中营造出热爱军事、关心国防的氛围。在征兵工作开展期间，加强各种国防政策与法规的宣传，在校园中营造浓厚的国防教育氛围，从而增强大学生的责任感、紧迫感和忧患意识，进而提高了学生参与国防教育的兴趣和主动性。

**（五）紧跟时代步伐，高效利用新媒体**

作为一名军事课教师，要学生实现由“要我学”到“我要学”的转变，必须要改变那种知识灌输者的传统教学模式。要改变传统的教学模式，前提就是教育理念的更新。教师要充分应用新媒体激发学生学习军事课的兴趣，在深入分析授课内容的同时，及时解答学生在学习中出现的问题。

我们现在所面对的学生群体拥有更加独立的个性特征，更加活跃的思维模式，他们不会拘泥于传统思维，敢想敢做，他们获取知识的渠道更为广泛，因此会独立思考并做出自己的判断。要上好军事课，首先要充分了解学生，在教学过程中，给予他们更多表达的机会、发挥的平台，用恰当的方式去引导他们学习的热情，因材施教，才能在教学中提高军事课教学的实效性。新媒体最大的特点和优势就是具有很强的交互性，这为教师和学生之间提供了一个非常好的互动平台，能够更好地发挥学生的主体地位。教师可以利用媒体平台，实时分享最新的时事热点，让学生参与讨论，将课堂上、教材上的内容与国家安全的具体内容相结合，让学生真正理解消化课堂上所传授的内容。

新媒体的蓬勃发展为学生更好地理解“总体国家安全观”的内涵和国家安全形势提供了更多的信息渠道。但是在巨大的信息量面前，军事课教师对信息的有效筛选显得尤为重要，要充分运用自身的理论修养，对信息做出正确的评判和解读。但不管新媒体如何发达、如何便利，军事课的主渠道还应该是在课堂上，在教学中充分、合理地运用好新媒体，让其成为课堂教学最好的辅助手段，以提高学生参与国防教育的兴趣和实效性。

**参考文献**

[1] 习近平：《坚持总体国家安全观走中国特色国家安全道路》，《人民日报》，2014 年 4 月 16 日。

[2] 教育部、总参谋部、总政治部：《关于印发新修订的〈普通高等学校军事课教学大纲〉的通知》，教体艺［2007］1 号。

[3] 李科：《我国高校国防教育：基本模式、问题及对策》，《武汉科技大学学报》，2013 年第 4 期。

[4] 徐宇春、问鸿滨：《总体国家安全观下对我国高校国防教育创新的几点思考》，《教育与教学研究》，2016 年第 6 期。

[5] 李月云：《“总体国家安全观”：高校社会主义核心价值观教育的战略维度》，《铜陵学院学报》，2015 年第 2 期。

# “总体国家安全观”语境下的高校国防教育功能研究

唐　蓉*

**摘　要**：“总体国家安全观”是新时期高校国防教育的思想依据。研究“总体国家安全观”语境下高校国防教育之应有功能和实现路径，对塑造中国精神、凝聚中国力量，实现“中国梦”“强军梦”具有重要意义。本文在解读了高校国防教育功能内涵的基础上，阐释了“总体国家安全观”语境下高校国防教育之应有功能，厘清了实践中迟滞高校国防教育功能发挥的主要因素，探究了“总体国家安全观”语境下高校国防教育功能有效释放之路径。

**关键词**：总体国家安全观　高校国防教育功能

党的十八大以来，以习近平同志为核心的党中央坚持“总体国家安全观”，高度重视全民国防教育。高校国防教育是全民国防教育的基础，大学生既是全民国防教育的重点，又是国防教育的重要推动力量，在塑造中国精神、凝聚中国力量中具有不可替代的功能作用。高校国防教育应站在国家和战略全局高度，从不同侧面对总体国家安全进行解读，帮助当代大学生切实筑牢维护国家总体安全的现代国防意识，引导大学生“既崇文又尚武、既获知又养德、既果敢又担当，真正成为国防和军队建设的合格后备力量”。①

## 一、“总体国家安全观”语境下的高校国防教育功能阐释

对“总体国家安全观”语境下高校国防教育功能内涵和外延的认知，是有效释放新时期高校国防教育功能的基础和关键。

### （一）高校国防教育功能的内涵

国防维系着一个国家和民族的生死存亡，而一个国家的国防教育又维系着国防的巩固、发展和壮大。“国防教育是关系国家兴衰的战略性问题。”高校国防教育正是在这样的命题下建立了自己的功能和价值体系，即以育人为基础，以国防为本位，并不断拓展。但无论如何拓展，其第一位的、最根本不变的就是它的国防功能。国防是高校国防教育的出发点和落脚点，是目的和归宿，因此高校国防教育应以国防为本位。同时，任何

---

* 作者简介：唐蓉（1971 年～），女，四川绵阳人，武汉大学博士，现任武汉大学军事教研室副教授，主要从事国防教育方面的研究。

① 肖天亮：《深刻理解习主席关于国防教育重要论述》，载《国防》，2017 年第 2 期。

领域的教育现象最终都要落实到育人上来。高校国防教育内容的多学科渗透性及国防前沿性，决定了高校国防教育不仅具有增强大学生国防观念、提高大学生国防意识的国防功能，而且它对促进大学生整体素质全面发展具有很强的综合“育人功能”。综上所述，对高校国防教育以育人为基础，以国防为本位的双向功能定位，是时代发展对高校国防教育提出的新要求，既符合教育发展的一般规律，亦突出了国防教育的本质特征。

**（二）“总体国家安全观”的核心要义**

在经济全球化、政治多极化、文化多元化、社会信息化的时代背景下，国家安全呈现出传统安全威胁与非传统安全威胁交互联动的复杂乱相。安全态势呼唤掌控全局的新观念，“中国共产党领导全国人民在肯定—否定—否定之否定这一螺旋上升的反复实践认知过程中实现了传统国家安全观的现实改造”①，“总体国家安全观”应时而生，其丰富内涵以及在此基础上的核心要义主要体现为以下四个方面②：一是覆盖社会全领域的安全战略体系。“总体国家安全观”的丰富内涵与外延可以归结为“五大要素”：以人民安全为宗旨，以政治安全为根本，以经济安全为基础，以军事、文化、社会安全为保障，以促进国际安全为依托；“五对关系”：既重视外部安全又重视内部安全，既重视国土安全又重视国民安全，既重视传统安全又重视非传统安全，既重视发展问题又重视安全问题，既重视自身安全又重视共同安全；以及政治安全、国土安全、军事安全、经济安全、文化安全、社会安全、科技安全、网络安全、生态安全、资源安全、核安全等“十一个重要领域”。二是首要确保国家、人民安全的安全战略目标。“总体国家安全观”围绕国家与人民两大主体，始终强调“实现中华民族伟大复兴中国梦，保证人民安居乐业，国家安全是头等大事”。③ 三是“总体国家安全观”超越传统国家安全观的局限，形成了国家安全观、亚洲安全观、世界安全观三位一体的安全战略格局。四是设置组织、法制、教育日的安全战略举措。“总体国家安全观”是理论与实践的双重建构。为保障国家安全观的顺利实施，设立了负责国家安全工作的专门机构“国家安全委员会”，颁布实施了统领各安全领域的《国家安全法》，确定了2016年4月15日为我国第一个法定“全民国家安全教育日”。

---

① 张然、许苏明：《习近平总体国家安全观战略思想探析》，载《中国化马克思主义研究》，2017年第7期。

② 张然、许苏明：《习近平总体国家安全观战略思想探析》，载《中国化马克思主义研究》，2017年第7期。

③ 《习近平谈治国理政》，外文出版社2014年版，第200页。

### （三）“总体国家安全观”语境下高校国防教育功能

高校国防教育功能是高校国防教育系统内部各要素之间以及高校国防教育在与外部环境之间以一定的方式相互作用时表现出来的特性以及产生的效果，超越传统国家安全观的“总体国家安全观”的应时而生，决定了高校国防教育功能理应被赋予更加丰富的内涵。

1. 高校国防教育的国防功能

从高校国防教育的基本属性而言，其首要的和根本的功能乃国防功能，国防功能又包括国防安全保障功能及国防威慑功能两个方面：一是国防安全保障功能。高校国防教育的国防安全保障功能已为当今世界许多国家的国防建设及军事斗争所证实，也为我国高校国防教育的历史所证实。目前，全球性的科学技术革命正在展开，与此同时，大批高新技术纷纷涌入军事领域，不可避免地引起军事领域的变革。面对上述机遇和挑战，世界大多数国家都在全面加强本国高校的国防教育，力图为其军队输送更多的高科技军事人才奠定良好的基础。我国高校国防教育理应发挥为军队建设培养和造就高素质军事人才功能，以及为军队现代化提供强有力的智力和科技支持功能。二是战略威慑功能。威慑是和平时期国防的主要功能，它具有“不战而屈人之兵”的作用。一个国家的国防实力，既包括强大的军队和经济力量，也包括全国人民强烈的国防观念和充分的动员准备。坚持国防教育，既可以凝聚全体国民的群体意识，强化国防观念和国防精神，又能够将这种意识反作用于经济建设，为增强国家的综合国力，提高国家抵御外患的实力而服务。因此，国防教育对巩固国防是一种巨大的战略威慑力量。在我国实行国家、军队、社会、学校、家庭“五位一体”的全民、终身国防教育网络体系中，高校以其独特的优势，在全民国防教育中发挥了“导向”“主阵地”作用，高校不仅是全民国防教育的“种子库”，还是国防后备力量建设的“动力源”。综上所述，国防教育作为世界公认的一种巨大的国防战略威慑力量，普通高校为之做出的努力和贡献是无可替代的。

2. 高校国防教育的综合育人功能

高校国防教育能更好地促进大学生综合素质的提高，充分彰显其综合育人功能：一是德育功能。国防教育对于以爱国主义为核心的社会主义道德建设，有着极其重要的促进作用。因为高校国防教育有助于大学生良好思想品德的形成，有助于大学生集体观念的培养，有助于大学生形成正确的人生价值观。二是智育功能。高校国防教育内容的综合性、广泛性可使大学生获得全面而丰富的知识，军事高科技的前瞻性、高端性，可使大学生增加高科技知识容量和智力资本，同时，由于国防教育既有理论知识，更有实际操作，它能使大学生在理论与实践的结合中提高智力素质，完善智能结构。三是体育功能。高校国防教育是以增强大学生国防观念、增进大学生国防知识、提高大学生保卫祖国的体魄和技能的全面教育。四是心理调节功能。主要体现为高校国防教育中强调的国防精神对大学生具有强烈的心灵震撼与陶冶作用。国防精神属于人文精神的范畴，而且现实地处于人文精神的高端地位。国防精神一旦为大学生所理解、认同和接纳，就会成为个人生命进程的强大的内在驱动力。

## 二、迟滞“总体国家安全观”语境下高校国防教育功能发挥的主要因素

在世界经济、军事环境和局势不断变化的今天，面对信息技术等高端技术的快速革新，由于对高校国防教育功能的认识存在偏差，以及国防教育手段、方法和教育内容的相对滞后，高校国防教育功能尚未充分释放。

### （一）高校国防教育教学理念的滞后

在长期相对和平环境的影响和全民国防教育严重滞后的双重作用下，部分公民逐渐淡忘战争的威胁，忧患意识、危机感日趋淡化。地方征兵难和个别逃避服兵役的现象等表明部分公民的苟安心理。在这种社会环境和社会风气中，普通高校作为国防教育的主体，大学生作为学校和社会生活中的一员，亦受到不同程度的负面影响，具体体现为对高校国防教育功能存在如下认识偏差：一是“无用”“无关”论。“无用”论认为现在是和平时期，没有战事，没有进行国防教育的必要。“无关”论则狭义地认为国防教育只是军队或军事院校的事，与普通高校无关紧要。其直接体现就是学生军训的简单化和形式主义，军事理论课的压缩合并，对高年级学生国防教育的弱化甚至中断。二是“适应”“从属”论。国防教育的实质是国家根本利益教育，属于人文精神的范畴且现实地处于人文精神的高端地位。但在部分高校国防教育中，国防教育被放在“适应”“从属”地位，被作为大学生德育教育、素质教育的有益补充，甚至要国防教育去结合、去适应上述教育，由此，把一个本属于高端地位的国家根本利益教育变成了一个“从属”“适应”性的普通教育，从而使高校国防教育的现实功能大打折扣。

### （二）高校国防教育课程内容设置的滞后

覆盖社会各领域、拥有史无前例的丰富内涵与外延的“总体国家安全观”表明，当前的国防问题、国家安全问题，已不仅是单纯的军事问题、领土问题，而是一个由政治、经济、信息、军事、科技、文化等诸多方面

的安全问题所构成的综合性的、复杂性的重大问题。而大多数高校国防教育课程内容的设置并未很好地去回应这一时代特征，现有国防教育的军事理论教学和军事训练的课程内容设置主要遵循《普通高等学校军事课教学大纲》，明显滞后于国际国内形势的发展。理论教学在内容设置上的滞后主要体现为注重传统的国家安全、国家主权等方面，如国家主权、战争、领土纠纷等，而“国家非传统安全”“国家发展战略”等方面的内容则甚少涉及。实训部分在教学内容的设置上的滞后主要体现为队列练习、军体拳、内务整理等老套、单一的形式。

### （三）高校国防教育教学手段的滞后

高校国防教育教学手段的滞后主要体现为以下几个方面：一是教学手段单一。当前，大部分高校开展国防教育课程主要包括学生军事训练、理论课堂教学及日常性国防教育活动三个环节。因受制于教学理念、教学时限、教学人数众多以及相关教学资源的稀缺，教学方式上采取的是传统的灌输方式，只以传授和讲解知识为重点，在讲授的过程中鲜有教学的互动。二是教学方式缺乏开放性。高校中的国防教育基本是在校内完成的，军事理论教学在学校课堂内进行，军事技能的训练亦在学校内进行，未能做到课堂与课外的有机结合，封闭式的教学方式阻碍了学生吸取新鲜事物的渠道，使学生们接受国防教育的知识面相对狭窄，亦影响了学生接受国防教育的积极性。三是日常性国防教育活动流于形式。开展日常性国防教育活动本意在于利用“全民国防教育日”“国庆节”“建军节”等重大纪念日，通过国防教育专题讲座、国防教育基地参观等方式，对学生进行国防知识的普及与国防观念的培养。但实践中日常国防教育活动大多停留于参观革命纪念馆，听听老红军的报告等，且大多过于形式化，难以实现国防教育的育人价值。

## 三、有效释放“总体国家安全观”语境下高校国防教育功能的路径选择

教育功能的实现归根到底在于立足客观实际，植根于教育功能发生作用的具体情境，教育者借助教育影响（包括教育内容与形式）作用于学习者，为“应然”的教育功能转向“实然”的教育功能提供具体且可操作的经验指导。在总体国家安全观语境下，高校国防教育应突破传统的、单一的“军事化”教育体系，从更宽广的视角、更开阔的维度去更新国防教育理念，把握国防教育的形式和内容，最终实现高校国防教育功能从“应然”转向“实然”。

## （一）确立与“总体国家安全观”相适应的高校国防教育教学新理念

高校国防教育教学应在“总体国家安全观”这一重大政治战略的指导下，站在时代和全局高度，确立与之相适应的国防教育教学新理念，确保与时代发展同步。

1. 总体国家安全理念

国家安全是“国家利益特别是重大国家利益免受来自外部和内部威胁、国家正常活动得以维持的状态”①。当今世界正处在大变革、大调整和大发展时期，世界战略力量此消彼长，世界多极化加速发展，战略竞争加剧，安全威胁增多。在我国由大向强发展的前进道路上，国家安全和发展的国际环境更加复杂，国家安全更呈多样化。从国内来看，国家还没有实现完全统一，民族分裂势力日益猖獗；从国际来看，面临一些西方国家“分化”“西化”的政治图谋，周边部分国家的领土、领海、资源争议不断，恐怖主义威胁增大，“中国威胁论”盛行不衰。为此，习近平主席指出：“当今我国国家安全内涵和外延比历史上任何时候都要丰富，时空领域比历史上任何时候都要宽广，内外因素比历史上任何时候都要复杂。”②在这种错综复杂的战略环境之下，高校国防教育必须站在国家和战略全局高度，从不同侧面对总体国家安全进行解读，引导大学生清醒认识和准确判断我国当前的安全形势，增强危机意识、忧患意识。

2. “中国梦”与“强军梦”相统一理念

“实现中华民族伟大复兴，是中华民族近代以来最伟大的梦想。可以说，这个梦想是强国梦，对军队来说，也是强军梦。”③ 习近平总书记的伟大构想给人们带来无限憧憬和向往，但同时又警示我们，没有巩固的国防，没有一支强大的军队，“中国梦”就难以真正实现。这是我国由大向强发展进程中无法回避的挑战。习近平总书记亦强调“少年智则国智，少年富则国富，少年强则国强，少年进步则国进步”，由此阐明了不断推进“中国梦”“强军梦”，关键在于青年一代的强力助推。为此，要通过深入扎实的国防教育，教育引导大学生充分认清“中国梦”归根到底是人民的梦，国家安全归根到底是人民的安全，自觉把实现“中国梦”与“强军梦”统一起来，强化大学生投身强国强军的责任感和使命感，营造支持国防和军队建设的浓厚氛围。

---

① 军事科学院世界军事研究部：《国际军事安全》（学科分册 1），中国大百科全书出版社 2008 年版，第 69 页。

② 习近平：《坚持总体国家安全观　走中国特色国家安全道路》，载《人民日报》，2014 年 4 月 16 日。

③ 习近平：《在广州战区考察时的讲话》，http：//www. wenming. cn，2012 年 12 月 8 日。

3. 和谐共生理念

和谐共生是生态学理论的核心理念，从生态学的视角来看，生命的个体之间，以及生命个体与其生存和发展的环境之间都存在功能的相互依存关系，即共生关系，和谐共生则是生命个体之间及二者与所处环境之间交往和生长的最佳模式。共生既是一种普遍的自然现象，也是一种普遍的社会现象。“总体国家安全观”引领“人类命运共同体”的构建亦彰显了此理念。从维护国家安全的实践来看，西方国家仍然“停留在殖民扩张的旧时代里，停留在冷战思维、零和博弈老框框内”①。而“总体国家安全观”较之于传统安全观的不同之处就在于其跳出零和思维的窠臼，超越西方国家安全范式，摒弃以对抗求安全的思想，致力于打造命运共同体，有利于各主权国家基于自身长远利益的考量，寻求一种和平、合作、共赢的安全发展道路，积极打造世界“命运与共、唇齿相依”的共同安全新格局。为此，高校国防教育应基于对世界发展大势的把握、人类命运的深思，从“国家命运共同体”“区域内命运共同体”到“人类命运共同体”的战略视野，帮助大学生构建合作而非对抗、共赢而非零和的共同发展、同舟共济的和谐共生新理念，引导大学生为建设持久和平、共同繁荣的和谐世界努力。

**（二）优化教学内容，增强高校国防教育教学的针对性和时效性**

“总体国家安全观”下，国家安全所涉及的内容越来越广泛，不仅仅是军事、政治、战争等传统因素，还包括文化、经济、粮食、能源、环境等非传统安全因素在内。为此，在“总体国家安全观”语境下，高校国防教育理应突破传统教学内容的单一化和落后化，从更宽广的视角优化教学内容，以期增强高校国防教育教学的针对性和时效性。

1. 课程设置需凸显民族精神的培育

在课程设置上，要渗透民族精神的培育。“一个国家、一个政党在长期生存发展的实践中，要想凝聚全社会的意志和力量，必须有一个具有自身特色、与经济基础和政治制度相适应的共同精神家园。这一精神家园就是以爱国主义为核心的民族精神。”这是习近平总书记对古往今来任何一个有作为的民族的独特精神的本质认识，同时也为高校国防教育指明了方向、提供了路径。在课程设置上，培育民族精神，应重点体现为对高校学生民族自信意识与民族忧患意识的培育，并致力于二者的和谐共生。习近平总书记指出：“殷忧启圣，多难兴邦。”“增强忧患意识，做到居安思危，是我们治党治国必须始终坚持的一个重大原则。”“民族自信意识”则是一

① 《习近平谈治国理政》，外文出版社 2014 年版，第 3 页。

个民族在前进和发展中对自身力量的确信，是发自内心的自我肯定，它是维系本民族生存、繁衍、发展的精神动力。作为中华民族得以安身立命的精神支柱的自信意识与忧患意识，二者之间亦存在着相互依存的共生关系，和谐共生则是二者之间及二者与所处环境之间交往和生长的最佳模式。没有民族忧患意识，民族的精神状态会趋向盲目乐观；没有自信意识，民族的精神就会陷入悲观和消沉，背离忧患兴邦的初衷。反之，当民族自信意识与民族忧患意识适度生长、和谐共生时，民族的凝聚力就会达到最好状态。为此，必须引导大学生自觉而理性地思考社会背景和时代主题的变化，着眼国家生存状态和国家战略目标，在新的发展态势和新的世界格局中，重新审视民族自信意识与忧患意识的视界、内容。同时，还应致力于实现大学生民族自信意识和民族忧患意识的和谐共生，要让大学生欣喜于在政治、经济、文化等各方面所取得的辉煌成就，以及经过国际金融危机、各种特大自然灾害的洗礼之后，中国人民更加成熟、自信、自强的伟大精神，更要引导大学生正确认识国家生存发展所面临的严峻环境和外部挑战，并全面理解进一步深化改革的内在矛盾与现实困难。

2. 注重总体国家安全观教育内容的设置

“贯彻落实总体国家安全观，必须既重视传统安全，又重视非传统安全，构建集政治安全、国土安全、军事安全、经济安全、文化安全、社会安全、科技安全、信息安全、生态安全、资源安全、核安全等于一体的国家安全体系。”① 这无疑给高校国防教育定下了基调。为切实增强大学生维护国家安全的危机感和使命感，准确把握国家安全形势变化新特点、新趋势，切实筑牢维护国家总体安全的现代国防意识，在高校国防教育过程中应努力将“总体国家安全观”教育融入教学实践，即在关注传统安全的同时，应该更加注重非传统安全影响的加大，诸如货币战争、能源战争、粮食战争、气候危机、网络战争、文化战争等都应该进入课堂内容。最后，在课程设置上还应加大海洋意识方面的教育内容，帮助大学生树立科学现代的海洋安全观念，② 并将国内外热点安全问题引入高校国防教育课堂。③

3. 融入中华民族优秀文化的教育内容

借助文化载体，是开展国防教育必须重视的手段。高校国防教育应充

---

① 习近平：《坚持总体国家安全观　走中国特色国家安全道路》，载《人民日报》，2014 年 4 月 16 日。

② 罗善华、王明明：《新形势下高校国防教育教学创新发展与实践研究》，载《实践·探索》，2017 年第 2 期。

③ 闫忠林、龚衍丽、郝建英：《将热点安全问题引入高校国防教育课堂的探索——基于 1771 份大学生问卷调查结果的分析》，载《湘潮》，2016 年第 1 期。

分汲取中华文化的优秀内核。一是在高校国防教育中应融入中华优秀传统文化的教育内容，注重中国传统文化的传承。习近平总书记指出："中华文明绵延数千年，有其独特的价值体系。中华优秀传统文化已经成为中华民族的基因，植根在中国人内心，潜移默化影响着中国人的思想方式和行为方式。""中华优秀传统文化是中华民族的文化之根、智慧之魂和精神命脉，也是我们在世界文化激荡中站稳脚跟的坚实根基。"高校国防教育必须在中华优秀传统文化的土壤中汲取丰富营养，否则就不会有生命力和影响力。二要着力加强发扬革命传统、传承红色基因。① 在当今世界复杂的大背景和多变的国内外形势下，必须深刻认识到，只有在国防教育中加强红色基因教育，才能抵制敌对势力对铸魂励志带来的巨大"杀伤力"，才能形成缅怀先烈、崇尚英雄的良好风尚。

**（三）积极创新高校国防教育方法**

习近平总书记指出，"开展国防教育要形式多样。"深化高校国防教育，必须发扬与时俱进、改革创新的精神，挖掘整合教育资源，拓展载体渠道，不断增强国防教育的吸引力、渗透力。

1. 盘活载体平台，拓展宣传渠道②

盘活载体平台，拓展宣传渠道突出体现为充分发挥新媒体的信息优势，以增强国防教育传播力。新媒体的广泛传播力、交互影响力、舆论渗透力、社会凝聚力与日俱增，是人们吸取、传递信息的重要载体。一方面，高校要发挥新兴媒体应用广泛的特点，通过开通网站、开辟专栏、开设国防和军事题材优秀文艺影视资源库、开办手机报等，扩大国防教育的影响面和渗透力；另一方面，要发挥新兴媒体形式新颖的特点，运用微信、微博、新闻客户端、二维码等，把国防宣传由单一的文字形态转化为动漫、视频等形式，以此增强国防教育的实效性和感染力。与此同时，还应注重把握国防教育的正确方向，着力传递正能量。现代传媒是一把双刃剑，既是传播正能量的主渠道，也是舆论斗争的主战场。高校国防教育必须针对网络媒体篡改革命历史，丑化、诋毁英雄形象的现实，发挥新兴媒体传播方便快捷的特点，第一时间传递"正声"，引领主流思想，弘扬主旋律，传递正能量，营造良好国防文化氛围。

2. 积极探索灵活多样的教育方式

国防教育是全体公民的终身教育，将大学生国防教育贯穿于大学四年

---

① 肖天亮：《深刻理解习主席关于国防教育重要论述》，载《国防》，2017 年第 2 期。

② 李贤晔、刘磊：《着眼实现中国梦强军梦推动国防教育创新发展》，载《国防》，2016 年第 3 期。

的学习、生活之中才是全民国防教育的应有之义。同时为使国防教育走出封闭式的教育模式的误区，完成由以书本为中心、以课堂为中心、以教师为中心向以活动为中心、以学生为中心的转变。高校国防教育应在现行基本模式的基础上，积极探索更为灵活多样的教育方式：一是抓住关键时节，促进常态保持。① 要坚持把重大历史事件纪念活动、重要节日等作为普及和加强国防教育的有利契机，以点带面推动国防教育常态开展。二是注重典型引导，深化教育实效。要充分发挥典型的示范引导作用，大力开展爱国拥军模范等评选表彰活动，针对当前“当兵冷”“征兵难”等问题，遴选优秀大学生士兵到高校进行巡回报告，通过表彰先进、树立典型、现身说法，影响和带动国防教育普及深化，形成崇军尚武、拥军优属的浓厚氛围。三是积极开展拓展性、挑战性的国防技能专题教育活动，如野营拉练、户外攀岩、定向越野、航模演示、野外生存等训练和比武竞赛等活动。通过上述一系列课外活动，使大学生在特殊的环境中，在强烈的国防意识和积极健康的情感支配下，潜移默化地接受国防教育，增强国防观念和国家安全意识。

**参考文献**


[1] 罗善华、王明明：《新形势下高校国防教育教学创新发展与实践研究》，载《实践·探索》，2017 年第 2 期。

[2] 肖天亮：《深刻理解习主席关于国防教育重要论述》，载《国防》，2017 年第 2 期。

[3] 张然、许苏明：《习近平总体国家安全观战略思想探析》，载《中国化马克思主义研究》，2017 年第 7 期。

[4]《习近平谈治国理政》，外文出版社 2014 年版。

[5] 习近平：《顺应时代前进潮流促进世界和平发展——在莫斯科国际关系学院的演讲》，载《人民日报》，2013 年 3 月 23 日。

[6] 李贤晔、刘磊：《着眼实现中国梦强军梦推动国防教育创新发展》，载《国防》，2016 年第 3 期。

[7] 军事科学院世界军事研究部：《国际军事安全》（学科分册 1），中国大百科全书出版社 2008 年版。

[8] 习近平：《坚持总体国家安全观　走中国特色国家安全道路》，载《人民日报》，2014 年 4 月 16 日。

[9] 习近平：《在广州战区考察时的讲话》，http://www.wenming.cn，2012 年 12 月 8 日。

[10] 闫忠林、龚衍丽、郝建英：《将热点安全问题引入高校国防教育课堂的探索——基于 1771 份大学生问卷调查结果的分析》，载《湘潮》，2016 年第 1 期。


① 李贤晔、刘磊：《着眼实现中国梦强军梦推动国防教育创新发展》，载《国防》，2016 年第 3 期。

# 国防素养意识

# 建构主义视域下大学生国防意识教育的新思路探究

史可可　冯国艳*

**摘　要**：建构主义关注学习者学习环境中的情境创设，主体及主客体间的协作交流，以及意义建构等因素在教育教学过程的作用，对革新大学生国防意识教育具有重要的理论铺垫和现实借鉴作用。针对当前教育教学过程中存在的注重课堂知识性传授，忽视大学生主体性诉求，淡化内在意义建构等偏失，大学生国防意识教育应借鉴建构主义的观点。大学生国防意识教育可以从反映大学生需要，推动其主体性实践；注重主体及主客体间互动，加强实质性协作交流；立足当前学习内容，实现内在意义建构等方面进行创新。

**关键词**：建构主义　大学生国防意识教育　问题　创新

《中华人民共和国国防教育法》第13条规定："学校国防教育是全国民防教育的基础，是实施素质教育的重要内容。"国防意识，是一种自觉维护民族和国家利益的群体意识，是民族精神的重要体现，是一种无形而巨大的精神力量。① 目前，各高校都非常重视大学生国防意识教育，在国防意识教育科学化、规范化等方面取得了阶段性成果，趋于常态化发展。但从客观上讲，当前大学生国防意识教育在教育形式（与大学生主体需求脱节）、教育内容（以知识理论传授为主）、教育过程（与大学生实际生活时空割裂）、教育效果与效益（不尽如人意）等方面依然存在问题。国防意识教育如何利用大学生身心发展特点以及教育教学发展规律，将国防意识融入大学生的生活实际，更好地提高大学生热爱祖国、保卫祖国、关心国防、参与国防等国防意识，已成为高校亟需解决的现实难题。建构主义关注学习者学习情境创设，注重主体及主客体间的互动与学习内容或材料的意义建构。因此，借鉴建构主义的相关原理与观点，对提升大学生国防意识教育的针对性、时效性与实效性具有重要意义。

## 一、建构主义理论相关观点释义

建构主义，又称结构主义，属于认知心理学派的分支，其理论的产生

---

* 作者简介：史可可（1984年~），男，河南平顶山人，硕士，现任中山大学新华学院助教，主要从事思想政治教育、国防教育研究；冯国艳（1986年~），女，河南濮阳人，现任中山大学新华学院助教，主要从事高校思想政治教育与心理健康教育研究。

① 雅玲：《建构主义学习理论与教师角色定位》，《中国成人教育》，2009年16月。

与当时特定的时代背景密切相关。最早由瑞士心理学家皮亚杰提出，主要代表人物有科恩伯格、斯滕伯格、维果斯基等。经过几十年的发展，逐渐形成了相对系统的学习理论。不同学者基于不同研究范式与立场视角对建构主义进行深入研究，不断丰富着建构主义的内涵与外延。建构主义认为，理想的学习环境包括四部分内容，分别是“情境”“协作”“交流”“意义建构”，其核心观点及主要表述如下：

**（一）情境创设是学习过程的现实条件**

“情境”，是学习者所处学习环境中特定的情境，情境的设计必须以利于学习者对所学内容或材料的意义建构为前提。在建构主义学习环境中，教学设计不仅要思量教育教学目标问题，更要考虑创设利于学习者意义建构的情境，把情境创设视为教学设计与教学过程的重要内容与环节。建构主义学习理论认为，学习过程不仅是师生之间简单的信息交换过程，更应该是教学双方在具体学习情境中进行的信息对流及其相互作用的过程。学习者要想获得深层次的理解与认同，生成关于学习内容或材料的意义体系，教育教学过程中学习情境的创设与支持是不可缺失的现实条件。

**（二）协作、交流是个体意义建构的关键方法**

“协作”，是在既定目标实施与达成过程中，主体间进行的广泛的、多方面的协调与配合，一般包含资源、信息、技术等方面的协作。在建构主义学习环境下，协作自始至终发生在学习过程之中。建构主义学习理论认为，协作对学习资料的搜集与分析、假设的提出与验证、学习成果的评价直至意义的最终建构均有重要作用。“交流”，是协作过程中不可缺少的环节。学习小组成员间通过交流，商讨如何完成规定的学习目标与任务。在此过程中，每个学习者的思维成果（智慧）为整个学习群体所共享①。可见，交流是达到意义建构的重要途径。

**（三）意义建构是个体认知的最终目标**

所谓“意义”，即事物之间内在的、非任意的、实质性的联系。“意义建构”，顾名思义，即联系的建构，是联系的建立、细化与抽象。② 从横向角度来讲，建立联系是进行意义建构必不可少的过程，只有与原有认知结构中的某些知识或经验建立起联系，意义建构过程才有意义，否则，意义建构便成了“空中楼阁”；从纵向角度来说，意义建构与建立联系绝非等同：建立联系是意义建构的前提与基础，意义建构除了联系建立外，还包

① 雅玲：《建构主义学习理论与教师角色定位》，《中国成人教育》，2009 年 16 月。

② 蒋志辉、周兆雄：《建构主义的意义建构本质解析》，《高等函授学报（自然科学版）》，2011 年 6 月。

含了联系的细化与抽象。意义建构是个体认知与整个学习过程的最终目标。

## 二、当代大学生的特征及其国防意识现状

### （一）当代大学生的特征

当代大学生具有良好的科学文化基础知识及专业特长，在人口构成中属于文化水平较高的群体，是中国特色社会主义事业的建设者和接班人，肩负着“国家富强、民族复兴、人民幸福、社会和谐”的历史使命。同时，我们也应该认识到：当代大学生个性独立、思想活跃、自我意识强，部分大学生缺乏集体主义观念与团队合作意识，国家利益概念比较模糊。思想观念与价值判断日趋多元化，部分大学生注重个人利益的得失，个人主义、拜金主义、享乐主义倾向较为严重。此类问题的存在，在一定程度上影响着高校国防意识教育的进程与实效。

### （二）当代大学生的国防意识现状

1. 居安思危观念与意识的淡化

当代大学生生活在和平与发展的时代背景下，物质生活与精神生活极大丰富。一些大学生国防意识薄弱、忧患意识淡化、社会责任感不高，对国家发展面临的安全环境和发展形势以及国际战略格局的认识不够，对敌对势力“西化”图谋警惕性不高，对霸权主义、强权政治、极端宗教主义、民族分裂势力的危险性认识不足。另外，相当一部分大学生认为国防建设是军人的责任与使命，与大学生关系不大，持以“事不关己、高高挂起”的态度，国家责任感与国防义务感欠缺。根据调查显示，74.84%学生认为国防“与自己无关”或“关系不大”，“比较想”和“很想”参加国防实践活动的仅占17.57%。①

2. 艰苦奋斗的意志品质弱化

目前高校大学生文化素养较高，具有一定的软实力，而且他们身体健康、精力旺盛、朝气蓬勃，这是好的表现。很多大学生是家庭中的独生子女，习惯于安逸的生活。在这样的环境下，不少大学生表现出意志品质尤其是艰苦奋斗、尚武精神不足，对于国防教育尤其是军事训练的艰苦性谈“训”色变。究其原因，除了社会及家庭的物质财富极大丰富外，与部分大学生思想中存在的个人主义、拜金主义与享乐主义等不良因素有关，在

---

① 何碧如、何坚茹、叶柏霜：《90后大学生国防意识现状调查及对策分析——以温州地区为例》，《中国电力教育》，2011年11月。

一定程度上消解着大学生优良的艰苦奋斗意志品质。[①] 大学生作为潜在的国防后备军事力量，其国防意识的强弱直接关系到社会主义事业的兴旺发达，直接影响国家是否能够长治久安。[②] 因此，加强国防意识教育，提升高校大学生国防意识，应成为高校思想政治教育中的重中之重。

## 三、建构主义视域下大学生国防意识教育的现实偏失

在党和国家以及各高校的大力推进与配合下，大学生国防意识教育已取得了不少成绩。但与此同时，大学生国防意识教育中依然存在着亟待解决的现实性问题。运用建构主义的理论与方法，关注国防意识教育的现实偏失，对于明确大学生国防意识教育的改进理路大有裨益。

### （一）侧重课堂知识性传授，轻视课外实践性体验

在国防教育教学组织过程中，注重结构性知识与学习内容的传授，忽视非结构性知识与学习者已有的经验，轻视与之相关联的课外实践性体验。一言以蔽之，重教师课堂教材讲授、轻学习者原有知识经验。高校国防教育主要通过两种教育教学情境开展，即理论教学情境与实践教育情境。其中，理论教学情境主要包括思想政治理论课教学（进行国防意识教育教育的主渠道）与军事理论课教学（进行国防意识教育的基本途径），在其教学过程中主要采用理论教育法，以课堂为中心、以课本为载体，以抽象的概念与枯燥的理论为主要的教学内容，进行概念与理论等知识性的讲授、学习与宣传。实践教学主要包括大学生军事训练与国防实践教育活动，然而在其实际开展过程当中，大学生军训与国防实践教育活动都不尽如人意，其主要表现为重视程度不够，教育形式相对单一，教育内容连续性不强，缺乏有效的组织与规划，军训及组织的活动停留于表层工作而未深入到实质，体验不深刻，未达到相应实践育人的预期效果。总体表现出侧重理论性教学的知识性传授，轻视课外实践育人的实践性体验。

### （二）强调教师主导性发挥，忽视学习者主体性诉求

建构主义认为，学习并非学习者被动接受信息刺激，而是根据其原有知识经验，借助于教师及学习伙伴的帮助，利用必要的学习内容或材料，通过主动的意义建构而获得。高校国防意识教育课程具有理论性强的显著特征，而教师一般采用“满堂灌”的理论讲授方式，即教师讲授、学习者听讲，教师讲授多、学习者参与少，教学双方几乎没有互动。教学双方在

---

① 曾蓉：《当前高校大学生国防意识现状及对策》，《吉林省教育学院报》，2014 年 1 月。

② 朱亮：《提高大学生国防意识的对策和措施研究》，《牡丹江教育学院学报》，2015 年 12 月。

教学目标实施过程中没有在学习资源、信息与技术等方面进行广泛的、多方面的协调与配合，教师基本上主宰了课堂活动与教材使用，学习者一味被动接受教师“灌输”的学习内容或材料。在学习资料的搜集与分析上，教师没能成为学习者主动建构意义的促进者、合作者与指导者；在假设的提出与验证上，教师自始至终贯穿之，对学习者的启发诱导与相互碰撞欠缺；在学习成果的评价上，要么不给予评价，要么草草了事。在教学过程中，学习者主体地位没有得到很好发挥，学习者的主体性诉求没有得到应有体现。另外，部分教师在国防教育课堂组织形式上有所创新，组建了学习小组，但面对枯燥的理论、抽象的概念以及看似远离实际生活的国家大事，其成员间的交流或停留于表层或表达离题万里，很难完成既定的学习任务与教学目标，“思维成果”也难以为整个学习群体所共享，更不用说达到意义建构，提高学习者国防意识之功效了。

**（三）注重当前学习内容，淡化内在意义建构**

前面提到，国防意识教育的实现途径包括理论教学——思想政治理论课与军事理论课教学，与实践育人——大学生军训与国防实践活动。总体而言，这些教学内容在引导大学生树立正确的人生观、世界观与价值观，以及促进其全面发展具有重要的指导意义，被证明是开展国防意识教育的重要载体与平台。因此，注重当前学习内容是无可厚非的。但是我们也应该清晰地认识到：在实际的教育教学过程中，往往更注重将理论知识以及观念意识“灌输”给学习者，忽略了建立当前学习内容或材料与学习者原有认知结构中某些知识、经验建立起内在的、非任意的、实质性的联系，即学习者内在意义建构的过程。不注重引导学习者在原有知识经验中去生成新的知识，没有实现经验或知识的生长。如，在军事理论教学中，学习者比较感兴趣的射击术、擒拿术以及军事地形学等技能知识，教师很少创设有利于学习者意义建构的相关情境，或者根本没时间展开讲授，无法很好地将当前学习内容或材料融入学习者原有认知结构，无法实现学习者内在的意义建构。

## 四、建构主义视域下大学生国防意识教育的新思路

建构主义为高校思想政治教育提供了新的发展思路，是大学生国防意识教育实践创新的有益思考向度。针对当前国防意识教育实践过程中出现的现实偏颇，借鉴建构主义的理论与方法，力求实现大学生国防意识教育的良性与稳定发展。

**（一）反映大学生需要，推动其主体性实践**

根据建构主义学习理论，学习者在其学习过程中一般以自身需求为尺

度，对学习内容或材料进行选择，即满足需求的学习内容或材料会融入到原有认知结构中，不满足需求的则会被学习者抛弃。因此，在进行国防意识教育时，要善于创设满足大学生实际需求的有效的学习环境，即创设的学习环境要求在真实的或者接近真实的情境中进行，注重非结构性知识的作用以及学习者原有的知识经验，在当前学习内容或材料与大学生需求间搭建桥梁。无论是理论教学过程还是实践教育环节，都要增强当前学习内容或材料对大学生的吸引力，让他们主动意识到当前学习内容或材料对提高其国防意识的价值与意义。一方面，在理论教学过程中，教师要提供大量的案例创造交互式学习环境，使学习者主动探索与发现，建立新旧知识经验间的联系，解决具体问题，启发他们对事物做出解释、假设与创造。另一方面，在实践教育环节，力求得到部队的合作与支持，通过与部队联合来拓宽高校国防意识教育，如组织大学生走进驻地部队，了解军营生活，参观军事演习，或请部队先进模范进校园开展讲座、座谈会，真正实现“走出去”与“引进来”的有机结合。积极营造、形成和拓展兼容并包、融会贯通、“形散而神不散”的开放性环境，① 推动大学生主体性实践。

### （二）注重主体及主客体间互动，加强实质性协作与交流

建构主义认为，教学过程并非简单的教师对学习者的知识传递，更重要的是知识的处理与转换。教师在教学过程当中，其身份不应该只是知识的呈现者与传递者，而应当成为启发者、引导者与指导者。尊重并重视学习者原有的认知结构，倾听他们对概念、符号、命题的理解与看法。教师是学习者意义建构的组织者与指导者，是教学活动的主导。学习者是知识的主动建构者，是教学活动的主体。在教学活动中，教师与学习者应积极开展教学互动，协作与交流，加强合作学习。在教师的指导下，利用合适的教学选材，通过营造多边互动的教学环境，在教学双方平等交流探讨的过程中，达到不同观点的碰撞交融，进而激发教学双方的主动性和探索性，培育学生发现问题、解决问题的能力，从而达成提高教育教学效果。② 如，教师在讲授“国家安全观”这一内容时，对存在的钓鱼岛、南海、萨德、西方文化渗透等社会问题与现象，建立讨论小组，组织学习者表达自身的理解与看法，各抒已见，探讨交流。最后，教师站稳立场，对学生的观点与看法进行汇总，加以正确引导与教育，充分实现师生之间、生生之

---

① 马水锋：《新媒体视域下加强大学生国防意识教育的对策》，《学校党建与思想教育》，2015 年 8 月。

② 陈东升：《思想理论教育方法研究》，《高等教育研究》，2005 年 2 月。

间、学习者与学习环境之间的协作与交流，使学习在头脑中生成事物的概念、原理以及新的想法。

**（三）立足当前学习内容，实现内在意义建构**

关于当前学习内容的重要性及意义，前文已提及，不再赘述。建构主义认为，意义建构的方式可通过两种方式实现：一种是“传递—接受”，另一种是主体自主探索。前者属于传统意义建构层面，后者属于建构主义意义建构层面。传统意义建构的核心在于将学习者接受到的外界既定知识（这里指国防意识教育涵盖的所有内容），通过外界的传递（侧重于教师的讲授、灌输等）完成知识的意义建构，即形成联系，最终形成一定的认知结构；建构主义意义建构则注重自主建构，强调学习者主体地位的发挥（含师生间的协作，学习者间的碰撞、交流，学习者与所处情境间的交互作用），是基于一定的知识结构主动建立联系，并且在此基础上进行细化与抽象。

建构主义理论认为，在学习者学习过程中，建构意义是对当前学习内容所反映的事物的性质、规律及该事物与其他事物间的内在联系达到较深刻的理解，完成意义建构的过程中应以学习者本人作为主体在建构。鉴于此，高校在对大学生进行国防意识教育时，教师在为学习者创设良好学习情境的同时，要充分考虑到学习者的主体性地位及其主观能动性的发挥，实现内在意义建构。

**参考文献**

[1] 雅玲：《建构主义学习理论与教师角色定位》，《中国成人教育》，2009 年 16 月。

[2] 蒋志辉、周兆雄：《建构主义的意义建构本质解析》，《高等函授学报（自然科学版）》，2011 年 6 月。

[3] 何碧如、何坚茹、叶柏霜：《90 后大学生国防意识现状调查及对策分析——以温州地区为例》，《中国电力教育》，2011 年 11 月。

[4] 曾蓉：《当前高校大学生国防意识现状及对策》，《吉林省教育学院报》，2014 年 1 月。

[5] 朱亮：《提高大学生国防意识的对策和措施研究》，《牡丹江教育学院学报》，2015 年 12 月。

[6] 马水锋：《新媒体视域下加强大学生国防意识教育的对策》，《学校党建与思想教育》，2015 年 8 月。

[7] 陈东升：《思想理论教育方法研究》，《高等教育研究》，2005 年 2 月。

# 中国国防新变化与国防的概念

刘玉清*

**内容提要：**本文从1997年《国防法》规定的国防概念出发，阐明这一定义已远远不能涵盖现代国防的范畴。这说明中国国防正在全面拓展，国防的内涵和外延比历史上任何时候都要丰富，时间领域比历史上任何时候都要宽广，影响因素比历史上任何时候都要复杂。本文论述了当今时代中国的国防，在地理上遍布全球，在目的上注重利益拓展，在手段上强调主动塑造，在内容上延伸至社会各个方面。本文提出国防教育学科研究应首先从研究国防概念的变化入手，才能为国防教育学科发展拓开一片新的天地。

**关键词：**国防概念　变化发展　学科建设

2016年4月14日，习近平在首个全民国家安全教育日之际做出重要指示："实现中华民族伟大复兴的中国梦，保证人民安居乐业，国家安全是头等大事。"维护国家安全的保底手段是什么？巩固的国防。当今时代，中国国防正在全面拓展，国防的内涵和外延比历史上任何时候都要丰富，时间领域比历史上任何时候都要宽广，影响因素比历史上任何时候都要复杂。可以说，现在中国国防在地理上遍布全球，在目的上注重利益拓展，在手段上强调主动塑造，在内容上延伸至社会各个方面。但是，目前我们对国防的认识，仍然沿用1997年《国防法》上规定的概念。即国防是国家为防备和抵抗侵略，制止武装颠覆，保卫国家的主权、统一、领土完整和安全所进行的军事活动，以及与军事有关的政治、经济、外交、科技、教育等方面的活动。这一定义已远远不能涵盖现代国防的范畴，必须从国防的新变化中寻找新的答案，才能为国防教育学科拓开一片新的天地。

## 一、国防目的——从捍卫生存走向利益拓展

按照1997年《国防法》的规定，国防的目的是为防备和抵抗侵略，制止武装颠覆，保卫国家的主权、统一、领土完整和安全。不难看出，主要是聚焦捍卫国家的生存权。按照2015年《国家安全法》对国家安全的规定：指国家政权、主权、统一和领土完整、人民福祉、经济社会可持续发展和国家其他重大利益相对处于没有危险和不受内外威胁的状态，以及

---

* 作者简介：刘玉清（1960年～），河北张家口人，博士，现任国防大学军事管理学院战略管理教研室教授，硕士生导师，大校军衔，主要从事国防教育和学生军训工作。

保障持续安全状态的能力。这是对国家发展的战略空间状态进行的重新认识和规划，需要国防为战略空间拓展提供安全保障。可见，国防是国家安全的基础，国家安全面临的威胁和挑战变了，国防的目的也必须随之改变。

### （一）兼顾生存利益和发展利益

生存利益和发展利益是国家最高利益的两个方面。维护生存利益曾是国防的重中之重。回顾历史，近代以来中华民族始终面临着生死存亡的威胁。19 世纪末，中国积贫积弱，迭遭列强瓜分，以致生灵涂炭，国破家亡。20 世纪上半叶，日本军国主义野蛮发动全面侵华战争，中国几乎完全覆亡于日军的铁蹄之下。新中国成立后，在相当长时间内，中国的存亡问题也并没有完全解决，曾受到两个超级大国的同时威胁。最危险的是当时美国和苏联，都曾多次密谋对中国实施核打击。可以说，这一时期，存亡问题始终是国家安全的核心问题。在这种严峻形势下，国防的重心不能不长期放在维护国家的生存利益上。这是完全正确，也是非常必要的。随着国家的发展，国防的重心转到保障发展利益上。冷战结束后，特别是进入21 世纪以来，中国面临的安全环境发生了一系列变化，其中最明显、最重大的是全面战争威胁明显下降，存亡之忧已不迫在眉睫，国家发展利益受到制约和威胁相对上升。正如大家都看到的，外部敌对势力总是不愿看到中国的稳定、繁荣和发展，在无力剥夺中国生存权的情况下，开始把重心放到削弱乃至剥夺中国的发展权上，直接影响中国现存的安全质量，直接迟滞中国发展的态势前景，直接关系到中国未来的盛衰荣辱。当前，国家发展的集中体现，就是瞄准两个“一百年”，实现“中国梦”和“强军梦”。这是中华民族伟大复兴的国家大战略，它在实施过程将面临诸多风险和挑战，必然要求国防的重心适时做出调整，即从过去的维护生存利益为主向维护发展利益为重转变。

### （二）保障现实安全和长远安全

现实安全和社会稳定是一切活动的基础和前提。2016 年 4 月 14 日，国家主席习近平在国家安全委员会设立时表示：“国家安全和社会稳定是改革发展的前提。只有国家安全和社会稳定，改革发展才能不断推进。”纵观古今，从内忧外患的清政府，到现在冲突频频的一些国家和地区，大到一国，小到一个单位，现实安全是存续的先决条件，环境动荡、人心不安，任何发展都无从谈起。同时，各种敌对势力短期内难以消除。当今时代国际政治经济复杂远超预料，对内一些影响社会稳定、危害民众衣食住行、民族分裂势力、宗教极端势力等不安全因素依然存在；对外诸如南海主权争端、文化和意识形态斗争、国际恐怖势力等敌对势力恐怕短期内也难消除。因此，在现代国防从捍卫生存走向利益拓展过程中，不仅要关注现实的安全，还要关注长远的安全。

**（三）统筹国内安全和世界安全**

当今世界正在发生着前所未有的巨大变化。一方面，世界各国相互联系越来越密切，相互依存也越来越深入。冷战时期，世界被一堵堵有形和无形的墙隔离着，即使鸡犬相闻，也仿佛老死不相往来。如今，世界则被一张张有形无形的网连接着，日益变成你中有我、我中有你的“地球村”。人们虽然远隔万里，但是一上网，就感觉“天涯若比邻”。联系和交往的密切也使得各国的利益更加交融交汇，真正是“一荣俱荣、一损俱损”。这就是为什么各国要携手合作，共同应对恐怖主义、气候变化、核扩散等一系列挑战，形成全球性命运共同体。可见，在这个相互依存的世界里，面对各种各样的挑战，再强大的国家也不可能单打独斗，独善其身。不能以为自己国内安全了，就万事大吉了。另一方面，中国已从边缘越来越接近世界中心。洞察今天的中国和世界的客观形势，展望未来，中国离不开世界，世界更需要中国。未来的中国成为全球性国家，扮演全球性角色，承担全球性责任。国际地位的变化要求国防的目的从单纯考虑保卫本国国土范围内的安全，转变到综合考虑维护本国、地区与世界的安全，为国家发展赢得广阔的战略空间。

## 二、国防范畴——从边界安全放眼安全边界

随着改革开放的不断深入、经济社会的飞速发展和国力的由大向强，中国的“朋友圈”越来越大、“好伙伴”越来越多，海外利益分布也越来越广。中国国防已不仅仅是那条长长的边界线，国防的范围应该跳出有形的实体边疆，向无形的利益边疆扩延。

**（一）从维度上看，从陆地本土延伸立体空间**

人类发展史表明，科学技术的每一次进步无不催生新型领域。随着高新技术的迅猛发展，人们发现，除了陆地本土外，太空、深海和极地这些“战略新疆域”有着现实和潜在的重大国家利益，将成为未来竞争的重要战场，面临着重大安全威胁和挑战，值得密切关注。

一是太空成为国际战略竞争新的制高点。世界各主要国家纷纷制定航天发展规划，研制太空武器，为争夺制天权做物质准备。世界大国共同认为，太空对现代战争进程和结局具有决定性影响。不控制太空制高点，就没有制天权，就不可能掌握制信息权和制空权，也就没有制海权和制陆权。世界主要大国开始着手组建新的军种“天军”，集中执行太空作战任务。目前，美国陆、海、空三军都有自己的航天部队。俄罗斯组建了新的

兵种——航天兵。英国、法国、日本、印度等国也都在精心打造自己的“天军”。

二是深海将成为未来大规模开发的最广阔区域。深海，国际上通常以水深1000米为标志，超过1000米水深即为深海区域。深海蕴藏着丰富的矿产、生物、能源等资源种类，是地球上尚未被大规模开发利用的潜在战略性资源基地。据科学家估计，深海战略性资源储量十分丰富，深海油气及海底表面各种金属结核矿物的储量，足以使地球上的工厂运转数个世纪，是人类社会摆脱资源危机的重要依托。随着全球对能源需求的日益膨胀，由近海走向深海已成为发展海洋能源和经济的必然趋势和重大战略部署。未来海洋竞争，尤其是深海领域的国际竞争日趋激烈。

三是极地将从“冰点”变为战略博弈的“热点”。极地指地球的北极和南极地区，蕴藏丰富的能源。根据美国地理勘探局估算，北极地区的煤炭、石油、天然气储量分别占全世界潜在储量的25%、13%、30%。过去，因位置偏远、气候恶劣、难以通航等原因，没能引起各国的足够关注。现在，随着全球气候变暖以及冰川消融加快，使开发成为可能。同时，极地的战略位置尤为重要，特别是地处亚、欧、北美三大洲弧顶位置的北极地区，是一个瞰制北半球的战略制高点。为赢得极地竞争优势，掌握主动权，美国、俄罗斯、加拿大等极地国家根据各自利益制定极地战略，一些非极地国家和集团也积极参与极地事务，围绕极地尤其是北极地区的国际斗争将日趋复杂和激烈，使寒冷的极地骤然变成新兴热点地区。

**（二）从形态上看，从有形空间到无形空间**

看得见的海洋关系到国家的长治久安和可持续发展，必须突破重陆轻海的传统思维，高度重视经略海洋、维护海权。看不见的网络空间，是通往胜利之门的钥匙。谁掌握了信息、控制了网络，谁将拥有整个世界；谁失去了网络权力，谁就失去了网络疆域的国家主权。

我国在海洋拥有巨大战略利益。一是我国的安全威胁主要来自海上。当前，中国海洋安全呈现出海洋安全利益屡受侵害、海洋安全威胁与日俱增、海上风险日渐增大的特点。南海方向，一些国家以挑衅性的姿态抢夺中国海洋资源、侵占海洋岛礁，蚕食海洋权益；东海方向，围绕钓鱼岛归属和油气田开发的争夺依然激烈；黄海方向，关于渔业资源的争夺时有发生，甚至付出了生命的代价。二是维护国际海洋权益的任务越来越重。现在，资源越来越少，人口越来越多，对海外的需求越来越大。据统计，中国国际贸易货物运输总量的85%是在海上运输，世界22%的出口集装箱来自中国，中国商船队的航迹遍布世界1200多个港口。未来的中国越来越成为资源和能源的进口大国，特别是石油严重依赖进口，需要军队去为国家经济利益提供安全保护。当前，国家利益的范围已经由本土转向全球，“世界那么大，我想去看看”的公民会越来越多。海外能源、资源以及海外公民、法人的安全问题日益凸显。

网络安全形势非常严峻。一，网络领域将成为世界各国军力角逐的新空间。目前，美、俄、日等国军队已把网络空间作为继陆、海、空、天之后的第五维作战空间。美军2009年就开始组建网络空间司令部，并频繁举行网络战演习，加紧研制网络战装备。可以预见，未来战争完全有可能首先在网络空间爆发，交战双方围绕“制网权”展开激烈争夺。二，传统网络安全威胁向移动互联网快速蔓延。当今社会，信息技术日新月异，信息化快速发展，云计算、物联网、大数据、移动互联和集群存储等新技术广泛应用，信息存储和处理日益数字化、网络化，由此带来的网络安全问题更加复杂多样。互联网上恶意程序传播、远程控制、网络攻击等传统网络安全威胁向移动互联网加速增长、快速蔓延。三，令人担忧的是，胜利的天平始终向网络技术发达的国家倾斜。这是因为全球90%的核心芯片为发达国家制造，全球13台互联网根服务器绝大多数设在美国。我国在网络领域的核心技术对发达国家的依存度很高，存在着严重的安全隐患，对于网络空间这一无形的国家主权，我们绝不应也绝不能掉以轻心。

**（三）从领域上看，从局部安全到总体安全**

单纯军事、政治或经济，到综合考虑政治、经济、军事、文化、科技等各个领域的总体安全。

国家安全问题是国家战略的核心与灵魂，是其他一切战略规划的前提与保障。巩固国防和强大军队是保证国家安全的保底手段。传统的安全观念曾为抗击侵略颠覆、维护主权独立、保持安定有序，发挥了巨大作用。但随着中国实力的攀升，国际话语权博弈渐趋频繁，各种安全问题不断凸显，迫切需要全面认识我们面临的安全问题。例如，涉及国家主权和领土完整方面的核心利益。这不但关系到中华民族和国家的尊严，更是全体中国人的历史责任。再如，中国的国际地区利益。要求我们站在一个全新的高度，具备全球视野，重新看待今天的世界，重新审视我们自己在21世纪的国际诉求。最主要的是在这些问题的背后，更深层次的是未来中国的发展，将在什么样的国际环境和世界政治经济秩序的框架下展开？这就需要我们从总体上思考建设什么样的军队才能为国家发展提供足够的空间，建设什么样的国防才能保证总体国家安全？总的来看，我们的目标是：国家安全在哪里受到威胁，哪里就是中国国防的安全边界；国家利益拓展到哪里，国防的安全边界就要延伸到哪里。

## 三、国防手段——从被动应付转为主动塑造

国防手段是国家为达到国防的目的而采取的一切方法和措施。习主席强调要综合运用政治、军事、经济、外交和文化等多种手段，特别是军事手段，以更加坚定的斗争来维护我国的国家安全和发展利益，以更为主动的先手棋化解和消除现实和潜在的威胁挑战，以更加积极的行动改善和塑造国家安全斗争的态势，提升国家战略实力和能力的运用水平，要求现代国防积极主动地塑造安全环境、应对安全威胁，避免被动应付。

### （一）威慑能力，从静态展示到总体设计

威慑本身是中性的，它既可为强者或攻者所用，也可为弱者或守者所取。威慑的本质是通过国防手段展现威慑能力和意图，从而达成不战而屈人之兵的目的。因此它往往是用兵者的首选。但是要想达到这种威慑的境界，不仅要拥有真实有效的国防实力，还要有善用这种实力的谋划和决心，同时要让对方确信，一旦升级进入实战将会使对方付出难以承受的代价，威慑才可能发挥作用。

过去，我们对威慑能力的运用是说得比较多，做的相对少。现在，我们开始敢于和善于运用总体设计来筹划未来发展之路。设计，是一种前瞻思维，一种战略预见。以设计引领政治、经济的创新发展，推进国防和军队建设，已经成为各国提升威慑能力的重要方式。比如：政治上，提出“构建中美新型大国关系”“打造人类命运共同体”“引领全球治理新格局”等崭新的国际关系理念，发出中国声音。经济上，成立亚投行，提出“一带一路”战略构想，展示中国的强大实力。行动上，参加亚丁湾护航、启动吉布提海军保障设施建设，推动军事力量“走出去”战略。建设上，新航母下水，运—20 列装，号称“关岛杀手”的东风—26 展示，发展军事航天力量，加快北斗系统的军事应用，加快南海岛礁建设，试验高超音速武器，为提升能力奠定基础。

这些行动说明，中国已经是一个有一定影响力的国家，更是一个负责任的大国，它所追求的防御性威慑能力，不仅是国家安全与和平发展的可靠保障，也会为地区和世界的和平与稳定做出积极贡献。

### （二）国防实力，从属地防御到全域多维

一个国家、一个民族，要想在激烈的国际竞争中立于不败之地并有所作为，既要有强大的经济实力，也要有强大的国防实力。强大的国防实力是国家和平崛起的保证。怎样看待我国的国防实力呢？李克强总理在第十二届全国人大第四次会议上指出：“我国经济实力、科技实力、国防实力、国际影响力又上大台阶。”这是对国防实力新变化最有说服力的总结。

一是军事力量由分散向成体系发展。现在，国防和军队建设着眼新的国家安全需求，正在构建中国特色现代军事力量体系。在力量更新上，要求新型作战力量与传统作战力量有机融合；在力量结构上，要求陆海空天网电一体；在能力重心上，要求立足本土，倚陆向海、辐射利益攸关区；在作战效能上，要求精干、联合、多能、高效；在中国特色上，要求具有防御性、地区性、人民性的不对称特征。

二是军区变成战区。当前的国防和军队改革，从军委管总、战区主战、军种主建的总原则出发，根据我国安全环境和军队担负的使命任务，调整划设东部、南部、西部、北部、中部五大战区。军区变战区的主要区别在于，军区是本土辖区内一个综合性领导指挥机构，既负责部队全面建设的领导管理，又负责作战指挥，同时还领导后勤与装备保障，实际运行中建设管理职能多于作战指挥职能。实质上是“镇守本土”。战区是中央军委向某一战略方向派出的唯一最高指挥机构，担负应对本战略方向安全威胁、维护和平、遏制战争、打赢战争的使命。概括地说“经略一方、镇守一方、稳定一方”。这种变化有利于健全联合作战指挥体制，构建联合作战体系，更好地维护国家主权、安全和发展利益，维护地区稳定和世界和平。

三是各军种的职能正在转型。陆军，按照机动作战、立体攻防的战略要求，加强顶层设计和领导管理，优化力量结构和部队编成，加快实现区域防卫型向全域作战型转变，努力建设一支强大的现代化新型陆军。海军，按照近海防御、远海护卫的战略要求，逐步实现近海防御型向近海防御与远海护卫型结合转变，构建合成、多能、高效的海上作战力量体系。空军，按照空天一体、攻防兼备的战略要求，实现国土防空型向攻防兼备型转变，构建适应信息化作战需要的空天防御力量体系，提高战略预警、空中打击、防空反导、信息对抗、空降作战、战略投送和综合保障能力。火箭军，按照核常兼备、全域慑战的战略要求，增强可信可靠的核威慑和核反击能力，加强中远程精确打击力量建设，增强战略制衡能力，努力建设一支强大的现代化火箭军。战略支援部队，坚持体系融合、军民融合，努力在关键领域实现跨越发展，高标准、高起点推进新型作战力量加速发展、一体发展，努力建设一支强大的现代化战略支援部队。

这些已经变化或正在变化的力量、体制和职能充分说明我国的国防实力已远远超出属地防御，正向全域多维作战能力发展。

**（三）国防潜力，从军民结合到深度融合**

国防潜力是评价一个国家实力的重要参数，也是一个国家总体战争能力的基础。

据俄罗斯《剖面》杂志报道，中国是世界上军事动员能力最强大的国家之一，现在中国不仅拥有世界上最庞大的军队，而且军事预算仅次于美国。中国不仅能使数量相当于半个欧洲的青年扛枪入伍，而且还配备最新科技装备。外国媒体普遍认为，中国可以在几周之内，募集到超过1000万的具有良好素质的优秀兵员。除此之外，中国战时还可迅速动员3000万民兵，4亿工人及其厂家转为军工生产，形成无与伦比的战争能力。外国军事专家称，“中国还拥有世界上最庞大的高速铁路、公路和高速公路网络，中国可以通过自己的高速铁路网从一个地方迅速向另一个地方转移大量军事人员和物资，这种大范围的军事人员转移，只有在严格且精确的调度指挥下才能正常运行，而在这方面，中国的效率无人能比。”

以上说法，虽然有夸大其词的成分，但我相信，随着军民深度融合大战略的不断推进，中国可以更加自信地维护自身利益。

一个学科的产生和发展，必须对其本源概念的内涵和外延加以明确界定。国防教育学科的构建，需要从国防目的、国防范畴和国防手段的新变化中重新定义国防的概念，这样才能推动国防教育学科向正确的方向发展。

**参考文献**

[1] 教育部国防教育办公室：《学校国防教育文献汇编1949~2004》，军事谊文出版社2004年版。
[2] 朱进杰、廖文科：《学校国防教育史》，军事谊文出版社2003年版。
[3] 杨邵愈：《高校国防教育与人才培养研究》，社会科学出版社2000年版。

# 新时期高校军事理论课的意识形态教育实践探索

胡志荣*

**摘　要**：高校是意识形态教育的阵地，新时期，西方意识形态的攻击对高校马克思主义意识形态教育造成重大挑战。高校军事理论课的国防教育与意识形态教育契合度高，协同效应好。军事理论教学应渗透意识形态教育，且需坚持底线原则、以理服人和开放性等原则，以提高教育实效。

**关键词**：新时期　军事理论课　意识形态教育　实践

2013年8月19日，习近平总书记的讲话中特别指出："意识形态工作是党和国家一项极端重要的工作。"2015年1月19日，中共中央办公厅、国务院办公厅印发《关于进一步加强和改进新形势下高校宣传思想工作的意见》，强调高校是意识形态工作前沿阵地，要求高校做好宣传思想工作，加强高校意识形态阵地建设。① 2016年12月7日至8日，习总书记在全国高校思想政治工作会议上发表重要讲话，强调"把思想政治工作贯穿教育教学全过程"。

意识形态教育是高校思政教育的核心，我国是社会主义国家，社会主义意识形态是我国主流意识形态。高校是意识形态教育的战略前沿，也是大学生走向社会前系统接受意识形态教育的最后一块阵地。大学期间是高校学生世界观、人生观、价值观和政治信仰形成和基本定型的关键阶段，而大学生的世界观、人生观、价值观和政治信仰决定着国家的前途和命运。因此，通过各类课程加强意识形态教育极其重要。

"军事理论"课程是高校开设的公共必修课，是高校实施"大德育"教育的重要课程，它对大学生思想政治素质的培养，社会主义意识形态的教育发挥关键作用。因此，探讨新形势下高校军事理论教学中的意识形态教育实践，具有重要的现实意义。

## 一、新形势下新问题，反证高校意识形态教育的紧迫性和必要性

在全球化浪潮中，多元文化相互激荡，碰撞激烈。在多元文化的相互

---

* 作者简介：胡志荣（1984年~），男，江西永丰人，硕士，现任昆明学院讲师，主要从事国防教育和近代军事史相关研究。

① 《中办国办印发〈意见〉：〈加强和改进新形势下高校宣传思想工作〉》，《人民日报》，2015年1月20日。

交融和冲突中，西方有两大优势：其一，西方意识形态话语体系垄断全球话语权；其二，依托于以信息技术为代表的先进科技，西方把持着传统媒体和新媒体等宣传舆论工具。因而，西方垄断着世界意识形态的解释权和世界舆论的宣传。

长期以来，西方把高校作为其“西化”“分化”的重点领域，互联网成为其进行意识形态宣传的主要平台。《2016 年我国互联网网络安全态势综述》报告显示，“2016 年，境外约 4.8 万个控制服务器控制我国境内 1499 万余台主机，来自美国的控制服务器数量居首位，其次是中国香港和日本。就所控制我国境内主机数量来看，来自美国、中国台湾和荷兰的控制服务器控制规模分列前三位。”① 境外势力网络控制的主要目的之一就是传播其意识形态和价值观念，以实现对受众国不战而胜、政治重构的战略意图。这必然对高校教师的价值取向、思想意识和行为方式产生极为深刻的影响，其严重危害主要表现在以下三个方面：

第一，西方的“意识形态终结论”等思想的宣传使高校学生漠视、抵触应有的意识形态教育。冷战结束后，西方社会思想家认为资本主义意识形态已经完胜马克思主义意识形态，不同于资本主义的意识形态已经或必将终结，因而宣传“意识形态终结论”，以此否定、排斥非资本主义的意识形态，宣扬资本主义文化形态可以完成对其他国家文化形态的历史性替代。在这种论调的影响下，我国高校出现部分师生漠视社会主义意识形态教育，对应有的、正常的、必要的马克思主义意识形态教育存在排斥和逆反心理。尤其在我国正处于社会转型时期，政治经济文化社会等领域发生了深刻变革的历史背景下，一些诸如社会两极化、贪腐以及重大社会事件等问题都通过网络“扩音器”宣泄出来，尤其在一些别有用心的所谓“媒体大 V”的渲染甚至造谣的影响下，某些社会问题在一定程度上激起人们对主流意识价值观的逆反心理。同时，因部分师生缺乏马克思主义基本理论功底，对国与国之间在政治经济和思想领域的尖锐复杂斗争缺乏认识，导致他们认为高校的意识形态教育纯粹是一种强化国家意识的政治教育，是政府对学生“洗脑”，进而对社会主义、爱国主义等主流意识形态教育产生排斥心理。

第二，西方反马克思主义意识形态宣传瓦解高校师生的“理论自信、道路自信、制度自信和文化自信”。在西方各种“非马克思主义”和“反马克思主义”的话语体系的冲击下，现实生活中，高校部分师生既丧失对真理的探索精神，又缺乏独立的思考态度，更缺乏应有的思辨能力。境外

---

① 《2016 年我国互联网网络安全态势综述》，http：//efinance. cebnet. com. cn/upload/situation2016. pdf。

某些组织与国内某些“精英”和“公共知识分子”相互配合，高调宣扬西方的意识形态渗透，他们对西方所推崇的民主自由人权等所谓“普世价值”观念狂热迷信，对资本主义政治制度和生活方式盲目崇拜；他们对反马克思主义理论、唯心主义思想、资本主义腐朽文化等重大原则问题不但缺乏应有的立场，而且还故意曲解误导学生；他们盲目支持意识形态多元化的主张，相信西方学者鼓吹的马克思主义虚假论，对社会主义理想和信念产生怀疑；他们企图消解马克思主义和社会主义形态，将政治是非学术化，模糊学术民主与资产阶级自由化的界限。凡此种种，瓦解着高校师生的“国家认同”“民族认同”，打击国内师生的“四个自信”。

第三，西方的腐朽文化和价值观宣传损毁高校师生的价值追求，瓦解师生的积极进取意识。近些年来，放纵无度的消费文化带来的物欲主义在高校扩张，潜移默化地诱使部分师生在生活方式、消费方式、价值观念等方面日益认同西方，导致少数师生中享乐主义盛行，出现生活上物欲化，作风上浮躁化的倾向。他们蔑视优秀历史传统，鄙夷社会理想，嘲弄道德情操。少数师生淡化了国家意识和爱国情感，缺乏追求进步的进取心和改革创新的时代精神，在现实中他们更关注就业、收入、生活甚至高质量享受等问题，对社会理想等毫不关心。总之，西方的腐朽文化和价值观的侵入，削弱着马克思主义意识形态对当代大学生的教化功能。

新的历史时期，西方意识形态的渗透无处不在，给我国意识形态安全带来重大挑战，给高校教育带来复杂影响。面对新形势，高校教育教学中，尤其是高校的思政教育，包括军事理论课教学中，加强社会主义意识形态教育显得既紧迫、更必要。

## 二、“军事理论”课的国防教育与意识形态教育的契合性及实践

### （一）“军事理论课”中，国防教育与意识形态教育具有高度契合性

长期以来，高校学生的意识形态教育和相关研究主要依托于思政专业的“马哲”“毛概”“邓论”和“中国近代史纲要”等课程，其他专业学科没有承担起教育职责，没有发挥意识形态教育功能。在实际教学中，大部分其他专业课教师认为意识形态教育与自己无关，是马院老师、辅导员或党政领导的事，甚至有的教师不仅轻视意识形态教育教学，反而以嘲弄社会主流价值来迎合学生，导致思政课教师对学生的意识形态教育被消解。因此，高校意识形态教育要打破学科专业的“门户之见”和“各自为政”的局面，防止知识教育与价值教育分离，防止意识形态教育在不同学科专业上存在“两张皮”的现象。

“军事理论”课程，是对高校学生进行基本国防教育的主干课程，它能很好地发挥意识形态教育的功能。军事理论课的国防教育与意识形态教育具有高度的契合性。

首先，“军事理论”课的教育目的和马克思主义意识形态教育的目的一致。《普通高等学校军事课教学大纲》的课程目标规定：“军事课程以国防教育为主线，通过军事课教学，使大学生掌握基本军事理论与军事技能，达到增强国防观念和国家安全意识，强化爱国主义、集体主义观念，加强组织纪律性，促进大学生综合素质的提高，为中国人民解放军训练后备兵员和培养预备役军官打下坚实基础的目的。”① 马克思主义意识形态教育的目的在于坚定国民社会主义理想信念，巩固共同思想道德基础，增强民族团结和凝聚力，增强理论认同、政治认同、情感认同。从本质上看，军事理论课程的国防教育和意识形态教育的目的是一致的，前者是后者的具体表现。

其次，“军事理论”课的教学内容体现了马克思主义意识形态教育的要求。“军事理论”课内容主要有“中国国防”“国际战略环境”“军事思想”“军事高技术”和“信息化战争”等。“中国国防”的教学，主要是通过国防法规、国防动员等内容的学习，增强学生的国防意识、忧患意识；通过对国防历史的学习，让学生对中国兴衰交替的古代国防、备受欺凌的近代屈辱国防和强大的当代国防有所了解，激发学生的爱国情感、民族自豪感、民族自强意识、责任意识和自信心。“军事思想”的教学，通过对古今中外军事思想的学习，使学生正确理解战争的本质，政治的本质，让学生了解人民解放军的优良传统、光荣历史及其发展历程，熟悉中国革命和建设过程中出现的英雄人物，激发其爱军尚武意识，勇于奉献的革命英雄主义精神，增强学生对中国共产党是社会主义建设事业的领导核心的认同；“国际战略环境”的教学，让学生树立“综合安全”意识，通过对“国际战略格局”的学习，拓展学生的全球视野，让学生学会用辩证唯物主义和历史唯物主义方法去看待世界格局的发展历史；通过对“中国地缘环境特点”和“中国周边安全环境”的学习，让学生充分了解我国安全形势，发展环境，使其以大历史眼光正确看待中国崛起的时代背景，以此激发学生的忧患意识和历史责任感，激发其报效国家，勇于承担历史使命的志向。“军事高技术”的教学，通过让学生了解军事技术与军事变革的关系，使其认识到科技发展对战争成败、国家安全的紧密关系，认识到

---

① 教育部、总参谋部、总政治部关于印发《普通高等学校军事课教学大纲》的通知，《学校国防教育文件汇编》，军事谊文出版社 2004 年版，第 374 页。

大学生是未来科技创新的主力军，激发历史使命感和创新意识。“信息化战争”中，让学生辩证地认识“人—装备—战争”之间的关系，避免其走向“唯武器论”“唯技术论”的误区，同时通过信息化战争中各作战要素的通力合作密切配合才能赢得战争的实例，使学生树立团结协作意识。

“军事理论”课的教学目的是高校学生的马克思主义意识形态教育的具体化，它的教学内容与马克思主义意识形态教育高度契合。在军事课教学中，国防教育与意识形态教育能够实现协调同步、合作互补。当前高校课程教育中，军事国防课与思政课所占比例少，地位低，学生重视程度普遍不够。如能将两者结合，其育人效果必将互补提升。因此，在高校军事理论课的教学中，创新教育手段，在对学生进行国防教育的同时，注重意识形态的教育，这对国防教育整体功能的提高，对大学生综合素养的提高均具有重大作用。

**（二）“军事理论”教学中渗透意识形态教育的实践范例**

要想在军事课教学过程中渗透意识形态教育而又不引起学生的排斥心理，在教学过程中必须抛弃说教式方法，多运用问题启发式、交流讨论式方法，以达到在润物无声中提高学生的理性思维和逻辑思维能力，增强教育实效性目的。下面以“毛泽东军事思想”一节中的“坚持党对军队的绝对领导”的教学为例，体现军事课教学中的意识形态教育。

问题：为什么要坚持党对军队的绝对领导？方法：材料引导、问题启发、学生思考、相互讨论。

首先，以材料引导学生思考，启发学生思维。

材料一：1840 年至 1949 年，中国共遭受外敌侵略 470 多次。在不同历史阶段，中国国防力量的表现却大相径庭。光绪帝哀叹清军“战无一胜”；北洋新军存在的 30 多年中，从未向外国侵略者开过一枪，打过一炮；民国的黄埔新军，在北伐半途就被野心家利用而演变为“新军阀”。只有共产党领导的人民军队真正扛起民族独立和解放的重任，开创了中国军事斗争的常胜时代。在 22 年的革命战争中，进行了 400 多次战役，消灭国内外敌军共 1100 多万人。解放军进行革命战争的时间之长、规模之大、情况之特殊、道路之曲折、内容之丰富、国内和国外作战对象之复杂、歼敌数量之多，在中外历史上都是独一无二的。①

① 刘明福：《解放军为什么能赢》，人民武警出版社 2012 年版，第 1—4 页。

通过材料，教师引导学生思考：“人民军队与近代其他军队最大的区别”“为什么共产党领导的人民军队就有战斗力，就能以弱胜强”，在讨论中引导学生得出“解放军的战斗力，根源于其先进性，而其先进性源于党的先进性”的结论，懂得“一个先进的政党，才能创造一支先进的军队”。如此，在回顾和加深之前课程关于“人民军队的性质、宗旨”等认识的同时，让学生自动形成“要保持军队的战斗力，就要坚持党对军队的绝对领导，坚持用党的先进性来塑造和保持解放军的先进性”的认识。

那么，该问题的讲解到这里是否就结束了呢？没有，如果仅仅停留在此，就不能达到贯穿意识形态教育的目的，是不成功的授课，接下来应该往哪里前进呢？且看——

> 材料二：美国一位战略家曾把经受了1989年那场风波考验的中国和在剧变中解体的苏联做了对比。他认为美国之所以能在东欧得手，在苏联得势，而在中国碰壁，原因在于中共有五大优势，其中就讲到毛泽东的支部建在连上、党委建在团以上单位的建军思想和始终没有照搬苏联“一长制”。他认为这是很重要的优势。①

根据材料，结合现实，引导学生深入思考：西方国家和国内部分“精英”鼓噪“军队非党化”“军队国家化”观点，是否符合中国历史和现实国情？有什么目的？如果按照他们的观点做，会给军队建设和国家安全稳定乃至国家政权造成什么后果？如此，经过教师引导和师生共同讨论，学生自然会认清，国内外某些势力鼓吹的所谓“军队国家化”“军队非党化”论调背后的险恶目的在于把党和解放军分离，让党交出军队，实质是为了让共产党交权，让中国变色，让中国复兴夭折。

此外，为加强学生对这一危险后果的认知和感受，教师可向学生稍微介绍一些情况，如苏联解体给俄罗斯民族带来的灾难后果、西方国家在东欧、中亚、北非和中东等地区进行一系列“颜色革命”给这些国家和地区带来的恐怖主义泛滥，地区局势动荡不安，民不聊生的后果的实例。因为这些事实离今天不远，并且有的正在发生中，学生会有比较真切的感受。通过这些历史和现实的事例，使学生真切获得“在当今形势下，‘党对军队的绝对领导’不但不能削弱，而且要进一步加强”的自我认知，达到对“道路”“制度”的认同，强化学生“道路自信”和“制度自信”。这样，不但可较好地达到原定基本教学目标，又贯穿了社会主义意识形态教育，

① 刘明福：《解放军为什么能赢》，人民武警出版社2012年版，第18页。

实现了双重教学效果。

总之，作为军事课教师，只要通过历史事实，结合现实，以环环相扣的问题启发学生的逻辑思维，引导学生理性思考，让学生在思考和讨论中既接受国防教育，又升华其意识形态教育，从而达到发挥国防教育与意识形态教育的横向协同效应目的。

## 三、军事理论教学中渗透意识形态教育的原则

“军事理论”课程的知识体系更新快，信息容量大，历史性与现实性交融，能够和其他学科的知识结合，也易出现争论话题。因此，要在教学过程中有效地渗透社会主义意识形态教育，必须遵循以下几个原则。

### （一）要坚持底线，敢于“亮剑”

作为处于教学一线的教师，在教学活动中，在与学生的交流中，必然会遇到各种与主流意识形态背道而驰的观点和主张。针对那些将矛头对着党、党的领导、社会主义制度、社会主义道路、优秀历史传统和丑化、污蔑领袖、英雄人物以及歪曲历史的错误思想和言论，要敢于“亮剑”，要观点鲜明，态度坚决。有的教师在课堂上公开发表反对马克思主义、反对共产党的言论，导致相当一批学生受影响，而这些学生在你的课堂上搬出“这是某某老师的教导和主张”时，作为军事课教师，绝对不能怕影响同事关系，怕“辩不过”，不能“含含糊糊，遮遮掩掩”“退避三舍”，避而不谈。如果教师自己都理不直气不壮，腰杆不硬，旗帜不鲜明，那么结果只能是：不仅你的意识形态教育不会有人相信，而且你的其他国防教育、爱国主义教育也不会有人信服，从而导致教育不仅没效果，反而是反效果。因此，在意识形态斗争中，在对学生“以理服人”的说服中，首先亮出观点要掷地有声，其次要加强感染力，即便你认为自己口才不好，缺乏辩才，但是一定要做到坚持政治底线、法律底线和道德底线，要敢于亮出观点。

### （二）要坚持“以理服人”，说理透彻

征服人心的最好方式是“以理服人”，军事理论课程中的意识形态教育也是如此。意识形态教育不是为了让学生就范，不是为了让学生战战兢兢、勉勉强强表面接受，而是要让学生从内心上认识到错误，继而改变错误的认知，要达此目标，需两个条件：教师教育态度的真诚性和无私性、教育内容本身的真理性。所以，意识形态教育要“以理服人”，而不是“以势逼人”，不能随意上纲上线，不搞批判式批评教育。在教育过程中，做到把“理”说透彻，正确解答学生的困惑和问题。

### （三）要坚持课堂的开放性和参与性

在我国社会主义意识形态与资本主义意识形态的竞争中，我们应该保持开放性心态。只有竞争和比较，才能激发活力和创造力。作为教师，一是要在意识形态面前保持开放心态，二是在对学生进行意识形态教育的过程中，要保持开放心态，摒弃教师垄断话语，关闭交流渠道的单向说教方式，采用让学生参与讨论的教育方法，只有做到师生平等对话，共同交流，才能使学生心悦诚服，才能使学生将社会主义意识形态内化于心，外化于行。

## 四、结语

尼克松说："在下一个世纪，采取侵略的代价将会更加高昂，而经济力量和意识形态的号召力将成为决定性因素。"① 高校是意识形态教育的阵地，是西方国家同我争夺青年和人心的关键战略前沿。历史和现实告诉我们，形势越复杂，环境越恶劣，越要筑牢意识形态阵地。在高校"军事理论"课程教学中贯穿意识形态教育，既是高校育人的要求，也是时代的需要。军事课教师应成为高校社会主义意识形态、社会主义核心价值观的坚定信仰者和自觉传播者，在本职工作中为增强未来社会主义建设者和接班人的道路自信、理论自信、制度自信和文化自信而贡献自己的一份绵薄之力。

### 参考文献

[1] 编委会：《国防教育》，中国大百科全书出版社 2007 年版。
[2] 张保国：《中外现代国防教育比较与研究》，解放军出版社 2011 年版。

① 尼克松：《1999 不战而胜》，中国人民公安大学出版社 1988 年版，第 54 页。

# 提高大学生国防意识的对策和措施研究

崔云峰*

**摘　要：**高校作为高等教育的阵地，国防教育的前沿，是直接培养社会主义事业的人才基地。当前国际形势风云变幻，国防意识的强与弱直接影响着我国人才的培养和民族的进步发展。提高国防意识，培养国防事业的接班人已经刻不容缓，提高大学生国防意识势在必行，提高青海地区高校大学生的国防意识需要合理、有效的应对措施。

**关键词：**国防意识　措施　高校

民以食为天，国以防为本。国防，是一个国家安全的基石、根本，也是一个民族的灵魂。要实现中华民族伟大复兴的"中国梦"，国防建设不可或缺，国防教育不可替代。青海作为西部少数民族聚居区，对高校学生进行爱国主义教育及国防教育，是高校不可推卸的责任和义务。加强国防教育，提高爱国意识，增强民族自豪感，对青海高校学生国防教育和国防意识的普及，应纳入国家教育和地方特色教育的重点。

## 一、青海地区国防教育普及现状

### （一）特殊的教育环境

十八大以来，我国高等教育把握机遇，建设了世界上最大规模中国特色的高等教育体系，实现了人口大国向人力资源大国的转变，为国家发展做出了重大贡献。目前，我国高等教育步入了大众化阶段，受高等教育人数多、规模大，布局结构不均衡，区域社会经济发展差异大，高等学校发展基础和投入不平衡等因素影响，使高等学校的内涵发展、质量发展面临挑战。青海地区高校的国防教育投入力量不均衡尤为突出。

汉族学生接受高等教育的比例高于其他少数民族，这就使得少数民族地区的国防教育失衡，严重地影响了少数民族学生的国家意识、国防意识的认知与提高。同时少数民族学生受国防教育的比例过低使得地区发展不均衡成为不可小觑的问题。

受初级教育地区主要集中在省会以东的富庶地区，这些地区掌握了大部分的教育资源和师资力量。这些地区的师资力量和教学对象大多数以汉

* 作者简介：崔云峰（1975 年~），男，甘肃人，现任青海大学讲师，主要从国防教育方面的研究。

族教师和学生为主。教学的内容除基本的文化知识课程外几乎不涉及国防教育的成分。受教育地域的不平衡导致教育比重的天平倾斜度和差距日渐扩大，最终导致地区的不稳定。

青海地区高校60%以上的生源为本地生源，这就意味着青海地区毫无国防教育基础的生源进入高校，给青海高校的国防教育带来极大的压力。长期的教育的近亲繁殖导致青海地区国防教育得不到良性发展，国防意识淡薄。

### （二）学校认识不到位

青海地区高职教育、大学专科教育和本科教育院校共有七所，真正落到实处开展国防教育的院校只有本科教育的三所高校。国防教育课程成了高校众多学科中可有可无的调味品；国防教育课程只是完成轰轰烈烈、场面宏大的室外军事技能训练科目；国防教育课程成了堆放在资料室里的照片、视频和资料。经过多次检查、协商后，三所本科院校勉为其难地将军事理论教学纳入正常教学，其他院校仍然停留在应付检查和军训层面。

### （三）师资力量成为最大的瓶颈

青海地区高校国防教育师资力量严重匮乏，成为提高高校学生国防教育和国防意识最大的制约因素。部分院校军事课教师完全使用兼职教师，兼职教师师资水平良莠不齐，上课时间不固定，讲授内容五花八门，时有脱离教学大纲主线的情况发生。同时，受职称评定因素、教师自身水平有待提高和社会重视程度不够等因素影响，教师担任国防教育任务差强人意，不作为也成为影响学生国防意识提高的根本问题。

### （四）学生认识不到位

随着网络迅猛的发展和我国经济建设的大踏步前进，使得很少接触过外面世界、本地生比例高达60%、受教育地区比例严重失调、国防教育和意识普及极低的矛盾在青海地区的高校中日益扩大。当代大学生生在温室里，长在和风细雨下，自我感觉非常良好，生在和平社会的大学生，根本就不知道战争是什么，感觉不到战争的存在，缺乏忧患意识。受电影和游戏的影响，大多数人认为战争很好玩，更有人认为战争和游戏一样精彩，思想麻痹大意。意识决定行动，没有形成对国防教育的意识形态，更没有主动提高国防意识的行为。

## 二、形成现状的原因

### （一）长治久安的国防意识淡薄

青海远离内陆和海洋，没有军阀割据战争，抗日战争的战火也未波及这里。由于当地民众国家意识淡薄，民族意识淡薄，国防意识淡薄，尽管

1950 年 1 月 1 日青海省人民政府成立前夕剿灭了马家土匪。但直到今天对马匪津津乐道的民众仍不在少数，甚至有些政府部门也参与其中，美其名曰“地方文化”，企图洗白马家土匪。青海经济欠发达，小富即安的思想占主流，心中国防意识非常淡薄。这就严重地影响了本地生源的国防意识和国家意识。长期的和平导致现在的“80 后”“90 后”完全没有国防意识，甚至把爱国当作笑柄。

**（二）教育基础落后，家底薄**

青海省 2013 年才逐步解决“有学上”的问题，特殊的地区情况集中了西部地区、民族地区和欠发达地区教育的所有特征和困难，在这种情况下国防教育就显得捉襟见肘了。青海高等教育底子薄、基础差、欠账多，资源配置不均衡，区域、校际教学水平和质量存在明显差距，教师队伍结构不太合理，素质还有很多的提升空间，国防教育想在其中分得一杯羹谈何容易。

**（三）家庭影响**

地区民众从自身考虑、急功近利的思想尤为严重，家庭培养大学生的目的局限于找一份稳定、高收入的好工作，片面地认为进入大学就是学习将来赚钱的本领，学习赚钱的课程，对于国家意识和国防意识也仅仅停留在课本中。这种以自我为中心的思想，个人的价值和国家的价值分道扬镳，而不是融为一体，使家庭、学生很难理解“皮之不存，毛将焉附”的道理，大学生的国防意识堪忧。

**（四）地区高校自身不重视**

青海高校注重出校门随即用得上的人才的培养，导致青海高校教育短期内不均衡，国防教育想在这样的环境中找到它特有的支点很困难。高校教育的成绩主要看短期的效应，就业率的高低成为衡量教育水平的主要指标，快餐式的培养成了主要模式，在这种情况下国防教育处于尴尬的鸡肋境地。部分高校索性丢弃鸡肋，用一两场国防讲座或是某种形式的国防活动代替正规的国防教育课程。

## 三、提高国防意识的措施和应对策略

**（一）引起地方领导和高校领导重视**

高校领导对开展国防教育的认识不足，认为完成军训就是完成国防教育。军训期间“保姆式”的看管，几乎不存在安全问题，军训结束后学校开展活动队列等军事技能都可以派上用场。而开展国防教育就另当别论，没有必要浪费资源开展国防教育课程。国防教育需要占用教学资源，配备教师、管理人员等一系列繁琐的事情。在这样的情况下青海地区高校开展国防教育已经是势在必行的国家规定的教学任务和法律条款。要建立适合青海民族地区的教学制度，要有监督机制，认真履行各级职责，奖罚分明。要舍得投入一定的资金，必须站在国家和地区人才培养、国家意识培养、国防意识培养的高度，合理使用资金。只有提高了校级领导的重视程度，落实各项制度，才能落实国防教育，才能真正提高青海地区大学生的国防意识。

**（二）从民族地区实际出发普及国防教育**

1. 开展国防文化活动

高校是教学场所也是文化活动集中开展的地方，当代大学生思想活跃、创新意识强。正确引导他们以喜闻乐见的形式开展一些积极向上、传递正能量的、带有国防韵味的文化活动。用丰富多彩的国防文化活动唤起大学生的国防意识，丰富大学生的情感和爱国情怀。引入军旅题材的影视作品、传唱军旅歌曲、普及军旅题材的书籍和文章，达到激发大学生主动获取国防知识的意识。

2. 荣誉教育

一个没有英雄的民族是一个没有榜样和目标的民族。当今社会出现了一种奇怪的现象，英雄事迹被抹黑，英雄形象被抹黑。更加奇怪的是，对我们的国家产生质疑、民族产生质疑、国防教育产生质疑，导致国防意识和国家意识淡薄。树立身边的榜样，传唱英雄的事迹，激发当代大学生的爱国情怀；开发大学生朋友们喜欢的英雄事迹游戏，让他们融入其中。

**（三）加强国防教育人才的引入和培养**

在青海这个特殊的民族地区应该有一批而不是以个位数来计的军事思想与知识体系完备的军事教师。当下青海各个高校都存在军事教师严重不足的问题，究其原因主要有以下几点：第一，很多高校没有开展国防教育这个课程所以无从谈起军事教师；第二，职称评定等因素的不确定导致现有的教师队伍思想不稳定、处境不稳定、前途不确定；第三，高校改革对所有教师提出了新的、更高的要求，这对青海高校军事教师这支队伍来说不是春天，而是严冬。所以策略之一是引进国防教育人才；策略之二是聘请国内、省内知名专家学者作为兼职教师或者定期做报告和讲座；策略之三是抓紧培养扎根高原、奉献高原、留得住的本地国防教育人才。青海地区的长治久安离不开国防教育，我们要注重培养可以长期扎根艰苦地区的有国防意识、爱国意识、民族意识和专业技术强的复合人才，这是我们未来一段时期的目标。

大学生是社会主义现代化建设的生力军，是现代化国防建设的后备力量，是青海高原地区建设的基石。国防意识是一个国家现代文明的标志之一，它不仅仅是保卫国家利益的思想基础，更是增强民族向心力和凝聚力的强大精神动力。高校在进行文化课、专业课教育的同时，兼而有之对学生进行国防教育是社会的需要、时代的需要。培养具有新思想、新意识、新爱国主义精神的新型人才，将国防教育体系贯彻到底，是高校义不容辞的责任与义务。

**参考文献**

[1]《中国军事百科全书（增补卷）》，军事科学出版社 2002 年版。
[2] 厉皓、杨雷、石纯民：《培塑中国精神，凝聚中国力量》，《中国国防报》，2017 年 2 月 27 日第三版。
[3] 张冬胜：《国外国防教育发展对我国高校国防教育的启示》，《长春理工大学学报》，2012 年 12 月第 7 卷第 12 期。

# 论国防教育课程与思想政治理论课同向同行的有效路径

游　博　沈荣桂*

**摘　要：**习近平总书记提出高校其他各类课程与思想政治理论课程同向同行，形成协同效应，共同服务于培养中国特色社会主义事业接班人的目标需要。国防教育课程建设需要从四个方面着手缩短与思想政治理论课程建设存在的距离，构建国防教育课程体系化、加强军事课教师队伍建设、加强国防教育学科建设、为国防教育课程提供坚强的制度保障，以及加强国防教育课程教材建设。

**关键词：**国防教育　思想政治理论教育　课程建设　同向同行

2016年12月7日至8日在北京召开全国高校思想政治工作会议，习近平总书记发表重要讲话，他强调“高校思想政治工作关系到培养什么样的人、如何培养人以及为谁培养人这个根本问题”，“坚持立德树人作为中心环节”，他同时指出“其他各门课程都要守好一段渠、种好责任田，使各类课程与思想政治理论课同向同行，形成协同效应”①，习总书记的讲话为其他各类课程建设指明了方向。高校国防教育课程承担着培养大学生现代国防意识，为将来国防和军队现代化建设服务的重要职责，加之中国周边安全环境面临诸多挑战，国家开始越来越重视全民国防教育的时代背景下，需要加强高校国防教育课程建设。因而，我们理当自觉加强国防教育课程建设，缩短与思想政治理论课程发展水平存在的差距，与思想政治理论课程同向同行，为国家培养全面合格人才这一目标服务。

课程建设涉及教学手段、方法、教材、内容和理念，以及师资队伍、教学设施和经费保障等方方面面，国防教育课程建设亦不例外。本文试图从国防教育课程思政化，与思想政治理论课程发展水平相比，针对国防教育课程发展存在的四大薄弱环节来加强自身课程建设，即是说从国防教育课程与思想政治理论课同向同行的角度来探索国防教育课程建设。

## 一、构建国防教育课程体系化建设

课程建设在形式上表现体系化，可以发挥整体效果。高校思想政治理

---

* 作者简介：游博（1970年6月～），男，2006年6月毕业于华中师范大学，博士学位，现任东南大学军事教研室副教授；沈荣桂，现任东南大学军事教研室教师。

① 《把思想政治工作贯穿教育教学全过程　开创我国高等教育事业发展新局面》，载《人民日报》2016年12月9日。

论课程体系建设的特点是“一个‘中心’和三个‘开展’的结构形式”，“各门课程内容各有侧重，但课程之间相互联系、相互贯通，构成有机统一的体系整体”①。目前，许多高校国防教育课程建设存在的主要问题是只开设了军事必修课，军事理论课尚能保证一定的学时数，军事训练课尚能保障2～3周的训练时间，至于与军事类有关的其他课程则没有开设，没有形成国防教育课程体系化，无法充分实现育人功能。因此，国防教育课程要保持与思政课同向同行，同时要结合国防教育课程自身特色进行体系化建设，当然，国防教育课程体系化内容会不同于思想政治理论课程。

首先，高校国防教育课程需要形成主体技能、两翼、补充的课程体系。主体是军事类公共必修课，它包括两个部分，军事理论课和军事训练课；两翼是军事类通识课和公选课；补充的课程包括邀请校内外军事专家不定期开展专题和国际形势讲座、开设军事类慕课（MOOC，大型网上开放课程），让大学生在网上自主学习军事知识、课外研学（SRTP）、第二课堂等。这样，国防教育课程就形成一个较为完整的体系，从而营造浓厚的校园国防文化，对大学生进行有益的现代国防意识、国防观念教育。两翼课程与补充课程是对主体课程的拓展和补充，内容各有侧重。这样从形式上就构建起一个完整的国防教育课程体系。

其次，需要从内容上对国防教育课程体系进行调整改革，使国防教育课程思政化，实现育人功能，需要对军事理论课的五章内容做适度调整，要避免同思想政治理论课程内容雷同，同时要突现军事理论课程特色，突出军事课培养大学生的人生观、世界观、价值观功能，对思想政治理论课程的育人功能进行补充。因而，有的内容可以简化，有的需要补充。在“中国国防”章节里，可以充实丰富古今抗击外敌入侵的民族英雄，从古代的岳飞、戚继光，近代的林则徐、邓世昌到现当代的张自忠、黄继光等内容，凸显他们在大敌面前，舍生忘死、保家卫国，为巩固中国国防做出重要贡献的英雄气概，让大学生直观感受到中华民族的这种爱国主义精神一脉相承、从未中断，从而培养出大学生强烈的爱国主义情感和民族自豪感。在“军事思想”章节里，从毛泽东军事思想到习近平的国防和军队建设思想内容，可以简化，因为在毛泽东思想和中国特色社会主义理论体系概论课程里，已经有“加强国防和军队现代化建设”内容。特别是将毛泽东军事思想与毛泽东思想分割在军事理论课程与毛泽东思想和中国特色社会主义理论体系概论课程里显得很不合理，实际上毛泽东军事思想是毛泽东思想的重要组成部分，是不可分割的，毛泽东军事思想比毛泽东思想产

① 顾海良等：《高校思想政治理论课程建设研究》，经济科学出版社2009年版，第108页。

生稍晚，二者在中国革命和建设大部分时间里是交织在一起的。为了从整体上把握毛泽东思想，可以将其合二为一，放到毛泽东思想和中国特色社会主义理论体系概论里，同时避免重复。在“国际战略环境”章节里，中国周边安全环境内容是培养大学生国家安全意识的，是国防教育课程的核心内容，但与思想政治理论课内容有很大的重叠性，思想政治理论课程可以简化此内容。同时要紧扣时代主题，突出国家设立安全教育日，重视安全意识教育，结合当今中国面临新的诸多非传统安全挑战，增加中国能源、海洋、太空、网络、极地的安全意识培养的内容。可以设想，通过这样的内容调整，可以增加大学生的爱国主义精神和强烈的民族情感，同时又有着强烈的国家安全意识，时刻准备献身国防现代化建设事业的目的。达到与思想政治理论课程同向同行，实现育人功能。

## 二、加强高校国防教育课程教师队伍建设

进行教学活动，完成教学目标，关键需要高素质教师，因而，提高教师队伍的整体素质，加强理论队伍建设，是确保国防教育课程建设高质量发展的关键。我们先看看思想政治理论课程教师队伍建设的情况，“马克思主义理论学科队伍整体状况较好，队伍年龄结构较为合理，素质较高，有一批理论功底深厚、科研能力强的学科带头人”①。再看从事承担国防教育课程教学科研任务的教师队伍状况，学者们对这个问题的讨论一直热度不减，足以说明大家认识到教师队伍建设对国防教育课程发展的重要性。许多高校没有形成一个稳定合理的教师队伍，大量的外聘、兼聘老师，教师队伍的学缘、学历、职称、年龄、专业、数量结构不合理。有学者指出，“学术队伍梯队不合理，学术队伍缺乏专业的学科训练”，“高校国防教育学科队伍水平参差不齐”。② 将两者进行比较，就可以看出国防教育课程教师队伍与思想政治理论课程教师存在比较大的差距，国防教育课程要与思想政治理论课程同向同行，就需要从破解影响国防教育教师发展的制约因素出发，从而缩短与思想政治理论课程教师队伍的差距。

首先，国防教育教师要有发表学术论文的科研园地。思想政治理论教育有专业的核心学术期刊，如《思想理论教育导刊》《思想政治课教学》等，帮助思政教师的成长发展。而国防教育到目前为止没有自己的专业核心学术期刊，国防教育教师只能在教育类期刊上发表学术论文，严重制约

---

① 顾海良：《高校思想政治理论课程建设研究》，中国人民大学出版社 2016 年版，第 96 页。

② 谢素蓉：《普通高校国防教育学科队伍特点与建设》，《教育评论》，2017 年第 1 期。

教师的成长发展。因此，争取创办国防教育专业核心期刊是鼓励国防教育教师成长发展的必要措施。

其次，国防教育教师评定职称时没有学科支撑。评定职称对提高专业教师从事教学科研积极性至关重要。然而，国防教育由于没有学科支撑，导致国防教育教师评定职称时只能挂靠在其他学科，有的专业教师甚至只能评管理岗职称。按照2016年中共中央颁布的《关于深化人才发展体制机制改革的意见》要求，研究制定深化职称制度改革的意见。突出用人主体在职称评审中的主导作用，合理界定和下放职称评审权限，推动高校、科研院所和国有企业自主评审。高校要充分利用职称评审自主权，设置国防教育教师职称评审条例，充分发挥国防教育教师工作积极性。

最后，国防教育教师申请各级课题面临诸多困难。申请课题可以优化国防教育教师队伍建设，以研究课题为中心，形成相对稳定的科研团队，在年龄、职称、学科、学缘结构上逐步优化国防教师队伍团队结构。然而，国防教育教师申请课题只能从各级教育规划课题中申报，与思想政治理论课教师相比面临的困难更大。如果申请不到一定级别的课题，直接影响到教师的职称评定。因此，争取设置一定量和级别的国防教育课题也是鼓励国防教育教师发展的有效路径。

以上所说的创办学术期刊、设置国防教育教师职称评审条例和设置国防教育课题是优化国防教育教师队伍建设的客观外部环境。加强国防教育教师队伍建设最终落脚点还需要国防教师自身的主观努力，提高个人业务能力。这包括改革教学方法、更新教学理念，提高教学质量，参加学术会议，与其他学科教师交流合作，提高个人的科研能力。内外因素和主客观努力叠加在一起，从而整体上提高国防教育教师的教学科研能力。

## 三、加强国防教育学科建设

课程建设发展到一定阶段就需要学科的坚实支撑。马克思主义理论与思想政治教育学科的设立之初，是以加强高校思想政治理论课程建设为主旨的。1997年由“马克思主义理论”与“思想政治教育”两个不同的学科组建而成，是为“政治学”一级学科之下的二级学科之一。到2005年马克思主义理论一级学科正式设立，下面又设立六个二级学科。“马克思主义理论与思想政治教育学科在‘两课’各门课程的师资培养、课程建设和方法创新等方面起着重要的推进作用。”① 再来观察国防教育学科建设情况。自1985年国防教育实施课程化建设以来已经有30多年的课程实践，一直没有国防教育学科的支撑，严重制约国防教育课程建设，与思想政治理论教育课程建设存在相当距离。现在非常需要学科支撑，以推动国防教育课程向前快速发展。厦门大学在国防教育学科建设上迈出了重要一步，2012年在教育学一级学科目录下自行设置国防教育二级学科。吉首大学紧随其后，设立国防教育研究院。它们在实践中先行一步，有力推动了国防教育学科的发展。

高校自行设置国防教育二级学科之后，就面临国防教育学科的归属问题。学科归属问题直接影响到未来高校国防教育能否顺利沿着健康正确的方向发展，避免走弯路。目前，学者们对国防教育学科归属是存在争议的。厦门大学吴温暖教授认为，“国防教育是军事学与教育学的交叉学科，应该归属于教育学。”② 吉首大学李先德教授认为，“国防教育学是一门独立的学科门类，是社会学科门类的应用学科。”③ 笔者则认为国防教育学科应该属于马克思主义理论一级学科之下的二级学科。其理由有以下三点：

其一，马克思主义理论与思想政治教育学科成立之初，就有将这一学科归为“教育学”一级学科的意见，这当然是有一定道理的，思想政治教育学与教育学有密切的联系，但也有区别。根据该学科的属性、内容和建设目标，最后还是决定作为“政治学”一级学科之下的二级学科之一。这给予与之相似度极高的国防教育学科归属以很大的启发。

其二，从研究对象、研究内容和研究任务三个方面看，国防教育与教育学是有区别的。从研究对象上看，一门学科的诞生，是众多条件综合作用的结果，其中一个重要的、不可缺少的条件是它具有自己独特的研究对象。教育学的研究对象是一般人的全部教育活动，而不是其中某一侧面、某一领域，它是全方位、多视角地研究教育的基本原理。国防教育的研究对象是国防教育的规律，它包含思想教育、政治教育、国家安全意识教育等的规律，仅限于国防教育这一个层面，而教育学则涵盖了教育活动的所有层面，这是二者在研究对象上的明显区别。从研究内容上看，虽然国防教育学与教育学都有“教育”二字，但两者在教育主体和和实践活动内容上的差异却是根本性的。国防教育是有鲜明阶级性的，它是向本国全体公民灌输强烈的爱国主义情感和本民族的自豪感，培养国家安全意识，为本

① 顾海良：《高校思想政治理论课程建设研究》，中国人民大学出版社2016年版，第93页。

② 吴温暖：《论国防教育学的学科归属》，《厦门大学学报》，2010年第4期。

③ 李先德：《国防教育学概论》，国防科技大学出版社2007年版，第3页。

国国防现代化建设服务的。就是说，国防教育所要揭示和确定的是政治团体、阶级或国家意义上的教育主体，追求是受教育者对教育主体（统治阶级）及所代表的政治力量的合法性认同，而一般教育学将教育者和受教育者共同称为教育主体，将知识作为教育者和受教育者共同面对的“客体”，教育者和受教育者都将目标设定在对自身以外的知识所蕴涵的真善美的追求上。从研究任务上看，教育学的主要任务是“研究教育的基本原理和普遍规律，指导的是整个教育活动”①。国防教育所研究的是国防教育的基本原理和规律，承担着对爱国主义教育、民族情感教育、国家安全意识教育等进行研究的任务，指导着全部国防教育的实践活动。

其三，国家已经将高校国防教育列入高校对学生进行思想政治教育的范畴。2017 年 2 月，中共中央国务院印发《关于加强和改进新形势下高校思想政治工作的意见》，文件明确提到要增强军事训练实效②，这表明国家已经将高校国防教育纳入高校大思政范畴。二者都属于德育教育，发挥育人功能，目标是培养中国特色社会主义事业的接班人。如果缺少国防教育，高校培养出来的人才是不全面的，只是掌握了现代科学文化知识的专门人才，而通过高校国防教育，培养出来的人才同时又有着强烈爱国主义精神和国防观念，愿意投身国防现代化建设事业并且掌握一定军事能力的毕业生。因此，从全面培养中国特色社会主义事业合格接班人的高度就可以理解，国家将国防教育纳入大思政范畴是很有必要的。

归纳以上三点考虑，笔者主张将国防教育学科列为马克思主义理论一级学科之下的二级学科之一。

## 四、为国防教育课程建设提供制度保障

课程建设是一个系统工程，涉及方方面面，既需要软性条件，如教学理念、教学方法改革等，亦需要硬性基础保障，如教学设备等，还需要制度保障。一般来讲，课程建设乃至学科生长在教学科研单位环境下能够得到健康发展，思想政治理论课程的发展历程就能很好地说明这一点。在贯彻中央加强新形势下高校思想政治教育工作的精神指引下，全国各大高校将马列课部从原来的政法学院、人文学院中分离出来，设立了独立的马克思主义学院，极大地促进了思想政治理论课程和马克思主义理论学科的发

① 谢晓娟、王东红：《多学科视角下的思想政治教育研究》，中国书籍出版社 2015 年版，第 128 页。

② 《中共中央国务院印发关于加强和改进新形势下高校思想政治工作的意见》，《人民日报》，2017 年 2 月 28 日。

展。再观察承担国防教育课程教学科研任务的军事教研室的归属，两者之间存在的差距就很明显了。目前，全国高校军事教研室的归属比较混乱，这大致是没有国防教育二级学科所导致的。挂靠单位大致有两类：一类是与行政部门合署办公，如武装部、学工部、保卫处、教务处等。与武装部合署办公并且独立设置被认为是最理想的状态（有的高校武装部隶属于学工部），军事课由军事理论课和军事技能训练组成，军事教研室承担军事理论教学科研任务，武装部组织学生军训，二者共同完成高校国防教育。实践表明，设置这种“两块牌子”合并的管理体制的初衷是好的，为高校国防教育的发展也做出了贡献，但存在的弊端也是不容小觑的。按照现代大学制度的规范要求，行政与教学需要分开，这种体制需要进行改革，军事教研室应归口到教学单位，以便军事课教师将更多精力投入教学与科研，为国防教育课程的发展创造良好的外部环境。另外一类是归口到教学单位，如人文学院、马克思主义学院、体育系等，各高校军事教研室归口到不同的教学单位，从全国的角度来讲，组织教学比赛、开展学术交流活动都比较困难，需要统一到相同或相似的教学单位。

基于以上笔者的思考，国防教育二级学科属于社会科学类，归属到马克思主义理论一级学科之下，军事教研室则应归属到马克思主义学院较为合理，为国防教育课程和学科建设将提供一个良好的制度保障。

除了从课程体系化、人才队伍建设、创建学科和制度保障四个大的方面，国防教育课程缩短与思想政治理论课程建设的差距，同向同行之外，尚需要进行国防教育课程教材建设。教材是教师进行课堂教学活动的重要媒介，高质量的教材是完成教学目标的重要保障。思想政治理论课程的四门主要必修课程全部使用全国统编教材。而国防教育课程虽然颁布了全国统一的教学大纲，但没有统一教材，有军队院校编写的教材，有省编教材，还有各个学校自编的教材。从提高国防教育课程教学质量，与思想政治理论课程同向同行的角度看，需要组织全国一流军地专家编写一套高水平的国防教育全国统编教材是很有必要的。

## 五、国防教育课程与思想政治理论课同向同行的现实意义

建设高校国防教育课程是全面培养合格人才的必要环节，对思想政治理论课程建设是必要的补充，两类课程的发展如果处于分割状态，彼此孤立，或者两类课程发展水平长期不同步，势必影响人才培养目标的实现。因此，从国防教育课程体系化建设、师资队伍建设、学科创建和制度保障四个方面以及国防教育课程教材建设着手，努力跟上思想政治理论课发展水平，同向同行，才能发挥整体效应，发挥“1 + 1 > 2”的效果，为培养

中国特色社会主义事业全面合格接班人服务，全面合格接班人指的是一个掌握现代科学知识，同时有着强烈爱国主义精神和国防观念，愿意投身国防现代化建设事业并且掌握一定军事能力的高校毕业生。才能很好地回答习近平总书记提出的高校思想政治工作关系到培养什么样的人、如何培养人以及为谁培养人这个根本问题。

**参考文献**

[1] 张保国：《国防教育理论创新与实践专题研究》，解放军出版社 2011 年版。
[2] 北京市学生军训工作办公室：《学生军训工作资料汇编》，2014 年 9 月。

# 增强大学生军训思想政治教育功能的对策思考

南卫华*

**摘　要**：立足思想政治教育功能的内涵，着眼大学生军训的思想政治教育具体功能的发挥，聚焦大学生军训的思想政治教育功能，发掘这一功能的本质、探求其功能的发挥、强化其功能育人效果等方面进行了系统思考。重点从“派遣军官”和“帮训官兵”的角度出发，对增强大学生军训的思想政治教育功能的对策进行了较为科学的探索和研究。

**关键词**：大学生军训　思想政治教育　功能　对策

自1985年开始试点以来，学生军训工作已经走过了32年的发展历程，取得了显著成绩。2001年6月26日，国务院办公厅、中央军委办公厅转发了教育部、总参谋部、总政治部《关于在普通高校和高级中学开展学生军事训练工作的意见》（国办发［2001］48号）。《意见》中明确提出了：“要依托军训这一有效的载体和形式，加强和改进大学生的思想政治教育，增强军训的育人效果，培养合格的大学生，为选拔优秀预备役军官打下良好的思想基础”，为在大学生军训中开展思想政治教育提供了依据。在多年实际操作过程中，由于大学生军训工作的对象、时间、内容和环境的特殊性，存在着训练官兵能力不足、无完整的经验借鉴等突出问题，致使大学生军训的思想政治教育功能不能得到有效发挥。因此，系统调查研究大学生军训的思想政治教育的现状，科学认识思想政治教育的地位和作用，对军训的思想政治教育进行理性反思，建构符合大学生军训特点的思想政治教育形式，充分发挥大学生军训的思想政治教育功能深入发展很有必要。

## 一、探究大学生军训的思想政治教育规律特点

要想提升大学生军训的思想政治教育功能，必须深刻认识大学生军训的思想政治教育功能特点，探究其规律，才能拿出有针对性的对策。

* 作者简介：南卫华（1974年～），女，陕西西安人，2015年毕业于西安政治学院硕士研究生，军事学硕士学位，现任中国人民解放军边防学院学生军训教研室讲师，技术8级，上校军衔，主要从事国防教育方面研究。

### （一）科学认识军训的思想政治教育功能的客观性

大学生军训的思想政治教育，均把国防教育摆放在突出位置。在国民中进行国防教育，中国历代均有先例，欧美诸国更为突出。大学生军事训练实践的客观性，决定了军训的思想政治教育功能的客观性。

“纵观历朝历代的军事思想和国防教育，无不以经济发展作为根本，针对内外力量强弱对比，形成或以攻为主、或以防为主的国防战略，布置国防重点，多种形式地开展军事战术训练，重视军队纪律和士气，重视将帅人才的培养，适应地理、时代的发展变化改良武器、军种。国家政治开明，经济实力强大，兵制合理，国防就成功；国家政治昏聩，经济实力弱，兵制不合理，国防就无力，轻则导致边患内乱，重则改朝换代，甚至亡国。”①

追溯中国古代国防教育的发展，不同历史时期的国防教育表现出不同的形式。夏、商、周朝时期，国防教育以战争动员为主要内容；春秋时期孙武的《孙子兵法》中讲道，“兵者，国之大事，死生之地，存亡之道，不可不察也”，指出军事对国防的重要性；秦始皇在完成统一中原的大业后，贯彻“围守而安”的军事战略；汉代尚武之风盛行，唐朝创立武举制，都十分重视国防教育；宋代军事学成为官学，元朝时期军事人才大多来自于频繁的战争环境锻炼；明代科举制度中设有武举，也都把国防教育摆在了重要地位。甲午战争以后，清政府普练新军，在全国建立各级军事学堂，形成比较完备的军事教育体系。民国时期学校在对学生进行文化课教学的同时，也授予其军事学识与技能，培养其民族意识与爱国情感，众多学子走出书斋，投身抗日救亡，涌现十万青年从军热潮，远征缅甸对日军作战。近代中国社会虽然政权频繁更迭，但军训在学校教育史上始终占有一席之地。

由此可以看出，大学生军训的国防教育，是伴随着军事训练的展开而客观存在，充分展示着自身的价值魅力。这种客观性，也充分说明当代中国大学生军训的思想政治教育实践的客观性，决定了思想政治教育功能的客观性。全国各普通高校在短短 14 天中，组织进行军训，且有声有色，足以证实军训的思想政治教育功能的存在，这是不以人的意志为转移的。目前影响这种功能发挥的瓶颈很多，例如，需要具备统编教材、专职教师、单列学时、适当经费等，只有深刻认识这一工作的客观性，才能形成具有中国特色的大学生军训的思想政治教育功能实现的系统工程。

---

① 向文华、张庆辉、魏蔷：《中国古代国防教育初探》，《西南科技大学高教研究》，2010 年 4 月，第 46 页。

**（二）适应军训的思想政治教育功能的多样性**

大学生军训的思想政治教育功能不是单一的，表现为多样性。大学生军训的内容、对象、方法和手段的多样性，决定了大学生军训的思想政治教育功能的多样性。

一是内容丰富，对诸多学科都有所涉猎。我国《普通高等学校军事课教学大纲》设定的课程目标是："军事课程以国防教育为主线，以军事理论教学为重点，通过军事教学，使大学生掌握基本军事理论与军事技能，增强国防观念和国家安全意识，强化爱国主义、集体主义观念，加强组织纪律性，促进综合素质的提高，为中国人民解放军训练后备兵员和培养预备役军官打下坚实基础。"①《大纲》以学生军事训练工作为起点，以提高综合素质为落点，其中涉猎军事学、政治学、历史学、社会学等学科领域，准确无误地赋予大学生军训的思想政治教育功能的多样性任务，而且军训内容的多样性决定了军训的思想政治教育功能的多样性。

二是军事训练对象发生了新的变化，决定了大学生军训的思想政治教育功能的多样性。我国的社会主义市场经济的深入发展，社会关系发生了巨大的变化，特别是市场经济的开放性、竞争性、自主性和平等性，对大学生的思想和意识产生着深刻影响。他们的主体意识不断得到强化，思维方式日趋个性化、多样化，生活方式日益开放化、自主化。他们挑战传统思维方式，思想更加活跃，强烈要求个性得到满足、人格受到尊重，而政治意识却逐渐淡化。参训大学生中的独生子女和非独生子女、城市学生和农村学生、贫困学生和非贫困学生的个体差异也很大。面对千人千面，思想政治教育表现出的功能不尽相同。如此诸多的新变化，直接挑战大学生军训的宗旨，决定了军训的思想政治教育功能的多样性。因此，旗帜鲜明地设计军训的思想政治教育的内容和形式。有针对性地发挥思想政治教育的激励功能、解释功能、渗透功能、转化功能等，增强军事训练和大学生教育的针对性和有效性。

三是思想政治教育的方式发生了新的变化，决定了大学生军训的思想政治教育功能的多样性。当今世界是多样性的世界，开放性的时代潮流汹涌澎湃，创新性已成为时代精神，发展和尊重个性已成为大多数民众的追求。军训的思想政治教育必须与时俱进，其主体的教育方式也应具备创新性。当务之急是健全军训中思想政治教育机制，制定相应的组织制度，建立新颖的组织形式，变少数人的忙乱为教育职能部门的良性运转，形成各

---

① 教育部、总参谋部、总政治部：《普通高等学校军校军事课教学大纲》，教体艺〔2007〕1号，附件。

负其责，各司其职的教育格局，有效发挥思想政治教育者的能动作用。要重新审视应试教育模式，在课堂说教的基础上，探索灵活的教育形式、创新的素质教育方法。强调重视个性，加强个别教育和单独辅导的多样教育。探寻开放性教育，逐步推进军训的思想政治教育向教育对象、相邻学科领域和全社会开放。

### （三）把握军训的思想政治教育功能的层次性

军训的思想政治教育结构的层次性，决定了教育功能的层次性。军训的思想政治教育的基本内容，从表面上看没有明确单列，没有学时保障，实际上是从《大纲》中的十大教学和训练内容中过滤出来的，字里行间充满着思想教育、政治教育、道德教育、法律教育与心理教育等诸多要素，明显构成了军训的思想政治教育内容，初步形成了一定的体系结构。这个体系的生命是顽强的，是不以人们的主观意志为转移的。军训的思想政治教育从其内部结构来看，是为了对大学生个人的心理、思想品德和行为产生影响；从其外部社会的结构来看，是为了对整个社会的政治、经济、文化产生影响。该教育功能具有鲜明的层次性。在这个结构层面上，思想教育是先导，政治教育是核心，道德教育和法律教育是重点，心理教育是基础。

当务之急，是对军训的思想政治教育的目标结构进行确认，对应军训的教育训练目标，同步设置思想政治教育的目标，有计划分层次地制定和指导军训的思想政治教育内容。首先，细化14天的军事技能训练的近期目标，通过行之有效的教育手段，做好训前动员、训中激励、训后总结三大环节教育，达到“加强组织性、纪律性，弘扬爱国主义、集体主义和革命英雄主义精神，磨砺意志品质，激发战胜困难的信心和勇气，培养艰苦奋斗、吃苦耐劳的作风”① 的预期结果；其次，深化36学时的军事理论教学，增补习近平提出的军队“能打仗、打胜仗”的目标等内容，有声有色地展开教学，达到掌握基本军事理论，增强国防观念和国家安全意识的中期目标；第三，应该进一步充实高校政治课教学内容，赋予该课程军训的思想政治教育的远期目标任务，使大学生在校期间接受理想、道德、纪律、法制、国防和民族团结的教育，逐步树立起正确的世界观、人生观和价值观，提高综合素质。

## 二、发挥派遣军官的主导作用

派遣军官是国家根据大学生军训工作的需要，专门为普通高校配备的

---

① 教育部、总参谋部、总政治部：《学生军事训练工作规定》，教体艺［2007］7号。

现役军人军事教师。由派遣军官组成的省军区和军队院校学生军训教研室，承担着普通高校军事理论课的教学任务，并协助普通高等学校对专职军事教师进行培训。派遣军官是高校大学生军训的思想政治教育的排头兵，必须充分发挥其主导作用。

### （一）客观认识派遣军官队伍的主体地位

军队承担全国的学生军训工作。其中，派遣军官队伍肩负着全国学生军训工作的重任；各级的学生军训工作办公室，负责组织承办学生军训日常工作，在该项活动中处于主导和支配地位，主导性作用明显；学生军训工作从试点到全面展开，历时近30年，派遣军官始终奋斗在军训一线；广大军训工作者特别是派遣军官既立足现实，又超越现实，摸索研究总结出数量可观的成功经验，发挥了示范引导作用，凸显其工作的超越性。全军派遣军官在军训实践中，有意或无意成为了军训的思想政治教育的主体。各级学生军训工作办公室，在完成军训日常工作的同时，主动发挥着思想政治教育的功能，实际形成了军训的思想政治教育的主体群体。因此，派遣军官队伍的主体地位客观存在，正在发挥着思想政治教育主导作用。

对派遣军官主体地位的正确认识和把握，是做好军训工作的前提和基础。派遣军官在组织军训活动之前，必须理解军事理论教育和军事技能训练的目标，认识教育对象，研究教育内容，选择教育方法，设计教育程序。对教育活动的时间、地点、内容、场合、方式、方法、途径、手段、载体等做出详尽、周密的策划安排，以便达到预期的效果。派遣军官也是军训的思想政治教育的组织者、主导者、责任者，是组织、实施、调控军训的中心和枢纽。从军训的开始到结束，都要充分发挥自身的积极性、主动性和创造性，全力组织教育资源，及时调整自己的教育方法，调动大学生能动的主体性因素，实现军训的总体目标。

### （二）构建结构合理的派遣军官队伍

建立一支数量适当、素质较高、相对稳定的派遣军官队伍，使其在数量、学历、年龄、专业、职称等方面结构合理，是国防教育、军队建设和军事教育科学的迫切需要，是保持这支队伍青春活力的客观要求，是发挥军训的思想政治教育主导力量的最佳途径。

一是要正式列编派遣军官队伍。派遣军官队伍的性质实际是非战斗机构范畴，其岗位属编外定编。随着军队改革的逐步深化，随时都有被撤编的可能。为了实现军训的思想政治教育的整体功能，要将他们纳入各级军事机构的编制序列，解决所谓齐抓共管而谁也不能主管的松散局面。二是要注重派遣军官队伍的年龄和学历结构。军训教学是一种高强度连续性的脑体劳动，需要有旺盛的精力和创造力。派遣军官队伍的年龄结构，反映出他们教学、科研的潜力；其学历结构反映出他们接受正规教育的程度和基础训练的水平。因此，较合理的年龄结构应是老中青梯次配备，避免发生断层；要提高高学历军官的比例，补充硕士、博士研究生；要迅速纠正选配派遣军官存在随意性，清理令位不符、占用编制岗位的脱岗人员。三是要调整派遣军官队伍的专业和职称结构。派遣军官的专业结构，反映着派遣军官的知识结构；其职称结构，反映着总体教学、科研水平和适应能力。为适应当代军事教育的发展趋势，要着力拓宽派遣军官个人的知识面，使之既专又博，一专多能；为适应进出有序和新老交替规律，教授、副教授的比例应占三分之一。

**（三）发挥派遣军官的表率作用**

派遣军官队伍素质的高低，直接影响军事理论课的教学水平和国防后备人才的培养质量。必须从政治思想、教学能力、科研水平等方面进行综合培养，全面提高素质。

一是提高政治思想素质。在选配派遣军官时，要把好入口关，选优配强，挑选具有良好思想政治素质、扎实理论功底、丰富文化知识和高尚道德素质的人员进入派遣军官队伍；要重视在职培养，引导他们深入学习党的路线、方针、政策，持续学习马克思主义基本原理、立场、观点和方法，提高他们的政治敏感性、政治鉴别力；要不断增强派遣军官教书育人的事业心和政治责任感。派遣军官的特殊地位和教学活动的军事特色，更有教书育人的优势。二是提高教学能力。派遣军官要广泛涉猎相邻学科知识，努力学习教育科学，认识教育规律，掌握教学技巧，提高观察能力、表达能力、教学组织能力、创新能力。通过备课试讲，相互观摩交流，使他们学会在课堂上观察学生的表情，判断大学生的心理，及时采取有效措施，调动其学习积极性；通过短期培训，提高授课技巧，使他们学会运用声音的高低、语速的快慢以及肢体表情等，使教学富有感情色彩，吸引大学生的注意力；要求他们学会课前的师生交流，了解大学生想些什么、想学什么，有针对性地制定教学方案，保证教学的条理性和节奏感；要鼓励他们刻苦钻研，精通军事学科基础理论和专业知识，紧跟本学科的发展前沿，在教学内容和教学方法上不断创新，成为军事教育和思想政治教育的行家里手。三是提高科研能力。派遣军官在从事教学的同时，要担负一定的科研任务，有助于提高自己的理论水平和教学质量，丰富和更新教学内容，改进教学方法。教学中遇到的难题往往就是科研的课题，教学与科研相结合，二者互相促进，为学生军训工作和国防后备力量建设，提供高质量的学术支持。

应发展派遣军官的研究生教育，可在国防大学、陆军指挥学院、政治学院培养国防教育专业的硕士研究生。每年选送派遣军官到地方高校相关专业深造。组织派遣军官到国外考察、深造、进修。全军可在国防大学举办大学生军训研修班，深入研讨大学生军训的发展前沿，构建中国特色的大学生国防教育体系。可在相关杂志开辟大学生军训专栏，在军事院校学报上刊发大学生军训学术论文。各战区可在培训机构定期举办大学生军训研讨班，交叉培训派遣军官和普通高校军事教师，促进军地军事教师共同提高。各级“学生军训工作办公室”应抓好派遣军官的在职培养，举办短期学习班，邀请专家、学者讲学。组织派遣军官观摩教学，举行教学经验和学术交流会，更新知识，提高学术水平和教学能力。

## 三、充分发挥帮训官兵的作用

参加大学生军训的部队帮训官兵，要在短短的14天内完成军事技能训练任务，压力是可想而知的。如果渗透思想政治教育内容，任务更加艰巨。因为，面对千人千面的特殊受训群体，思想政治教育更为重要。在开放的时代和社会，大学生军训的思想政治教育更需要重视隐性教育，依靠陶冶和渗透，才能收到更好的效果。

### （一）科学统筹帮训官兵的施训力量

一是大学生军训的时间安排规律。大学生军事技能训练，每年全部安排在9月份开学后组织实施，形成了密集开训的局面。各级学生军训工作办公室，应主动协调，错时安排，分前后两批进行军训，减轻军队派兵压力。二是大学生军训的地点安排规律。驻地省军区学生军训工作办公室应积极拓展大学生军训场地，在开展双拥活动，军民共建活动中，穿针引线，牵线搭桥，定点挂钩，协调安排省军区教导队、民兵训练基地以及驻地解放军空军、二炮、军医、边防、通信等军事院校承担部分大学生军训任务。三是探索“帮训官兵”力量合理安排。要拓宽抽调“帮训官兵”的路子，整合“帮训官兵”的力量，将具备帮助大学生军训的各类个体纳入帮训官兵队伍。骨干力量应是军队现役士兵、军校学员和高校在校国防生；辅助力量应是民兵及预备役官兵、本校上届军训尖子生等。经上级批准，由大军区和省军区学生军训工作办公室牵头，在军区训练基地和省军区教导大队集中培训，规范大学生军事技能训练的时间、内容、方法、效果，赋予其在军训中加强思想政治教育的任务。尔后科学编组，强弱搭配，分赴各普通高校帮训。辅助力量应登记造册备案，吐故纳新，形成稳定的队伍。

### （二）充分发挥“帮训官兵”的示范作用

“帮训官兵”是解放军的“代表队”，是大学生军事技能训练的主力军，其军政素质的高低，直接影响军队的声誉和军训的质量，以及思想政治教育的效果。因此，精心挑选优秀士兵组建“帮训官兵”队伍，充分发挥他们的示范和酵母作用，意义重大。一是要挑选敢说会讲的士兵。能说敢讲，是帮训官兵的基本条件。面对思维敏捷、文化知识丰富的大一新生，他们要以小教官身份出现，站在大学生面前下达口令、纠正动作、指导训练、小结讲评，这是一种非常复杂的心理转变过程。要通过岗前培训，激励帮训官兵以自己军事技能和军事知识之所长的优势，克服自卑心理障碍，树立正确的心态和信心。反复练习，锻炼会说善讲的方法和技巧。部队基层的班长和战斗小组长基本具备此类能力，要舍得派出。二是要挑选能教会做的士兵。帮训官兵教的能力和水平，最能展示军人独特的魅力和形象，最能调动学生参与军训的情绪和积极性。要挑选能教会做的士兵，岗前抓好示范科目预习试教，熟练军事技能的动作和操作要领。军训时边讲边做、讲做结合，增强军训的临场应变效应。要让他们学会纠正技巧，耐心细致地帮助学生找出差距，及时帮助学生掌握动作要领。要教给他们合理讲评的方法，在训练科目结束小结时，懂得讲什么，怎么讲。注意正反问题的分析和判断，提倡正面表扬为主，批评为辅。三是要挑选能抓会管的士兵。帮训官兵承担着军训管理工作的重任，负责对训练和一日生活正规化的管理。要挑选那些作风雷厉风行，敢于指出问题，敢于纠正错误的士兵执行帮训任务。通过培训，解决好会管问题。学会从管理本质入手，运用条令条例和规章制度，依托法规条令的强制性和规范性，突出抓好学生军训正规化管理工作。要学会运用鼓励的方法，调动学生自觉参与管理，力争做到人人懂管理，个个服从管理的良好局面。

**（三）强化帮训官兵开展思想政治教育的能力**

帮训官兵在开展大学生军事技能训练时，要渗透开展思想政治教育，必须注重形象，言传身教并举，发挥潜移默化的渗透作用，才能产生最大的思想政治教育效益。

一是认真学习法规，激活帮训官兵开展思想政治教育的热情。中华人民共和国颁布的《兵役法》《国防法》《国防教育法》是帮训官兵开展军训工作的主要法律依据。要通过学习培训，讲清帮训官兵参加学生军训的责任和意义，激发他们为国防建设做贡献的热情和自觉性。二是注重军人形象，强化帮训官兵开展思想政治教育的效能。军训是一项有组织的社会实践活动，它扎根于校园，并深刻影响着政府、学校、家庭等各个社会领域。以学生军训为平台，面向社会公众，积极宣传解放军的优良品质和顽强作风，充分展示人民军队文明之师、威武之师的风采，帮训官兵责任重大。因此，要教育他们树立起“为军队争光”的思想，以高度的政治觉悟和严明的组织纪律，自觉维护人民解放军荣誉。用良好的军姿、积极的态度去感染老师、家长和学生。要发挥我军思想工作的强大优势，耐心细致地做好学生及群众工作，及时消除各种误解，用真心赢得他们的理解和支持。三是严以律己，扩大帮训官兵开展思想政治教育的影响。帮训官兵必须坚持以人为本，从学生实际出发，关心学生利益。要充分理解学生的情感，尊重学生的人格，努力把民主意识与纪律观念有机统一起来。要广泛开展交心、谈心等活动，注意观察学生的情绪变化，化解各种心理压力和负担，做他们的良师益友。帮训官兵还要围绕学生军训中心任务，正确协调各种关系。既要服从部队的领导，也要接受帮训院校领导和业务部门的指导。要确立健康的行为交往准则，建立良好的工作关系和纯洁的友谊。

## 四、深化改革，延伸军训的思想政治教育功能

党的十八届三中全会通过的《中共中央关于全面深化改革若干重大问题的决定》精神，为大学生军训的深入发展指明了方向。只有深化大学生军训改革，才能进一步提升大学生军训的思想政治教育功能的发挥空间。才能逐步实现“三个转变”，即内容设置上由注重国防知识普及向培养合格预备兵员转变；教学方法上由传统模式向现代高科技转变；派遣军官职能由一线教学向教学管理转变。

### （一）建议修订现行的《普通高等学校军事课教学大纲》

与大学生军训相配合，历经近 30 年的普通高校军事课教学，成绩显著。对照该教学《大纲》，可以发现军事理论课教学内容贪大求全，面面俱到，实际教学中并未全面落实。为此，首先要抓课程建设，要紧跟时代步伐，精选教学内容。集中全军相关专家统编教材，使军校教员有据可依，大学生有书可读，确保全国大学生的军事课学习统一提升到新的水平。其次要全面落实军事技能训练内容。全国军训实践的结果证明，短短 14 天的集中军训，除“条令条例教育与训练”落实较好外，其余四项训练内容如“轻武器射击”“战术”“军事地形学”“综合训练”几乎全部落空。因此，要采取果断措施，重点落实“条令条例教育与训练”和“轻武器射击”两项，加上军事理论内容教育，形成一理论两科目体系，才会使军训内容集中充实。大学生身着迷彩服，手持钢枪，展现出人与武器紧密结合的场景，对其思想升华的影响是很大的。其三要建立严密的《大纲》督导机制。应由颁发《大纲》的职能部门编制督导细则，组织力量，督导军事教师队伍建设，督导军训内容与教学目标的落实。彻底纠正有多少算多少、教多少算多少、学多少是多少的松散局面，确保军训的整体效果。

**（二）完善大学生军训的领导机制**

大学生军训要完善领导机制，融合现有力量，发挥其功能最佳效益。要把学生军训工作机构设置，切实纳入国家和军队改革总体方案之中。要尽快建立起军地结合、上下贯通、机制顺畅的学生军训工作领导管理系统，确保学生军训工作有机构管，有力量抓，有责任人。首先，军队各级有关机构分管学生军训的领导。可比照军队人员参加地方党委、人大、政协的办法，经上级权力机构批准，到当地教育厅、局兼职，或以军事特派人员身份进驻，专门协调学生军训工作。也可选派派遣军官到普通高校兼任客座教授，与高校军事教师无缝交流。其次，要明确高校党委在大学生军训中的领导核心地位。党的十三届四中全会后，党中央明确高等学校全面实行“党委领导下的校长负责制”，“校长是学校的法定代表人”。[①] 只要校长重视大学生军训工作，在校党委的领导下，通过学校行政议事决策机构，就会行之有效地处理好大学生军训的各项工作。其三，军队各级“学生军训工作办公室”，调整好工作节奏。高校军训开训时，应针对大学生军训课目相对集中在秋季的特点，组织力量到现场检查督导；军训结束时应调整力量深入高校讲授军事理论课，或每年举办地方高校军事教学培训班。领导机制的有效运转，必将促进军训工作包括思想政治教育工作向纵深发展。

**（三）积极延伸军训的思想政治教育功能**

大学生军训的根本目的与宗旨是提高大学生国防意识，为国防建设培养高素质后备兵员。为保证这一战略举措落到实处，普通高校必须长期坚持军训意识，巩固军训的思想政治教育成果。首先，要坚持军训意识，加强大学生日常管理。军训结束以后，大学生返回宽松的校园环境，军训氛围逐渐远去，或可能致使军训组织者的良苦用心付之东流。因此，军训效果的保持和巩固责任，落在普通高校领导者的肩上。在校园文明建设活动中，其管理模式应渗有军事血脉，要充分发挥在校国防生的示范带头作用，安排他们集中吃住，军营式管理，带动全校。学生一日生活制度沿用整齐划一的管理模式，通过检查、评比、讲评，时刻提醒学生保持军训成果，坚持做到学习和生活的自觉性、规律性、整洁性。其次，坚持警钟长鸣，激活大学生的忧患意识。普通高校要善于利用各类纪念日和国际重大事件的契机，开展国防意识随机教育。坚持行之有效的“九一八勿忘国耻”“抗战胜利纪念日”和“中国烈士纪念日”等纪念活动。还要结合时

---

① 中共中央办公厅印发：《关于坚持和完善普通高等学校党委领导下的校长负责制的实施意见》，2014 年 10 月 16 日。

政教育，介绍我国周边一些国家的重大军事活动，重提国防是防备和抵御外来侵略，保卫国家主权统一、领土完整和安全所进行的军事活动。其三，坚持定期回炉，提高国防教育的效果。要借鉴严格、紧张、竞争的军训生活，通过开展各类文体活动，培养大学生团结协作的意识和集体荣誉感。通过一系列的评比竞赛，培养大学生严于律己的习惯。通过举办演讲赛、辩论赛、书画比赛等活动，调动学生的求知热情，培养“比学赶超”的竞争意识。通过举办军事夏令营、到部队学习及参观英雄事迹、开展国防教育成果汇报展示会等方式，激发学生关心国防，钻研军事的兴趣。在军事理论课教学中，紧密结合学生所学专业，清楚高科技在现代战争中的地位等，调动大学生学习军事理论的积极性。要充分利用校园网络，开设军训站点，为大学生发表军事言论、研究军事思想搭建平台，积极延伸军训的思想政治教育功能。

**参考文献**

[1] 张耀灿等:《思想政治教育学前沿》，人民出版社 2006 年 1 月版。
[2] 向文华、张庆辉、魏蔷:《中国古代国防教育初探》，西南科技大学硕士论文，2010 年 4 月。
[3] 李霞:《加强和改进大学生军训的思想政治教育的方法和途径》，西南大学硕士论文，2010 年 4 月。
[4] 张昊冉:《军训：大学生思想政治教育的重要载体》，《思想政治教育研究》，2012 年 6 月。
[5] 郭一清:《大学生军训思想政治教育功能探析》，《中国电力教育》，2008 年 9 期。
[6] 熊静:《大学生军训的思想政治教育资源探析》，《思想政治教育研究》，2005 年 5 期。
[7] 王建瑞:《论派遣军官应具备的基本素质》，《学生军训工作理论研讨会论文选》，海潮出版社 2005 年 3 月版。
[8] 总参谋部:《紧紧围绕能打仗打胜仗推进军事工作》，《求实》，2013 年 3 月。

# 军事理论课在高校意识形态建设中的优势

陈甜甜　赵　林*

**摘　要：**根据习近平总书记在全国宣传思想工作会议上提出的要求，把意识形态安全作为国家安全的重要组成部分来抓，大学生群体的意识形态建设也成为高校思想政治教育的重点。面对深化改革和经济全球化的影响，当前社会阶层的分化、社会文化的多元化、网络化的新境遇、西方意识形态渗透和民族分裂主义等对我国意识形态建设带来了一定冲击，如何在现有的大学课程设置上，结合课程特点、发挥课程优势做好大学生意识形态阵地的建设，是一个值得高校教师深思的问题。本文结合高校军事理论课的内容设置、教学特点、授课对象等方面，分析了高校军事理论课相比中学阶段学习和传统思政教育在意识形态建设的优势。

**关键词：**高校　军事理论课　优势

2013年8月，习近平总书记在全国宣传思想工作会议上指出："能否做好意识形态工作，事关党的前途命运，事关国家长治久安，事关民族凝聚力和向心力"，并在"八一九"讲话中强调，经济建设是党的中心工作，意识形态工作是党的一项极端重要的工作。2014年12月，习近平总书记在第23次全国高校党建工作会议上强调："强化思想引领，牢牢把握高校意识形态工作领导权。"习总书记的系列重要讲话精神，指明了高校意识形态教育工作的战略意义和阵地作用，提出意识形态安全是国家安全的重要组成部分，关乎国家政治安全、政权安全。

于洪军在《意识形态教育：思想政治教育的应有之义》中针对当前思想政治教育面临的意识形态淡化问题提出了大学生主流意识形态教育的重要性。他认为："西方国家利用意识形态的淡化与'西化''分化'战略在理论上和实践上对社会主义国家进行的双重推进，其实质是对社会主义国家意识形态的颠覆，达到对社会主义国家的和平演变。"全面深化改革背景下，不同群体的利益诉求、价值观呈现多元倾向，各种新思潮也不断涌现，敌对势力"西化""分化"中国的图谋就从未停止过。

## 一、高校意识形态建设面临的问题

在经济全球化的基础上，在世界范围内产生一种内在的、不可分离的

* 作者简介：陈甜甜（1980年8月～），女，重庆大学硕士，现任重庆大学辅导员、讲师，主要从事军事理论教学方面的研究；赵林（1972年～），男，四川苍溪人，硕士，现任重庆大学正科职员，主要从事国防教育及大学生思想政治工作研究。

和日益加强的相互联系。国际化在带来了高效、便捷、丰富多彩、文明进步的现代生活的同时，也不可避免地带来了霸权主义、价值冲突、文化摩擦等问题，这些问题的背后是意识形态的激烈交锋。在这种大环境下，高校大学生的意识形态也受到各方面的冲击，建设过程中面临以下实际问题：

**（一）全球化浪潮带来的问题**

少数西方发达国家在大力从事资本扩张的同时，利用各种传播方式，进行文化扩张和意识形态的渗透，导致少数青年学生对社会主义主流意识形态否定和排斥。

**（二）社会转型带来的问题**

我国正处于经济体制转轨和社会结构调整的深刻变化时期，社会矛盾和冲突客观存在，如贪污腐败、贫富悬殊、道德滑坡等现象，不可避免地对大学生的意识形态认知产生冲击，制约着高校意识形态教育的说服力和实际效果。

**（三）新媒体传播带来问题**

以互联网、移动通信技术为代表的新媒体在高校的广泛普及，使大学生生活学习趋向开放化、多维化。但新媒体同时也是一把“双刃剑”，各种色情、暴力、谣言、垃圾等有害信息也通过新媒体传播。此外，境外新媒体运用各种方式，诋毁中国特色社会主义制度，制造各种噪声和杂音，严重挑战高校社会主义意识形态建设的权威性。

**（四）当代大学生意识形态现状带来的问题**

其一，政治信仰模糊，在中国的教育体制和社会文化中，信仰教育一直是薄弱环节。当代大学生中政治意识淡薄，有的同学认为马克思主义已经过时，有的认为与自己无关，对日常时事政治也缺少关注，学生的鉴别力和洞察力都很欠缺。

其二，价值取向扭曲，个人主义、实用主义、功利主义、自由主义等思想在一定范围内盛行，这直接导致少数大学生重现实功利、轻理想信念，关注物质创造、轻视意识形态。有的同学会把个人利益最大化作为终身奋斗目标，有的还会向往西方生活方式和政治制度。

其三，主流意识形态淡化，意识形态应该是社会成员自身认可和接受，并且内化于心的观念，不仅仅是口号和标语。在当代的青年人中，虽然都学习过也知晓社会主义核心价值观、马列主义毛泽东思想等知识，但大多都流于表面，并未进行深刻的思考和分析理解，缺乏坚定性，这样的意识形态是虚弱无力的，在受到多元化思潮冲击时，很容易被颠覆，所以我们看到当代青年中炫富、诋毁历史人物、传播网络谣言等现象层出不穷。

## 二、建设高校意识形态的直接途径

高校对学生意识形态产生直接影响的途径主要有两个：课堂理论教学和思想政治教育。其中思想政治教育的发起和传播者主要是辅导员，思想政治教育主要通过班会、组织生活、谈心谈话、微信qq网络沟通等方式进行，这些日常的教育和培养虽然也能对大学生的意识形态产生影响，但存在以下几方面的不足。首先，日常的思政教育没有完整规范的理论指导体系，也没有标准的教学大纲和教学目标，各个辅导员老师的专业和擅长不尽相同，观念和体会也千差万别，因此产生的教育效果会有很大的差异。加上日常教育不会像正式授课那样进行针对讲授内容提前备课，知识体系和内容支撑上的覆盖不全面，可能导致对学生缺乏说服力。其次，日常思想教育没有专门的考核机制，学生处于可接受可拒绝的自由选择状态，重视程度和专注程度会不足。第三，日常思想教育中，教育者与被教育者及教育环境有很大的随机性，一般辅导员都是针对学生学习生活中发生的某些事件和遇到的困难来进行教育，从涵盖的教育内容到覆盖的学生人数都是有限的，因此教育效果难以把控。

在大学课堂理论教学的必修课中，只有政治课和军事理论课与意识形态和思想政治教育直接相关，因此军事理论课在大学生的思想教育占据着半壁江山，有至关重要的作用，并且跟传统教育环节相比，军事理论课还有独特的优势。

## 三、高校军事理论课在意识形态建设中的优势

### （一）大学学习方式有利于军事理论对意识形态的巩固

在中国高考制度的影响下，几乎所有学生和学生培养者（包括家长和教师）都会把中等教育的重点放在初高中阶段的主要学科上，对等的也会将大部分的学习时间和精力投放在语文、数学、外语、物理、化学等学科。我国的中小学意识形态建设的主要阵地是政治课，课程开设历程虽然很长，从小学到高中都有政治课的身影，但在应试教育的大环境下，学生一方面投入的时间很有限、重视程度不够，另一方面对应的学习方法也以记忆应试为主，缺乏深究和理解，更少有结合现实问题的思考，所以书本上概念和结论式的知识难以走入学生内心。虽然文科学生会有最多六分之一的精力投入在政治课上直至高考，但人数的有限、精力的有限、思想成熟度的有限、人生阅历的有限，这些离我们建立稳固的意识形态目标都相去甚远，因此依靠中等教育实现中国人才意识形态建立的全面覆盖是远远

不够的。

大学的学习相对中学来说，更加开放，研究性要求更强、思考性更多，在这个阶段推进意识形态的培养和研究，才有可能真正地入脑入心。任何一种观念的建立，除了初期的灌输巩固外，不可避免地需要经得起分析和佐证，进而才会更加坚定，大学军事理论课就为主流意识形态的巩固提供了全面的证明，从世界格局的历史变迁，到中国当前面临的国际环境的各种挑战，再到国家军队建设的体制和思想，课程有机地整合了各历史阶段、多个领域的相关内容，将国家建设的艰辛历程和伟大成果及面临的困难等都融入其中，反击了历史虚无主义，巩固了社会主义制度和中国共产党的领导在学生心目中的地位。

大学是一个人发展成熟稳定后、步入社会前的最后阶段，也是我们培养人才最接近目标的一个阶段，坚守住这个阶段学生意识形态的建设至关重要。

**（二）军事理论课更切合大学生心理特点**

对于刚刚经历完高考的学生们，踏入大学校园是他们自主生活和自主学习的第一步，大部分同学在摆脱家长和老师的严格管理和束缚后，在大一都会有一个反弹期，充分地按照自己的意志去选择和接受新事物，自主性加强，他们对未知领域充满好奇，求知欲望也更加的迫切。随着学习压力的减少，被动学习向主动学习方式的转变，大学生有了更多的机会去探求自己感兴趣的知识。在这样一个特殊的关键时期，如果让学生从随手可得的途径获取知识和信息，如互联网、微信、论坛、微博等，很多不严谨的、伪科学的、非主流意识形态的内容将浸入学生头脑，甚至带有颠覆、分裂、歪曲色彩的信息会引起学生关注。在这段时期，大学生的心理和生理会逐渐成熟定型，由于这一时期的学生与社会交流机会少，人生的经验和阅历也非常有限，无论在思想观念还是价值取向方面都没有完全定型，十分容易受到来自各方面多元化信息的干扰和影响。如果我们的意识形态教育阵地坚守得不牢，培养了多年的人才就有可能在这一两年中被夺走、被分化。

相反，如果我们用好了这段自主求知期，在专设的课堂以不同于传统的方式和内容，对学生进行正向引导，学生就更能从内心里接受我们传递了多年的观念。军事理论课正好切合了这段自主求知期，军事理论课包含的大量内容是学生既非常关心又心存疑惑的，比如：国际军事力量对比、我国军事发展的真实水平、我国对高尖端武器的掌握，美日中三国关系、南海问题、台湾问题，等等，与其让学生在信息错综复杂的网络上搜寻、鉴别答案，不如让专业课老师为他们进行解读和引导，通过对历史的演变、当前国际的争端、我国国防建设的制度，在答疑解惑、拨开迷雾的同时，用事实分析让学生理解我国的政治制度和发展策略，看清西方敌对势力对我国长期以来的图谋，让学生深切体会到国家所面临的危难，用历史责任感和民族荣誉感带动学生，进一步巩固社会主义和马克思主义在意识形态中的核心地位。

**（三）军事课程立体知识结构有利于意识形态深入人心**

军事理论课的内容涵盖面很广，内容丰富，又相辅相成，课程内容与我国历史、政治、军事、经济、地理知识都有紧密相关，这门课程首要的优势在于多样化的内容更容易吸引学生，避免了单一学科产生的乏味和单调。这样相互关联，立体化的知识结构，又更利于学生从多维度全面地理解我国的政治状态和必然选择。军事理论的每一章都无一例外地连接了历史、联系了政治、映照了当今，在军事理论课上，政治再不是空谈，而是国家生存稳定的根本；爱国也不仅仅是一句口号，而是同学们心中的一腔热血；历史也不只是记忆的年份和人名，而是映照当今的明镜；经济不再是狭义的生活水平提高，而是在国际较量中挺直脊梁发出的底气。在军事理论课上，多门学科整合在了一起，以前所学的知识都变得有血有肉，课堂触发了学生思考、课后出现了学生追问、课外学生会随着引导继续探究，这一系列过程都有力地推动了主流意识形态的形成，并且让学生从内心容易接纳。

此外，军事是矛盾和冲突的集中体现，其对抗性是根本特征，这在普通学科中是极少出现的，这也是引发学生兴趣和引起学生关注的一个重要因素，在激烈的对抗和冲突中更能触发学生主动地深入思考，将自身的发展和利益与国家的发展和利益捆绑在一起。

最后，军事理论课涉及一些关乎国家核心利益、民族历史荣辱的重大事件，是最强有力的引起学生共鸣、激发爱国主义热情的环节，这是其他课程无法替代的，并且这些情结的产生对学生意识形态建立的影响是深刻和久远的。

**（四）军事理论课与传统政治课相比更易被接受**

在一份对90后大学生对主流意识形态教育认可程度的调查中。当学生被问及“你觉得大学生是否有必要上政治理论课”时，有相当多的当代大学生认为“没有必要”，持这一观点的大学生约占被调查对象比例的36%。并且认为政治理论课“可有可无”的大学生比例也高达31.8%，只有30.1%的大学生认为上政治理论课“十分有必要”，其他2.1%的大学生表示“不清楚”。同时，调查者在对部分认为“没有必要”或者“可有可无”的大学生的访谈中得知，他们认为没有必要上政治理论课的主要原因有：已经接触过这些内容了，所以没有必要重新学一遍；还有一部分大学生认为政治理论课的内容对实际生活的帮助不大，所以没必要学。

以上现状的产生有以下原因。首先，中学简单的框架理论知识学习让学生认为知识已经系统学完，现在的课程只是内容的重复，相似的课本章节难以再激发学生的学习兴趣。其次，以往纯理论知识的学习比较枯燥，与学生实际生活相关少，或者缺少与历史和时政更深入的关联，学生难以融会贯通，理论知识如空中楼阁难以落地，学生觉得学了之后除了考试，别无他用，所以可有可无。最后，在多年“灌输式”的意识形态教育模式中，学生们成了被动接受的一方，容易使受教育者产生“逆反心理”，如果没有在实际中的一些体会，观念很难融入到学生内心里去。

军事理论课相比传统政治课，首先避免了体系结构内容的相似性，让学生更容易以一门全新课程的视角来看待它，提升学习积极性。其次，军事理论课的各项理论知识都是在国防和军事的基础上提出的，本身就有实际的针对性，从军队的划分到各个战役中体现的军事思想，从我国周边的安全环境到信息化战争的发展趋势，都有具体落脚点，避免纯理论引起的枯燥和空洞，但社会主义核心体制和爱国主义情怀是贯穿始终的精髓，课程起到了润物细无声的教育效果，大大提高了学生的理解度和接纳度。最后，军事理论课的包容度更高，与多年学生单方面接收“灌输式”教育形式对比，军事理论课有自身的优点，如在历史遗留矛盾、当今国际形势、地区热点问题等多方面给学生提供了分析讨论的空间和过程，通过课堂讲授和引导下，让学生自己得出正向的结论，能避免平常逆反心理的排斥，获得更好的教育效果。

**（五）入校第一门课占据起点优势**

在绝大多数高校中，军事理论课都是与新生入校军训配套进行的，是大学生入校的第一门课程，这是一个进行思想教育的重要契机。学生相对高年级来说接触社会多元化意识形态较少，受网络上传播的歪曲、扭曲、虚假信息影响较少，受西方文化扩张和意识形态的渗透也较少。同时新生保持了高中最佳的学习劲头和学习状态，更能保证学习质量和学习积极性。他们正处于向大学的自主式、开放式学习状态转变的开始阶段，这是引发学生思考，修正思维模式，对学生进行社会主义核心价值观教育，使其建立社会主义主流意识形态的最好时机。敞开大门、抢占先机、巩固阵地、面对挑战，军事理论课作为高校第一门课，会给大学生思想教育和意识形成开个好头。

综上所述，大学生是国家建设的主力军，是中华民族实现伟大复兴的希望，把握好这个广泛群体的思想脉络才能保证国家建设和发展朝正确的方向进行，因此大学生意识形态的建设阵地必须守牢。大学生的意识形态主战场是最具挑战和最难把控的，也是国外分裂势力与我们抢夺的重点，作为高校国防教育工作者中的一员，在新时期、新环境下我们更需要坚定信念，把握成熟课堂教学的核心地位，充分发挥军事理论课在意识形态教育中的优势，激发军事理论课在学生灵魂深处产生的内在动力，为高校建立社会主义主流意识形态起到实际的推动作用。

## 参考文献

[1] 王杨：《国际化视野下大学生意识形态教育问题探析》，《思想理论教育导刊》，2011 年第 12 期。

[2] 夏康康：《90 后大学生主流意识形态教育状况分析与对策研究——以南昌三所高校为例》，南昌航空大学硕士学位论文，2014 年 6 月。

[3] 于洪军：《意识形态教育：思想政治教育的应有之义》，《求实》，2004 年第 10 期。

# 中国大学生海洋国土意识现状及教育对策

邓定海　冯永建*

**摘　要：**本文以文献资料法、调查分析法等对中国大学生的海洋国土意识现状和特点进行论述。从探讨海洋国土争议全球化趋势开始，阐述加强大学生海洋国土意识教育的特殊战略意义。通过对中国大学生海洋国土意识的现状进行调查和分析，透视中国大学生的海洋国土意识、观念及产生的原因，指出加强普通高校海洋国土意识教育的必要性和紧迫性，进而提出中国大学生开展海洋国土意识教育的教育教学方法，为增强大学生海洋国土意识，激发大学生对蓝色海洋国土的热爱，强化大学生海洋国土观念具有深远而重要的意义。为普通高校开展海洋国土意识教育提供理论指导。

**关键词：**中国　大学生　海洋国土　教育　教学法

郑和说："国家欲富强，不可置海洋于不顾"，"财富取之于海，危险亦来自海上"。自古以来，海洋安全就是濒海国家安全的基础，海洋国土安全教育又是国防教育不可忽视的一部分。一个国家、民族对海洋的开发、利用、保护以及对海洋权益的争取和维护，很大程度上取决于他们的海洋国土意识强化程度。

海洋领土，是指在国家主权管辖下的一个特定的海域及其海床、底土和上空。为了获得200海里的领海主权以及相关海洋权益，在爱琴海，土耳其与希腊发生了伊米亚岛的主权之争；英阿"马岛"之争引发令世界新军事变革之战；乌克兰与罗马尼亚因位于黑海的小岛争议不休；韩国与日本为竹岛（独岛）主权引发国家对抗；在红海也发生了也门与厄立特利亚之间对于大哈尼什岛的主权归属之争，等等。世界各国围绕海洋权益的激烈争夺，已由过去的争夺军事目标、战略要地和海峡通道为主变为以争夺经济利益、岛屿、海洋资源为主；由过去的超级大国为主的争夺，变为广大沿海国家竞相参与。经过两次世界大战和无数次局部战争及划界谈判，世界性瓜分陆地将告结束，争夺权益的斗争已经转向海洋。沿海国家管辖水域的大幅度扩大，公海面积的缩小，既是各国对海洋权益争夺与斗争的结果，同时也加剧了各国对海洋权益的争夺，海洋斗争日益尖锐，全球性的"圈海"运动此起彼伏。海洋安全直接影响着国家的安危、领土的完整

---

* 作者简介：邓定海（1967年～），男，广西桂林人，研究生，现任海南师范大学教授，主要从事学校国防教育、军事体育方向研究；冯永建（1973年～），男，陕西蒲城人，研究生，现任职于海南师范大学，主要从事学校国防教育方向研究。

性，以及能源资源的安全。我国拥有 18000 多公里的海岸线和约 300 万平方公里的海洋国土。我国既是陆地大国也是濒海大国，与海洋国土有着密不可分的联系，在高校加强海洋国土观念教育有着特殊而深远的战略意义。

## 一、中国大学生海洋国土意识的现状及透视

### （一）中国大学生海洋国土意识的现状

大学生是民族的未来，背负着民族的希望，也是未来海洋事业发展的生力军。他们海洋国土意识的强弱对推动我国逐渐由海洋大国走向海洋强国的道路具有极其重要的意义。如何加强对高校大学生进行海洋国土意识的教育，成为摆在广大国防教育工作者面前的一项重要任务。

《中国青年报》曾举办了一次“中国青年海洋国土意识”的问卷调查，只有 30.5% 的被调查者知道我国国土除陆地外，还有 300 万平方公里的海洋国土，而对于我国的八个海上邻国朝鲜、韩国、日本、菲律宾、文莱、马来西亚、印尼和越南几乎都对归属于我国的岛礁或管辖领海提出过主权要求这一事实，仅有 0.6% 的被调查者表示了解[①]。而同属东北亚的日本在相同问题调查上有 92.7% 的受访者了解此情况。我国国民的海洋意识淡薄可见一斑，突出的表现就是缺乏海洋国土意识，催人忧虑。

我国国民的海洋国土意识淡薄，作为大学生的情况又怎样呢？笔者对福建、广东和海南省的六所高校的 1790 名 2014 级大学生进行课堂调查发现：大多数学生对海洋国土方面的知识了解甚少，对专属经济区、大陆架、九段疆继线以及西沙群岛、中沙群岛、南沙群岛的知识则几乎处于空白状态。具体调查如表 1。

**表 1　三省市 2014 级在校大学生海洋知识调查统计表（回答为“基本不知道”）**

| | 专属经济区 | 大陆架 | 九段疆继线 | 300 万平方公里领海 | 三沙市 | 我国海岸线长 | 南海最大岛屿 |
|---|---|---|---|---|---|---|---|
| 人数 | 1707 | 1775 | 1766 | 333 | 1279 | 1648 | 1209 |
| 占比（%） | 95.3 | 99.1 | 98.6 | 22.6 | 731.4 | 92.1 | 67.5 |
| 排名 | 3 | 1 | 2 | 7 | 6 | 4 | 5 |

从表中我们发现，大学生对“专属经济区”“大陆架”“九段疆继线”和“我国海岸线长”四项基本不知道的均占 92.1% 以上；即使这两年南海局势沸沸扬扬，却还有 73.4% 的同学基本不知道三沙市，且有 67.5% 的同

① 《中国青年海洋国土意识大型读者调查》，《中国青年报》，1998 年 4 月 13 日。

学基本不知道南海最大的岛屿；而对于较传统的300万平方公里领海还尚有22.6%的同学基本不知道。以上情况表明，大学生的海洋国土意识依然淡薄。不仅对“专属经济区”“大陆架”“九段线”等专业概念不懂、不触及、不了解，就连基本的我国海岸线长、南海最大岛屿和300万平方公里领海等基本知识也缺失。

**（二）中国大学生海洋国土意识透视**

应当指出，从传统的陆地国土观向陆海领土观，从12海里领海到430795平方公里“蓝色国土”的概念性国防观的转变，是一个海洋国土意识强化的革命。

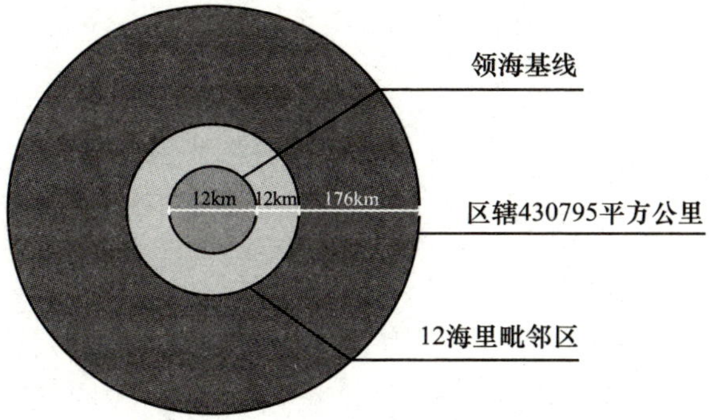


**图1　200海里专属经济区域划分**

资料出处：《联合国海洋公约》，《中华人民共和国专属经济区和大陆架法》。

据吴青林等对杭州市部分高校学生的问卷调查发现：有88.2%的大学生对《联合国海洋公约》的内容了解不多，甚至有21.7%的大学生完全不知道。知道我国在1996年批准加入《联合国海洋公约》的只有9.6%的大学生。有67.1%的大学生不知道12海里领海制度和200海里的专属经济区以及大陆架制度。有93.1%的大学生能正确答出我国有960万平方公里的陆地面积，但只有7.7%，其中更有31%的大学生一个都不知道①。

我们分析大学生海洋国土意识淡漠的原因主要有：（1）从历史的角度来看，重陆轻海的传统观念长期影响。我国的传统文化属大陆型流域文化，海洋文化的提出相对较晚，并且始终未能成为中华文明的主流文化。千年相袭、世代延续的“黄色国土”无疑令我们恋惜，而远隔千里、荒蛮隔绝的“海洋国土”却在我们脑海中飘渺一直如海市蜃楼。（2）从国家的角度来看，政府和教育主管部门在相当长一段时期的涉海、濒海工作重视

① 吴青林：《大学生海洋意识及其教育的思考》，《理论观察》，2010年第2期。

程度不够，宣传力度也不足。2000多年前，古希腊一位海洋学家就曾预言："谁控制了海洋，谁就控制了世界。"但我国对海洋国土的宣传教育远远不足，对海洋国土的科研支持和保护力度有限。（3）从学校教育的角度来看，海洋国土教育长期缺失。即便是我国沿海地区的高校大学生，对海洋基本知识也严重欠缺，基本还停留在中小学阶段所获取的一点点知识，对国家领土基本概念的认识尚存在较大误区，更不用说对专属经济区、大陆架这些概念的认识。

## 二、加强大学生海洋国土教育的必要性和迫切性

21世纪是海洋新世纪，世界沿海各国普遍以新的目光关注海洋。海洋对中国未来的生存十分重要，与周边国家及世界海洋强国相比，我们包括大学生的海洋国土意识还远远跟不上时代的步伐。孙中山先生说："自世界大变迁，国力盛衰强弱，常在海而不在陆。"为了强化海洋权益，各海洋大国在削减国防开支的同时，却增加了用于海军的国防开支。据资料显示，20世纪90年代末，美国用于海军的国防开支占总国防开支的30%，日本和英国占23%，法国占14%，意大利占13%，德国占12%，而中国不足10%。如今，我国与海上邻国存在海洋权益争端，且争议面积共约150万平方公里，实际上已有100万平方公里不在我国的控制之下，其形势十分严峻①。加强大学生的海洋国土意识，应该引起足够的重视，其必要性和迫切性主要表现在：（1）海洋资源争夺日益加剧。世界主要沿海国家均把维护国家海洋权益、发展海洋经济、保护海洋环境列为本国的重大发展战略。我国亦把海洋资源开发作为国家发展战略的重要内容，把发展海洋经济作为振兴经济的重大措施。一些国家出于经济或战略考虑，大肆掠夺、分割、侵占我国海域资源和海洋国土。（2）海洋权益的争夺，海上冲突不断。近年，我国与部分周边邻国之间出现岛屿之争，让我们看到，如果不加强海洋、海防、海权意识，中国就会在很多涉及海洋事务的问题上陷于被动局面。今天，中国已经面临部分海洋权益和岛礁主权不断遭受侵犯的现实，对包括大学生在内的全体国民普及海岛知识、加强海洋权益的教育是利国利民之根本大计，具有长远的战略意义。

## 三、中国大学生海洋国土意识的教育对策

### （一）以直观式教学法，开展形式多样的海洋国土意识专题教育活动

一切以教育为出发点和归宿，结合地域特色和学校自身实际，邀请海

① 何传添：《中国海洋国土的现状和捍卫海洋权益的策略思考》，《东南亚研究》，2001第2期。

军及相关的专家开设讲座，观访海防基地，同海防驻军开展学习活动。利用媒体资源，学习海洋国土知识。组织参加濒海特色的海岛防风林植树活动和海岸自然环境调查实践活动，经常开展海岛拥军拥属慰问实践活动，在年度全民国防教育日、世界海洋日和国家航海日等节日举办如海洋图片文化展、海洋知识竞赛活动。通过频繁的海洋知识活动，宣传海洋国土意识，让广大学生更好地了解海洋，自觉地认识到珍爱海洋国土就是珍爱我们的生存家园，激发自觉维护海洋自然资源，维护海岸绿线的热情。了解海军，树立海洋权益观、海洋国土观和海洋国防观，必然会对深化海洋国土教育产生积极的影响。

**（二）以启发式教学法，在军事课中有意识地侧重海洋国土方面的教育**

目前，我国高校的军事课内容主要依据教育部、总参谋部、总政治部制定的《普通高等学校军事课教学大纲》。为加强学生海洋国土教育，可在课程内容上强调领土的概念，注重濒海知识的讲解与提问，列举海战案例的爆发缘起，增强学生对国家海洋领土安全的危机观念；创新海洋知识点，引导学生认识海洋自然环境知识，如：海洋底土蕴含哪些资源，什么是砗磲等。学习世界各国海军和我国海军的技术兵种知识，介绍《联合国海洋法公约》《中华人民共和国领海及毗连区法》等国际、国内法。通过对这些知识的启发学习过程，让学生掌握关于海洋国土方面较深层次的知识，进而对学生增强海洋国土权益意识起到潜移默化的教育效果。

**（三）运用课程教学法，开设以海洋国土为主题的选修课程**

运用课程教学法，完善课程教育手段。依据《普通高等学校军事课教学大纲》第三部分课程要求的第四条精神，高校在完成学校规定的国防教育理论必修课程教学和训练任务基础上，可以结合实际情况，积极开设与军事课相关海洋国土权益方面的选修课和海洋国土安全权益知识讲座。并适时建设成为理论与实践相结合，传统课堂教学与“慕课”教学相优化，教师的主动教学和学生的主动学习即“双主”教学模式。而且这类“双主”教学模式可以是基于 Blackbord 网络教学平台模式，可以是基于 Asp - net 网络教学平台模式，还可以是基于“考试酷”网络教学综合平台以及尔雅“慕课”教学资源等模式。这样就能让大学生在更深层次去了解海洋国土，在更大层面上开展认识海洋、保护国土资源和树立国家安全意识的交流、探讨乃至共鸣活动。

**（四）以媒体教学法，在军训中穿插海洋国土方面的歌曲和影视**

国防教育早已是中国大学生入学后必修的第一门课程，主要内容包括进行不少于 14 天的军体队列和相关技能训练，学习中间常练唱军旅歌曲。所练唱歌曲可以选唱除惯常外的一些与热爱海洋国土相关的歌曲，譬如

《军港之夜》《我爱这蓝色的海洋》《西沙，我可爱的家乡》等，还有新创作的《我爱钓鱼岛》《钓鱼岛，我们的岛》《海南之南　美丽三沙》等，这就会让身着戎装的高校学子们触景共鸣，高歌的同时增进对祖国海洋国土的了解。另外，还可以观赏《甲午海战》《林则徐》《南海风云》等历史题材影片，使身处绿营的大学生在观看这些与海洋国土有关的影视片后，潜移默化地增强他们的海洋国土危机意识和忧患意识。

**（五）以实践教学法，开展海洋国土、国防教育综合素质拓展活动**

根据教育部关于发挥高校自身教育资源优势，大力提高高校综合育人功能的作用指示精神。开展形式多样的以海洋国土、国防教育题材的综合素质拓展活动。如“岛屿争夺”“寸土必争”“同舟共济”“勇闯龙潭”以及“江山永固”等具有培养爱国主义、集体主义、革命英雄主义精神和爱我海疆、固我领土的团结共进的民族精神的团队素质拓展活动。

## 四、结语

自地理大发现之后，500多年来人类从海洋之争开始渡过万劫不复的两次世界大战。20世纪至21世纪，人类为争夺海权嗜血频仍，围绕“岛礁主权”争议迭起。500年前，一个地理大发现掀起了人类海洋霸权的争斗，500年后，人类受陆地生存空间的挤压又回到海洋。海洋与人类的生存、发展息息相关，休戚与共。少年强则国家强。21世纪是海洋世纪，高校国防教育必须承担起广大学生树立海洋权益观、海洋国土观和海洋国防观念的历史重任，解放思想，创新教育理念，开拓我国高校国防教育新领域，努力为中华民族的伟大复兴做出新的贡献。

**参考文献**

[1]《中国青年海洋国土意识大型读者调查》，《中国青年报》，1998年4月13日。
[2] 吴青林：《大学生海洋意识及其教育的思考》，《理论观察》，2010年第2期。
[3] 何传添：《中国海洋国土的现状和捍卫海洋权益的策略思考》，《东南亚研究》，2001第2期。
[4]《军事理论与技能训练教程》编委会：《军事理论与技能训练教程》，国防大学出版社2011年版。
[5] 游雪晴：《你可有海洋国土意识》，《科技日报》，2002年第1期。
[6] 李华、姚泊、钟晓燕等：《大学生海洋权益和海洋环境知识调查及分析》，《海洋开发与管理》，2006年第6期。

# 努力实现国防教育“知行合一”目标

马滨强*

**摘　要**：国防教育既要向学生传授知识，更要向学生传递力量。向学生传授知识在于使之“知”，向学生传递力量在于利之“行”，在国防教育中需要把握“先知后行”规律，最终实现“知行合一”目标。然而，在“知行合一”思想反思下，国防教育中还面临诸多困境，客观上导致了“不屑于知”“知而不行”“行而不久”甚至“逆知而行”等知行不一的怪象，亟需通过创新教育理念、加强文化制度建设、搭建践行活动平台等有效途径，最终实现国防教育“知行合一”的目标。

**关键词**：国防教育　知行合一　目标

国防教育的最终目标是使大学生做到“知行合一”，但怎样实现“知行合一”却是复杂棘手的问题。为实现“知行合一”目标，在国防教育中不仅要关注教育者、受教育者等主观因素，还要考虑影响目标实现的客观因素；不仅要充分调动和发挥一切积极因素的作用，还要努力消减任何消极因素的影响。因此，国防教育中实现“知行合一”目标，绝非喊几句重视口号便能实现，需要在国防教育中的知行环节上下功夫。

## 一、“知行合一”的基本内涵

“知行合一”由大哲学家王阳明提出。对于“知行合一”的理解，有认识论角度，也有道德修养的角度。从认识论角度来看，知行关系必然是有先有后的。从认识本源来看，认识来源于实践，行先知后；而从改造世界的实践来看，实践则往往建立在一定认识基础之上，先知后行。而道德修养意义上的“知行合一”，指的是道德知识、道德品质和道德行为的联通一致。为了讨论问题的方便，结合地方大学生国防教育目的，文中所言“知行合一”，多数是从认识论角度进行辨析，在辨析过程中自然也不排除部分道德意识和道德践履的问题。

“知”与“行”这一对基本范畴及相互关系历来是中国哲人关注的焦点。我国古代哲学家王阳明提出“知行合一”思想的基本内涵大致包括以下几点：第一，“知”主要是道德和学识认知，即对什么是善知、什么是恶知、什么是正确价值观的明确认知。这里的道德和学识认知带有强烈的

---

* 作者简介：马滨强（1963年~），男，山西阳城人，本科，现任海军陆战学院学生军训教研室主任，主要从事国防教育方面的教学与科研工作。

经验色彩，不同于理学家所言的“德性之知”。第二，“行”主要指道德实践活动。中国古代知行观历来具有重行倾向，认为只知道什么是善恶但在行动上却不能为善去恶，是无道德意义的。荀子认为：“知之不若行之，学至于行而止矣”；宋代理学家朱熹虽说“论先后，知为先”，但接着又说“论轻重，行为重”，可见其虽认为知先行后，但仍重行。第三，“知”“行”二者不可分，王阳明强调“真知即所以为行，不行不足谓知”“知行功夫本不可离”，同时认为“良知，无不行，而自觉的行，也就是知”。“知行合一”就是“知”与“行”的相互转化、促进，即“知中有行，行中有知”。由此可见，要实现“知行合一”必须具备一定条件：一是个体要在内在精神上下功夫，个体只有在不断提升内在精神境界的条件下才能严于律己，求得真知。二是要进行行为磨练。实践中，个体必然遇到困难、阻碍，唯有不断进行道德磨炼才能实现言行一致、表里如一。

## 二、“知行合一”是国防教育的基本目标

青年学生是中国特色社会主义事业的生力军和接班人，在地方大学生中开展国防教育，是落实国家人才培养战略、加强国防和军队建设的战略举措，内涵深刻，意义深远。在新形势下，国防教育必须从国家和军队的战略全局出发，深入贯彻总体国家安全观，紧紧围绕全面贯彻落实习主席关于青年学生成长成才的一系列重要指示为统揽，以实现“强国梦”“强军梦”为根本牵引，坚持走军民融合深度发展之路，确保国防教育工作持续健康发展。

就学校教育而言，任何一门课程也好，任何一项活动也罢，都有各自的现实目标（即“知”的目标），同时又是综合育人（即“行”的基础）的重要环节。现实目标是开设一门课程或开展一项活动的最直接目的，综合育人则是学校教育教学活动的综合效益体现，是现实目标的拓展。实际上，在国防教育中，很多教育者和学习者还存在一些模糊认识，教育者认为教育中主要以“传授知识”为主，以使之“知”，而学习者鉴于学生攻读专业不同，对于国防教育课兴趣并不是很高，即便是课前分发的一些课程辅导教材也懒得一翻，结果学生在课堂上要么分心走神，要么各行其是，教授者就不得不为完成任务而完成任务。实际上，国防教育的主要功能是通过军事知识的学习，进一步认清国家战略格局，进一步熟悉国家安全形势，进一步了解人民军队，使学生多一些军事思想、认识和技能，造就守纪律、铸品格、强体魄的习惯，进而培植爱国主义。也即国防教育的基本目标是实现“知行合一”。

这首先是由国防教育的本性所决定的。尽管国防教育表面上是以“增

强公民的国防观念和国家安全意识”为直接目的，但更重要的是要使地方大学生真正掌握各级各类国防后备人才必须具备的知识和能力，具备一定的军事综合素质，进而作为“可以参战和直接支援作战的武装组织和人员”储备起来，尽管“七亿人民七亿兵”的全民皆兵时代已成为历史，但这种优良传统教育以及“知而后行”的做法对于兵员补充和民兵预备役储备具有重要意义。其次，国防教育“知行合一”的目标是由人的诚信本性决定的①。有良知的人都讲诚信，国防教育既是大学生国防、国家意识的被动教育，更是大学生将来以各种实际行动支撑国防和军队建设事业的主动作为，其间必有一个诚信问题。“知而行”是诚实守信的表现，“知而不行”或者“知而乱行”就是非诚实守信的典型代表。中国传统文化中蕴含着丰富的诚信思想。《大学》中讲到格物、致知、诚意、正心、修身、齐家、治国、平天下“八条目”，诚意是连接内养和外成的关键环节。子曰：“言忠信，行笃敬”，即言语要老实忠诚，行为要严肃忠厚。诚信是安身立命之本，“人而无信，不知其可也”。“君子讷于言而敏于行”“言必诚信，行必中正”“言必信，行必果”等都是将言行合一作为考察诚信与否的重要标准。由此可见，在我国的诚信传统中，诚信既指个体性的内在道德修养，又指社会化的道德践行。正所谓“内诚于心”而“外信于行”。诚信是道德修养和行为规范的统一，它既是道德诚信，又是实践诚信。诚信的价值不只体现在言语中，更彰显在行动中，即“知行合一”是诚信本性的必然要求。能否践行“知行合一”是区分诚信与否的根本标准。“知行合一”是实践的合一，不是意念的、潜在的合一。评价大学生是否诚信，要“听其言而观其行”，既要听他说什么，更要观察他做什么，是否做到“知行合一”。其三，大学生是否“知行合一”是检验国防教育成效的根本标准。评价一所高校国防教育的成效，不能单纯根据学生对军事知识的认知程度，抑或是根据学生军事理论考试成绩来进行评判，更重要的是关注大学生对国防教育宣导的践行，不能学完了养成的好作风也完了，考完了养成的好纪律也完了，学分挣完了养成的好思想也完了。一所高校国防教育的低效，在很大程度上是学生的信与不信、行与不行的问题，而不是知与不知的问题。

## 三、实现国防教育“知行合一”目标面临的困境

考察当代大学生国防教育“知行合一”目标，需要用辩证唯物主义和

① 张翠：《知行合一：大学生诚信教育问题探析》，《辽宁医学院学报（社会科学版）》，2016 年 8 月第 14 卷第 3 期，第 109—111 页。

历史唯物主义的基本观点为指导，坚持一分为二、全面客观公正的态度。总体来说，目前多数大学生国防观念对、行为品质好，能够做到“知行合一”。但是，目前尚有相当数量的大学生不尽如人意，知而不行、知行脱节、反其道而行之的问题未因我国历来的重行传统和对其的极力提倡有所减轻，既有对国防教育“不屑于知”的荒诞，也有对国防教育后“知而不行”的冷漠，更有对国防教育后“行而不久”的作秀，甚至有“逆道而行”的败笔，这些是实现国防教育“知行合一”目标面临的现实困境。

**（一）“不屑于知”的荒诞**

由于普通高校军事课开设晚，课程基础薄弱，建设质量和层次还比较低，距《大纲》要求还有较大差距，但这绝不是一些高校在执行使学生对国防教育“知”的问题上出现偏差的理由。一些高校根本没有从国家人才培养战略和加强国防后备力量建设的高度来认识国防教育问题，对于军事理论课课程地位、性质和意义认识不清、重视不够，没有真正当作一门必修课程来建设和规范。一些学校还没有按照《关于加强普通高等学校军事理论课教学工作的意见》（教体艺［2004］1号）的要求设立军事教学机构，军事理论课的教学筹划工作一般是学生处负责组织实施，有的学校认为军事理论课挤占了专业课时间，根本不按要求纳入学校整体教学计划，甚至干脆以军事讲座替代军事理论教学，有的学校把军事理论课“边缘化”，上课时间要么就安排在军事技能训练时间，要么就安排在晚上或周六、周日进行。在上课时间上，也根本没有按照规定的36学时开足，一般只安排16学时以上，军事理论选修课设置基本处于空白状态。在上课管理上，多数学校采取合班上大课的形式进行军事理论课教学，每个班教学人数一般都在一两百左右，有的多达四五百人，课堂教学效果难以保证，而且对于学生的到课率，也大多是例行公事点个名，没有相应的惩处措施。对于课程教学考试普遍采用开卷考试，学生很容易拿到学分，致使军事理论课严肃性缺失，出现“学生混学分”现象。从根本上说，这些都客观上导致学生“不屑于知”的荒诞情形。

**（二）“知而不行”的冷漠**

冷漠是地方大学生对自己的军事理论课义务表现出不关心、漠视或逃避个人责任。这是地方大学生对待军事理论教育的一个普遍问题。总体来说，地方大学生对国防意识、国家安全上应该怎么想、怎么做，单凭接受过十几年的学校教育来说，也不是什么难事，大道理他们都懂。然而，在现实生活中许多人对于军事理论课的践行仅仅停留在认知层面，明明知道该如何做却就是不这样去做。这在道德意义上往往表现为冷漠，对不崇学精武的人与事物视而不见，采取“事不关己高高挂起”的态度，认为保家卫国是军人的事，与自己何干，而且对于国家安危问题，也认为这远远影响不到个人的饮食起居。实际上，大学生军事理论课教育是一项基础性教育，本应作为高校教育重点。但受制于很多高校过于突出专业学习地位的重要性，对军事理论教学往往从功利角度出发，把军事理论教育作为政治理论教学的一个小章节来应付。关于军事理论教育则没有明确的目标设定、完备的计划方案，遇到学生军事理论问题往往临时抱佛脚，要么就事论事，要么空洞说教，对军事理论课的内涵、教育方式、途径与意义缺乏研究。如果学校军事理论教育不足或不够有效，外部一些杂乱思潮又趁虚而入，学生很难把军事理论“求真知”作为纯粹的目的而追求，也就不难理解很多学生将军事理论课视为“无用”课程，这自然会导致学生“无知不行”“知少不行”，或者“知而不行”。

**（三）“行而不久”的作秀**

“行而不久”的作秀之前还有个“行而不愿”的问题，“行而不愿”指的是某些学生在军事理论课中及课后虽然表面上能够做出一些符合军事规范的行为，但就其内心而言是不情愿这么做的；之所以他做了，主要是出于某些压力或者是为了某些功利目的。有的大学生学习军事理论很多是出于“好奇”，甚至对派遣军官品头论足，还有的大学生学习军事理论课后选择从事国防行业，也根本没有做到“心入”国防，有的大学生毕业后从事与国防相关的行业，也只是为了赚钱盈利、养家糊口，没有把国防事业当个人事业来干。与“行而不愿”相关联的一个问题是“行而不久”，指的是某些大学生在践行军事理论课思想时，行为上缺少持久性、往往是三分热情，要么心情好的时候就按军事理论课教育导向行事，心情坏时就不按照军事理论课导向行事；要么在相关军事活动初期能够积极表现，越往后越表现得消极。对于积极参加的民兵预备役训练，就如学习雷锋活动中流行的口号“雷锋三月来，四月走”一样，有的是上午来、下午就走，更有甚者，对自己的一些所谓的助军行为大肆吹捧，表现出明显的“作秀”倾向，与新形势下国防教育观和实践观相去甚远。说到底，这与大学生军事理论课教育制度管理乏力息息相关。就当前教育看，许多高校未建立起完善的军事理论教育制度，对军事理论课渐行渐远的行为缺乏有效惩戒措施，学生不积极投身军事理论教育反而轻松获利，践行者则未给予相应的褒奖，反倒猛吃流汗、流血之亏。一方面，多数高校对军事课中及课后行为缺乏明确的惩罚条款，在解决大学生军事课问题上仍停留在群体舆论监督和个体自律层面。另一方面，近年来许多高校借鉴西方高校管理经验，制定一些军事教育管理制度、条例和档案，但要么由于学校重结果轻过程的评价体系，要么由于教育管理者的不当执行而大打折扣，这些都无疑助长了大学生在接受军事理论课教育中或之后走向“行而不愿、行而不久”的怪象。

**（四）“逆知而行”的败笔**

这是地方大学生在践行军事理论课中最为极端的表现，指的是某些学生的行为有意与军事理论课的基本行为规范指引背道而驰，即俗话所言：知其不可而为之。主要表现为：受不住挫折失败，不懂得艰苦奋斗，纪律观念淡化，忧患意识缺失，对民族和国家发展缺乏责任担当。其思想意识极易受到美欧等国精心编造的“意识形态病毒”的侵入，造成思想观念混乱。有的在朋友圈、在闲谈聊天时盲目跟风，认为董存瑞、黄继光是“傻冒”，“翻案”“解密”“起底”“细说”已有定论的英雄人物，甚至对我党带领各族人民艰苦卓绝的革命历程开始产生怀疑。在历史虚无主义现象抬头、“和风吹得游人醉”的泛和平主义思潮兴起情况下，部分学生逆军事理论课目标而行，也即“反其道而行之”。与“知而不行”“行而不愿、行而不久”等行为相比，其性质更加恶劣、危害更加严重、影响更为深远。反思这种败行，其实与军事理论课理论与实践相脱节不无关系。当前军事理论教育过于理论化、抽象化，未找准其与大学生的共鸣点，教育方式仍以说教为主，未考虑学生的主体需求，学生很难将军事理论教育成果融入日常生活。如果军事理论教育不接地气，教育内容与现实生活有着巨大反差，学生根本无法从内心深处认同，反倒觉得虚伪不实，于是为了“求真”就“反其道而行之”。

无论是“不屑于知”的荒诞、“知而不行”的冷漠，还是“行而不久”的作秀和“逆知而行”的败笔，都会对大学生在校生活及其走上社会后的发展造成巨大的负面影响，这也是军事理论课在价值目标追求上不可回避、必须解决的重大课题。究其原因，大学生践行军事理论“知行不一”是有其理论与现实依据的。从行为理论角度来看，主要是大学生的认知片面、情感脆弱、意志不坚定以及信仰模糊所致，它是知行不一现象产生的内因；从知行不一产生的外部原因看，既有全球化背景下价值观念多元化引起的价值观冲突，个人主义、拜金主义和享乐主义充斥人们的脑海；也有传统中国社会腐朽落后思想与现实社会中不良现象遗毒太深造成的后遗症，使得学生无所适从；还与学校道德教育手段单一、道德赏罚机制不健全有关。

## 四、实现国防教育“知行合一”目标的有效途径

实现国防教育“知行合一”的目标既是一个理论问题，又是一个实践问题，要按照行为学规律，使大学生在学习和践行国防教育的过程中，既

能对国防教育的“知”满腔热情做到“善始而知”，又能对国防教育的“行”热血沸腾做到“善终而行”。

**（一）创新国防教育理念**

教育理念的转换是学习的催化剂，如我们国防教育模式能从传统“以师为本”的模式走向“以生为本”模式，科学地向大学生传授国防教育知识，正确地向大学生传导国防教育力量，就能让大学生插上国防的翅膀，飞向专业领域的广阔蓝天。一方面，要将国防教育纳入高校教育系统，主动吸纳我国传统国防教育的宝贵经验，同时借鉴西方重视法制原则的教育观，用适应时代发展的现代国防教育理念指导高校国防教育。另一方面，要利用高校课堂教学平台，发挥军事理论课主渠道作用，推动国防教育“进教材、进课堂、进头脑”，将国防教育与大学生的世界观、人生观、价值观教育相结合，在创新教育方法上发挥学生主体作用，激发学生在国防教育中“自我教育、自我管理、自我服务”的能力，引导学生把国防教育作为自身全面素质培养缺一不可的要素，在遇到专业教育与国防教育相冲突、在遇到军民深度融合出现问题时能够遵循国防底线、恪守国防信条。

**（二）改进国防教育方法**

《普通高等学校军事课教学大纲》规定的教学内容几乎涵盖了军事学的方方面面，内容宽泛、涉及面广，单凭课上“灌输”，很难使学生完全消化、理解，而丰富多样的教学方法会大大增强国防教育的辐射力和感染力，比如：在讲课过程中采用启发式讲授，激发学生学习求知欲望，诱导学生去掌握新知识；可以通过开设选修课或举办军事知识讲座等形式，对军事理论教学内容进行充实、拓展，丰富学生的知识，拓宽学生的视野，实现理论与实践的有机结合；利用校园网络，构建军事理论教学平台，使学生能够通过网络空间，了解掌握更多、更新的军事知识；利用校园学报等刊物开设军事知识学习园地，为学生发表军事言论、研究军事理论、探索军事领域等提供广阔空间；可以组织学生到驻地和国防教育基地参观，聘请老军人、老干部任学生国防教育顾问，建立具有广泛群众性和较大影响力的国防教育爱好者协会，开展国防教育周、理论研讨会、国防连着你我他以及军事知识竞赛等活动，不断提高学生学习军事理论课和军事技能的积极性，营造人人学军事、人人爱军事、人人懂军事的良好氛围。

**（三）完善国防教育制度**

实现国防教育“知行合一”目标，就必须要完善当前国防教育制度，坚持软硬两手抓。一方面，大学生国防教育要取得良好效果需要有校园国防文化熏陶，“蓬生麻中，不扶而直；白沙在涅，与之俱黑”。如果大学校园形成了浓厚的国防教育氛围，大学生国防教育就有了生根发芽的土壤，学生接受的国防观念也能在这种环境中成长，所以高校应当在校园国防文化建设方面给予关照，培育国防土壤。另一方面，还必须坚持国防制度的刚性建设，培养较强的国防意识，强制是必不可少的。实践表明，缺乏制度约束的国防教育是不堪一击的。首先，改善国防教育评价模式。国防教育质量评估不能单纯依据大学生的国防教育理论答卷分数来判断，还需要依据学生到底接受了多少激励力量来评判。其次，建立系统的国防工作目标体系，完善国防管理规章制度，包括激励机制、惩罚机制和保障机制，使高校国防教育工作从目标确定、计划实施、监督检查到结果考核，做到规范系统，实现高校国防教育的制度化、科学化、常态化。

**（四）拓宽国防教育平台**

拓宽国防教育平台，是实现国防教育“知行合一”目标的重要环节，国防教育蕴含着理论与实践、意识与行动相统一的特点，学生从接受国防教育知识到自觉进行国防教育实践不是自然而然就实现的，需要发挥国防教育平台的中介和支撑作用。学生只有在亲身参与各种国防教育实践活动时，才能加深对国防知识的理解，感受国防教育的价值力量，培养国防情感，坚定国防信念，增强国防意志，最终把国防教育“内化”为学生个人的价值认同与国防意识，进而“外化”为国防自觉行为，实现“知行”统一。高校可充分利用学校周边的红色教育资源，组织大学生到抗战纪念馆、烈士陵园等参观，通过举行升旗仪式、宣誓仪式、聆听革命故事、给烈士敬献花圈等形式，激发学生爱国热情，增强责任心和使命感，利用战争纪念日、军队纪念日、征兵等特殊时期，开展国防宣讲、知识竞赛、唱红歌、看红色电影等活动，使国防教育融入大学生活，触及思想灵魂。有条件的学校还可适时组织学生到部队、国防教育基地参观学习，真实感受部队生活，近距离接触武器装备，甚至可以利用节假日组织学生到部队过国防日、军事日和参加军事夏令营，进行军事技能和军事体育比赛等，巩固学生国防教育成果。

实现国防教育“知行合一”目标是一项系统工程，然而传统的教育理念、不健全的赏罚机制和不当的管理方式等因素客观上造成了大学生对国防教育的“冷淡”与“消极”。因此，要真正使践行国防教育成果成为大学生的自觉行动，只有在遵循大学生身心发展规律的基础上，通过完善的制度设计、合适的教育手段和科学的教育方法的协同作用，方能实现国防教育的时效性和长效性。

## 参考文献

[1] 张翠:《知行合一：大学生诚信教育问题探析》,《辽宁医学院学报（社会科学版)》, 2016 年 8 月第 14 卷第 3 期。
[2] 王中原、徐艺榕:《知行合一：大学生社会主义核心价值观的践行》,《佳木斯大学社会科学学报》, 2016 年 2 月第 34 卷第 1 期。
[3] 薛辉、林婷婷:《关于改进高校军事理论课教学方法的几点思考》,《全军学生军训 30 周年理论研讨会论文集》, 国防大学出版社 2015 年版。

# 领导干部国防教育当前存在的主要问题及对策思考

佘本林　乔俊建*

**摘　要：**领导干部是国防教育的重点对象，在全民国防教育工作中发挥着承上启下、贯通中央地方的标杆导向和桥梁纽带作用。近年来，受经济社会发展、内外环境变化和西方思想文化冲击等影响，国防教育体制在一定程度上表现出不适应性，由此导致的国防教育不受重视、退居边缘、工作虚化等问题有蔓延趋势。为及时解决这一问题，抓住领导干部这个“关键少数”，辐射带动全民国防教育工作有效展开，建议按照“体制不足机制补”的工作思路，在现行国防教育体制框架内，针对领导干部这一特殊教育对象，通过理顺关系、建立制度、改进工作方式，构建领导干部国防教育长效机制。

**关键词：**国防教育　领导干部　对策

在党的十八届三中全会上，习主席对深化国防和军队改革做出了全面部署，提出了在推动军民融合深度发展大战略背景下深化国防教育改革的重要论断，明确指出，国防和军队改革千头万绪，必须牵住牛鼻子，下决心在重难点问题上进行突破。领导干部是国防教育的重点对象，在全民国防教育工作中发挥着承上启下、贯通中央地方的标杆导向和桥梁纽带作用，要进一步将国防教育作为夯实领导干部管武装、抓国防的思想根基。近年来，受经济社会发展、内外环境变化和西方思想文化冲击等影响，现有的国防教育体制在一定程度上表现出不适应性，由此导致的国防教育不受重视、退居边缘、工作虚化等问题有蔓延趋势。抓住领导干部这个“关键少数”，体制不足机制补，在现行国防教育体制框架内研究构建领导干部国防教育长效机制，对及时解决这一重大问题具有重要的现实意义。

## 一、领导干部国防教育当前存在的主要问题

从现实看，由于国防教育在机构设置、部门配合、活动组织、制度落实等方面存在一些突出问题，影响制约了领导干部国防教育的有效开展。

### （一）组织领导力度欠缺

目前，《国防教育法》对各级国防教育领导机构只做了原则上的明确，

---

* 作者简介：佘本林（1975 年～），男，河南泌阳人，军事战略学博士，现任火箭军指挥学院讲师，主要从事国防教育、军事战略方面的研究；乔俊建（1980 年～），男，湖北襄阳人，硕士，现任火箭军指挥学院讲师，主要从事国防教育、军队管理方面的研究。

甚至在“法律责任”这一章节里，也只是模棱两可地用“有关”“可以”等字眼来定性。这样的法律条文导致的直接结果是各地国防教育系统普遍存在机构虚设、人员虚编、工作虚化等现象。从云南省呈贡县调查了解的情况来看，县委成立了共计13人的“国防教育领导小组”，基本囊括其所属各部领导。但在走访中发现，大部分领导根本无暇过问国防教育，自己在小组中的角色和职责更是不清不楚。再比如，从军队来看，在协助地方开展国防教育工作上，具体负责的往往只有1~2名“兼职”宣传干事，而基层部队宣传工作本就事务繁杂、疲于应付，因此这个“兼职”也只是个头衔和说法。在工作机构名存实亡的情况下，国防教育的权威性和强制性几乎不复存在，更谈不上组织领导和计划协调。国家下发的相关文件、通知，更多的是以军地联合的方式行文，以领导签字来代替工作落实。

**（二）制度措施不够规范**

在国家国防教育办公室以下，省级地方党政机关及部分企事业单位成立本级国防教育办公室（以下简称“国教办”），其领导体制主要有三种：本级国动委直接领导；下设领导小组或委员会领导；实行国动委体制下国防教育联席会议制度。受“上行下效”影响，市、县级办公机构更是五花八门，不规范、不统一、不明确问题更为突出。根据中央《关于加强新形势下国防教育工作的意见》（中发［2011］8号文件，以下简称《意见》）要求，县级以上国教办要健全工作制度，实行军地合署办公，但对合署办公的具体要求及后续检查监督没有明确，仅有九个省级单位基本落实。从各级国教办工作人员的职能定位及日常工作制度来看，由于兼职人员比例较大，易受其他业务工作冲击，上下级机构之间无法形成有效的领导与被领导关系，同级机构之间的沟通协调也存在现实障碍。在开展领导干部国防教育具体工作上，《全民国防教育大纲》规定了四条基本措施（干部学院要开设国防教育课程、党委中心组理论学习应安排国防教育内容、到军事院校接受国防教育培训以及进行经常性的国防教育①），但缺乏法规制度约束，导致国防教育没有形成常态，教育活动实施受单位任务干扰、领导干部精力因其他工作而分散转移。

**（三）教育监管近乎空白**

2006年、2011年，国家国教办先后牵头组织了两次《国防教育法》执法检查，明确指出领导干部对国防教育重要性认识不够、国防教育落实不够好的问题。2011年中央《意见》下发后，国家国教办又对北京、湖北、宁夏等14个省（区、市）的贯彻落实情况进行检查，严厉指出“部

---

① 《全民国防教育大纲》（2014年5月22日国家国防动员委员会颁发第十二条）。

分市、县没有按照中央《意见》要求配备专职工作人员、落实军地合署办公”，“部分地区国防教育经费还没有按照《意见》要求纳入财政预算”。目前，自《国防教育法》和中央《意见》以下，各地虽相应制定了一些法规和文件，如山西、福建、西藏等省份具体落实的《意见》，但大都只是在形式上简单套用中央的原则性要求，既无具体任务和细化指标，又无检查手段和监管措施，直接后果就是国防教育“靠自觉”。受一些历史和社会因素影响，对领导干部的监督管理原本就相对薄弱，加上这样的法规制度背景和氛围，领导干部自觉主动参加国防教育基本是一句空话，忽冷忽热、可松可紧，甚至因人而异、因事而变已成常态，缺乏基本的规范。

**（四）教育保障不实不细**

国防教育保障，是开展国防教育所必需的客观条件和物质基础，主要包括师资、经费、场所、教材等内容。在师资方面，政府机关、企事业单位等主要采取兼职、聘任、成立讲师团等方式。在实际操作中，对兼职、聘任教师及讲师团成员的管理由于没有严格的资质审查、缺乏有效的竞争激励，造成师资队伍总体水平偏低、组教施教能力偏弱。在经费方面，政府机关、事业单位、社会团体由本单位财政预算拨付，国有企业等则从本单位职工教育经费中列支。在实际中往往存在预算标准低、各地标准不统一、未专款专用等问题。在场所方面，目前由国家国教办命名的国防教育基地有两批共240个，但不同程度存在“有牌子没票子”“只挂招牌没办事”的尴尬现象。在教材方面，《大纲》明确了领导干部教育重点内容，各地也相继编设《领导干部国防教育读本》等教材，但多数都存在千篇一律、内容陈旧、不够系统等问题，由此导致教材使用的针对性不强、使用率不高的问题较为突出。

## 二、影响领导干部国防教育质量效果的主要原因分析

根据调研情况，我们分析认为，造成领导干部国防教育上述问题的原因主要有四个方面。

**（一）思想认识层面**

思想是行动的先导，认识到位才有可能行动到位。由于历史和文化原因，各级领导干部更多地习惯于“闻令而动”，按上级意图办事，缺乏立足本级主动开展工作的自觉意识。在法规政策本就不够健全的国防教育领域表现得尤为明显：有的认为国防教育是国家的事、军队的事，与单位和个人联系不紧、关系不大；有的觉得现在的中心任务是发展经济、深化改革，强调国防教育就是影响中心、偏离大局；有的沉湎于和平环境下的安逸享乐，认为安全形势一片大好，国防教育没有太大意义，等等。在这样

的觉悟和心态下，领导干部国防教育工作“挂虚名、任闲职”的现象在所难免。2009年5月，国家国教办牵头组织了一次全国范围内的调研，明确指出领导干部三个方面的主要问题：“一是对国家安全形势的复杂性严峻性认识不清；二是国防建设与经济建设协调发展的思想树得不牢；三是履行国防职责和支持部队建设的意识不强。”

**（二）教育体制层面**

现行国防教育体制存在上下衔接不够紧密、相互协调不够密切、整体效能发挥不明显等问题。首先，从实施主体来看，国务院领导全国的国防教育工作，中央军事委员会协同国务院开展全民国防教育①，但现行法律并没有明确规定国务院哪个机构、中央军委哪个部门具体负责组织实施；而实际操作中双方也没有进一步明确主体责任单位，于是在开展工作时宛如“空中楼阁”无处着手。其次，从工作机构设置来看，在省一级行政单位中，目前北京、河北等8个省份的国防教育由国动委系统直接领导，天津、山西等18个省份仍保留以前的国防教育委员会或领导小组，还有5个省份实行国动委体制下国防教育联席会议制度；此外，省级办公室有11个在省委宣传部，19个在同级军（分）区，还有1个在省政府办公厅，市、县两级更是错综复杂。机构设置不统一、不成体系，直接影响了国防教育工作的顺畅运行。第三，从人员编配来看。根据2014年统计数据，省级机构编制共106人，其中专职41人，借用部队编制31人，借用机关编制10人，编外定编18人，缺编6人。在市、县两级，人员均没有正式编制，有的兼职人员甚至兼管10余项工作，很难有更多精力抓国防教育。

**（三）法规政策层面**

我国国防教育法规有三个层次：一是以《国防法》《国防教育法》等为核心内容的国家法律；二是以《意见》《大纲》等为代表的指导性文件；三是各级政府及单位的地方性条例、规章等。针对领导干部群体，目前尚没有国家层面的专门法规。部分省市虽然出台了加强领导干部国防教育的相关意见（如福建、西藏等），但同样是原则性要求多，结合本地区实际、具备可操作性的务实举措很少。再看国防教育政策方面，我国2001年起设立每年9月的第三个星期六为全民国防教育日②，每年下发通知要求开展相关配合活动，大都是“一阵风”式的领导干部过“军事日”、参加纪念

① 《中华人民共和国国防教育法》（2001年4月28日第九届全国人民代表大会常务委员会第二十一次会议通过第六条）。

② 《关于设立全民国防教育日的决定》（2001年8月31日，第九届全国人大常委会第二十三次会议通过）。

会、做形势报告等。总的看来，近几年国家对领导干部国防教育的重视程度逐渐提升，但落实的具体抓手相对较少。

**（四）社会环境层面**

改革开放后，我国大力发展市场经济，有效夯实了国家发展的物质基础，这是可喜的成绩。但与此同时，忽略了国防教育、弱化了国防建设也是不争的事实。这从我国1997年才颁布第一部《国防法》、2001年才颁布第一部《国防教育法》可见一斑。近几十年相对和平的环境，使人们淡忘了战争创伤、淡化了忧患意识、麻痹了备战神经。这些年，一些省市先后不断出现适龄青年拒服兵役的情况，2016年4月份在国防部例行记者会上新闻发言人吴谦还就此问题回应说：个别地方有极少数适龄青年采取不正当手段避服兵役，对此有关部门会依法做出处理，这一现象给我们再次敲响了警钟。从国际环境来看，敌对势力“西化”“分化”我国的图谋和斗争手段从未停止，领导干部首当其冲，难免不受影响和动摇。从国内环境来看，金钱至上、利益至上、权力至上的观念曾经一度盛行，领导干部们置身事外者有之，同流合污者有之，推波助澜者有之。由此可见，正确的社会导向和良好的环境土壤对教育的影响不容低估。

## 三、构建领导干部国防教育长效机制的对策思考

针对前面分析中领导干部国防教育存在的现实问题和具体原因，着眼建立领导干部国防教育长效机制，应在以下四个方面理思路、想办法、定措施、抓落实。

**（一）优化顶层设计，理顺关系，健全制度，厘清责任**

一是理顺各级关系，合理调整现行组织架构。区分国家层面、地方政府和社会其他领域，力图实现国防教育工作“国家统起来、政府实起来、社会建起来”。在国家层面，拟出台全民国防教育指导性文件，按照党委政府主导、军地密切配合、社会各界支持、全民共同参与的思路，加快建立完善统一领导、权威高效、协调顺畅、督导有力的国防教育领导机构和工作机制，按照权责一致、精干管用、军地合署办公的原则，明确编制等级和人员职数，为开展国防教育打牢组织基础①。针对国家国教办目前的编制和日常运行情况，以军队改革为契机，国务院领导全国的教育工作，办公室设在军委国防动员部，以全面实行军地合署办公代替先前多部委领导兼职副主任的形式，原中共中央宣传部国防教育机构以及军委政治工作部宣传局等做相应调整，负责协同协助开展国防教育，这样便于全国各

① 《2017年全民国防教育工作要点》。

省、市、县统一领导，上下贯通。在地方政府层面，各地已设的国防教育委员会或领导小组继续保留，统一建立同级国动委领导体制下的国防教育联席会议制度，完善领导体制和组织运行机制，做到“纵向成线、横向成片”。在社会层面，从各省各地区国防教育开展的情况来看，有两种模式值得借鉴和推广：（1）由省部级政府或同级国防教育办公室牵头，定期组织集中培训或教育活动；（2）发挥大中型企业资源优势，在企业内部搭建国防教育平台。二是健全领导制度，确保功能完备各司其职。对领导干部国防教育而言，领导制度主要包括两个方面，即上一级国防教育工作机构的组织指导和本级本单位国防教育办公室的具体实施。国家国教办作为国家国动委的一个专业办公室，主要针对省一级发挥组织指导职能，拟定国家层面的政策、法规，编写大纲和基本教材，检查省一级落实国防教育政策法规及教育开展情况，组织开展国防教育学术研究。建立国动委领导体制下的国防教育联席会议制度，作为省级国防教育工作的常设性机构，由军地领导共同召集，吸收地方组织、宣传、党校等部门以及部队军务、宣传工作机关作为成员单位。三是厘清责任义务，落实好接受教育与组织教育的双重职责。领导干部在国防教育领域的责任义务至少包括以下三个方面：其一是主动接受和参加国防教育。传统中国社会有这样一个现象，“上有所好，下必甚焉”，领导不带头就不可能抓好国防教育。只要是自身重视国防教育工作，特别是曾有过从军经历的领导，本辖区或本单位的国防教育工作成效都相对较好。其二是组织领导本单位、本部门的国防教育。其三是做好其他社会领域的国防教育工作。对高校、人民团体及企事业单位，主要采取支持协助的形式，在国防教育场所的使用、师资力量集中培训及军地双方协调工作上给予指导和支持。

**（二）规范教育实施，明确内容，建强队伍，有效干预**

一是按照统分结合的原则确定不同层次的教育内容。由国家国教办牵头，编写《领导干部国防教育大纲》和《领导干部国防教育读本》，对全国范围内领导干部国防教育形式方法和内容做统一规范，对集中学习的组织、参加培训的形式等做出具体规定。在此基础上，各级各地还应结合地域特点和单位特色，细化实化大纲和读本内容，建立配套的教材和教案库。各党校和行政学院开设的培训班要有针对性地明确主题和重点，要紧密结合国防形势和发展时局，针对不同层次人员明确主题、突出重点，以少而精、专而实求得领导干部国防教育好的成效。二是立足现有条件建好用好教员队伍。把好入口，规范兼职教员聘任工作。兼职教员主要由现役军官和退伍军人组成，也包括部分离退休老干部和相关专家学者。在兼职教员的聘任上，要把好“政治立场、个人履历、授课能力”三道关口。要有效激励，督促兼职教员积极作为。保持稳定的聘任关系，给予必要的工资待遇，广泛宣扬优秀典型。发挥好国防教育讲师团的作用。进一步明确成员的具体职责，对各自负责的单位区域、每年授课的课时、讲座或报告的次数等做出原则性规定。定期召开会议，对讲师团作用发挥情况、成员履职情况进行分析、讲评和总结，提高讲师团工作的质量效益。三是加大行政干预力度保证常态运行。由国家国教办协调中组部等相关部门，将国防教育纳入领导干部任职、晋职培训的必备课程，并对时间、内容等做出相应的明确规定。在这种带有强制性的"捆绑式"教育过程中，既能保证领导干部国防教育的有效落实，也能切实提高领导干部思想上的重视程度。对经常性国防教育进行相对独立的管理，对所属范围内的领导干部国防教育制定落实的具体方案和计划，尤其是在学习时限、学习内容等方面要列入常态化"自查自纠"内容。

**（三）科学建章立制，紧盯关键节点强调有效制约**

一是建立国防教育巡视制度。参照党的《巡视工作条例》建立国防教育巡视制度，以省部级以上机关、部门和单位为重点对象，巡察监视法规制度落实和国防教育开展情况。考虑到现行体制的特殊性，可以在国家国动委综合办公室下成立巡视工作常设机构，直接对国动委负责，并赋予其巡视全国国防动员工作情况的权力，人防建设、经济动员、交通战备、国防教育等各项动员工作都在巡视范围之内。对于巡视工作中检查发现的问题，立足国家国教办自身解决不了的，由国动委出面安排和协调，形成整改纠治合力，有效疏通症结、去除积弊，推动国防教育工作科学运转。二是纳入领导干部工作绩效考评。把国防教育情况纳入领导干部工作绩效考评的重要内容。将考评成绩与党委班子考评、年度绩效评定、单位评先评优、干部提升晋职等挂起钩来，上级党委检查考核时要把整体国防教育考评成绩作为衡量单位绩效的重要内容，本级党委讨论相关决定时要将个人国防教育考评成绩作为评价全面能力素质的重要参考依据。三是多措并举形成重视国防教育的社会舆论和风气。提高国防教育在学校国防教育中的地位和比重，让国防教育作为一门独立课程贯穿学生阶段全过程。发挥大众媒体对国防教育的推广促进作用。在不违反相关安全法规的前提下，地方媒体与军队媒体应该联合起来，尽可能地对最新的国家安全形势、国防战略、军费开支、装备建设，甚至是军队具体活动情况等人们感兴趣的内容做适度报道，在正面宣传国防和军队建设情况的过程中，提高人们自觉置身国防、支持国防的意识。

**（四）整合优势资源，要坚持标本兼治，注重军地融合**

一是对现行国防教育法规进行补充完善。在《国防教育法》中对"领导干部”做明确界定，对政府和社会各领域领导干部的性质、层次、范围给出一个清晰定义，这样既有利于各级国防教育机构实施针对性指导，也能方便各行政机关、单位管理层进行有效管控，从源头上防止领导干部本身推卸责任的现象。在《国防教育法》中补充设置专门章节，对领导干部国防教育规划计划、组织实施到检查考评活动全过程进行系统明确的规范。加强地方政府配套法规体系建设。各级地方政府要在《国防教育法》等国家法律的大前提下，结合本地区、本部门实际进一步细化、量化、具体化，以提高执法守法的可操作性。二是把国防教育经费专款专用落到实处。首先要明确经费标准。从国家层面对国防教育经费占财政支出比例、地区人均国防教育经费等核心指标做出规定，以此作为国防教育经费保障的底线。省级以下人民政府结合本地区财政状况实际，按照建制单位、人员数量、教育场所设施及集中教育培训等现实情况，制定本地区国防教育经费标准，列入年度财政预算。规范经费使用管理。严格按本地区标准编制和执行预算，不得擅自提高经费标准、随意改变经费用途，确保严格按标准落实经费决算。三是就近就便用好国防教育场所设施。从现实情况来看，各国防教育基地挂名挂号的多、真正用起来的少，场地场所多、配套设施少。此外，还存在管理不力、秩序不正规、经费难到位等现象。领导干部国防教育除了各党校、行政学院、本单位学习室等课堂主阵地的理论学习之外，还应该走进军营开展户外教育实践、过“军事日”等配合活动，让领导干部在身体力行中真切感受部队生活，在实践中强化国防观念和国防意识。

**参考文献**


［1］国家国防教育办公室：《国防教育法律法规学习文件选编》，2015 年。

［2］石纯民：《考评——领导干部国防教育“突破口”》，《国防教育》，2016 年第 12 期。

［3］张广辉：《准确把脉，打造国防教育“双剑合璧”》，《国防教育》，2016 年第 12 期。

［4］葛益平：《国防教育要从领导干部抓起》，《台州日报》，2015 年 6 月 2 日。

# 军事课程建设

# 普通高校国防教育实施现状研究
## ——基于课程建设的视角

陈进军*

**摘 要：**课程建设和发展是任何一门学科发展的重要基础，国防教育在普通高校的实施和推广必须依托课程建设。从课程建设角度对我国普通高校国防教育实施现状进行研究，打破了以往对国防教育现状分析停留在区域发展、局部发展、问题发掘等方面的局限，从国防教育课程教学、国防教育科学研究、国防教育活动开展三个课程建设基本环节入手，对国防教育现状进行深刻分析，并进行理性反思，是推进国防教育工作的有益尝试。

**关键词：**课程建设 国防教育 军事课教学 科学研究 国防活动

普通高校国防教育经过30多年的发展，已经成为高校课程体系中必不可少的组成部分，承担着培养社会主义新时代人才的重要责任。把握国防教育现状，对国防教育从课程建设角度进行研究，有利于国防教育课程的可持续发展。

## 一、普通高校国防教育与课程建设

国防教育是全社会各领域都存在的教育活动，关系到国家安全，具有十分重大的意义。普通高校作为培养人才的高等学府，担负着为祖国培养建设者和接班人的重要责任，同时也是国防教育最重要的阵地之一。我国普通高校国防教育从1985年试点以来已有30多年历史，经过30多年的发展，国防教育课程体系不断健全、影响不断扩大，已经成为大多数高校的重要公共必修课程。

课程建设和发展是任何一门学科发展的重要基础，国防教育在普通高校的实施和推广必须依托课程建设。我国著名高等教育专家潘懋元说，“课程质量的优劣，在总体上决定着教育质量的高低，决定着教育目标能否完满实现。”① 普通高校国防教育课程历经30多年的发展，从无到有，不断突破，尤其是国防教育课程结构不断完善，课程建设工作不断突破，

* 作者简介：陈进军（1978年9月~），男，江苏南京人，2007年东南大学毕业，硕士，现任河海大学军事教研室讲师，主要从事国防教育方面的研究。

基金项目：江苏省高校哲学社会科学研究基金项目（2016SJD880003）；河海大学高等教育科学研究立项课题（20161216）。

① 张圻福主编：《大学课程论》，江苏教育出版社1992年版，第1页。

成为高校课程体系的重要组成部分。普通高校国防教育课程与高等教育课程体系不断融合，共同发展，在高校培养人才过程中发挥着独特而不可或缺的作用，国防教育已经取得了巨大的成绩，迎来了发展的重要机遇期。

课程建设需要正确认识和把握课程发展所面临的现实，进而正确规划和引导课程建设。国防教育课程作为普通高校一门基础性必修课程，具有起步晚、起点高的发展特点，与普通高校其他课程相比，其发展优势并不明显，需要正确把握和认识国防教育实施现状，激发国防教育课程发展潜力。按照《普通高校军事课教学大纲》及相关政策法规要求，普通高校国防教育工作从课程发展的角度出发，可以分为国防教育课程教学、国防教育科学研究、国防教育活动开展三个环节。从这三个环节对普通高校国防教育现状进行研究，则抓住了课程发展的基本规律，能够科学把握国防教育发展方向及前景。

## 二、普通高校国防教育现状分析

经过30多年的发展，普通高校国防教育工作制度不断完善，已成为高等学校课程体系中不可或缺的重要组成部分，获得了全面进步和巨大成绩。

### （一）国防教育课程教学不断推进

国防教育课程教学作为普通高校国防教育的主要支撑，直接关系到国防教育的成效。国防教育课程教学主要包括军事技能训练和军事理论教学两个部分，在普通高校基本得到普及。

1. 军事技能训练全面推广，训练内容和方式推陈出新

军事技能训练是我国普通高校开展国防教育的先锋，30多年来，在普通高校不断推进，得到了全面推广和普及，已经成为各大高校新生开学的必修课，其重要性得到了学校及社会的普遍认可，众多高级中学和初级中学也开展了形式多样的军事技能训练，达到了较好的效果。

军事技能训练在实践过程中不断推陈出新，站军姿、齐步走和队列曾被媒体称为“老三样”的军训内容正在实践中悄然发生改变，拉练、对歌、打靶、旗语操、军体拳、匕首操、战场救护、内务大比武等新老内容纷纭展现，无论是内容上还是形式上，都让军训变得耳目一新，军训已不再像以前一般感觉枯燥无味，变得充满趣味性、竞技性。江苏省抓住国家重大节庆和纪念日，开展了多轮国防教育成果展示大型活动，取得了较好的教育效果和社会效应。2016年下半年“军训之星”活动的成功进行成为江苏省国防教育成果展现的典型代表。

2. 军事理论教学基本普及，教学手段和路径不断拓展

军事理论教学起步较晚，从2002年我国颁布第一个《普通高校军事课教学大纲》开始，经过十多年全力推广，已取得巨大进展。军事理论课堂教学基本普及，军事理论专业师资队伍初步建立，军事理论教学成效得到普遍认可，相关选修课程不断增加，教学手段和方法不断改进，从一门新学科的发展角度看，军事理论课程的发展速度相当快。面对教学领域新的变化，军事理论教学紧跟时代步伐，部分高校和军事理论教师开展了有益的尝试和研究，开展了新媒体教学和沟通、慕课教学、翻转课堂等教学实践，进一步推进了课程建设的发展。

**（二）国防教育科学研究局面逐步突破**

随着国防教育课程在各级高校的逐步推广，国防教育科研局面逐步打开，公开发表的国防教育研究论文迅速增加，并获得了一定数量的各级科研项目和基金的资助。截至2017年4月，在知网搜索“国防教育”得到24023条相关文献，文献总量较为可观。厦门大学的郑宏老师对我国前四届高校国防教育研究论文的回顾显示，高校国防教育研究作为一个相对不成熟的研究领域，已越来越受到研究者的重视，第一届收到论文277篇，第二届286篇，第三届473篇，第四届717篇[①]。收到论文数量不断上升，与公开发表论文情况相吻合。

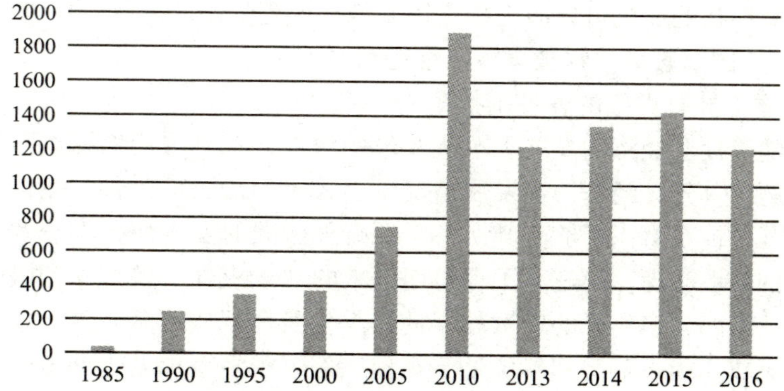


**图1　30年来国防教育成果统计**

资料来源：根据知网相关数据整理而成。

① 郑宏：《中国普通高校国防教育研究：回顾与前瞻——基于1977—2009年全国普通高校国防教育研究会论文的分析》，《高等教育研究》，2011第1期。

根据公开发表论文进行统计分析（见图1），我们可以看出，国防教育相关文献量在2005年后开始大量增加，一般每年都达到1200篇以上，其中不乏发表在核心期刊上的质量水平相对较高的文献。国防教育科研局面的不断突破在一定层面上表明国防教育在实践中不断推进。

**（三）国防教育活动开展井然有序**

国防教育活动作为国防教育课程的自然延伸，伴随着国防教育课程的普遍推广，在很多高校不断普及，成为活跃于学校学生活动中的重要成员。很多高校成立了社团性质的学生国防教育协会，并开展了形式多样的国防教育活动，对宣传和深化国防教育起到了较好的效果。学校国防教育活动和其他学生社团活动相比有明显的不同，它具有鲜明的军事性、政治性和导向性，国防教育活动也因此具备了独特的吸引力。

国防教育活动主体的多样化也是一大特色。国防教育活动的开展主体在事实上出现了多元化现象，国家各级国防教育指导和工作机构都可以主持并开展各项国防教育活动，扩大国防教育影响，增进国防教育实效。学校国防教育活动的开展可以由国防教育实施部门、团委、老师指导，其他社团协助共同举行，实现全校公开，效应最大化。

## 三、普通高校国防教育的理性反思

在普通高校，国防教育工作由于起步晚，必然导致在实践中存在一些不足，对现状的反思可以有力推进国防教育课程的深入发展。

**（一）国防教育课程教学深入推进动力不足**

1. 军事技能训练的各种困扰

伴随着社会经济的发展和军队改革的深入，军事技能训练也面临着如下新问题。首先，经济快速发展情况下，人民生活条件改善，使得学生及家庭吃苦精神和意识不够。其次，军训意外事故的发生使得学校及家长产生一定的恐惧心理。第三，军训长期以来的“老三样”使得军训吸引力有所欠缺。第四，多年来的应试教育使得学生身体素质下降。第五，军队改革尚未完成，很多部门和单位处于观望状态，很多事项处于调整时期。第六，经费落实在部分民办院校有一定困难。这些情况在一定程度上困扰着军训进一步发展。

2. 军事理论教学深入发展动力不足

从课程的发展角度看，深入发展动力不足，已经成为困扰国防教育工作者的重要因素。结合部分高校的现实情况分析，主要有如下困难。第一，军事理论课程的“边缘化”。军事教研室通常作为其他处级单位下的一个科室，而武装部不过是一个虚名而已，有牌子无编制，显然高校的国防教育已经被“边缘化”了[①]。部分高校出现缩减课时、改变授课方式、不检查不开课等违规现象。第二，军事理论师资队伍建设有待加强。第三，军事理论教学地区不平衡、校际差异较为明显。第四，军事理论教学部门归属不明。归属武装部、马列部、基础部、体育部、经管院的都有。第五，慕课等新兴教学手段的出现，对现有教学观念和组织形成冲击。用活微博、微信、QQ 群等新兴媒体，拓展教育空间、载体和渠道，提升教育实效[②]。但是，新兴教学手段与传统课堂教学之间如何协调已成为必须面对的现实。这些情况在一定程度上影响了军事理论教学工作。

**（二）国防教育科学研究基础尚显薄弱**

1. 科研项目渠道相对单一，缺少学科基础支撑

普通高校国防教育相关科研项目立项较少，渠道相对单一，缺少学科支撑是主要原因。国防教育在高校并没有相应的学科地位，工作人员往往从教育学、学生工作等角度切入并申报科研项目，但是教育学、学生工作领域并没有具体的国防教育学分支。无论是国家社科基金、教育部人文社科专项基金，亦或是各省社科基金、教育基金，每年能够立项的数量都非常有限，部分立项项目为自筹经费，境况堪忧。科研项目渠道单一在一定程度上制约了国防教育工作者的积极性和开创性。

2. 成果内容相对单一，研究方法及领域有待拓展

从研究方法来看，普通高校国防教育研究方法相对单一，相当部分文章还停留在工作总结等惯性思维层次。这样的论文在科学性上是不可靠的，应该尽可能有充分的调查材料、统计数字作为依据，最好有一些实验或试验的记录，而不只是依靠浮光掠影的观察，做想当然的推断[③]。要想提升影响因子，需要采取科学的方法开展研究，需要有大量丰富的理论和科研实践做支持。从研究内容来看，大量研究成果内容重复，创新不够。在公开发表的论文中，研究军训手段、教育现状、队伍建设的占有相当比例，研究国防教育学科及相关专业理论的较少。适当拓展研究视野和领域，开展多学科融合、多领域联合等方法开展研究，有利于高校国防教育研究工作的发展和推进。

---

① 杨德宇、张亚利、丁照权：《试论普通高等学校国防教育学科的建立》，《社会科学战线》，2014 年第 3 期。

② 姚远清、张扬、刘华：《国防教育如何走出困境？——对战区国防教育现状的调查与思考》，《战士报》，2014 年 9 月 25 日。

③ 潘懋元：《十年来高等教育科学研究的进展》，《潘懋元文集》，广东高等教育出版社 2010 年版，第 91 页。

**（三）国防教育活动开展井然有序，支撑力度有待加强**

1. 国防教育活动缺少导向性

部分高校国防教育活动开展较少或难以开展，主要是缺乏活动的导向性。国防教育活动举办方可以在把握国防教育精髓的情况下，抓住每一时期国际、社会上的国防相关热点问题和事件，并在把握主旨的情况下策划和开展相关国防教育活动。有导向性的国防教育活动无论是其内容上还是形式上都会有较好的吸引力，能够使得国防教育活动具有较大的成效性。

2. 国防教育活动缺少多维支撑

成功的国防教育活动需要有专业的指导老师、适当的经济支持、规范的政策扶持，这些支持能够使得国防教育活动有序开展，而不失其独特的军味和教育性。相关部门和工作人员可以从这些方面考虑给予国防教育活动支持，使国防教育活动成为学校学生活动的重要组成部分，营造良好的校园氛围。

## 四、普通高校国防教育相关对策

根据普通高校国防教育课程发展所面临的问题及现状，有针对性地探寻相关对策，可以较好地解决课程发展中的问题，做到有的放矢。

**（一）有理有据，狠抓质量，扎实推进军事课教学工作**

国防教育课程教学是普通高校国防教育的阵地，需要在把握现状的基础上不断推进国防教育课程教学工作。

1. 完善制度，强化机制，切实保障军事课教学

国防教育课程是我国普通高校所有课程中国家出台相关法律、文件最多的一门课程，也是实施状况和受重视程度反差较大的一门课程。如黄月胜老师所说，在实际执行过程中各院校并没有按政策的要求落实到位，不少院校存在组织机构不健全、制度不完善、师资队伍力量偏弱、教学保障不力、教学效果不显著等一系列问题①。从课程建设和发展的角度考虑，国防教育课程在普通高校的发展需要相关管理部门进一步完善相关法律规章制度，并制定完善而有效的管理机制。中央军委、教育部及各级教育主管部门所制定的相关规章必须符合教育教学的基本规律，而不仅仅是从军事教育的角度出发制定相关制度。在相关制度中必须明确国防教育教学的组织实施机构，并将之正式确立为教学机构，使国防教育教学工作能够在学校统一的教学计划中开展教学组织工作，得到应有的地位，打破现行条件下，国防教育教学机构系统归属不明，工作人员工作开展不便的状况。

① 黄月胜：《江西省普通高等学校国防教育现状调查研究》，《老区建设》，2016 年第 8 期。

2. 坚守阵地，开拓创新，深入推动军事技能训练

军事技能训练是普通高校国防教育的急先锋，为我国国防教育工作做出了极大的贡献。在国际局势急剧变化、国内军事变革正在进行的背景下，军事技能训练需要有坚强的意志坚守阵地，需要有开创的意识不断创新。坚守和创新是军事技能训练教学工作不断发展的基本要求。坚守阵地可以保证既有成果，也是军事技能训练课程教学的重要基础。开拓创新是军事技能训练课程教学增加吸引力和活力的必然要求。

3. 巩固基础，不断突破，继续推进军事理论教学

军事理论教学是普通高校国防教育的重要组成部分，与军事技能训练构成国防教育课程的两大支柱。军事理论教学需要在现有基础上不断巩固已有基础和成果，不断突破。从课程建设和发展的角度入手，需要加强军事理论教学师资队伍建设、健全教学管理机构、保障36学时的课堂教学量这样三个环节，还可以在此基础上加强国防教育类选修课程开设力度，适当开展国防教育课程相关微课、慕课、翻转课堂等教学改革和尝试。

**（二）立足现实，点面突破，不断推进国防教育科学研究持续发展**

科学研究工作的开展是普通高校国防教育工作不断推进的动力和有力支撑。普通高校国防教育科学研究工作起点低，需要多方面入手，稳扎稳打，不断推进。

1. 立足学科实际是开展科研的前提

国防教育科研工作的开展必须要立足于国防教育学科，以学科为依托，开展科研工作，探索国防教育的规律。普通高校国防教育课程与军方开展的国防教育工作有着很大的区别，他归属于高等教育学范畴，其教学对象主要是普通高校在校大学生，教学目标具有多样性，这些特点使得普通高校国防教育学科具有很大的研究价值。

2. 培养科研团队是重要的基础工作

科研团队关系到科研成果和科研质量。普通高校国防教育科研工作需要建立一支素质高、结构合理的科研队伍，对国防教育相关领域内容进行分析和研究，提高国防教育课程在普通高校的地位。

3. 坚持项目申报是点面突破的成果体现

坚持各级相关项目申报，做好项目积累，可以有效把握本领域研究动态，并能够在一定程度上获得立项，获得研究的点面突破。在项目申报的过程中，可以以团体形式进行研讨分析，商讨研究策略和申报策略。

4. 拓展科研领域是持续发展的重要环节

研究人员在从事国防教育相关研究过程中，可以适当拓展研究领域。拘泥于国防教育教学研究往往是自缚手脚，毕竟普通高校的国防教育工作

与军事系统国防教育工作有着较大的差异。国防教育工作者可以结合课程特征拓展研究领域，向教育学、社会学、政治学、国际关系学等领域靠拢，以获得科研工作的突破。

**（三）把握方向，全面支持，稳步推进国防教育活动开展**

国防教育活动的有效开展可以极大提高国防教育的效果，可以在把握国防教育活动方向的基础上提供全面支持，提高活动效果。开展导向性国防教育活动是普通高校国防教育活动的关键。导向性活动的开展需要有较强的政治性和敏锐的观察力，能够在生活中及时把握相关事件的本质及其影响。另外，全面支持也是国防教育活动有效开展的重要保障，包括指导老师的帮助，资金、技术、设备等一系列相关帮助。

**参考文献**

[1] 张圻福主编：《大学课程论》，江苏教育出版社 1992 年版。
[2] 郑宏：《中国普通高校国防教育研究：回顾与前瞻——基于 1977—2009 年全国普通高校国防教育研究会论文的分析》，《高等教育研究》，2011 第 1 期。
[3] 杨德宇、张亚利、丁照权：《试论普通高等学校国防教育学科的建立》，《社会科学战线》，2014 第 3 期。
[4] 姚远清、张扬、刘华：《国防教育如何走出困境？——对战区国防教育现状的调查与思考》，《战士报》，2014 年 9 月 25 日。
[5] 潘懋元：《十年来高等教育科学研究的进展》，《潘懋元文集》，广东高等教育出版社 2010 年版。
[6] 黄月胜：《江西省普通高等学校国防教育现状调查研究》，《老区建设》，2016 年第 8 期。

# 当代大学生国防教育课程体系、教学内容和实施方法研究

金伟新*

**摘　要：** 多年以来，我国在大学生必修课程体系中设置国防教育（军事理论）课程，对大学生进行国防教育。这一安排对于保证各高校大学生接受必要的国防教育，发挥了其他手段难以替代的重要作用，取得了显著效果。但是，近年来，伴随科学技术、特别是信息技术的发展，以微博、微信等自媒体为主的社会个体成员之间全新的信息获取、交流方式正在颠覆和动摇传统政府主导主流媒体和主流舆论的格局，社会舆论正在向多元化方向行进。在这一情势下，当代大学生通过手机、电脑等信息工具获取的类别各异、内容繁杂的巨量信息，正在使传统的国防教育课程"灌输"式的教学方式遭遇严峻挑战。如何完善传统的国防教育课程体系、教学内容和组织实施方式方法，已成为当今大学生国防教育理论教学面临的最重大、最具挑战性的现实课题。

**关键词：** 国防教育　自媒体　大学生　课程体系　教学

## 一、丰富国防教育课程体系，增强国防教育课程的趣味性、科学性、思想性，提升课程吸引力

目前，我国大学生的国防教育课程主要包括两部分内容：一是理论学习部分，即现在的军事理论课程教学；二是实践学习部分，即现在大学生军事技能训练。军事理论教学改革和新大纲实施之前的军事理论教学主要包括中国国防、国防法规、军事思想、国际战略环境、军事高技术与信息化战争等十余个专题的教学内容。军事训练部分主要包括基本的队列养成和射击、投弹等内容。大纲中对这两部分的教学和训练时间都有比较明确的刚性规定。我国高校多年的国防教育实践表明：上述课程内容的设置有其合理性和必要性，取得了显著的教育成效，应该给予充分的肯定。但是，随着信息技术的发展和自媒体时代的到来，以上数十年来始终如一坚持的课程体系和内容，已经开始遭遇重大考验与严峻挑战。比如，军事理论几大板块的教学设计合理性是否充分？大学生暑期（酷热）或寒假（极寒）组织实施的室外仿军人的军事训练的必要性是否仍然存在？实际上，

---

* 作者简介：金伟新（1963 年～），男，河南光山人，硕士，现任国防大学信息与作战指挥教研室副教授，大校，主要从国防教育方面的研究。

基金项目：国家自然科学基金项目（项目编号：60974080）资助。

要科学回答和解释上述问题并不容易。

针对上述问题，我们可以考虑丰富国防教育课程体系，增强国防教育课程的趣味性、科学性、思想性，提升课程吸引力。比如在理论教学方面，对于条件成熟的高校，我们可以考虑适当组织一些到红色老区教学基地（井冈山、延安等）参观、访问，甚至组织大学生中的部分积极分子重走长征路等；参观一些我军对外开放的军营、了解我军官兵的训练、学习和生活；组织国防教育沙龙和国防教育高端学术研讨会，安排一些大学生们心目中的知名专家、军事类电视节目军事评论员等与学生零距离接触；还可组织一些国防教育影视节目展播等。

## 二、充实国防教育教学内容，增强国防教育教学的生动性、理论性和时效性，提升教学亲和力

当前大学生军事理论课各专题的教学内容，设计、成型于20余年前。各单元、各专题的设计，有些已与当今国防、国家安全环境和我军军队建设和军事力量发展明显不太适应。对于这一部分内容，我们需要、而且应该大胆地扬弃。结合现在的国际国内安全形势和我军编制体制和力量结构，进行大力度的调整改革。比如可以考虑增加党史军史教育内容、先烈英模事迹展示内容、国家近现代史教育内容、新型武器装备发展和网络空间安全形势介绍内容、国家安全形势和国家安全观教育内容、古今中外军事思想和著名军事家军事思想教育内容、我国世界领先的重大科技成果介绍等。条件具备时，可考虑结合各学校实际，分别编写和使用适用于文、理、农、工、商等不同版本的军事理论教材。我们需要大力度充实国防教育教学内容，增强国防教育教学的生动性、理论性和时效性，提升教学亲和力。

要科学处理军事理论课程教学内容的高、新、宽、深几项主要标准指标之间的关系，使教学内容的繁简、宽深、高新相宜。教材内容设计可区分为基本内容、拓展内容、提高内容、辅助内容四部分。每一部分分别编入深浅不一、层次不同的教学内容，以适应不同类别的学生学习需要。教材内容编写的基本标准应是新、准、全、齐等。

## 三、改进国防教育教学方法，增强国防教育方法的实践性、针对性和多样性，提升教学感染力

好的教学方法，可以使教学效果事半功倍；不好的教学方法，则会使教学效果大打折扣、事倍功半。对于大学生群体的国防教育军事理论教学，应该而且也特别需要有一个理想的、高效的、便于付诸实施的好的教

学方法。军事理论课程的教学，可以考虑改变目前全部课程都是你讲我听的灌输式传统的授课模式。对于不同的专题，可结合不同学校、不同专业方向的学生，采用讲演式、研讨式、问答式、沉浸式、编组对抗式、情景设定式、辩论会式、故事会式等不同授课模式。我们在组织国防教育课程教学时，可以通过改进国防教育教学方法，增强国防教育方法的实践性、针对性和多样性，提升方法感染力。比如，对于“我国周边安全环境”的教学，就可以采用“老师主讲+研讨会”的方式实施，让学生参与教学环节。这样既激发了学生的学习兴趣，同时又加深了学生对教学内容的理解，教学效果会得到显著增强。再比如，对于“国防法规”专题的教学，由于教学内容较为枯燥，仅仅通过讲授形式的“填鸭式”教学，效果未必会尽如人意，但如果采用结合典型实例，采用“辩论会”式教学方式组织实施，选择某一特定国防法规案例，设置有争议的论题，让学生分别扮演辩论的正方和反方，将学生的学习热情和学习主动性调动起来，在论辩中形成对国防法规的正确认识和理解。还比如，对于“军事思想”类教学专题，可以采用战争题材的影视剧的典型场景、对抗双方斗智斗勇的情节进行剧情评析，让学生在历史剧中获取对古代军事思想的深刻领会和把握，等等。

灵活运用多样化的教学方法，将会使国防教育军事理论教学一改既往单调、单一的“填鸭式”灌输教学模式，让军事理论课程灵动，并重新焕发出勃勃生机。

### 四、深化国防教育管理改革，增强国防教育管理的主动性、创造性和灵活性，提升管理执行力

结合这次全军军改编制体制调整，依托新成立的国防动员高层管理机构，在军民融合的大背景下，深化国防教育管理改革，增强国防教育管理的主动性、创造性和灵活性，提升管理执行力。

首先，深化国防教育管理改革，需要创新管理方法。对于国防教育管理，如何避免长期以来国防教育易于在“松、散、软”等放任模式和“紧、僵、硬”等刻板模式之间摇摆，创新管理方法、形成科学的管理模式是基础。科学的管理方法有助于从程序和操作层面避免各种低效的、甚至可能产生不良影响的管理方式。

其次，深化国防教育管理改革，需要创新管理手段。管理手段的先进与落后，对国防教育实践成效产生重要影响。科学的管理方法加先进的管理手段会使国防教育产生倍乘增效效应，真正实现管理本身就是教育、教育是更高等级和层次的管理的目标，实现国防教育领域内管理和教育的双

赢。先进的管理手段包括“微”时代的微课堂、微互动、微求助、微释疑等。

第三，深化国防教育管理改革，需要创新管理理论。近年来，伴随国家和军队主管部门对国防教育的关注、重视，国防教育相关教研人员的存在感逐渐加强，部分研究人员开始关注到国防教育管理理论的构建与创新。客观上讲，尽管我国国防教育实践已有几十年的历史，国防教育管理人员对国防教育管理也有许多实际感悟与体会，但对于如何构建顺应国防教育发展规律、实践层面可操作的国防教育管理理论，尚还有太多的理论和实践疑难问题待解。具体表现主要有以下两点：一是国防教育理论研究人员通常缺乏必要的管理实践经验；二是在实践一线的管理人员常常对理论创新缺乏动力和兴趣。如何克服上述难题，对于下一阶段国防教育管理理论的创新具有重要影响，实践操作上可考虑通过构建两类人员共同参与的理论创新联合攻关课题组的方式解决。

最后，深化国防教育管理改革，需要创新管理制度。任何改革的最终完成，都应在新制度的建立上有所贡献和突破，国防教育管理改革亦莫能外。深化国防教育管理改革，必须要创新必要的管理制度，这也是固化国防教育管理改革成果的实践保证。国防教育管理制度的创新，可借助这次军改军民融合的大背景，让国防教育管理制度的创新成为国家军民融合大战略中的亮眼工程。

## 五、完善国防教育体制机制，增强国防教育制度的规约性、奖赏性和导向性，提升制度保障力

国防教育最终能否取得预期成效，一个实践可行、运转灵活、符合国情的体制机制的保障是根本。因此，如何构建一个配套完善的国防教育制度体系，健全国防教育体制，增强国防教育制度的刚性约束，形成强大的国防教育激励机制和导向机制，使国防教育展示出超常活力，使国家层面的国防教育实践成效可触、可感、可见，是国防教育创新更为艰巨的战略工程。

首先，创新国防教育体制机制，必须要厘清国防教育与国防建设和国民经济建设的关系，纠正国防教育可有可无、可要可废的错误认识，要坚定地认识到国防教育是国防建设的生命工程、国家安全的保底工程、国家发展的希望工程、国家富强的基础工程。只有站在如此高度，才能在实践上对此有枕戈待旦的使命感大力度地推进。

其次，创新国防教育体制机制，在深入推进国防教育工程的过程中，必须要正确把握当前效益和长远效益、直接效益和间接效益、经济效益和

社会效益、部门利益和国家利益、显式效益和潜在效益、单位效益和军事效益等常常易于产生矛盾的几对范畴之间的关系，在合理把握当前效益、直接效益、经济效益、部门利益、显式效益、单位效益的同时，需要统筹考虑国家利益、社会效益和军事效益，有时为了保证国家利益、社会效益和军事效益，必要时要减少甚至舍弃部分经济利益、部门利益和单位利益，以确保国防教育制度的贯彻和落实。

其三，创新国防教育体制机制，要科学区分国防教育体制和国防教育机制，正确处理和把握二者之间的关系。属于体制创新范畴的内容，相关主管部门和领导要敢于攻坚破难，大胆进行调整与改革；属于机制创新范畴的内容，各执行机构和单位，要敢于进行创造性探索与实践，理顺和融洽各国防教育职能部门之间的关系，形成强大合力，使国防教育整体效益最大化。

最后，创新国防教育体制机制，要注意法规制度的建设和完善，在进一步充实完善现有《国防法》和《国防教育法》的基础上，可以考虑拟定《中华人民共和国普通高校大学生国防教育实施方法和要求》《中华人民共和国普通公民国防教育实施方法和要求》《中华人民共和国中（小）学生国防教育实施方法和要求》《中华人民共和国国防教育组织实施管理规章细则》等，对社会特定群体的国防教育组织和实施提出具体的要求和规定，便于国防教育深入推进的组织和实施。

**参考文献**

[1] 杨念成、董亮：《健全和完善普通高校国防教育体系的思考》，《中国行政管理》，2014 年第 8 期。

[2] 李亚萍、李军：《军民融合式发展困境解析及求解》，《军事经济研究》，2013 年第 5 期。

[3] 刘国元：《强化责任担当　深化军民融合推动学生军训工作创新发展》，《国防》，2016 年第 12 期。

[4] 王蕾：《推动军民融合深度发展的战略思考》，《中国国防经济》，2014 年第 4 期。

[5] 张年祥、康庚：《适应维护国家安全发展利益需要，大力推进全民国防教育普及——访天津市人大常委会主任、市委宣传部部长肖怀远》，《国防教育》，2011 年第 1 期。

[6] 熊绍元：《以国家安全牵引军民融合深度发展》，《国防教育》，2014 年第 43 期。

# 对“课”的回归
## ——高校军事课后集中普训时代教学模式探讨

李　波*

**摘　要**：2015年是大学生开展军训试点工作30周年，在这一年，我们也迎来中国人民抗日战争暨世界反法西斯战争胜利70周年，习近平总书记在纪念大会上的重要讲话中宣布：中国将裁军30万，拉开了军事改革的大幕。开展军训工作30年来，尽管取得了很大成就。但是，随着高校扩招、部队不断裁军以及时代的发展，军训工作遇到的难题也越来越多。2015年开始的军改使军训工作更是面临前所未有之挑战。高校军事课如何适应军队信息化建设对于高素质人才的迫切需求？军队员额大幅减少后的军事教员派遣问题怎么解决？面对新的挑战，高校军事课教学必须跳出“集中普训”的传统思维，进行教学模式创新，才能变挑战为机遇，为国防和军队现代化建设做出实实在在的贡献。

**关键词**：高校军事课　后集中普训时代　教学模式　探讨

### 一、高校开展军事课的核心目标

在高校开展军事技能训练、开设军事课已经走过了30多年的历程。当岁月的年轮迈入2015年，当中国军队体制编制改革的号角正式吹响之际，关于高校军事课教学模式的争论也再一次进入了人们的视野。高校军事课教育究竟路在何方？

我们不妨追根溯源，先从大学生军训的目标说起。轰轰轰烈烈搞了30多年的军训，关于这个问题，恐怕很多从事军训工作多年的老师也未必一下子就能说明白。大家都会从提高国防意识、磨炼意志品质、提高大学生综合素质等这些思想和理论高度上去进行阐释，然而，军训的实际意义和现实价值究竟是什么？

按照《普通高等学校军事课教学大纲》对课程目标的要求，“军事课程以国防教育为主线，以军事理论教育为重点，通过军事教学，使大学生掌握基本军事理论与军事技能，增强国防观念和国家安全意识，强化爱国主义、集体主义观念，加强组织纪律性，促进综合素质的提高，为中国人民解放军训练储备合格后备兵员和培养预备役军官打下坚实基础的目的。”

---

* 作者简介：李波（1975年~），男，2007年毕业于中央党校研究生学院哲学伦理学专业，哲学硕士学位，现任内蒙古医科大学学生处（武装部）军事教研室（国防教育办公室）主任。

我们可以把这121个字的课程目标分解为思想价值和现实目标两个方面。由于各种主客观条件的制约，我们往往只看到或实现了“增强国防观念和国家安全意识，强化爱国主义、集体主义观念，加强组织纪律性，促进综合素质的提高”这一思想价值，对于“为中国人民解放军训练储备合格后备兵员和培养预备役军官打下坚实基础的目的”这一现实目标却有意无意地忽略掉了，而这才是在高校开展军事课的真正具有现实意义的核心目标。

因此，如果不能从源头上明确高校组织军事技能训练，开设军事课的目标和真正现实价值所在，如果高校的军事课程不能有效地围绕实现这个核心目标确立教学模式，那么，高校军事课本身的存在意义就会受到质疑。我想，这也就是在高校大学生实施军训30多年里不断受到质疑，遇到各种阻力的重要原因。

## 二、集中普训时代高校军事课存在的问题与解决方案利弊剖析

尽管遇到了不少的困难和阻力，但是，为了更好地开展高校军事课，各地各高校因地制宜，充分利用和发掘社会和高校教学资源，在教学模式上进行了大胆的创新和尝试，取得了不小的成就，总结出了很多有益经验。下面，我们从军事技能训练和军事理论教学两个角度分别对军事课教学模式及其利弊进行全面的剖析，以求从中得出一些规律性的结论。

### （一）军事技能训练各类教学模式的利与弊

学生军事技能训练模式是学生军训工作的表现形式。目前，全国高校学生军事技能训练的模式大致有四种：

第一种模式是将学生送到部队营区开展训练，即部队营区承训模式。对学校而言，这种模式组织简单，学生们也能够通过直接体验军营生活取得良好的军训效果。但是，其缺点也显而易见。大量学生进入营区开展训练势必会对部队训练管理带来干扰，无法大范围的普及。特别是大裁军与高校扩招的同时出现，使得这种模式更无现实可操作性。

第二种模式是部队选派军事教员到高校开展校园训练，即部队校园承训模式。这种模式目前最为普遍，实行起来也更容易。优点是对部队的训练管理干扰相对较小。主要缺点包括：学校管理和运作成本较高；一些地方由于驻军数量少，派遣教官难以保障；难以发挥军训效果的长效性，教官一走，效果全无。

第三种模式是在军训基地开展训练，即基地化训练模式。随着高校扩招以及派遣军事教员的减少，在一些地方催生了军训基地的新模式，比如北京、浙江等地。通过在一些高校比较集中的地区建立军训基地承办军事

技能训练的模式在实践中取得了较好的效果。同时，这种企业化运作的军训基地还能带动就业，社会效益和经济效益明显。但是，受制于地区社会经济发展水平、接受训练的学生数量、建设投入成本、基地建设水平差异等因素，这种模式也无法实现全国范围的普及。

第四种是学校自训模式。从现有资料看，高校开展自训的组织形式主要有两种：一是组织经过训练的高年级学生、部分学校复转军人、退役复学大学生开展训练；二是组织本校国防生开展训练。由于无法依托部队军事教员，一些高校不得已采取了这两种训练形式。自训模式的优点是训练经费少、基本上摆脱了对部队的依赖。但在实践中，其缺点和问题也逐步暴露。比如，学校组织管理难度大，“教官”训练不规范，容易走过场。无论是学生还是国防生对于教官这一职责未能准确定位，难以跳出学生的身份认知，对受训的师弟师妹不是严格过头，就是放松要求。同时，受水平和身份阅历所限，这种军事训练毫无“军味”可言，更无法将我军的一些优良传统和作风传递给受训新生，这种有“形”无“实”的训练，其效果可想而知。此外，利用学生开展训练还影响了他们的正常学习，“学生教官”们在训练管理过程中还极易受到老师的干扰，学生承训意愿和积极性并不高。

通过比较，我们不难发现这些模式的共性，就是在较短的时间内集中开展训练，是一种典型的集中普训模式。在现实操作过程中，出现了越来越浓厚的形式主义、功利色彩。归纳起来，这种集中普训模式主要存在如下问题：

第一，短时间集中训练带来的教学资源紧张导致了训练模式的不统一。现有军训体制要求在 2 ~3 周时间内集中完成训练，面对那么多的科目，且不说能不能高标准高质量完成，对部队派遣教官的集中大量需求必然导致教学资源“洛阳纸贵”。各院校为了争取到更为优质的部队教官，甚至通过人际公关达到目的。面对资源紧张的情况，为了完成训练任务，各院校八仙过海，各显神通，教学模式多种多样，效果参差不齐。此外，由于军训工作持续时间短，还直接导致了设置独立的军事课教学管理机构失去了现实空间，这也是高校军事课教学管理机构设置不规范的深层次根源之一。目前，各高校武装部基本上都是与学生处、保卫处，甚至体育教研室等合署办公，没有独立设置的军事课教学管理机构，不但军事技能训练管理职能难以正常发挥，更导致了军事理论教学的难以开展。

第二，集中普训模式造成训练科目单一重复，训练成果考核方式不科学。集中训练体制无法针对每个学生进行一对一的考核，不得不通过简单的阅兵式来进行成果检验，其结果必然导致为了阅“兵”而练“兵”，出现了把“军训”等同于队列训练，完全放弃其他科目的学习。而笼统的“一刀切”式的“阅兵式”考核表彰方式在近几年由于形式主义色彩浓厚早已饱受各界诟病。最后，军训内容单一重复更让参训学生觉得军训没有实际意义，学习积极性不高。

第三，集中普训给学校带来较大的经济和组织管理负担，工作落实不力。集中军训期间学校在组织管理、后勤经费保障等方面需要付出较大成本。近年来，一些地方的帮训部队甚至背离了派遣军事教员的宗旨，把军训当作盈利创收的手段，加重了学校和学生的经济负担。一些部队和学校出于降低成本和一味保“安全”的目的，对训练敷衍了事，客观上出现了压缩训练科目、减少训练强度的问题，训练效果可想而知。

第四，短时间集中训练强度较大，给学生造成巨大的心理和生理压力。为了“阅兵式”而开展的短时间集中突击式训练客观上造成了训练科目的单一重复，大强度的枯燥训练给学生造成很大的心理和生理压力。近年来，高校个别学生中出现了消极抵触现象，为了逃避军训，学生让家长出面开假证明、说情现象不在少数，学生在参训过程中还出现了不请假擅自脱训，甚至冲撞教官等违纪问题。有的地方甚至出现了学生伤亡事故，比如 2011 年 9 月 3 日在上海海洋大学出现了一名学生在军训结束后出现脑死亡的意外事故。

面对这些新问题，一些高校进行了针对性的调研，研究解决方案。比如河北工业大学外国语学院曾经在军训期间对其 2004 级新生进行过问卷调查。经过统计，65.08% 的同学表示愿意参加军训，但是对军训内容不满意和认为一般的同学占到了 83.07%，占 71.96% 的同学认为需要对军训形式进行改进。调查表明，学生对军训本身并不抵触，症结出在军训模式上。

第五，短时间集中训练在实践中还导致了军训工作目标的迷失。短时间集中训练显然是粗放式的学习，由于时间较短，学校仅仅把军训任务当成单纯的行政或者学生管理工作处理，久而久之，给人们普遍造成了军训不过是树立学生纪律观念、锻炼学生吃苦耐劳精神的手段的印象。承训部队更是只求安全完成上级下达的任务，没能从培养后备兵员和预备役军官的高度去组织训练。上述原因使得军训的预期效果大打折扣，从根本上背离了军训的目标和初衷。

### （二）军事理论教学的模式与存在问题

与尚能轰轰烈烈存在的军事技能训练形成鲜明对比的是，军事理论教学几乎名存实亡。由于对高校开展军事课的目标认识不到位、军事课教学管理机构设置不规范以及军队建设与高校开展军事课无法找到现实的契合点等原因，导致军事理论课教学被忽视。大多数学校在教学机构建设、师资配备、学时等方面均无法达到《大纲》要求。多数学校的军事理论课都是以集中讲座形式走过场了事，即便是开展了军事理论课的学校，在学时数上也大都达不到大纲要求。

总之，在短时间集中训练的体制下，无论采取何种模式，在实践中都日益背离了在高校开展军事课是“为中国人民解放军训练储备合格后备兵员和培养预备役军官打下坚实基础的目的”这一核心目标。因此，我们必须跳出集中普训这个思维怪圈，用新的思路开创高校军事课教学的新篇章。

## 三、后集中普训时代的军事课教学模式探讨

2015 年开启的军改既为现有高校军事技能训练模式的存在和发展带来了严峻挑战，同时也创造了前所未有的历史机遇。一方面，裁军 30 万以及未来中国军队任务角色的转换将使得军训教员的派遣变得更加困难。另一方面，新一轮的军队改革后对于大学生兵源的需求量的激增也将对高校军事课的发展带来前所未有的机遇。改革后的中国人民解放军将在信息化道路上加速前进，大学生将成为未来中国军队的主体已是不争的事实，立足高校，培养高素质士兵和军官将成为军队人才输入的主流渠道。以美国为例，美军通过与全国的 650 多所高中以及 350 多所高校开展合作，利用其设置的“后备军官训练团”为军队培养了大量现役和预备役军官。据有关资料显示，有 40% 的参加伊拉克战争的美军现役军官是通过这种模式培养的。① 因此，军队信息化改革恰恰为国防建设与高校军事课教学找到了现实的契合点，高校国防教育因此迎来发展的历史性契机。面对新的形势，高校军事课教学模式只有真正实现《大纲》所规定的这个核心目标，紧紧围绕这个核心目标开展军事技能和理论教学模式改革，才能抓住历史机遇，有所作为。

那么，改革后的高校军事课教学模式该如何定位呢？答案是以“课”代“训”，真正实现军事课作为一门课程的回归。建立军队和高校联合办学的新体制，将高校军事课教学纳入国家和军队预备役训练管理体系，军队在教师培训等方面对高校进行支援，高校则具体负责教学组织。

### （一）军事课教学学时与教学方式的确定

要上课，首先得有学时，目前军事理论课的学时数为 36 学时，技能课该定多少为宜呢？目前《大纲》规定的技能训练科目主要有：（1）条令条例教育与训练，包括《内务条令》教育、《纪律条令》教育、《队列条令》

① 张进喜：《中外国防教育比较》，武汉理工大学出版社 2004 年版。

教育（单个军人队列动作训练和分队队列动作训练）；（2）轻武器射击，包括武器常识、简易射击学原理、射击动作和方法、实弹射击；（3）战术，包括战斗类型和战斗样式、战术基本原则、单兵战术动作；（4）军事地形学，包括地形对军队战斗行动的影响、地形图基本知识、现地使用地形图；（5）综合训练，包括行军、宿营、野外生存。

这些科目中，必须开展室外训练的主要是队列训练和实弹射击。鉴于实弹射击因现实教学条件制约确实无法开展，建议将该科目取消，可以用训练器材简单易于购置的科目取而代之，比如手榴弹投掷、百米障碍跑（可以由高校和军队共同建设，成本并不高），以及队列训练等。这些简单室外科目的训练可以定为 10～12 学时（5～6 次课）左右，可与教室课堂教学穿插进行，也可连续开展。通过简单而没有风险的军事技能科目的训练，既可以增加军事课的趣味性，又能够起到增强团队合作意识、锻炼身体、磨炼意志品质的作用。

大纲规定的其他科目则完全可以以课堂教学的形式开展。比如：条令条例教育 2 学时、轻武器射击（武器常识、简易射击学理、射击动作和方法）2 学时、战术 2 学时、军事地形学 2 学时、综合训练 2 学时，合计 10 学时。

以上所有技能课科目加起来总计约 20～22 学时，可以在一个学年内完成。

以“课”代“训”后的军事课教学模式避免了集中普训时代的诸多弊端，军事技能课的教学既有课堂教学，又有室外活动，同时辅之以多媒体视频教学（尤其是轻武器常识和军事地形学），形式多样，活泼生动，避免了集中时间单一教学方法带来的枯燥、呆板的问题，学生的学习兴趣也会大大得到提高。同时，课堂式教学还解决了集中训练带来的考核方式不科学的问题。

**（二）军事课教学内容的改革**

时代的发展急需对现有《大纲》进行新的修订和补充。特别是军事技能课，为了更好地符合高校课堂教学特点以及突出时代性，应该增加现代城市防空、城市反恐安全等内容；将军事地形学与野外生存技能进行融合教学，将军事学意义上的野外生存与人们日常生活中的野外郊游、探险结合起来，使得教学内容既保证了军事的专业性，又增加了人们的日常生活技能，提高了军事课的学习兴趣。同时，军事理论教学内容也要紧跟国家安全建设和发展的需要，适当增减教学内容，比如增加网络信息安全、太空、深海、极地等这些新的事关国家利益拓展的内容。

### （三）机构建设与师资配备

显然，要达成上述教学目标，机构建设和师资配备是最大的问题。既是挑战，也是机遇。没有了突击性集中训练，建立独立的教学和行政机构来完成上述教学任务就变得顺理成章，多年来无法独立设置高校武装部的问题反而会迎刃而解。

与机构设置相比，师资是个需要较长时间解决的问题，需要军队和高校建立长效机制共同完成并保证师资水平和队伍的稳定发展。新模式下的高校军事课教师必须具备的基本素质是既能“文”、又能“武”。“文”要求他们熟练掌握军事理论和军事技能理论知识；“武”要求他们熟悉军事技能操作和训练，特别是具备独立组织队列训练的能力。师资来源可以通过以下两种途径解决：

第一，充实并提高现有高校军事课教师的技能和理论水平。由部队长期定期制度性地对高校现有军事教师开展技能和知识方面的训练和培养。利用部队的人才培养资源，比如军事院校、科研部门、训练基地等，每隔2～3年利用寒暑假时间对各高校军事教师展开集中技能训练和理论知识的提升，并将接受培训的阅历作为评聘教师职称的必备条件。

第二，将部队具有高学历（本科以上）的复转军官（士官）充实到各类高校军事课教师队伍当中去。这是一个最快捷的师资来源，可以短时间内解决高校军事课教师的缺乏。通过高学历复转军人“入校转岗”，既能迅速解决高校对军事课教师师资数量和水平的“近渴”，还能为部队解决复转军人再就业难题寻求新的途径，可谓一举两得。

为了保持这支军事教师队伍的稳定，身份与职称的认定是必不可少的。未来的高校军事课教师将具有军队和高校双重身份。所有高校军事课教师全部纳入预备役体制，由军队相关机构对其定期开展业务管理和培训。在职称上纳入高校专业技术岗。通过身份与职称的保证使高校军事课教师既有高校教师的职称背景，又有军队预备役军人的定位，如此一来，就可以一改多年来高校军事课教师身份不明确，自身定位模糊，无人愿留，留下了也呆不住的问题。

最后，为了从体制上保证高校军事课的合法地位以及教学核心目标的实现，有必要将高校的军事课列入国家和军队的预备役训练管理体系。这样才能够从体制上维护高校军事课的法律地位，提高高校军事课教师的使命感和责任感，实现人人爱岗敬业，保证这项事业的长久科学发展。

### （四）高校与中小学军事课教育的系统性问题

国防教育是一项科学系统工程，军事课应着眼教育的不同阶段开展教学，避免教学内容的重复。比如，小学阶段军事课应采用趣味性较强的军事夏令营的方式，中学阶段开始关于我军历史传统、军人仪表、军人礼节、军队纪律、条令条例教育与训练，内容上突出强化队列训练。高校则开始更为高级的军事技能和知识的学习。对于中学阶段已经强化学习的队列训练，在高校阶段只需进行简单温习，减轻高校军事课老师队列训练负担，使其能够集中精力开展高层次的军事知识和技能教学。

不同教育阶段的分类教学，既避免了教学内容的简单重复，使其成为一个水平和知识量逐层递增的科学教育体系，同时，还可以将从高校集中普训时代结束后节省下来的部队训练资源（主要是军事教员选派、训练场所、训练时间等）用于小学以及中学的军事教育。为此，需要国家教育行政部门与军队共同开展调查研究和管理模式的创新。

高校连续扩招与军队迎接全球信息化新军事革命步伐加快，对于传统集中普训式军事课教学，特别是军事技能训练带来前所未有的挑战，但同时也为高校军事课教学模式的改革发展带来历史性的机遇。军队信息化建设急需高素质人才，高校在新时期国防和军队建设中责无旁贷地担负起历史赋予的神圣职责。作为高校，只有跳出传统思维，紧紧围绕开展军事课的核心目标创新军事课教学模式，才能不辱使命。让我们一起努力，共同开创具有中国特色的高校军事课教学和军队人才培养的新纪元。

**参考文献**


［1］代亚军、吴春龙、师玉来：《美国学生军训特点及对我学生军训工作的启示》，《国防》，2003 年第 10 期。

［2］叶龙春：《高校军训工作的改革与创新的多维路径探析》，《宜春学院学报》，2008 年第 5 期。

［3］朱峰：《高校军训中的问题及对策》，《绍兴文理学院学报》，2010 年第 12 期。

［4］鲍晓慧：《普通高校学生军训模式研究》，《当代经济》，2006 年第 3 期。

［5］李伟、李鸿、严华：《浅析当前军训工作存在问题及根本原因》，《高教论坛》，2009 年第 4 期。

［6］杨华琴：《我国高校大学生军训误区及对策》，《广西青年干部学报》，2007 年第 3 期。

［7］刘晓鲁：《大学生军训教育的现状及对策》，《中国西部科技》，2010 年第 21 期。

［8］龚雄亭：《当前高校大学生军训工作中的主要问题及思想政治教育研究》，《西昌学院学报（社会科学版）》，2013 年第 2 期。

［9］王敏达、张新宁：《对高校新时期大学生军训工作的创新思考》，《职业圈》，2007 年第 21 期。

［10］谢大雅：《高校国防生承训新生军训模式的探讨》，《陕西教育》，2010 年第 3 期。

［11］吴勇：《学校军训教学模式改革的探索与实践》，《中国教育学刊》，2013 年第 6 期。

# 新形势下高校《军事理论》第二课堂建设刍议

杨福林*

**摘　要：**新形势下《军事理论》第二课堂的建设具有重要意义，它是实现教学目标的必然选择，是提升教学效果的有效途径，是提升学生综合素质的有益补充；构建适应形势、充满活力的第二课堂，应遵循以人为本、与时俱进以及可操作性原则；高校《军事理论》第二课堂主要可分为主题教育类、社会实践类、校园文化类三种形式；《军事理论》第二课堂实施过程中要做到“三结合”，管理体系上要做到“三有”、运行中要调动师生两方面积极性，保障体系上要做到“三协同”。

**关键词：**《军事理论》　第二课堂　国防教育

习主席指出，要加强国防教育，增强全民国防观念，使关心国防、热爱国防、建设国防、保卫国防成为全社会的思想共识和自觉行动。① 加强全民国防教育，青少年是重点；而青少年中，在校大学生又是重中之重。《军事理论》是大学生接受国防教育的最核心课程，在国家新安全形势下，其地位和作用日益凸显。自21世纪初尤其是《普通高校军事课教学大纲》发布以来，很多高校《军事理论》课程从无到有，从讲座到课堂，从选修到必修，课程建设取得了不小的成绩，课程地位明显强化，教学质量显著提升。本文拟从第二课堂建设入手，探讨新形势下进一步提升《军事理论》课程教学质量的路径。

## 一、《军事理论》第二课堂建设的重要意义

近些年来，《军事理论》课程教学囿于各方面条件，似乎进入瓶颈期，质量层面很难有较大突破。在进行《军事理论》课堂教学改革的同时，加大第二课堂建设力度，着力发挥第二课堂在国防教育中的突出作用，已经刻不容缓。第二课堂作为与第一课堂功能预设不同但又互动互补的一种教育形态，一直受到不少教育人士的高度关注，且在很多课程教育中加以运

---

* 作者简介：杨福林（1976年～），男，江西樟树人，博士，现任南昌大学人民武装部副部长、军事教研部副主任、国防生工作办公室主任，副教授、研究生导师，主要从事国防教育、抗战史等研究。

基金项目：江西省教改项目“高校《军事理论》第二课堂建设探索与实践研究”（项目编号：JXJG－16－1－34）、南昌大学教改重点项目“高校《军事理论》第二课堂建设探索与实践研究”（项目编号：NCUJGLX－16－119）资助。

① 《努力把新形势下全民国防教育引向深入》，《人民日报》2016年8月27日。

用，同时也收到了良好的效果，进行《军事理论》第二课堂建设，提升国防教育的教学质量是大势所趋。

**（一）建设《军事理论》第二课堂是实现教学目标的必然选择**

作为高校大学生的一门通识课、必修课，《军事理论》课程本身立足于国家国防后备力量建设，并与普通高校的人才培养紧密结合，具有双重目标属性。

从国防军事角度来看，《军事理论》以国防教育为主线，目的是“增强国防观念和国家安全意识，强化爱国主义、集体主义观念，加强组织纪律性，促进综合素质的提高，为中国人民解放军训练储备合格后备兵员和培养预备役军官打下坚实基础”①。

从人才培养角度来看，《军事理论》课程在教学目标、课程地位、体系内容、教学方法等方面与各普通高校人才培养相衔接，把教学目标落实在高素质人才的培养上。对照培养目标，单纯的课堂教学显然难以适应需要，借助第二课堂，突破长期以来“教师讲、学生听”的“填鸭式”模式，发挥第二课堂具有的目标导向性、内容广泛性、组织灵活性、时空开放性、效益综合性等内在特征优势，② 拓展教学内涵、方式、手段和空间，必将有助于培养目标的实现。

**（二）建设《军事理论》第二课堂是提升教学效果的有效途径**

根据《普通高校军事课教学大纲》，《军事理论》课程内容涵盖“中国国防”“军事思想”“战略环境”“军事高科技”“信息化战争”五大章节，每一章节均可单独成体系，课程综合性极强，涉及众多的学科门类，教学内容极为广博。如此丰富的内容要在36学时内全部讲授完毕，课堂教学压力可想而知。若要将大纲某些知识理论深入讲透，则教学内容难以覆盖；若要蜻蜓点水一带而过，则教学效果难以保证。

教学实践证明，《军事理论》单纯课堂教学明显存在着教学课时与教学内容的矛盾，已经很难满足教学要求。因此，通过开设第二课堂，调整课堂教学内容，将课程部分教学内容转移至第二课堂进行，不仅有利于减轻课堂教学的压力，进一步突出教学重点；同时，利用第二课堂的多种优势，调动学生积极性，寓教于乐，教学相长，这必将有助于教学效果的提升。

---

① 《教育部总参谋部总政治部关于印发新修订的〈普通高等学校军事课教学大纲〉的通知》，教体艺［2007］1号。

② 张德：《高校第二课堂活动的教育动力功能分析》，《内江师范学院学报》，2000年第3期。

### （三）建设《军事理论》第二课堂是提升学生综合素质的有益补充

全面推进素质教育是教育改革发展的战略主题，也是高校国防教育科学发展的必然要求。作为课堂教学延伸的有效载体，第二课堂因内容丰富、形式多样、灵活自主等特点，成为课堂教学的有益补充和延伸。从提升学生综合素质角度分析，《军事理论》第二课堂有其独到的优势。

一是第二课堂强烈的实践性与军事学基本特点紧扣，避免了《军事理论》课堂教学偏重于知识传授，学生实际分析问题能力不强的弊端，有助于增强学生对社会的认知能力和综合分析问题的能力。

二是第二课堂活动多以团队或小组形式进行，成员间能充分交流碰撞，克服了《军事理论》课堂教学“一对多”的单向传导模式，更符合每一位学生的知识结构、思维特征和身心特点，有利于提升学生思辨能力。

三是第二课堂内容丰富多彩，能突破相对固定的教学内容和程式，学生可以灵活自主地参加各种活动，有助于培养学生实践能力。

## 二、《军事理论》第二课堂建设的基本原则

作为课堂教学的重要补充，第二课堂具有将知识、能力、素质三者有机结合的独特优势，加强《军事理论》第二课堂体系的系统设计和整体安排，构建适应形势、充满活力的第二课堂，应遵循以下基本原则。

### （一）以人为本原则

《军事理论》第二课堂建设中的以人为本，即以学生为本，要把服务好、教育好、发展好学生作为《军事理论》第二课堂建设的根本出发点和落脚点。

一是要遵循学生的自由发展。《军事理论》第二课堂设计中，要不断丰富自身形式，满足复合性功能要求，以其自身的多样和变化，适应学生个性化的需求，让学生在参与《军事理论》第二课堂的过程中，有能够按照自己的兴趣爱好进行选择的空间和权利，形成相对自由的氛围，让其乐于参加各类活动。

二是要尊重学生。《军事理论》第二课堂建设要尊重学生的意见，探索符合学生的心理、生理特点的各项活动，充分调动学生的积极性和主动性，变“要他学”，为“他要学”。

三是发挥学生的主体性。第二课堂活动不仅要提升学生对活动的兴趣，更要注重学生主体性的发挥，吸引学生由“执行者”变为“设计者”，由被动参与转变为主动融入，实现第二课堂活动中自我教育、自我管理和自我服务。

**（二）与时俱进原则**

时代的发展需要国防教育的不断创新，《军事理论》第二课堂建设必须与时俱进。一方面是第二课堂建设技术手段要与时俱进。要充分利用网络等先进教育技术手段，构建国防资讯各种网络学习平台和交流平台，如国防知识网络课堂、国防论坛、“国际风云”主题博客、微博、“军事爱好者”QQ群、微信群等活动载体，使网络国防成为《军事理论》课堂教学的有力补充①。

另一方面是第二课堂建设教学内容层面要与时俱进。《军事理论》第二课堂建设，教学内容设计必须紧贴时代的发展，根据形势的变化不断进行充实、调整和更新，针对时代主题的变化，创建教学资源的动态化系统，努力充实教学资源，以适应青年学生求知、求新、求变的特点，提高《军事理论》第二课堂建设教学内容的时代性和针对性。

**（三）可操作性原则**

《军事理论》第二课堂建设得好不好，可操作性是关键。

一要理论联系实际。《军事理论》第二课堂建设目标的设计、方法的选择、形式的组织、活动的安排等，不能仅从理论上的最优化出发，而应考虑到各方面的实际条件和因素，如教师自身的教学特点、能力水平、专业层次，学校开展第二课堂的基本条件和环境及其可利用性，等等。

二要通盘考虑。《军事理论》第二课堂建设要围绕学生学什么、通过何种手段学、达到什么教育的目的、如何检测学习效果等一系列具体问题，进行全面分析和整体设计。

三是要因地制宜。由于各地区、各学校以及各班级等自然形成的差异，《军事理论》第二课堂在具体设计过程中，要依据各种客观条件和现实状况，探寻适合自身需求的特色内容和方式，发挥优势，讲求实效、因地制宜，因材施教。

## 三、《军事理论》第二课堂建设主要形式

普通高校《军事理论》第二课堂内涵丰富、范围宽广，就其表现形式看，主要可以划分为以下三大类：主题教育类、社会实践类、校园文化类。

**（一）主题教育类**

高校主题教育活动是实现思想引领的有效载体，也是《军事理论》第

① 王殿文：《创新国防教育途径打造高校国防文化》，《吉林建筑工程学院学报》，2013年第5期。

二课堂教育重要一环。

一是要贴近时代开展国防主题教育。党的十八大以来，“中国梦”成为时代话语关键词，全国上下以“中国梦”为主题相继开展了众多活动。《军事理论》第二课堂也应紧紧围绕这个主题开展“中国梦、国防梦”教育活动，引导广大学生在回顾近代国防屈辱史和新中国国防振兴史的同时，增强民族自尊心、自信心和自豪感，自觉把强烈的爱国之情、报国之志转化为强国之行。

二是要抓住合适的时机做好国防主题教育。比如，2017 年是中国人民解放军建军 90 周年，秋收起义 90 周年，广州起义 90 周年，可以围绕 90 年来军队发展的历史，开展以“苦难的辉煌”为题的第二课堂主题教育活动，让学生明白人民军队产生发展的艰难历程与取得的辉煌成就，提升爱军尚武的意识和为国奉献的情怀。

三是要善于结合重大事件、重大的仪式典礼，开展特色鲜明、吸引力强的国防主题教育活动。比如 2015 年 9 月 3 日，中国首次举行胜利日大阅兵，宣示铭记历史、缅怀先烈、珍爱和平、开创未来的正义立场，利用“九三阅兵”仪式进行国防教育，必然能极大地振奋学生的民族精神。

**（二）社会实践类**

社会实践活动是实践育人的主要形式。[①] 军事科学是门实践性很强的科学，《军事理论》第二课堂建设要“坚持把社会主义核心价值体系融入实践育人工作全过程”，实践内容选择要紧扣军事课教学大纲，以“增强国防观念和国家安全意识，强化爱国主义、集体主义观念，加强组织纪律性”为目标，开展以下活动：

一是与各级国防教育部门、国防教育基地等机构单位合作，加强实践基地建设，将革命先烈纪念场馆、烈士陵园、国防教育基地、民防馆、急救与救护训练中心、国防户外活动场所等挂牌为军事教学的学习实践基地，并让一些学有所长、学有所成的大学生们承担“讲解员”“老师”“教练”和“救生员”的工作[②]。

二是组成国防教育志愿者服务队、宣讲队，深入各级国防教育部门、社区等单位，义务从事国防知识传播、教育宣讲活动，从而将国防教育的成就推向社会。通过《军事理论》第二课堂实践活动，学生将自己所学的国防军事方面的知识服务于社会，不仅检验学习成效，而且锻炼实际工作

① 《教育部等部门关于进一步加强高校实践育人工作的若干意见》，教思政［2012］1 号。

② 谢斌、窦苏明：《基于“321”模式的高校军事课程建设的创新性研究》，《湖北函授大学学报》，2014 年第 14 期。

能力。

**（三）校园文化类**

十八大报告指出，“文化是民族的血脉，是人民的精神家园。”校园国防文化是校园文化和国防文化的有机结合，是《军事理论》第二课堂的重要组成部分。加强高校国防文化建设，不仅是贯彻党和政府加强新时期高校国防教育文件精神的基本举措，更是高校落实文化强国战略、强军战略的必然选择。

对于高校校园国防文化建设，教育部有比较明确的要求：一是要在每年的国防教育日集中开展具有一定声势和影响的国防教育活动，通过知识竞赛、读书活动、文艺演出、专题演讲、主题班会、参观爱国主义或国防教育场所等多种形式，对学生集中进行国防教育；二是要利用重大节日、纪念日及团队活动精心组织和安排丰富多彩的国防教育活动，增强国防教育活动的感染力和实际效果；三是要通过组织学生听军事知识讲座，出国防教育的板报或墙报，读红色经典图书，写与国防教育有关的调研报告或作文，学唱军旅歌曲或爱国主义歌曲，看军事题材的电影或电视剧等活动，使青少年学生在活动中潜移默化地接受国防教育，增强国防观念。①

## 四、《军事理论》第二课堂运行机制

加强《军事理论》第二课堂体系的系统设计和整体安排，构建适应形势、充满活力的第二课堂运行机制，要注意如下问题。

**（一）《军事理论》第二课堂实施过程中要做到“三结合”**

一是第二课堂内容上要与课堂教学相结合。提升学生国防军事素质和能力，《军事理论》课堂教育仍然是基础和主渠道，第二课堂是延伸和补充，脱离课堂教育去奢谈开展第二课堂活动，必然是无源之水，无本之木。

二是第二课堂目标上要与思想政治教育相结合。军事课“为培养高素质的社会主义事业的建设者和保卫者服务”②，这与大学生思想政治教育目标契合，国防教育本质上仍然属于思想政治教育的范畴，两者应该相互结合。

三是第二课堂形式上要与校园文化活动相结合。《军事理论》第二课堂开展各项活动，离不开校园文化平台和载体，必须和校园文化活动有机

---

① 《教育部关于加强新形势下学校国防教育工作的意见》，教体艺［2011］6号。

② 《教育部总参谋部总政治部关于印发新修订的〈普通高等学校军事课教学大纲〉的通知》，教体艺［2007］1号。

结合。

**（二）《军事理论》第二课堂管理体系上要做到“三有”**

管理体系是第二课堂建设实施的基本保障，要通过横向沟通、纵向分工，建立起“事前规范、事中监管、事后反馈”的完整工作系统。

一是要有制度。要制定《军事理论》第二课堂相关管理的制度规范和操作细则，建立多部门沟通机制，做到有章可循、有序开展。

二是要有队伍。通过建立由任课教师、学工干部、班级辅导员、社团负责人、班级骨干组成第二课堂工作组的方式，明确各自的职责与分工，并进行相应的《军事理论》第二课堂业务能力培训，建立运转有力的工作队伍。

三是要有机制。规范《军事理论》第二课堂的发布审核流程，明确学生参与第二课堂活动的记录、审核、评价、反馈的各个环节，做到便捷、透明、公平、公开。

**（三）《军事理论》第二课堂运行上要调动师生两方面积极性**

一是要调动教师组织第二课堂活动的积极性。第二课堂运行得好不好，教师发挥着重要作用。要建立相关配套机制，把教师组织、参与、指导第二课堂活动的情况，折算为一般教学工作量，并与教师绩效挂钩，与评优评先挂钩，作为教师职称评定、职务晋升的重要条件，调动教师开展第二课堂活动的积极性。

二是要调动学生参与第二课堂活动的积极性。国防教育最终的落脚点还是在学生，学生的参与度高不高是衡量第二课堂好不好的核心指标。一方面要通过设计符合学生身心特征、喜闻乐见、教育价值高的军事活动，吸引学生参与第二课堂；另一方面要建立相应的激励制度，将第二课堂活动表现，纳入《军事理论》课程成绩评定，并与学生综合测评挂钩，与评优评先挂钩，以此激发学生参与的热情。

**（四）《军事理论》第二课堂保障体系上要做到“三协同”**

《军事理论》第二课堂建设是个系统工作，需要学校与国防教育相关部门协同推进、校内各职能部门之间通力合作、学生社团组织全力配合，才能发挥实效。

一是校内外国防教育相关部门的协同。学校要与省市国防教育办公室、国防教育场馆、民兵训练基地等相关国防教育职能部门、业务部门沟通，结成国防教育共建单位，拓展校外教学资源，为《军事理论》第二课堂实施提供有力的保障。

二是校内各部门间的协同。《军事理论》教学部门要积极争取学校党政部门的政策和资源支持，与校内教务、学工、宣传等相关部门建立顺畅的沟通合作渠道，在大学生国防教育问题上达成默契，协调推进。

三是学生社团组织间的协同。高校学生社团是校园文化的承办者和主要载体，要整合社团资源，定期开展国防文化系列活动，通过社团辐射周围的同学，以达到传播国防知识的目的。

## 参考文献

[1] 郑洪明：《移动互联网络时代大学生国防教育的现状调查及创新研究》，《科教文汇》，2016 年 4 月。
[2] 尚玉海：《对普通高校军事理论课程教学改革的思考》，《安徽工业大学学报（社会科学版）》，2010 年 4 月。
[3] 尹汉宁：《国防教育学习读本》，湖北教育出版社 2012 年 5 月第 1 版。

# 高职院校军事理论课实践化研究

雷选标　姜春英　朱华光*

**摘　要：**作为高职教育的一门政治性较强的学科，军事理论课教学如何让学生掌握军事知识，增强国防意识，最大化地培养学生的职业能力和个人素质，是一个不容忽视的课题。为适应新形势下高职院校人才培养的需要，研究就是从军事理论课教学存在的问题进行分析，围绕高职人才培养质量，结合军事理论课教学实效研究，探索了军事理论课教学实践化的路径，为提高学生的全面素质、培养高质量的后备兵员和预备役军官尽一份绵薄之力。

**关键词：**高职　军事理论课　实践化

随着职业教育的深化改革，军事理论课在人才培养中的地位和作用显得越来越重要，它对提高学生的全面素质、培养高质量的后备兵员和预备役军官，以及加强全民的国防教育、增强全民的国防观念等都起到了重要的作用。军事理论课教学作为国防教育的重要内容，是一个国家和民族必不可少的基本教育，是爱国主义教育的内容之一。针对当前“95后”高职学生，提升军事理论课的实效性，才能把国防教育落到实处，才能提升高职人才培养质量。

## 一、高职院校军事理论课实践化的必要性

目前高职院校军事教学大多采用传统的“灌输式”课堂讲授模式，以教材的单元体系为依据，按部就班地完成教学，教学中有一个比较突出的问题是重书本知识而轻理论应用，重课堂讲授轻社会实践。学生对军事理论课程普遍都不感兴趣，积极性不高，参与度低，课堂气氛沉闷。假若仅仅采用传统的教学方式开展教学，则多数学生很难融入到教学中去，上课基本处于无效状态，难以有效实现教学目标。出现以上种种现状的最根本原因是军事理论课教学实践化程度不够，我们需进一步重视军事教学实践化的研究，深化军事教学实践化研究，进而推广军事教学实践化理论，重视军事教学的应用意义。

---

* 作者简介：雷选标（1986年~），男，云南宣威人，硕士，现任重庆旅游职业学院讲师，主要从事国防教育方面的研究；姜春英（1981年~），女，山东烟台人，硕士，现任重庆旅游职业学院副教授，主要从事国防教育方面的研究；朱华光（1978年~），男，河南周口人，硕士，现任重庆旅游职业学院讲师，主要从事国防教育方面的研究。

通过对军事教学实践化的改革研究，着力激发学生学习兴趣，有效增强教学效果，改变传统教学评价方式的目标，从而有效提高军事理论课教学质量。在长期的教学实践和研讨过程中，必须探索出一种既能积极吸引学生参与教学，又能深度强化学生个人的职业能力和职业素养，并且高效严谨，能体现源于教材、高于教材的教学思想，顺利实现知识迁移的新教学模式——军事教学实践化模式。

开展大学生军事理论课，对大学生进行军事教育不仅使学生学到了一定的军事理论知识和技能知识，同时还培养了学生的组织纪律性和吃苦耐劳的精神，对他们的健康成长起到了良好的作用。军训期间学生们能接受和体会到紧张而艰苦的军事训练，亲身体验军营生活，接受军事锻炼，部队派出的优秀教官进校军训，在完成承训任务的同时，把人民军队的好思想、好作风带进了校园，使同学们有了面对面向解放军学习的机会。解放军的组织纪律性和优良作风对同学们产生了直接影响，解放军的良好素质和军人魅力给他们留下了永不磨灭的印象，并建立了深厚友谊。虽然只是十几天的军训生活，却能使他们终生难忘，军训后仍然留恋那十几天的军营生活，有人说，“军人的素质是一种永恒”，这足以证明军事理论课在当代大学生心灵深处的地位和影响。目前社会上一些企事业单位招聘高校学生，把学生是否经过军事教育作为一个优先选择的条件，这个例子也正好表明了开展军事理论课对于促进学生的全面素质起到不可估量的作用。通过大量的学生反馈，得出一个结论，那就是大学生们（包括广大的女同学）需要军事理论课，而且是急需，甚至有很多同学认为到了大学才开，太晚了，应该从小学时就应该由浅人深地开设这门课，他们无一例外都认为，开设这门课，可以培养他们的国防观念、忧患意识，从而激发爱国情感和报效祖国的坚定信念。

## 二、当前高职院校军事理论课教学存在的问题

### （一）高职院校对军事课重视不够

在目前的人才开发与培养中，重职业技能、轻职业素质的倾向较为突出。不少高职院校的教育、教学、培训基本上都是围绕岗位需要，传授相关知识，培养相关技能。基于当前高职人才培养质量评估的指标，对于高职学生的成长和发展来说，职业技能和职业素质培养都是必不可少的。而实际上，在某种意义上说，热情的工作态度、能让客人“转怒为喜”的沟通能力、超强的团队精神和服务意识、人际关系技巧、良好的心理素质和自我情绪控制等职业素质比单纯的业务知识和业务技能更重要。因此，在职业技能培养的基础上，强化学生职业素质养成教育，是高职院校人才开

发的必然趋势，但是忽略了军事课在人才培养中的重要地位，将军事课教育教学仅仅停留在人才培养方案中，开课仅仅集中在军训期间，实行专题讲座、大班授课。

### （二）高职院校军事课师资不足

作为课堂的传播者，不仅仅在课堂上教授专业理论知识，还要培养人的综合素质。但是，高职院校军事课师资队伍建设不到位，军事课教学队伍不稳定，教师水平有限，导致教学水平和能力有限。一是军事理论课师资队伍缺乏，专职教师较少；二是军事理论课师资队伍没有明确的发展方向，没有专门的职业晋升和培养方案；三是军事理论课教师队伍年龄、学历、学科知识结构不合理，缺乏科学合理的团队建设机制。

### （三）高职学生军事课学习兴趣不浓

当前，学生对于军事理论课普遍没有感觉，缺乏兴趣，课堂参与积极性不高，缺乏师生互动，课堂变得沉闷无趣。高职院校生源情况特殊，学生学习能力不强，习惯不好，缺乏学习的积极性。同时，教师采用传统的教学方式组织教学，上课容易流于形式，效果差，使得军事课教学的知识目标、能力目标和情感目标难以达成，使得军事理论课教学脱离了职业教育的人才培养目标。

### （四）高职院校军事理论课教学与学生所学专业融合不够

军事知识教育教学与学生所学专业衔接不够，军事教学与实践环节严重脱节。在军事教学中，专业契合度不高，学生参与军事教学的吸引力不足，学生参与积极性就不高。在开展军事教学中很少兼顾学生的道德修养、职业能力和职业精神的培养，忽视了军事教学政治宣教性与时效性。

### （五）军事理论课程建设研究不够系统深入

当前实施、开展的军事理论课程建设研究不够系统深入，主要表现在：其一，理论层面研究很多，实践层面研究较少。学术界对高校国防教育与大学生思想政治教育以及素质教育的关系做过较多的探讨，而从如何有效实现国防教育课程建设层面研究很少。其二，已有的实践层面研究，论证浅显，亟待深化。当前高校国防教育尚处于起步发展阶段，部分地区、部分高校尚未真正开展起来，固然很多理论和实践还很片面，提出的解决办法多是对策性、阶段性的，比较零散，缺乏深入、科学、系统的分析。其三，研究成果重复严重，创新较少。

## 三、高职院校军事理论课实践化的路径

针对“95 后”大学生的具体情况，我们积极构建国防教育实践化的教育教学模式，积极使国防教育与高职学生性别、与就业紧密联系起来，让

国防教育活动更加丰富多彩、更加富有实效、更容易被各类学生接受。

## （一）改革和尝试有效的教学方法和手段

尝试体验式教学法。军事理论课教师结合课程和学生的特点，开创了以“演出”为核心的体验式教学法。课程演出由平时的课堂演出和期末的汇报演出两部分组成，其实质是一种情境体验式的校内实践教学，它是在教师的指导下，要求大学生结合军事理论课程的主题思想和理论观点，主动地去观察分析关于军事训练、军旅生活、国防建设、军事思想、国际战略环境、信息化战争等素材，通过自创剧本、自组团队、自演角色的方式以演讲、朗诵、相声、小品、歌舞等贴近生活、贴近教材、贴近学生的文艺形式表演出来，来展现当今社会和校园中关于军事和国防的认知百态，达到提高国防观念、忧患意识以及形成关心国防、热爱国防、建设国防、保卫国防的浓厚氛围的教学目的。

首先，在讲解教材基本观点和原理的同时，适当增加学生普遍感兴趣的内容以及当前军事上的热点和世界新形势，力求把学生最关心的热点、焦点及时纳入到教学之中，增强其内容的实效性和趣味性，激发学生的兴趣，使军事理论课始终展现生机和活力。

其次，加强与人文素质教育有机结合。让学生们多掌握一些国防理论、国防历史、国防文化、国防地理、国防经济等方面的内容，侧重于拓展学生的国防学习知识面，提高他们的人文素质，使军事理论教育课程的学习从单纯提高军事素质向提高学生综合素质方面转变。

最后，在教学中注重加强信息化战争意识的教育，并与思想政治教育相结合，注重加强学生热爱祖国、热爱人民、团结合作、自强不息、全面发展意识的教育，才可以有效发挥高校国防教育在人才培养上和提高综合国力中的重要作用，才能真正使大学生树立起关注和献身国防、为人民服务的观念，进而为实现“中国梦”和“强军梦”提供强大的人力保障和精神支持。

## （二）改革教学内容，与学生的职业素质要求相对接

以旅游管理类专业为例，发挥军事理论课在提高学生综合素质方面的作用。军事理论课在普通高校虽然属于基本素质教育的范畴，但在整个高等教育体系中它不仅具有“增强全民国防观念，提高全民国防意识”的功能，而且是对学生人生观、价值观、世界观趋于成熟的关键引导，特别是在强手如林的未来世界激烈竞争中，他们必须有坚强的意志、强烈的民族精神才能立于不败之地。

一是在“中国国防”这一章中，可以让学生了解到我国国防的历史和现代化国防建设的现状以及国防法规的基本内容，明确国防动员和武装力

量建设的基本内容和要求，增强依法建设国防的观念。

二是在“国际战略环境”这一章中，通过让学生了解世界战略格局的概况，明确世界军事形势，特别是主要国家的军力与发展对国际战略环境的影响，从而达到使学生具有正确分析我国的周边环境，增强国家安全意识的能力。

三是在“综合训练”这一章中，除了让学生们了解野外生存的基本知识以及防范自然灾害知识外，还通过现场演示、真人示范的方法学习求救和救护的一些基本知识，让学生们能够应用到日常生活中去。

**（三）在教学方式上，注重分析学生的特点与需求**

以旅游专业学生为例，这是以女生、“95后”为主的学生群体，他们活泼、好动、有个性、不拘一格、充满好奇心、愿意接受新事物……基于此，为增强军事理论课的吸引力，可以从以下几个方面进行强化：

一是根据不同章节的内容和特点，分别采取不同的教学方式，除了课堂讲授以外，同时灵活采用自学、讨论、观看影音材料、探究式、实地参观、实践操作等多种教学方法。例如，将一些理论性不太强、比较容易理解的教学内容让学生自学，这样可以避免教学浪费；对一些高技术武器装备的介绍，我们把讲解与影音材料相结合，这样增强了直观性、趣味性，提高了教学效果；而对当代热点问题，则采取讨论与探究结合的方式，这样做既提高了学生的学习兴趣，而且在探究中锻炼了学生分析问题、解决问题的能力；在条件允许的情况下带领一些学生参观军营和一些实用的武器，借此方式培养学生的国防意识和国防能力。

二是利用优秀文学作品、影视作品、多媒体等进行教育。我们集中组织学生定时定期收看一些军旅文化作品。此外，我们还利用校园网、校刊、校园广播、图书馆播放室对学生进行宣传教育。

三是让大学生自发组织开展各类国防社团。我们鼓励大学生自发组织各类国防社团，让大多数学生能够积极参与进来，利用国防社团进行自我教育、同伴教育，通过周边同学相互感染，可以更好地让大学生自觉主动提高国防忧患意识。学校在这方面给予了大力支持，不仅配备专门的指导老师，而且提供场地和大量的经费，引导国防社团在大学校园里茁壮成长。

利用国防教育场所，开展参观访问活动。有道是百闻不如一见。利用各类历史遗迹、英雄纪念馆、烈士陵园等开展各式各样的参观活动，邀请革命英雄、前辈来做演讲、讲座，或者组织学生代表去拜访革命老干部，走一些红色旅游线路，例如可以安排类似“重走长征路”的活动，既和学生专业相关联，又达到了潜移默化的教育作用，亲临其境和亲眼所见，会让学生的印象更为深刻，记忆更为牢固。另外，组织学生到陆海空以及火箭军的军事基地、军事博物馆、武器馆等场所进行现场观摩，通过了解我们国防建设所取得的巨大成就，从而让学生产生强烈的民族自豪感和自信心，激发爱国主义情感。

**（四）在教学评价上，实现全程、全面、全方位**

军事理论课的成绩由平时成绩和期末成绩构成，平时成绩占60%，期末成绩占40%。我们加大了对平时成绩的考察，因为只有通过平时的学习过程才能真正考察学生的素质和状态，平时成绩的好坏也能客观地评价学生的综合素质。都有哪些因素会成为影响平时成绩的因素呢？上课发言讨论是否积极踊跃，上交的作业是否有思想和深度，参与各种活动的出勤率以及热情等。作业的设置具有多样性，除了最为一般的小论文外，我们还要求学生通过制作PPT、制作影音作品、个性化演讲、小组表演等多种形式来完成平时作业。最后的期末考试，除了考察学生要了解、掌握的基本概念外，更多的是以内容多变的材料题形式出现，通过几段紧扣现实、错综复杂的材料，来考察学生的理解能力、分析能力、综合能力以及写作能力。

一是在教学过程开始前先汇总学生特长、爱好进行有针对性的教学实践。特长是指组织能力、语言表达能力、国防意识、服务知识、集体意识等。爱好指对军事课的喜好程度，军事知识知晓多少。“教材教学任务具体化—教材综合性实践活动开展—学生参与实践活动—终极大阅兵”的任务的科学设置，保证了教学目标的有序推进，体现出了教学过程的高严谨性。

在自定义的教学实践任务和终极PK环节，教师可以结合教学实践内容有针对性地锻炼学生的意志力、集体主义精神等，比如借助红色旅游景点参观、导游大赛、军事基地参观、定向越野比赛、诗歌朗诵等实践任务，可让学生在课堂演绎过程中轻松体验各种职业环节，获得生动、深刻的职业体验。并且班级集体活动和不同专业间PK的竞赛方式让学生时刻不忘团队精神和责任感的培养，对于提高学生职业素养意义重大。

二是教师开展军事教学注重发挥学生的主体作用，让学生尽可能地多参与课堂教学，结合学生实际，以教师为主导紧密结合教材，立足教学大纲，适时将课堂开到校外，融入社会。根据学生实际多开展各项学生活动，调动学生积极性。高度强化教师的主导地位及学生的主体地位，教学内容的实践化保证了教学过程的高效率。在实践化教学中学生参与活动过程中所形成的优良品质（吃苦耐劳、克服困难的韧性、团队意识、集体意识等）将会提升学生在将来就业中的就业竞争力。

三是教师在学期末统计各班教学内容的累计实践次数，取得的实绩，达到的效果，公布各班名次并根据该班学生一学期综合表现设定等级分差。等级分差决定各班学生平时成绩基础分的多少和最终期末评价等级，由教师根据学生实践表现打出学生得分。教学实践化过程中教师最大化利用包括考试分数、学生表现欲、教师言语褒奖、学生间竞争压力等在内的精神驱动力和包括物质奖品等在内的物质驱动力的各种动力因素，坚持实践化教学，联系社会热点，切实保证了教学过程的高参与性和高时效性。

**参考文献**


[1] 刘叙彩:《加强普通高校国防教育的着力点》,《南京政治学院学报》，2013 年第 6 期。

[2] 刘晨:《“微时代”背景下高职高专国防教育载体探析》,《北京广播电视大学学报》，2014 年第 3 期。

[3] 张春雷:《吉林省普通高等学校军事理论课教学模式的现状调查分析》,《高教研究》，2014 年第 4 期。

[4] 张宇斐:《推进大学生军事理论教育改革创新探析》,《广西教育》，2014 年第 5 期。

(5) 周朝雄:《新时期高等医学院校军事理论课程建设的研究与探讨》,《右江民族医学院学报》，2014 年第 4 期。

[6] 李永宝:《新形势下我校军事理论课教学改革与实践》,《课程教育研究》，2014 年第 4 期。

[7] 俞念胜:《新形势下高校国防教育的现状及应对策略》,《池州学院学报》，2017 年第 2 期。

# 普通高校军事理论课教学设计若干问题思考

贺少华　杨　新*

**摘　要：** 军事理论课是普通高校大学生必修课。本文从如何选择教学专题、如何设计教学内容、如何准备教学课件三个方面，初步探讨了军事理论课程教学设计问题，以期为普通高校军事课教师合理设计军事理论课提供借鉴。

**关键词：** 普通高校　军事理论课　教学设计

现行2007年版《普通高校军事课程教学大纲》（以下简称《大纲》）规定军事理论课为36个学时，规定教材由“中国国防”“军事思想”“国际战略环境”“军事高技术”“信息化战争”五章组成，并对每一章的讲授要点也做了相应的规定。但是由于《大纲》和教材总是有一定的滞后性，加之各个高校有不同的实际情况，所以在实际的军事理论课程教学中，多数高校并没有严格按照《大纲》规定内容组织和实施军事理论课教学。因此，着眼于提高普通高校军事理论课质量，有必要思考和探索普通高校军事理论课程教学设计问题。

## 一、如何选择教学专题

军事理论课作为大学生的一门必修课，几乎涉及到了军事学大多数的一级学科，几乎是高校中学科跨度最大的课程。所以各高校的军事理论课，一般都不是严格按照《大纲》规定内容上课，而是根据自己的实际情况，会上的多上一些，好上的多上一些。但课程专题选择不好，影响到整个军事理论课程的教学效果和实际的国防教育效益和目标是否能够实现。因此思考军事理论课程教学设计，首先要探讨如何选择军事理论课专题组成问题。

### （一）“中国国防”专题选择

本章教学专题选择上，多数高校一般是选择国防概述、中国国防历史与经验教训、国防法规、中国国防建设与成就等四个专题进行教学。但是由于国防法规比较枯燥，也不好讲，讲不好学生也不喜欢听，所以一些学校对“中国国防”这一章的专题选择也采取了一些变通办法，主要是讲授

---

* 作者简介：贺少华（1965年～），男，湖南邵阳人，军事学硕士，现任中南大学副教授，主要从事军事理论教学与研究；杨新（1967年～），男，四川通江人，军事学博士，现任南京大学军事教研室副教授，主要从事军事思想、战略文化和战略思维理论研究和教学。

国防与国防教育概述、中国近现代国防历史与启示、新中国国防历史与启示、中国国防建设与成就等四个专题。这四个专题，也是比较合理的，既有大量的理论和重要知识点，也有大量的生动的事例，学生比较喜欢，老师也比较好讲。

**（二）“军事思想”专题选择**

本章教学，多数高校以往一般是选择军事思想概述、毛泽东军事思想、邓小平新时期军队建设思想、江泽民国防建设和军队建设思想、胡锦涛国防和军队建设思想、习近平国防和军队建设重要论述等专题来授课。这些专题基本上把大学生需要了解的军事思想知识涵盖了。

但这些专题的选择也存在许多问题：一是毛泽东军事思想内容博大精深，内容体系庞大，一个专题根本讲不清楚。二是邓小平新时期军队建设思想，江泽民和胡锦涛国防和军队建设思想，包括习近平关于国防和军队建设重要论述的内容也非常丰富，都是非常庞大的体系，每个用一个专题也没有办法讲清楚，并且许多内容涉及同一个方面，老师如果没有过硬的理论功底，难以区分出他们的不同点，难以把握同一思想在不同时期的继承和创新的脉络，讲起来也存在很大的问题。三是习近平关于国防和军队建设重要论述这一节，如果缺乏对习近平思想的全面准确把握，缺乏对习近平治国理政和治党、治军思想和国内外环境的深刻掌握，也就讲不好习近平关于国防和军队建设重要论述的本质所在和精神实质。

因此，本章教学专题选择上可以有所侧重，例如可以选择军事思想概述、毛泽东军事思想概述、毛泽东人民战争思想、毛泽东积极防御战略思想、新时期党的军事指导理论创新发展等专题组织实施教学；也可以加入中国古代军事思想概述、《孙子兵法》等内容，让大学生了解中国古代军事思想，把握中国优秀传统军事文化的精髓。

**（三）“国际战略环境”专题选择**

许多高校一般选择国际战略环境概述、国际战略格局、我国周边安全环境等专题组织国际战略环境这一章的教学。但这三个专题，其实就是这一章中的三节的内容。既有理论，又可以联系现实来讲，也有大量的历史材料充实到专题之中，所以这一章的内容相对比较好讲，按照《大纲》要求就能讲好，学生也比较喜欢这一章的内容。

但这种专题选择也存在问题：一是把国际战略环境这一章拆分为国际战略环境概述和国际战略格局分别来讲，对于教师来说，如果不具备战略学知识，没有比较深入的研究，就无法讲清楚这两个理论性和现实性非常突出的问题。二是分讲这两个专题，多数老师在理论上把握是有问题的，不容易把握国际战略环境与国际战略格局的内在关系和区别，因而不如把国际战略环境与国际战略格局融合为一个专题，就叫“国际战略环境概述”，或者叫“国际战略环境与国际战略格局”。

本章的专题选择上也可以采取变通的办法，主要讲授国际战略环境概述、我国周边安全环境概述和中国海洋安全形势与思考。讲这三个专题的好处是，既宏观介绍国际战略形势问题和中国面临的安全环境的总体形势问题，又可以把中国面临的最突出的海洋安全形势与思考讲得有深度、有理性的思考。当然，根据形势的变化，还可以随时调整，讲一些热点问题的专题，如钓鱼岛问题、朝鲜核问题与中国国家安全、叙利亚形势与中国战略应对思考等。当然，各位老师还应当结合自己和学校的特点有所取舍，并结合国际国内形势的变化，尤其是热点问题，及时调整一些专题，或者在各个专题中把最新的军事与国际形势的变化，补充到各个专题之中。还可以考虑把太空安全、网络与电磁空间安全这些问题作为专题教学内容重点讲授。上述这些专题，既有理论讲授和宏观安全环境和形势的介绍，又紧贴当前的热点讲授，学生喜欢，老师讲课也更加具有现实性，并能促使我们不断观察安全形势的变化，增强我们研究理论和现实问题的热情。

**（四）“军事高技术”专题选择**

多数学校是选择以下五个专题来讲，即军事高技术概述、现代侦察与监视技术、精确制导技术、隐身伪装技术、军事航天技术。当然有的高校军事理论课教学不限于讲这五个专题，甚至还对教材中介绍的其他技术，包括当代主要国家的主战兵器、新概念武器等都作为专题来讲，有的还讲了“新军事变革”这个专题。学生最喜欢的军事理论课，主要是军事高技术和武器装备。许多老师喜欢讲这一部分，而且有的占了军事理论课程一半以上的内容。

但这种专题选择也有问题：一是过多讲授军事高技术，其他理论课就没有时间讲了；二是军事理论课教学大纲的设计理念，诸多军事高技术只有一章的比重，说明大学生对于军事高技术知识的掌握，也仅仅限于了解而已，不是重点，过多讲授非重点并不符合大纲要求；三是过多讲授军事高技术达不到大学生树立应有的国防观念和掌握必备的军事理论知识的目的。所以在军事理论课程中，军事高技术专题不能占太多的比重。

本章教学，其实讲三个专题就够了，即军事高技术概述、现代侦察与监视技术、精确制导技术。其他的专题可以备用，或者针对不同的班级讲不同的军事高技术专题，以提高教师对该章内容的全面把握，熟悉教材内容。之所以这样选择专题，因为军事高技术概述是必须讲的，另外，现代侦察监视技术和精确制导技术是信息化战争中最重要的军事高技术，信息化战争主要解决两大技术和武器装备问题，一是“看得见”的问题，二是“打得准”的问题，所以这三个专题必须讲，而其他技术和武器装备问题，可以巧妙地融合到这三讲中即可。

当然还有一个选择讲四个专题的办法，即讲现代侦察与监视技术、精确制导技术、伪装与隐身技术、新概念武器。军事高技术概述可以不讲，让学生自己看就可以看明白了。除了讲现代侦察监视技术和精确制导技术，把“看得见”的问题和“打得准”的问题讲明白后，还要讲一个伪装与隐身技术，解决信息化战争中“藏得住”的问题。新概念武器这个专题，是要讲清楚新概念武器是什么、有什么用。这个问题学生也是比较喜欢的，解决的是“什么武器管用”的问题。

**（五）“信息化战争”专题选择**

这一章的教学，多数高校的选择是讲两个专题：在“信息化战争概述”中，把定义、特征、发展趋势等问题都讲了；在“信息化战争与国防建设”中，主要是讲我国面向信息化战争需求的国防建设方面的思考，对于大学生把握我们国家的国防建设问题是非常有益的。当然，也有的学校因为时间关系或者老师不擅长讲信息化战争理论，而采取了一些变通的方法：主要是讲信息化战争概述和若干个现代高技术局部战争的战例。这种变通方法也是可取的。

另外，我们在近几年的教学实践中也有一些新的思考，就是给学生讲了信息化战争概述后，学生其实还想了解我们如何打赢未来信息化战争的问题，所以在近几年的军事理论课教学中，我们又增加了这个内容。

综上所述，关于各章教学专题选择问题，可以归结为四个基本原则：第一，尽量涵盖教材五章中的基本理论和知识要点，不要有的章讲得太多，有的章讲得太少，各章专题数量选择上相对平衡为好；第二，突出主要军事高技术和国际热点问题；第三，结合学校特点和自身特长灵活变通；第四，采用“微课”“翻转课堂”等新教学模式作为有益补充。原则上好懂的基础理论自学为主，不易自学的内容精讲为主，热点问题和分歧问题研讨交流为主。有的问题不必要在课堂上浪费时间来讲，但对于学生学习又比较重要的，可以自己录制一些短视频或微课作为课堂教学的补充。

尤其需要特别强调的是，在当代大众传媒的冲击下，在教学改革的冲击下，一些高校出现了缩短军事理论课教学时间、压缩教学内容、降低教学要求，甚至以讲座、播放教学视频、用网络课程代替军事理论课堂教学等倾向，这与《大纲》规定的军事理论课程是“普通高校的必修课，教学模式为集中讲授”的要求明显相悖。因此，军事理论课程教学，应当严格落实36学时的规定，以课堂讲授为主，因而依据《大纲》科学选择教学专题，就是构建一门优质军事理论课程的重要前提。

## 二、如何设计教学内容

选择好授课专题后，我们需要进一步精心设计每个专题的教学内容，上好军事理论课，最关键和最基础的环节就是设计教学内容。通俗地讲，就是如何准备教案。演员要表演好，剧本是前提。老师要讲好课，教案是前提。所以我们要认真备课。准备一份高质量的军事理论课教案，要把握好以下四个方面：

### （一）要像写书稿和学术文章一样撰写教案

准备教案，一定要肯花精力在学术性和理论性上下工夫。军事课教师撰写教案，由于不同的教师学术背景不同，多数不擅长军事理论和军事高技术，对于国际关系和国际战略理论及涉及的历史、政治、哲学、经济等方面的理论也了解不多，所以准备一个军事理论课教案，需要教师先搜集大量的相关资料，认真学习和研究，把相关的理论和知识真正弄明白，然后按照撰写书籍或学术文章的要求来撰写教案。

按照这样的要求撰写教案，好处是可以把自己的学术文章、书稿和别人的学术成果转化到授课教案之中。另外，精心准备的教案，通过上课和修改后，有一部分是可以当学术文章发表的，或者作为自己的学术著作及教材的重要内容。同时，按这样的要求撰写的教案，才真正具有学术和理论深度，具有思想品位、哲理品位、历史品位、逻辑品位。

### （二）善于分解问题，设计好教案提纲

按照学术文章和书稿标准撰写教案是总的要求，又如何实现呢？许多老师不得要领。我们的体会是首先要把教案提纲设计好。设计提纲，关键在于分解问题，可以从四个步骤上来把握，以下以准备“毛泽东积极防御战略思想”这一课的教案为例。

第一步：准确表述教案题目。这一课，我们的教学目的是让大家了解毛泽东积极防御战略思想是如何形成和发展的，在不同时期是如何调整和运用的，我们的积极防御战略思想与外国一些国家讲的积极防御思想有何差异，我们未来还要不要坚持和发展积极防御思想，所以首先就得准确概括出教案的标题，“毛泽东积极防御战略思想发展与运用”这个标题就非常准确，也具有学术性。

第二步：把题目分解为若干个大标题。这个专题，可以分解为四个问题，即毛泽东积极防御战略思想的科学含义、毛泽东积极防御战略思想在

战争年代的形成与发展、毛泽东积极防御战略思想在建国后的运用与发展、对积极防御战略思想的几点认识。分解出这四个有内在联系的问题，就列出了“毛泽东积极防御战略思想发展与运用”这个专题的大标题或一级纲目了。

第三步：把每一个大标题，又分解为若干方面。即列出大标题的下一级标题，这样就为准备撰写教案奠定了基础。

第四步：对各层次的标题进行逻辑排序。可以按照时间顺序排序，也可以按照理论的内在逻辑性来排序。

通过这样四个步骤，把大问题逐层分解为小问题，设计出了比较理想的提纲后，就可以动手撰写教案内容了。许多老师写文章和教案，不注重查阅资料，不做学术研究，拍脑袋列提纲，最终撰写的教案逻辑上就比较混乱，更谈不上学术性和理论性。所以我们撰写教案，第一个重要的工作就是要把提纲列好，列提纲一定是从题目拟定开始，然后逐层分解问题，提出一个多层次的提纲。而真正动手撰写教案和文章时，则是反过来，从最底层的问题开始论述，把小问题论述清楚了，上一级标题的大问题自然就论述清楚了。各一级提纲的标题论述清楚了，整个教案就撰写好了。

**（三）合理选择材料，准确、恰当地论述**

撰写教案，仅仅凭教材的内容是没有办法撰写的，需要我们查阅大量的文献资料，这时要注意以下几个方面：

第一，材料要准确，够用就行。当我们面对大量的材料时，如何取舍呢？首先是要准确。网上的一些资料未必准确，我们要通过其他材料相互佐证，一定要用准确的材料。另外，在准确的前提下，不要什么都用，因为一份教案一般字数在10000～12000字左右，最多15000字。两节课不可能讲太多的内容，所以材料选择是够用就行，能用一个就不用两个。撰写教案时，对材料的选择，一定要懂得取舍。

第二，教材观点和自己的学术观点相结合。讲课是既要以教材为依据，又要超出教材。所以我们搜集到相关文献资料后，撰写教案一定要以教材为主要依据，适当借鉴学术界的理论和观点，同时也要有自己的学术观点，要把这几方面融合起来。如果以教材为主，教案要么太干巴，教材学生都有，他们不愿意听老师照着书本讲；但全是自己的观点，未必正确和权威；全是别人的观点，完全是“拿来主义”，也不可能有自己的理解和深度。所以一份好的教案，基本的要求是基于教材而又超越教材、借鉴别人的观点再加上自己的独特观点和分析。

第三，举例简练，能说明问题就行。我们常用举例来说明道理，既能够把理论讲清楚，也能够引起学生听课的兴趣。但是讲理论课不是讲战例课和案例课，不需要把事件全面展开讲，既浪费时间，也没有必要。只要点到为止，关键是能够恰到好处地说明问题即可。这就需要我们把战例或案例吃透，要用自己的语言和自己的表述方式表述出来。

第四，注意转承过渡，前后照应。无论是写文章还是撰写教案，都应当注意这一问题。许多人写东西，上一问题与下一问题之间没有过渡，观点与观点之间没有联系，让人看不明白，听不懂。所以一定要注意过渡段、过渡的话不能少，前后一定要照应。

**（四）转换语言风格和表述风格，把教案变成讲稿**

按照学术文章和书稿标准来撰写也带来了一个问题，就是许多年轻老师说按照学术文章和书稿来讲课，不好讲，或者讲了听众很难听懂，自己讲得别扭，听众听着也不舒服。所以我们在撰写好教案后，还要进行语言和表述风格的转换，把教案转变成讲稿之后，才能真正用于上课。主要把握两点：

第一，把书稿式的教案加上一些口语化的内容。解决这个问题的办法，就是把书稿式的教案另存一份，然后进行修改，主要是把一些书面语言，适当地转换为口语，这样才好讲。也可以加上一些口语化的过渡。一开始应当这样做。讲课多了后，这一过程可以省略，因为我们一看到教案稿，就可以熟练而且自然地转换。

第二，把一些书面表达和学术语言用口语和讲话的表达方式再转换一下。我们讲理论课、技术课尤其是军事理论课，必须运用学术语言、用书面语言，尤其是必须用军语和技术术语，但只讲学术性的和书面表达的语言、军语，听众不好理解，所以我们用书面语言和学术语言讲了问题后，还应当用口语和口语表达的方式来重复。如果不善于临场变化，我们可以在改造教案时，事先把这个工作做了，讲课时用讲稿就不会有吃力的问题了。

## 三、如何准备教学课件

现在是信息时代，教学几乎离不开多媒体课件。甚至可以说教学中可以没有教案，但不能没有课件。准备教学课件方面，需要把握以下三个方面的问题：

**（一）条理清晰、美观好看**

这是制作课件最基本的要求。尤其是现在有些高校老师的课件制作得惨不忍睹，甚至让学生怀疑其研究能力和讲课能力。所以课件的基本要求，一定要美观好看。要达到美观好看，有几个要点：一是选用或制作几个好看的模板，使整个背景好看；二是要对文字和图片做些必要的处理，使文字和图片好看；三是整个构图安排要美观好看。做到这三点并不难，我们常用的是 PPT 课件，软件中预置了许多设计方案，可以说是“傻瓜化”的，选择适合的就可以了。

课件条理清晰也非常重要。因为我们看文字稿和听课不一样，看文字稿容易明白的各个问题之间的条理性和内在逻辑性，听课时并不容易明白。所以我们制作课件一定要比较清晰地反映出各个问题之间的关系，应当在每张 PPT 上都展示大问题、小问题，以及讲的具体问题等。

**（二）用好动画和切换设置增强效果**

微软的 Office 和国产 WPS Office 等软件，都是比较好的制作课件的软件。其中都有动画和切换效果工具菜单，里面有许多动画和切换效果选项，大家要在自己的课件中用好。如果不用或用不好，制作的课件显示效果就会非常差，尽管幻灯片制作得比较漂亮，但没有动画和切换效果的变化，每一张幻灯片出来时内容和图片全出来了，既体现不出条理性，也非常单调。因此，在制作课件时，边制作边要设置好动画和切换效果，这可以增强课件的条理性和显示效果。

**（三）利用好备注和双屏显示功能**

许多老师上课有两个很有意思的现象：一是拿着教案或书本或卡片上课，几乎是读稿子，不但效果不好，还会让人怀疑老师的水平；二是主要精力不是用在准备教案和课件上，而是花了大量的时间在记教案，上课时一旦想不起来，非常尴尬。其实，利用计算机和多媒体上课，完全不应该出现这两种情况。如何解决呢？就是要充分利用好备注和双屏显示功能。

利用微软的 Office 和国产 WPS Office 等软件制作课件，每一页幻灯片都有备注栏，许多人不知道它的妙用。其实这个备注栏就是给我们写备注用的。简单地说，你可以把每一张幻灯中要讲的内容要点输入进去，或者把教案中对应的内容复制和粘贴进去。也可以把讲到这张幻灯片对应的内容时，老师想提问，想讲个笑话活跃气氛，想提醒自己要注意的问题等等，都可以加入备注栏里。

用上述软件制作的课件，笔记本和台式机电脑都可以用双屏显示功能来实现双屏显示。即学生只能看到幻灯片上的内容，老师自己在电脑上可以看到学生看到的内容和备注栏的内容。用好这个双屏显示功能，老师从此再也不用花许多时间去背教案，可以把更多的时间和精力，用在准备教案、课件和学术研究方面了。实现双屏显示的方法也很简单，只需要在 PPT 播放时，按照提示进行双屏显示设置即可。

## 参考文献

[1] 教育部、原总参谋部、原总政治部:《普通高等学校军事课教学大纲》,2007 年 1 月。
[2] 赵俊芳、崔莹:《翻转课堂的内在意蕴及高校教学改革的未来走向》,《中国高教研究》,2016 年 6 月。
[3] 张东亮:《微时代下高校军事理论课教学模式探究》,《辽宁师专学报(社会科学版)》,2017 年 1 月。

# 军事教学改革

# 供给侧视野中的普通高校军事理论课教学改革创新

李进峰　乔俊建*

**摘　要：**供给侧改革的提出除了在经济领域实现了发展理念的转变，也同时为普通高校军事理论课教学领域提供了一种新的分析视角：军事理论课教学也存在供给侧和需求侧，也需要一场以“紧贴军事理论课教学国防教育功能定位”为特征的供给侧教学改革创新。本文站在供给侧的视野角度，从普通高校军事理论课教学改革基本定位、教学内容生成方向、教学模式改革标准、师资水平整体提升、教学检验根本要求五个维度，对军事理论课供给侧教学改革创新的具体内容和方法路径进行了初步探讨，并提出了针对性措施建议。

**关键词：**供给侧　军事理论课　教学改革

习主席在2014年5月4日考察北京大学时指出：“青年的价值取向决定了未来整个社会的价值取向，而青年又处在价值观形成和确立的时期，抓好这一时期的价值观养成十分重要。”国防意识作为青年大学生价值取向的一个重要组成部分，青年大学生国防意识的强弱直接影响到国家的振兴和国防建设的水平。国家通过立法规定普通高校对大学生开设军事理论教学课程，其根本目的就是大力培养大学生的国防意识，为强国固防、实现中华民族的伟大复兴提供坚强可靠的人才支撑。供给侧改革的提出除了在经济领域实现了发展理念的转变①，也同时为普通高校军事理论课教学领域提供了一种新的分析视角：普通高校军事理论课教学也存在供给侧和需求侧，也需要一场以“紧贴普通高校军事理论课教学国防教育功能定位”为特征的供给侧教学改革创新。

## 一、培养国防意识——供给侧视野中的普通高校军事理论课教学改革基本定位

军事理论课教学作为普通高校本（专）科学生的一门必修课，对增强青年大学生国防意识具有重要的不可替代的作用。中发［2011］8号文件明确要求，普通高校要按照相关规定，开设军事理论课程，认真组织学生

---

* 作者简介：李进峰（1966年～），男，江苏泰兴人，硕士，火箭军指挥学院副教授，主要从事国防教育、通信工程方面的研究；乔俊建（1980年～），男，湖北襄阳人，硕士，火箭军指挥学院讲师，主要从事国防教育、军队管理方面的研究。

① 《中共中央关于全面深化改革若干重大问题的决定》，《解放军报》，2013年11月16日。

军训，全面提高学生国防素养。普通高校在实际工作中，要充分发挥军事理论课的国防教育功能，把军事理论课教学作为培养青年大学生国防担当意识、国防忧患意识、国防尚武意识的主渠道。具体来讲，就是要从以下三个方面下功夫、用气力。

**（一）把军事理论课当成培养和增强青年大学生国防担当意识的思想教育课**

长期以来，西方国家从未停止对我国实施西化和分化战略，在意识形态领域通过所谓的西方“民主”“自由”，竭力侵蚀我国青年大学生的思想，对我国青年大学生世界观、人生观的形成产生了重大影响。调查发现，当代大部分青年大学生逐渐摆脱了传统义务本位的主流价值，由传统的政治化、道德化的价值倾向逐步转变为以经济为基础的“自我”倾向[①]。当代大学生价值取向的这些变化，其实质就是“爱国主义”精神的淡化甚至丧失。而高校开设军事理论课的目的就是培塑青年大学生的国防观念、家国情怀，传承红色基因，使革命先烈坚定的政治信仰、高尚情怀在青年大学生中固化为“铁一般的信仰、铁一般的信念、铁一般的纪律、铁一般的担当”。

**（二）把军事理论课当成培养和增强青年大学生国防忧患意识的安全教育课**

当代青年大学生都是20世纪90年代出生的“幸福一代”，伴随他们长大的是处处歌舞升平的“美好”景象，长期的和平环境使他们淡化了国家的安全观念和忧患意识，在多数学生眼里，世界“风平浪静”，国家没有威胁，民族没有危机。天下虽安，忘战必危。更何况，当下的中国，虽然不存在“战争迫在眉睫”和“打大战，打核战争”的危险，但始终存在着世界霸权主义威胁、国家领土被侵占、海洋资源被掠夺等安全问题。当前，美国加紧推进对我国的战略围堵，对我国遏制和强硬的一面更加突出，一些国家积极充当美国的马前卒，在我国周边煽风点火，频频对我国核心利益发起挑战。一些亚洲国家纷纷制定和实施具有扩张性的海洋战略，不断在岛屿归属和海域划界等问题上挑起事端。影响台海形势稳定的根源始终存在，“台独”势力分裂祖国的危险始终存在。一个国家存在如此恶劣的安全环境，作为这个国家的未来接班人和希望的一代大学生，没有理由不为之充满忧患意识。因此，要把高校军事理论课当成培养大学生忧患意识、危机意识和使命意识的国家安全教育课，是这门课的必然要

---

① 曹毅、刘玉清：《学生军事理论教学模式创新研究》，《全军学生军训30周年理论研讨论文集》，2015年12月，第252页。

求，也是每一名国防教育工作者的神圣使命和责任担当。

**（三）把军事理论课当成培养和增强青年大学生国防尚武意识的素质教育课**

在大学期间，大学生素质教育的内容很多，但能够有效培养其尚武意识的科目主要是学生军训，其中军事理论课教学是主渠道。这也是国家为什么立法强制将军事理论课作为大学生必修课的原因所在。因此，在完成军事理论课教学任务中，教员不仅给学生传授国防和军事知识，更重要的是培养其浓厚的军事兴趣与热情，鼓励他们积极参与国防与军队建设，并成为向往军队、崇尚军人的“军迷”。这就要求军事教师在教学过程中，一是要充分宣传军人的威武与责任感，大力宣传军人那种临危不惧、英勇善战的英雄气概，激发大学生崇军尚武的激情和热情；二是要充分介绍世界新军事变革，尤其是中国特色军事变革的伟大成果，充分展示我国世界领先的国防科技、军事装备以及灵活机动的战略战术，激发大学生的民族自豪感和对我军“能打仗、打胜仗”的信心。

## 二、紧跟形势发展——供给侧视野中的普通高校军事理论课教学内容生成方向

军事理论课教学的一大特点，是教学目的的特色性和鲜明性：强化学生国家观念、增强学生国防意识①。军事理论课教学不是以单纯的传授知识、构建学生新的知识体系为主，而是为了使其完善知识结构、增强崇军尚武意识，培养学生对国家、对国防、对军队的感性认识和真挚感情。要适应这一需要，军事理论课教学必须摆脱传统教学观念和教学思维的束缚，大力调整、优化、完善教学内容结构，形成紧贴时代要求、紧贴教学大纲、紧贴学生实际的教学内容体系。

**（一）科学设计教学内容**

教学大纲要求和学生知识需求，是军事理论课教学确定教学内容的基本依据。在进行军事理论课教学内容设置时，要准确把握这门课程的国防教育功能定位。军事理论课系统性强，教学内容多、涉及范围广，包括中国国防、军事思想、战略环境、军事高技术和信息化战争等内容。由于授课学时有限，不可能把每一个问题都讲全讲透，如何在有限的时间内把所要讲授的内容讲清、讲透、讲活，要求军事教师在设计教学内容时，要抓住教学重点，优化相关内容体系。要在保持军事理论课教学内容系统性的

---

① 林成郎：《深化高校军事理论课程教学改革研究》，《黔南民族师范学院学报》，2016年第3期，第46页。

基础上，针对教学对象的特点和差异性，精心筛选，精心准备，科学安排。要在详细了解学生需求的基础上，有针对性地选择相关知识进行重点介绍和专题辅导。

**（二）及时更新教学内容**

当代大学生视野开阔，思想活跃，文化基础好，接受能力强，对日新月异的新知识、新事物、新理论有敏锐的洞察力和求知欲。要求军事理论课教学内容要紧跟时代发展的新要求，紧贴当代大学生的新思维，努力做到用新知识阐述新理论，用新信息带动新思维①。同时，军事理论课具有政策性、时效性强的特点，在教材修订跟不上形势任务发展变化的情况下，课堂教学内容必须紧跟国防和军队改革的新形势新变化，追踪前沿热点、焦点等问题，号准学生思想脉搏，直击当前敏感问题，力求把学生最渴望了解的热点问题和世界新军事变革前沿信息充实到教学之中。尤其是，党的十八大以来，国防和军队改革不断向纵深推进，我国国防和军队建设捷报频传，大批高、新、尖武器装备相继列装部队，正在实现我军发展的历史性跨越和突破，这些问题已成为青年大学生关注的焦点。在军事理论课教学过程中，要因势利导，通过对这些国防建设最新动态的介绍，开拓学生视野，激发爱国热情，增强民族自信心和自豪感。

**（三）优化教学内容结构**

要将军事理论课教学内容纳入普通高校整体教学内容体系，结合学生所学专业，贴近学生实际，有针对性地对教学内容进行优化组合。通过教学内容的优化，引导学生将所学专业知识与现代军事科学技术发展联系起来，使其认识到所学专业与国防建设是密切相关的，尤其是一些工程技术类院校的部分专业，与国防科技工业更是密不可分。从而提高学生努力掌握专业知识，为国防现代化建设服务的意识，并能从理性的高度，升华国防意识和民族精神，自觉地增强历史责任感和时代紧迫感，逐步具备建设国家和保卫国家的双重素质和能力，为部队培养储备数量充足的专业技术人才奠定良好基础。

## 三、注重教学效果——供给侧视野中的普通高校军事理论课教学模式改革标准

军事理论课与其他课程比较，其特点和优势不在于它的学术性，而在于它的政治性和思想性。军事理论课教学的指导思想不是一般地传授知

---

① 张红文：《现代教育技术下的高校军事理论教学改革研究》，《理论观察》，2016 年第 2 期，第 139 页。

识、解难释疑，而是要使学生在掌握军事理论基本知识的基础上，提高思想认识，达到增强自身国防意识的目的。为此，在实际教学过程中，要紧密结合课程教学定位，下力气进行教学模式改革创新，改变教学设计，灵活教学形式，创新教学方法，使军事理论课能够达到思想性、知识性和趣味性的和谐统一的国防教育教学效果。

**（一）在教学设计上，要由全面灌输理论向贴近时代、贴近校园、贴近学生转变**

具体来讲，就是在进行军事理论课教学设计时，要紧紧跟上飞速发展的新知识，采用新观点、新思路、新方法，因事而化、因时而进、因势而新，在课堂上讲述学生最为关注、最感兴趣的现代军事科技知识和现代战争知识以及“热点”问题。要以军事理论课教材为主线，选择教材的重要章节作为突破口。把课程教学重点放在当前国际战略形势和周边安全环境、地缘政治格局、军事高技术和信息化战争等重要章节。在讲述具体内容时，要以教材内容为主要依据，对相关内容、知识点及案例进行适当拓展，使学生在最短的时间内领会这些军事理论的精髓。

**（二）在教学形式上，要由课堂教学向“课堂+实践”相结合转变**

实践性教学的最大好处在于，可以让学生身临其境地感受到教育的具体内容，感受深、效果好。学校在进行军事理论课教学过程中，要多穿插安排实践性教学环节。充分利用驻地红色教育资源组织学生参观见学，开展全民国防教育日、国家公祭日活动，在不影响军事保密的前提下组织赴军事单位开展走进军营活动、组织开展国防实践活动等，增强大学生对国防、对军队的感性认识①。通过组织开展寻访红军人物、与老革命家座谈、听英雄人物事迹报告等方式，让大学生耳濡目染先进人物的光辉事迹，感受革命精神，增强国防教育的效果。

**（三）在教学方法上，要由传统单一理论灌输模式向多种教学方式相结合转变**

要改变“形式单一、枯燥乏味”的传统军事理论课教学模式，采取学生喜闻乐见、形式新颖（如研讨式、互动式、开放式）的教学方法，增强军事理论课的教学感染力，提高学生学习的积极性和主动性。其次，利用校园网或互联网公共平台，开辟军事专栏，构建军事理论课教学平台实施辅助教学，使学生能够通过网络平台了解掌握更多、更新、更广的军事知识，同时还可提供网络交流互动功能，为学生发表军事言论、探讨军事理

---

① 孙政：《优化地方高校军事理论课教学之我见》，《华南军事教育》，2015年第1期，第39页。

论提供广阔空间等。

## 四、建强师资队伍——供给侧视野中的普通高校军事理论课教学改革重要保证

哈佛大学前校长、著名高等教育学家柯南特先生曾说过："高校的荣誉不在它的校舍和人数，而在它一代又一代素质优良的教师，一所学校要站得住脚，教师一定要出色。"建设一支高水平的军事理论课教学师资队伍是实现军事理论课供给侧教学改革、提高军事理论课教学质量、培养高素质国防后备力量的根本保证。

### （一）优化军事教师队伍结构

人才引进是优化高校军事教师队伍结构的重要途径①。只有集中资源，加大高层次人才引进力度，才能不断优化军事教师队伍结构，提高高校军事教师队伍整体建设水平。在引进人才时，一方面，要充分考虑到引进人才的年龄、学历、职称结构，对高学历、高职称的中青年专家应加大引进力度；另一方面，要采取兼职教授、特聘教官、接收访问学者和短期聘用等方式引进国（军）内高层次专门人才，以优化改善高校军事教师队伍结构。同时，要建立有利于吸引优秀人才的积聚机制。从高校领导到机关再到武装部，对人才引进工作要系统研究，提高人才引进工作效率，对特殊人才可以特事特办。对新引进人员，根据层次与水平，及时定职定级；对符合引进条件的人才的配偶，要优先接收，优先安排。坚持以人为本，努力为引进人才创造一个拴心留人的良好环境。

### （二）加大军事教师学习培训力度

学习培训是提高军事教师能力素质的重要手段。在具体学习培训方式上，可以考虑以下几种方式：一是在岗充电。受编制体制和教学任务的制约，通过本职岗位充电应作为提高军事教师队伍整体素质的主要途径。各级领导应努力营造尊师重教的浓厚氛围，通过强化以教学为中心的意识、改善军事教师的学习环境、建立军事教师业务学习制度等途径，激励军事教师在本职岗位上边工作、边学习，不断充实头脑，拓宽知识面，通过在岗充电使自身知识储备始终保持在一个较高水平上。二是离岗深造。在世界新军事变革蓬勃发展的新形势下，军事领域正在发生一系列根本性的变革，要使军事理论课教学跟上这一时代发展的步伐，单靠军事教师在职学习是远远不够的，必须有组织、有计划地安排有培养前途和发展潜力的军

① 南小勇、赵新建：《普通高等院校军事理论课师资建设现状》，《全军学生军训30周年理论研讨论文集》，国防大学出版社2015年12月版，第296页。

事教师离开岗位脱产深造。只有敢于“让离不开的离开，让挑大梁的充电”，才能使优秀者更加安心，后进者受到激励，也才能使军事教师队伍实现良性发展。

### （三）大力搭建军事教师知识形成平台

从现实来看，合理拓展军事教师队伍的知识形成平台势在必行。一是要合理搭建网络承载平台。信息的快速传递是提升军事教师学习效率的有效途径。要着力加大数字校园网所承载信息的建设力度，将数字校园网架构成合理的信息传播网络，全面提高信息的质量，完善精品课的网站建设，建设“精彩课堂”网页，将精品课程、教学名师、教学观摩大赛的教学录像上传到网络上，充分发挥精品课程和教学名师的示范效应，使全体军事教师和大学生享受优质的网络教育资源，并提高自主学习兴趣，让校园网真正成为军事教师开展学习交流的媒介。二是要积极搭建团队整合平台。由于任职经历、成长环境等方面的原因，军事教师在知识结构、思维方式、讲课风格等方面存在差异，通过集体学习交流取长补短，鼓励有创新能力、有稳定方向的军事教师聚合为教研团队，共享军事知识和教学技能，提升整个团队的军事理论教学水平。三是要合理搭建区域联动平台。有针对性地开展面向军事理论教学一线的联合教学、示范观摩、专题培训、信息与学术交流等协作活动，有力促进不同高校军事理论教学资源的区域联动与共享。

## 五、严格质量把关——供给侧视野中的普通高校军事理论课教学改革根本要求

教学水平是军事理论课教学的生命所系。然而，教学活动的质量建设是一个复杂的系统工程，关系到教学管理、讲课教师和听课学生等多重环节[①]。尤其是军事理论课教学，由于教学内容的特殊性，使得教学活动的效果更加难以衡量。目前，虽然很多院校通过合格课程建设、教学评比、试讲、课件普查、教学督导、听课检查、学生评定等多种手段，促进了教学活动的质量建设，但方法上还过于独立和分散，宏观控制性多，系统科学的评价指标和操作性强的管理机制相对缺乏。针对军事理论课教学的客观需要，应构建严格的教研室主任负责、教学督导和学生满意度调查“三位一体”教学质量监督模式和教学专题准入（退出）机制，确保军事理论课教学活动良性发展。

---

① 李朝民：《构建四种模式推进军队指挥院校任职教育》，《第二炮兵指挥学院任职教育研讨论文集》，国防大学出版社 2004 年版，第 42 页。

### （一）实施教研室主任负责制

教研室主任身处教学活动第一线，对整门课程的教学内容、教学要求都比较清楚，实施教研室主任负责制有利于为教学质量提供可靠保障。应严格明确教研室主任对教学质量应负的责任，并将全室教学水平的高低作为对其考核评价的重要指标。同时，也应赋予教研室主任对军事教师职称评定、晋升任免的发言权，从制度上保证其监督权力的顺利实施。

### （二）组织教学督导和学生满意度调查

教学督导和学生满意度调查也是考评教学质量的有效手段，应深入研究并建立可行的指标体系，严格规范其行为过程。军事理论课的教学对象大都是经过系统学习教育的大一、大二学生，对军事理论和国防建设都有一定的认识和了解。因此，应特别重视学生满意度调查在教学质量监督中的作用。这样不仅有助于提高军事教师的授课质量，而且有助于使课程设置更加符合学生的需求，体现国防教育特点，搞好教学目标定位。

### （三）建立教学专题准入（退出）机制

为保证军事理论课教学质量，还应实行教学专题准入管理，明确各类教学专题进入课堂审批权限，严格按照标准进行准入审查。建立军事理论课程预警与退出机制，完善课程学习统计和评价功能，将学习活跃度、测评满意度较低的课程列入预警名单，对整改无效或不适应军事理论课教学需要的教学专题做退出处理。建立常态反馈、定期评估、及时更新的军事理论课教学专题联动开发机制，及时用前沿理论、国防动态、高新装备、热点问题更新充实课程体系和内容，提高军事理论课教学的时代感和时效性，做到“让学生爱听、对国防有用”，保证军事理论课教学的质量。

### 参考文献

［1］曹毅、刘玉清：《学生军事理论教学模式创新研究》，《全军学生军训 30 周年理论研讨论文集》，国防大学出版社 2015 年版。

［2］南小勇、赵新建：《普通高等院校军事理论课师资建设现状》，《全军学生军训 30 周年理论研讨论文集》，国防大学出版社 2015 年版。

［3］林成郎：《深化高校军事理论课程教学改革研究》，《黔南民族师范学院学报》，2016 年第 3 期。

［4］张红文：《现代教育技术下的高校军事理论教学改革研究》，《理论观察》，2016 年第 2 期。

［5］孙政：《优化地方高校军事理论课教学之我见》，《华南军事教育》，2015 年第 1 期。

［6］《中共中央关于全面深化改革若干重大问题的决定》，《解放军报》，2013 年 11 月 16 日。

［7］李朝民：《构建四种模式推进军队指挥院校任职教育》，《第二炮兵指挥学院任职教育研讨论文集》，国防大学出版社 2004 年版。

# 新形势下高等学校军事理论课教学创新发展研究

## ——以山西省为例

高宏彪　李剑利*

**摘　要：**普通高校的军事理论课教学是全民国防教育的基础，是高等教育的重要组成部分，是实施素质教育的重要内容。我国普通高校国防教育工作开展30年来，军训工作和军事理论课教学有了显著提高。但军事理论课教学也面临新媒体发展以及高校扩招带来的挑战。本文从思想重视、师资建设、教学内容调整、教学方法创新四方面对提高军事理论课质量提出建议。

**关键词：**军事理论课　新媒体　高等教育大众化　教学创新

## 一、军事理论课的性质、地位及发展状况

### （一）军事理论课的性质和地位

普通高校的军事理论课教学是全民国防教育的基础。国防教育的历史源远流长。它是一个国家和民族必不可少的基本教育，是爱国主义教育的重要内容。近代中国屡遭外敌入侵，仁人志士们奋起反抗。孙中山先生1921年7月提出的《十年国防计划》包括国防方针、军备、科学、作战、军制、训练、教育等内容，同时指出中国欲为世界强国，免受侵略，则须努力扩充军备建设。抗日战争期间，毛泽东主席发表了《反对日本进攻的方针、办法和前途》，文中提到开展“国防教育”，并把国防教育作为抗日救国“八大纲领”之一。

普通高校的军事理论课教学是高等教育的重要组成部分，是实施素质教育的重要内容。1984年颁布的《兵役法》规定“高等院校的学生在就学期间，必须接受基本军事训练”，自1985年起全国许多高校开展了军训。1999年6月，中共中央、国务院颁布了《关于深化教育改革全面推进素质教育的决定》，文件指出在大专院校开展军事理论教学是全面提高大学生军事素质，加强国防后备力量建设，造就21世纪现代化高素质人才的一项重要措施。开展大学生军事教学工作，既是全面贯彻党和国家的教育方针，推进素质教育，培养“四有”新人的客观要求，也是开展全民国防

---

* 作者简介：高宏彪（1982年～），男，山西祁县人，南开大学世界史硕士，现任忻州职业技术学院讲师，主要从事国际关系史研究；李剑利（1978年～），男，山西祁县人，山西大学科技哲学硕士，现任山西省军区学生军训教研室讲师，主要从事军事理论课教学研究。

教育，强化国防意识，为国防建设培养高素质后备人才的战略举措，同时也是新时期进一步加强和改进大学生思想政治教育的有效载体。2001 年 6 月 26 日，国务院办公厅、中央军委办公厅转发了教育部、总参谋部、总政治部《关于在普通高等学校和高级中学开展学生军事训练的意见的通知》(48 号文件)，学生军训工作由试点转向普及。2002 年 6 月 19 日，教育部、总参谋部、总政治部联合印发了《普通高等学校军事课教学大纲》，并把其作为普通高等学校实施学生军事训练和军事理论课教学的基本依据。《普通高等学校军事课教学大纲》规定“军事课是普通高等学校本、专科学生的一门必修课，列入教学计划”。至此，军事理论课程正式列入高校的教学计划，成为一门必修课。

军事理论课是依据《宪法》《国防法》《国防教育法》等规定开设的课程。《宪法》第五十五条指出：“依照法律服兵役和参加民兵组织是中华人民共和国公民的光荣义务。”《国防法》第四十条指出：“国家通过开展国防教育，使公民增强国防观念、掌握国防知识、发扬爱国主义精神，自觉履行国防义务。普及和加强国防教育是全社会的共同责任。”《国防教育法》第五条规定：“中华人民共和国公民都有接受国防教育的权利和义务。”

**（二）军事理论课发展状况**

从 1985 年学生军训试点开始，我国普通高校国防教育工作取得巨大的发展，军训工作和军事理论课教学有了显著提高。30 年来军事理论课教学取得以下几方面发展：

1. 军事课学科体系基本形成

1995 年国务院学位委员会批准增设了军事学学位和军事学评议分组，军事学列入国家学科门类，成为继哲学、经济学、法学、教育学、文学、历史学、理学、工学、农学、医学之后的第十一个学科。① 2001 年 4 月，《国防教育法》颁布，从法律上确定了国防教育的地位和作用。2002 年、2007 年教育部、总参谋部、总政治部联合印发了《普通高等学校军事课教学大纲》以及修订版，确立了军事课教学大纲。2003 年受教育部批准，厦门大学、武汉大学、西安交通大学、东南大学、武汉理工大学、中南大学六所高校开始在全国范围内招收高校教师在职攻读国防教育方向硕士学位。至此，军事学学科体系基本形成。

2. 培养了一支专门的军事教师队伍

为满足军事课教学需求，普通高校大部分配备了专门的军事教师。近

① 简妮文：《军事学已列入国家学科门类》，《武警工程学院学报》，1996 年第 3 期。

年来教育部体育卫生与艺术教育司、全国普通高校军事教学指导委员会多次举办军事课教学竞赛以及教师培训，军事教师素质大幅提高。山西省教育厅也关注军事教师师资问题。截至2016年5月，山西省教育厅、省军区司令部共组织十二届军事教师培训以及三届军事理论课教学竞赛。

3. 出版了一批军事理论课教材

《普通高等学校军事课教学大纲》颁布实施后，教育部组织专家编写了《军事理论教程》与《军事训练教程》，2002年8月由高等教育出版社出版。2003年全国学生军训工作办公室委托国防大学编写了《普通高校军事理论课教程》。之后，许多高校根据教学大纲有针对性地自行编写了军事课教材。到2017年，全国普通高等学校出版的军事课教材已逾百部。[①]

## 二、军事理论课面临挑战

### （一）新媒体发展带来挑战

新媒体是相对于电影、广播、电视、报纸等传统媒体而言，是基于数字技术的所有，包括网络媒体、手机媒体、IPTV、数字电视、移动电视、博客、播客等。

随着社会的发展，新媒体迅猛发展，新媒体用户随之激增。据中国互联网信息中心《第35次中国互联网发展状况统计报告》显示，截至2014年12月，我国网民规模达到6.49亿，其中大专、本科以上学历网民占21.4%，手机网民5.57亿，手机上网率达到85.8%，互联网普及率进一步提高。[②] 手机已成为网民首选的上网工具，博客、播客、微博、微信用户等多样化媒体形态不断涌现。

新媒体传播影响了人们的信息接收方式、思维方式和行为方式，同时也对高校教学方式产生重大影响，教学方式呈现多元化，翻转课堂、移动学习、参与式学习、微型学习、检索式学习出现。

### （二）高等教育大众化产生的影响

高校扩招，也称为大学扩招或大学生扩招，是指自1999年开始的、基于解决经济和就业问题的扩大普通高校本专科院校招生人数的教育改革政策。扩招源于1999年教育部出台的《面向21世纪教育振兴行动计划》。文件提出，到2010年，高等教育毛入学率将达到适龄青年的15%。2013

---

① 李科：《我国普通高校国防教育主要成就与基本经验——30年的回顾与总结》，《国防》，2016年第2期。

② 马永峰：《新媒体视域下加强大学生国防意识教育的对策》，《学校党建与思想教育》，2015年第15期。

年全国各类高等教育在学总规模达到 3460 万人，高等教育毛入学率达到 34.5%。

**表 1　1978 年以来全国高校录取人数**

| 年份 | 1998 | 1999 | 2000 | 2001 | 2002 | 2003 | 2004 | 2005 | 2006 |
|---|---|---|---|---|---|---|---|---|---|
| 录取数 | 108 万 | 160 万 | 260 万 | 320 万 | 320 万 | 382 万 | 420 万 | 504 万 | 530 万 |
| 年份 | 2007 | 2008 | 2009 | 2010 | 2011 | 2012 | 2013 | 2014 | 2015 |
| 录取数 | 567 万 | 599 万 | 629 万 | 657 万 | 675 万 | 685 万 | 684 万 | 698 万 | 700 万 |

资料来源：教育部官网。

经过近几年的扩展，我国高等教育毛入学率大幅提高，我国高等教育也由精英教育初步进入大众化教育阶段。高校扩招致使大学生鱼龙混杂，良莠不齐，各种不良现象增加，教学资源日益紧张，教育管理难度加大，教育环境、师资问题日益突出。

## 三、军事理论课教学创新发展建议

### （一）思想上重视

思想是决定行动的先导。思想的统一，认识的提高是做好一切工作的前提条件。"兴趣是学习最好的老师。"兴趣既是学习的动力，也是创新的源泉。只有教师和学生都对军事理论课有兴趣，军事课教学效果才能提高。

第一，教师要做到爱岗敬业。当前，学校虽然已经开设了军事课程，但在思想的认识层次上还很不充分，常常将其作为一般的必修课程，而未对该课程的独特性进行把握。实际上，我国的《国防法》《兵役法》《国防教育法》等法律都赋予了普通高校进行国防教育的重要使命。没有认清军事课程是以国防教育为主线，如果对此认识不足，就会使得军事课似乎是浪费了学生的其他专业课的学习，从而降低了非军事专业学生课程学习的要求。思想上的重视不足，就会导致在实践行动上的不足。

第二，提高学生兴趣是提高军事理论课效果的重要条件。军事理论课内容跨度大、覆盖面广，与各专业学生知识结构存在一定差距，导致学生学习兴趣不浓。军事理论课讲师要积极探索提高学生学习军事理论课兴趣的途径：在授课过程中要根据学生的学习兴趣对教学内容进行更新和调整，结合国内外国际形势和海外的军事冲突的新鲜事例来进行授课，提高学生的自主学习兴趣；要加强高校之间的沟通和交流，共同探索《军事理论课》教学方式方法的改革，增强课堂教学方法的创新，激发学生的学习积极性；《军事理论课》的教学设计要考虑学生的差异性；理论教学与实地实践相结合，通过开展丰富的第二课堂活动，以实践的方法、讨论的形式生动形象地再现课上所学理论知识，调动学员的学习和参与热情，增加学生对《军事理论课》的兴趣。

**（二）加强教师队伍建设**

军事教师队伍素质的高低，直接影响着军事理论教学的质量。军事教师是培养人才的人才，要成为一名优秀的军事教师，不仅应该具备强烈的使命意识、丰厚的知识积累和呕心沥血、勤奋耕耘的敬业精神，而且应该讲究传道授业解惑的方法和技巧，努力掌握高超的教学艺术①。建设一支政治合格、教书育人、专业知识精、业务能力强、年龄和职称结构合理的军事教师队伍，直接决定着军事课教学质量。

《学生军事训练工作规定》中第二十二条明确指出："普通高等学校军事理论课教学由学校配备的专职军事教师、聘任的兼职军事教师和军队派遣的军官共同承担。"

目前我国高校军事理论教师薄弱现象普遍存在。普通高校军事理论课师资大多数是由军队转业干部、地方高校自配老师和军队派遣教官等组成，不同层次出现了军事教师学历偏低，学习能力不足、科研水平不高等问题。自 2015 年 9 月开始，山西省教育厅和山西省军分区司令部联合组织力量检查本省内高等学校和高级中学学生军训工作。师资配备是《山西省普通高等学校学生军训工作评估标准》中的重要指标，该标准要求必须以 1：600 比例配备军事教师。至于军队派遣军官承担军事课教学，山西省军区学生军训教研室共有五名在编教官，要承担全省 80 所高校的军事理论课教学基本不可能。

笔者认为，为了军事课长远发展和军事课教学质量的提高，无论是对专职、兼职军事教师的引进都要严格把关，一定要引进那些政治素质好、有强烈的事业心和责任感、热爱本职工作、乐于奉献、具有高尚的道德情操、谦虚谨慎、军事理论知识丰富、有一定教学经验的军政素质全面发展的优秀人才。未来高校应紧密结合军事学学科特点，通过有计划地对军事教师队伍进行集训或轮训，积极推荐军事教师参加上级的培训、积极参加国家和省内组织的军事理论课讲课竞赛等，提高师资队伍的学历层次、知识层次、理论层次，优化教师的知识结构、丰富教师的理论素养、提高教师的教学水平和科研能力。

---

① 李国强：《大学生军事理论课教学艺术》，蓝天出版社 2011 年版，第 8 页。

### （三）创新新形势下军事理论课教学方法

改进教学方法和手段是提高军事课教学质量的要求，也是军事理论课规范化建设的重要内容。在教学过程中，教学方法是否适宜，手段是否先进，直接影响到教学质量和效果。

军事理论课与其他课程相比较有其自身的特点。从课时上看，军事理论课课时少而教学的内容含量大。军事理论课的教学内容涵盖了军事院校的多门课程，在很短的时间内将教学内容讲述清楚，并形成一定的知识体系是很难做到的。从教学内容上看，军事理论课内容跨度大，知识更新快，无论是军事形势，还是军事科技，时时都在发生着变化，对军事理论课教学提出了更高的要求。

改进军事理论课教学方法要依据军事理论课教学特点。一是对理论性强、抽象思维多的课程内容，宜采用教师讲授与提示为主，充分发挥教师的主导作用，在较短的时间内有重点地、系统地阐述知识，学生可以用较少的精力，获取更多的知识，尽快地掌握课程的理论体系，把握学习重点。要结合学生所学专业，有针对性地讲一些本专业在军事上的应用的问题。如给计算机专业学生讲军事高技术，可重点介绍计算机网络信息战理论；“黑客”、计算机病毒在信息战中的运用等内容。由于有了专业基础，学生会觉得亲切，理论即使适当深一点也容易接受。在教师精讲的基础上，制作指导型多媒体教学课件，对教学内容进行图解化、形象化，以提高教学的直观性。还可充分运用视频动画技术，插播影像资料，提高教学软件的动感和流畅性，使军事理论课变得更加生动活泼。二是对常识性的课程内容，可采用以学生自学、讨论为主、教师施行辅导的模式进行。军事理论课并非所有的章节都需要教师进行讲解，比如，将一些理论性不太强、比较容易理解的教学内容让学生自学，这样可以避免教学浪费；对当代热点问题则采取讨论与探究结合的方式，这样做既提高了学生的学习兴趣，又在探究中锻炼了学生分析问题、解决问题的能力，教师在这里只起辅导作用。

改进军事理论课教学方法还应充分考虑新媒体发展特征，积极采用现代教育方法和手段进行教学。随着知识数字化和互联网技术的发展，人类获取知识的渠道和方式正在发生根本性的改变。知识传递的方式已经由过去的单向传递转向了多向互动，这使得各级各类学校的知识权威受到严峻的挑战，学校教育的实际效能受到社会的质疑。由此也带来了师生关系的转变，老师与学生之间由信息传递者与接受者的关系，逐渐转变为师生学习共同体中的学习伙伴关系，这对教师队伍素质的提升提出了新的要求。近年来，“慕课”（MOOC）、翻转课堂、微课程等以互联网技术为基础的新的教学模式和技术对教育领域带来了强烈冲击。

2012 年 9 月，中共中央委员、国务委员刘延东在全国信息化工作电视电话会议期间指出“十二五”期间要以建设好“三通两平台”为抓手，实现“宽带网络校校通，优质资源班班通，网络学习空间人人通”，建设“教育资源公共服务平台和教育管理公共服务平台”，促进教学方式与学习方式改革。教育部体育卫生与艺术教育司在《教育部体育卫生与艺术教育司 2016 年工作要点》中指出：创新教与学的方式，共建共享优质军事理论教学资源。加强“慕课”、视频公开课、多媒体教学等现代化教学方法、教学技术在军事理论课教学中的应用，探索学校之间、区域之间和校企之间共建共享数字化资源的有效机制，建设并推出一批国家级优质军事理论教学资源。

翻转课堂是指在信息化环境中，课程教师以提供教学视频为主要形式的学习资源，学生在上课前观看并学习教学视频等学习资源，师生在课堂一起完成作业答疑、协作探究和互动交流等活动的一种新型教学方式。翻转课堂在美国已经得到广泛应用，“星巴克教室”“可汗课堂”“林地公园翻转课堂开放日”“微课”“斯坦福大学的共同学习模式”等成为教育领域热点话题。[①] 重庆、广东两地的中学开展翻转课堂教学实验，“世界大学城”“智慧树”等网络学习空间平台走进高校改革领地。目前，“慕课”的理念已经慢慢渗透到普通高校军事教学中，西安交通大学、南开大学、复旦大学等高校已经开设军事课“慕课”，受到师生好评。[②] 军事理论课教学可以充分发挥“慕课”的作用，丰富线上教学内容，创新线下教学组织。

**（四）教学内容不断更新，教材要与时俱进**

教学内容是教与学双边活动的共同中介，要提高教学质量，必须提供智力价值高的教学内容。《普通高等学校军事课教学大纲》已经规定了军事理论课教学内容，依据大纲要求，军事理论课主要讲五方面 18 项教学内容。随着新世纪、新阶段社会加速发展，科技日新月异，新军事革命正朝着前所未有的深度、广度、宽度迅猛推进，新媒体不断发展，教学内容超越《普通高等学校军事课教学大纲》和教材，则成为不以人们意志为转移的客观必然。同时《大纲》也规定了“学校可根据实际情况和专业课特点，适当调整军事理论课的教学内容”。在实际教学中，教学内容应从以

① 易永平：《基于网络学习空间的翻转课堂教学模式在军事课中的实践与思考》，载《教育现代化》，2016 年第 34 期。

② 徐建军、周永卫：《军事理论教学的翻转课堂论》，《大学教育科学》，2016 年第 5 期。

下三方面进行：

一是要与时俱进地调整和丰富军事理论课的教材内容。军事理论课的教学内容与世界政治军事密切相关，与现代科学技术紧密结合，因此它的内容、知识体系是动态的、发展的。军事理论课教师应该对现行教材进行梳理，对军事思想、中国国防等基本知识部分予以保留的同时，删减与时代发展不适应的内容，把军事科学技术的发展和中外军事理论的最新研究成果补充进去，使军事理论课的教学内容更具时代特色，让学生在军事课上了解最新的军事动态。

二是优化教学内容，突出教学重点。普通高校军事理论课涉及的内容庞杂、知识点也多，在教学过程中，必须统筹兼顾、科学设计。精选教学内容时，要注意各章节的具体特点，各有侧重，科学加以优化。

三是教学内容要贴近学生关注的热点问题。军事理论课的内容大多与各专业教学内容不直接挂钩，要激发学生听课的兴趣，必须把学生最关注的世界热点，最新信息及相关前沿问题及时纳入教学内容，激发学生学习军事理论的兴趣，使军事理论课始终充满生机和活力。军事教师要及时跟踪了解时事形势，尤其是热点问题的发展变化，及时搜集、整理有关时事性资料，为及时更新完善教学内容，提供准确的第一手资料，增强教学内容的适应性和针对性，有效地提高学生的学习热情。

优化教学内容，军事理论课教师要处理好教学内容与教材的关系。对于教材，军事教师要做到若即若离，不即不离。军事理论课教学中要做到立足教材，但又不能完全照搬教材。军事理论课教学质量的提高还有赖于教材的完善。2003 年至今，军事理论课教材越来越多，但受老师、学生欢迎的教材很少。当前以至今后一个时期内的大学生是信息化时代的产儿，是想象力极强的一代，也是充满激情和责任感的一代。① 我们必须提供适合他们特征的教材，才能使他们愿学军事、能学军事、会学军事。未来军事课教材应实现以下几个突破：纸质教材图表化，教材应适合学生爱读图的特点，减少文字比例，增大图表篇幅比列；链接教材音视化，教材应提供能给学生答疑解惑的音视频资料供学生查询，形成与基本教材配套的音视频教材；语言文字适合学生特征，教材要采用学生常用、易懂、爱看的文字、图片来编写。

---

① 全军学生军训教学协调中心：《普通高等学校学生军训教学研究》，国防大学出版社 2013 年版，第 100—105 页。

## 四、结语

精品课程（Elaborate Course）是具有“一流教师队伍、一流教学内容、一流教学方法、一流教材、一流教学管理特点的示范性课程”，即在教学中倡导教学方法的改革和现代化教育技术手段的运用，培养和建立结构合理、理念先进的教师队伍，开发优秀教材，提高实践教学质量，建立相应的激励机制，最大限度地调动学生学习的主动性和积极性，培养学生的科学探索精神和创新能力，拓宽学生的知识面，提高人才质量。

鉴于军事理论课程的重要性，大力开展精品课程建设在高校国防教育的建设和发展中意义重大。通过军事理论课建设，既可以促进专家教授亲自走上讲台，改革教学方法、手段和模式，又能切实加强教学队伍建设；现代教育技术手段的应用为学生营造轻松的学习氛围，免费公开的教学资源可以为更多师生共享借鉴。

**参考文献**


[1] 李国强：《大学生军事理论课教学艺术》，蓝天出版社 2011 年版。

[2] 全军学生军训教学协调中心：《普通高等学校学生军训教学研究》，国防大学出版社 2013 年版。

[3] 简妮文：《军事学已列入国家学科门类》，《武警工程学院学报》，1996 年第 3 期。

[4] 李科：《我国普通高校国防教育主要成就与基本经验——30 年的回顾与总结》，《国防》，2016 年第 2 期。

[5] 马永峰：《新媒体视域下加强大学生国防意识教育的对策》，《学校党建与思想教育》，2015 年第 15 期。

[6] 易永平：《基于网络学习空间的翻转课堂教学模式在军事课中的实践与思考》，《教育现代化》，2016 年第 34 期。

[7] 徐建军、周永卫：《军事理论教学的翻转课堂论》，《大学教育科学》，2016 年第 5 期。

# 提高高校军事理论课教学实效性的途径研究

韩振国　边宏广*

**摘　要：**当前，提高高校军事理论课教学实效面临的障碍非常复杂，从大环境上看，目前高校国防教育整体式微，学生缺少国防意识和忧患意识，具体因素主要是军事理论教师队伍整体的素质不高，学生热情不足以及教育方式落后等。由此，提高高校军事理论课实效性的现实途径就需要提高重视程度，通过完善教学管理机制、创新教学体系、丰富教学内容、优化教学手段、激发学生学习兴趣等手段，提高军事理论课的教学实效。

**关键词：**教学管理机制　教学体系　教学内容　教学手段　学习兴趣

现代战争从本质上讲是科技的对抗、人才的对抗。现代国防需要全民参与、军民融合。尤其是从 2017 年开始，不再从高中和在校大学生中招收国防生，而是面向地方院校毕业生直接选拔招录，这就要求高校军事理论课教学必须培养新时代所需要有一定军事素养的复合型高素质人才。如果不从根本上改进高校军事理论课，继续很多年前的老路子，将不会培养出适合本时代的新青年。然而，今天高校的军事理论课作为国防教育的重要组成部分，在现实的运行中，却不能很好地融贯于学生的思想中，反而不同程度地遭遇学生思想的游移，甚至情感抵触，教学效果可想而知。作为国防教育的主阵地，高校不仅是培养社会主义接班人、国防后备军的战略高地，而且也是国防教育理论与实践创新的孵化器。必须有效提高军事理论课教学效果，带动高校国防教育整体水平的提升。本文结合对本校新生调查问卷中 150 份有效问卷进行分析，提出提高高校军事理论课教学实效性的几种途径。

## 一、高校国防教育现状迫切需要提高军事理论课的教学实效

### （一）扭转高校国防教育工作普遍式微的需要

社会主义市场经济体制的确立与发展为中国大国崛起带来了生机与活力，然而市场体制本身也是一把双刃剑，其固有的盲目性、狭隘性、利己性也逐渐地改变着过去中国人先验的价值追求。尤其是今天，中国社会剧烈变迁带来工具理性思维急速膨胀与价值理性思维日渐式微，旨

---

* 作者简介：韩振国（1976 年～），男，山西大学中国近现代史硕士，现任职于唐山师范学院；边宏广（1973 年～），男，河北师范大学硕士，现任唐山师范学院副教授。

在追求宏远价值目标的整个思想政治课程，包括军事理论课程，变得曲高和寡、人人晓畅理论本身承载的重要意义，但是在真正的学习与实践过程中，相对于专业课程而言，军事理论课常常显得微不足道，处于不被重视，甚至漠视的地位。学生普遍关注的是“何以为生”的技术支撑，往往忽视“为何而生”的价值选择。从基础教育到高等教育的整个教育序列中，这种现象并不鲜见：小学的国防读本往往被束之高阁，很多高校军事理论课程课时人为地压缩。这种自上而下的认识缺位，致使大学生国防教育处于发展上的障碍局面，也使得较多的教育资源不能够较好地应用投入到实际的军事理论和国防教育之中去。因此，就非常容易造成军事理论教育以及军事训练技能提升方面的缺失和不足。这是整个教育价值在所谓的工具理性思维下的堕化。因此，提高军事理论课的实效性，首先就要打破思想禁锢，自上而下地高度重视军事理论课，改善知而不行的现实困境，思想壁垒的打破是提高军事理论课实效性的首要前提。

**（二）增强学生国防意识和爱国主义观念的需要**

军事理论课是国防教育的主要荷承者，目的是增强大学生国防意识与国家安全意识，弘扬爱国主义与革命英雄主义精神，树立正确的世界观、人生观和价值观，提高综合素质。[①] 课程性质的特殊性决定了军事理论课不能仅仅将相关教学知识点略做申论，必须将其作为一项社会使命来操持。它要求透过军事的视角，启发学生普遍关注国家的历史命运与未来走向，树立现代国防观念与国家新安全意识；把学生个人理想融于伟大的中国梦，从民族复兴波澜壮阔的大潮中萃取前行的精神力量；在教学过程中通过内容的讲解型塑学生的国家观、国防观，使学生明晰其使命感。而军事理论课的核心“爱国主义”也应从抽象的概念化陈述，转化为学生具体的生活体验与信仰，让学生明白爱国主义是具有不同层次的，而不是可望不可及的。军人保家卫国是爱国，社会公民遵纪守法是爱国，对于学生来说，认真学习每门课程，自觉关心国家大事，理性理解国家的国防政策等，这本身就是爱国主义的具体体现。因此意识形态教育并非要将学生的思维僵硬地镶嵌在课程设置的内容框架中，生硬地将教学目标塞给学生，这样势必遭遇学生思想上的拒斥，应该在教师与学生直接而持续的教学接触中，启发学生自觉理解个人在社会、国家中的位置，鼓舞学生担当起青

① 教育部、总参谋部、总政治部关于印发新修订的《普通高等学校军事课教学大纲》的通知（教体艺［2007］1号），http：//www. moe. edu. cn/publicfiles/business/htmlfiles/moe/s3289/201001/81135. html。

年人应该承担的社会责任与历史使命。

**（三）培养学生忧患意识的需要**

随着社会竞争的加剧，学业与生活的压力促使学生们更倾向于将有限的精力用在如何赚取更多的金钱、如何适应越来越激烈的社会竞争以及找工作上。长期以来的和平环境，国家综合国力蒸蒸日上，国防与军事实力的显著增强，使大部分学生感觉在祖国这把强大的保护伞下十分安全。这使学生们对当今世界局部战火绵延失去警惕性和危机感，逐渐消磨了忧患意识，对国防的关注失去了现实的兴趣。如果军事理论教育在大学以及社会做好足够的宣传，这些原本是可以避免的。因此，如何通过广泛而深入的国防教育，使广大学生了解我国国防现状，了解我国面临着的复杂而紧张的周边局势，关注信息时代国防建设面临的机遇与挑战，把握现代信息战争的特征与规律，以及中国国防与军队信息化建设与世界的隔阂与差距，从国防自豪感中培养安全忧患意识，在安全忧患意识中加强对国防与军事现代化的认识，从而使人民在洞悉和平假象的前提下，激发爱国主义情感，培养现代国防精神，为应对未来信息战争的国防建设奠定思想基础。

## 二、健全完善教学管理机制，提高军事理论课的教学实效

当前我国高校军事理论课教学管理机制不健全，部分高校尚未成立组织和管理军事理论课教学的专门机构，许多高校的军事教研室形同虚设，并没有发挥应有的作用，造成了很大的浪费。许多高校的军事教学管理制度不够健全和完善，军事理论课由校党委下属部门——武装部管理，全校教学管理工作是校行政部门——教务处，二者关系如何协调？例如，在当前各门课程学时在普遍压缩的背景下，军事课学时也被压缩，完不成教育部《大纲》要求的36学时，河北省121所高校军事课调查显示，能完成教育部规定的36学时的高校只有13所，完成24学时以上的30所，完成18学时以上的27所，部分高校只是应付地组织一两次军事知识讲座或上一两次大课。[①] 但是，武装部又无权决定学时学分。教学信息系统由教务处管理，学生信息、教室使用、考试管理、成绩学分都依赖教务处，这样就出现这一现象：一个学校国防教育工作好不好，主要看校级领导重视程度。校领导重视，可以协调武装部和教务处的关系，不重视的话想做到基本规范都难。笔者所在学校国防教育成绩突出，获得首届“全国国防教育

① 边宏广、韩振国：《普通高校国防教育工作存在的问题与建议——以河北省高校军训工作为例》，《廊坊师范学院学报（社会科学版）》，2015年第5期。

特色校”“河北省国防教育示范校”，突出的一点就是由校领导兼任军事教研室主任，涉及学校多部门协调联动的工作，校领导出面主持会议布置任务就可解决。

提升当前我国高校军事理论课的教学实效性离不开健全完善的教学管理机制作为支撑和保障，所以各高校都要从自身做起，统筹兼顾，不断完善和健全本校军事理论课程的教学管理机制，主要应从以下几方面努力：一是成立组织和管理军事理论课教学的军事教研室，充分发挥军事教研室的教学和科研的职能。建立起一套适合本校实际情况的、系统完整的教学和科研管理规章制度，并配备相应的军事教学管理人员完成和处理日常相关工作。二是建立军事理论课主管部门与教务处、学生处等行政部门的协调工作机制，使国防教育工作能按中央文件精神完整执行。三是做好军事教学相关资料、档案的存档工作，以便翻阅和查找。四是各高校都要不断完善本校的军事理论课教学的考试考核制度，采用多种方式考查和提升学生的综合素质，从而达到军事理论课教学的最终目标。

## 三、转化创新教学体系，提高军事理论课的教学实效

### （一）实现教材体系与教学体系的辩证统一

教材体系是某一课程所用教材的章节结构和知识内容的编排体系，体现着这门课程的教学大纲的基本内容和要求。教学体系是教师为实现教学目标而对教材体系进行再加工的结果，是知识内容的具体表达体系。当前，高校所选用的军事理论课教材，大多是落后于当前国际形势变化，落后于军事科技领域前沿发展的。而且各高校在讲授军事理论课程时，普遍使用自选教材，而且频繁更换。这样做不能保持军事理论教学的稳定性，也难以形成一套成熟的军事理论的教学体系。所以，有必要以国家部委名义编写一部权威性教材，并配备必要的教学参考书，以适应当前军事课教材体系难以有效转化为教学体系的需要。

此外，提高军事教师素质也是实现教学体系有效转化的必要条件。军事理论课作为一门具有复合型培养特性，同时也具有较强专业特点的基础课程，对于教师素质的要求是比较高的。否则就难以驾驭前沿知识理论，难以较好地结合最新、最权威的国家政策将国防理念国防思想等讲述给大学生，甚至可能在政策解读上犯错误。然而，当前各高校军事课教师现状与军事理论课的要求很不相适应，教师学历层次复杂，教学水平差别较大，非专业的教师站在国防教育的一线讲台，知识储备不足，对于教材内容也无法掌握，更无法根据时事变化和学生实际而灵活转化教材内容，导致教学内容照本宣科，教学方法单一，不敢与学生互动，这样的现状在某

些高校表现得相当明显。

### （二）实现课程学术性与通俗性的辩证统一

军事理论课程教学内容分为五大模块：国防概述、军事思想、国际战略环境、军事高技术、信息化战争。对于刚刚从高中步入大学的大多数学生来说，这些理论基本上是陌生的，离他们的生活世界距离遥远，与他们原有的知识构架之间契合度低。从一定意义上说，学生的经验世界和课程的文本世界之间存在着无形的壁垒：理论的宏大叙事方式及深远的思想主旋律，与学生关注的小叙事方式及碎片化的生活经验交叉面狭小。这种双边信息不畅通的现状，导致学生在课堂上如同游走在一个陌生的领域，无所适从。"思想一旦离开利益，就一定会使自己出丑"①，当课程所授理论扎不进学生的经验世界，理论就不能上升到普遍的价值思考，更不要说对灵魂的洗礼。这样势必导致理论游离于学生的思想之外。军事理论课授课不能像强者征服弱者一样，用胁迫或强制的方式对学生进行文化净流，应转变生硬的"文化涵化"为潜移默化的"文化濡化"，结合学生的经验构架来阐释军事理论、启发思考。而为了消弭理论与经验之间的鸿沟，就必须把握课程学术性与通俗性的辩证统一。

军事理论课的内容如果仅仅是一个规范化的学术体系，不能与学生的生活世界有效接洽，就会弱化学生的学习兴趣。事实上，任何理论都无法逃离现实的生活境遇，否则就是理论自身的异化。要想打通宏观主旨与微观兴趣之间的隔阂，应该着力把握军事理论学术化与通俗化之间的尺度，使其既通俗易懂，又不失学术深度。首先，军事理论课应成为活色生香的知识园地，应该用学生最熟稔的生活和经验去表达一个未知理论领域，否则对学生而言，就会如同水渗透不到油纸里一样，教师也会遭遇自说自话的困境。其次，一味的通俗化势必会消解课程本身的专业性，最后不能使学生从感性认识上升为理性认识，导致学术上缺乏理论高度。因此通俗化不是一味迎合学生的庸俗化、媚俗化，更不能消解课程的学术化，而是溶学理与生活为一体的曲通之法。最后，学术化还是通俗化，要具体问题具体分析。军事理论课的五大模块内容中，军事思想、信息化战争理论性强，学生以往接触较少，不容易理解消化，所以应该将其实现通俗化，将军事思想中内蕴的战争观、方法论释放出来，开阔学生视野，使学生养成分析战争等问题的世界眼光；将高难度的军事高技术和未来的信息化战争用通俗易懂的方式讲授出来，让学生了解军事高技术是什么，并深入理解其对未来信息化战争的影响，以及与其相应的世界新军事变革趋势，进而

---

① 《马克思恩格斯全集》（第2卷），人民出版社1973年版，第103页。

结合中国国防、国际战略环境理性思考当前中国面临的机遇与挑战，使学生看到中国国防事业蓬勃发展而不盲目乐观，看到与西方大国的国防、军队建设差距又不妄自菲薄。

**（三）实现军事理论与多元学科知识的统一**

军事理论课内容涉及广泛，决定了它必须依托于多学缘结构，其中涵盖了历史、哲学、思想政治教育、法学以及技术科学等多元学科。而大多数高校军事理论课教师采用专、兼职相结合的方式。在具体的军事理论教学过程中，这种多学缘结构无可避免地会使军事理论课打上各个学科的烙印，甚至用其他学科内容置换军事理论内容。学生可能会感觉在上历史、思想政治教育或科学技术等课程，不能清晰分辨出军事理论课与其他课程的殊异。这样军事理论所依托的学科反而冲击军事理论课本就具有的独特的军事性，或者只留下军事理论的“表”，而军事理论的“里”被支撑学科“移花接木”了，从而也就失去了其应有的“军事味道”。就如同一个蔬菜拼盘，配菜超过了主菜，并把主菜的味道掩盖掉一样，“军味”被稀释了，军事理论课的独特性也就不复存在了。因此，厘清各学科之间的关系就至关重要。实际上各学科对军事理论来说，无论从内容上说还是从渊源上说，都不是异己的存在，它们之间不是不可逾越的，而是可以实现彼此通约，和而不同。如军事理论与思想政治教育的融渗：以国防、军事的视角去讲解分析，最终的落脚点是对青年学生进行思想政治教育，把握爱国主义这一民族精神的根本内核。因此，课程呈现的普遍图景应该是军事的，而升华的主题思想又是思想政治教育的。正是因为军事理论课建立在多元学缘背景下，其课程体系才不是一个凝固不变的封闭结构，它更具开放性，但绝不能因此而将军事理论独特的边界一概抹去，淡化或离解“军味”，导致军事理论课失去自我确定性。

## 四、更新丰富教学内容，提高军事理论课的教学实效

在互联网高度发达的今天，创新是各行各业必须具备的常态，如果不创新，将会被淘汰，军事理论课也是如此。

国际形势瞬息万变，国内外的时事随时都会更新。而现如今，有相当大一部分高校军事理论教师都死守着多年前的那套理论，套用着用了很多年的 PPT。高校军事理论教师应结合时事热点，用学生喜闻乐见的方式，容易接受的案例进行教学。在本次调查问卷中，当被问到“如果现行的军事理论课教学内容需要再进一步丰富，你认为应该增加那些内容”时，有 46% 的学生认为在课堂教学中应该增加军事新闻的内容，有 22% 的学生认为应该增加的教学内容是历史事件，有 24% 的学生认为应该增加安全形势

内容的讲解。

教学内容的选择紧跟时事，把握住时代的脉搏，是适应国防安全形势的需要的。近两年国际上的重大问题，如恐怖主义问题、朝鲜半岛问题、南海问题、叙利亚问题、欧洲难民危机、英国脱欧问题、核安全问题、美国国家战略走势等，都可以及时补充到我们的教学内容当中去。这样既可以提高学生对军事理论的兴趣，也是激起大学生学习军事理论热情的一个重要措施。

教师教授的课程一定程度上是理论的、空泛的、缺乏实践经验的。在本次调查问卷中，也显示了学生不喜欢的章节，分别是军事理论课的军事斗争思想部分和军事武器装备知识部分，人数占比达到了74.7%和64%。其中军事斗争思想部分的特点是理论性较强，军事武器装备知识部分的特点是专业性较强。因此也要注重理论教学与实践经验相结合，经常性地组织学生参观军营、军事博物馆，使学生能够真实地感受部队生活，体验军事文化氛围，从内心提升对国防的热情。

## 五、改进优化教学手段，提高军事理论课的教学实效

军事理论课的教育教学方式方法是提高实效性的重要措施。当前国内大学都不同程度存在着军事理论课教学方式方法的落后和僵化现象。旧有的传授模式不能够得到有效地改进和提高，陈旧的课堂内容传输方式让军事课的内容没有一个易于学生接受的形式来展现。因此，学生对于军事理论课的课堂教学没有兴趣，单调乏味，缺乏理解力和教学互动性，这是目前军事理论教学中存在的显著问题。

### （一）转换师生角色，改进教学手段

长期以来，军事理论课采用传统的讲授方式，教师对学生进行理论知识与课程信息的单向度传递，学生究竟学到了什么、领悟了什么，学生的学习和预设的教学目标是否相匹配都是模糊化的，这样教师与学生异化成了两个孤独的群体。学生并不一定能从老师的课堂讲授或课本的文字描述中轻而易举地参悟其理，因为学生不是一团黏土，他们不能按照教师预期的方式随意搓捏成型。这样的灌输方式也造就了刻板的教师与学生的角色形象，如同盲目的注水者，在静默的、被动接受的容器中注水，既不知道是否注到容器当中，也不知道容器本身的承载容量，其效果可见一斑。

军事理论课程的教学目的是通过一个学期的学习使学生们有终身学习的思想，在日常的生活中也会关注军事，关注国防。这就需要课堂中灵活运用各种教学手段鼓励学生回答问题，使学生自觉地去了解我国军事，从而潜移默化地使学生对军事理论感兴趣。笔者在调查中看到，有90.7%的

同学认为老师的讲解比较透彻，占调查人数88%的学生认为军事课教师的教学方法灵活。只有采用了科学灵活的教学方法，才能更好地调动课堂气氛，达到较好的教学效果。在实际课程教学中，教师们常用的教学方法是案例教学法。方法就是在晦涩的理论中插入生动形象的案例，这些案例可以是过去的军事历史故事，也可以是近现代军事领域的大国关系及战例，更可以是当今社会的军事热点事件和新闻事件。案例的使用可以使学生的学习过程由浅入深，从学习军事理论知识到提高军事理论水平，达到很好的教学效果和学习效果。

多媒体课件辅助教学已经普及，这就要求教师提高课件质量和运用效果。据调查，在课程的讲授过程中，学生更喜欢的方式包括观看军事影片，占84.7%；课堂开放性问题讨论的方式，占52%；单是提到对课本知识的介绍，有76.7%的学生认为是不需要多倾注精力的教学手段。因此在军事理论课的教学中，在常规教学手段的基础上，我们可以努力探索新颖的教学手段，如可以在军事理论课上注重插入军事相关影片片段，并且多设计讨论性的问题。至于课本知识也是需要掌握的，教师可以采用更加灵活的手段和方法，避免枯燥乏味的灌输，这样才能达到理想的教学效果和学习效果。

现在的学生受到社会多元价值冲击，他们的知识构架是碎片化的，思考问题是感性的，甚至呈现出非理性特征，但他们渴望对话、争鸣，渴望拨开迷雾，廓清问题。教师应该循着学生的特征，从一个高高在上的布道者转变为一个苏格拉底式的诘问者，从学生关注的热点问题，结合着军事理论的授课内容，抛出学生感兴趣的话题，激活学生学习主体性，启发学生自由思考、争鸣，教师则引导学生顺着“感性之藤”，渐次深入，由学生自已摸到“理性之瓜”。如讲授军队信息化建设的内容，可以抛出学生感兴趣的“裁军30万”问题：当前中国周边局势如此紧张，裁军30万会不会带来安全隐患？引导学生带着问题关注裁的是哪一部分军队，非战斗力部队的裁减与未来实现军队信息化建设的关系是什么？最后突出中国致力于走和平发展道路的一贯立场。较之学生被动接受军队信息化建设的内容、意义等知识点，调动了学生分析、思考问题的主动性，也将主题思想如盐之入水般溶入师生的课堂互动中。当然这需要老师对学生产生移情，真正进入学生的世界，分析学生的情感，寻找学生的兴趣点，结合课程内容有针对性地解决思想难题。

**（二）运用信息化教学手段改进教学方法**

现在高校公共课教学课堂是“陌生人的课堂”，军事理论课也不例外。教师和学生似乎是在一个固定的场合偶然相遇，横亘在他们之间的是教学的任务与进度，他们之间没有有效沟通的时间，更没有思想上的碰撞与交流。课堂上教师不同程度地遭遇学生玩手机、电脑等行为，折射出军事理论课面临的严峻教学困境。“90 后”大学生本身就是“网络原住民”，网络平台承载着他们对世界、国家，对校园之外社会生活的兴趣与好奇，理想的网络信息资源对大学生影响是开阔视野，养成与异质文化对话的价值观与能力，而这一影响是隐性的、潜移默化的，网络海量信息本身并不必然衍生出这样的理想效果，网络平台必须与三尺讲台相对接才能真正释放其功能，彰显其价值。

可以利用网络信息将课堂上离散的教师与学生统合起来，教师要主动占领网络高地，向学生推荐优秀的军事微信公众号、军事网站、军事视频，甚至可以在课堂上结合所授内容将精心甄选的网络信息与学生共享、共析，与学生一起做“低头族”，构建全新的师生课堂互动模式；而面对精芜并存的网络信息，教师必须通过价值澄清，将非理性的网络信息带给学生叠加起来的负面情绪疏导开来，从而将网络平台与三尺讲台无缝衔接，引导大学生将经验世界、文本世界与网络世界融合起来，这样直面学生的种种困惑，用学生的语境去叙述，激发学生的学习积极性，而又不失学术的深度，让学生摆脱野史轶闻的低级趣味，摆脱情绪化语言的支配，把直观感受转化为理性认识。

网络平台的应用打破了三尺讲台的时限与阈限，把学生的思考从课堂绵延到日常生活，极大地调动了学生的学习积极性与主动性，也更新了师生的教学及管理观念，推动军事理论课教学模式与管理模式的深化变革。我们要利用好在线教育平台、云课堂等相关网络教育教学平台，使学生更加高效地学习知识，通过信息化的手段，使教学资源得到最高效的利用。通过这种方式，能节约教学资金，节省时间。学生自主安排学习时间也有利于学生养成课余时间学习思考的习惯。

当然，将网络平台与三尺讲台有效接洽，并不是以网络平台取代传统的教学黑板、粉笔、纸质的讲义，也不是为迎合当代大学生过多滞留于网络这一现状而做出的权宜之计。网络平台是技术工具，黑格尔曾经高度赞誉工具的价值，认为工具之所以可贵是因为工具是已经实现的理念，网络平台价值的实现离不开三尺讲台价值的渗透，它不能喧宾夺主，真正的教学舞台仍然是传统的三尺讲台，主角仍然是教师的课堂疏导与讲解。

## 六、激发学生的学习兴趣，提高军事理论课的教学实效

兴趣是最好的老师，如果学生对某一门课程有了足够的兴趣，他们会积极主动地学习，在学习中会有无尽的动力和好奇心，能够更快更好地掌

握所学知识。

根据笔者的问卷调查显示，有 22.7% 的学生经常关注军事新闻和政治，有 71.3% 的学生偶尔关注新闻和政治。那些对政治和军事问题感兴趣的同学，也会时常或偶尔与同学或朋友谈论国防和军队建设等相关问题，分别占到总调查人数的 74.7% 和 10.7%。平时关注军事新闻和政治的同学，同时也是对军事理论课感兴趣中，喜欢上军事理论课的同学，并且在军事理论课上能够认真听讲。如调查结果显示，在平时关注军事新闻和政治的同学、喜欢上军事理论课的占 89%，喜欢军事新闻和政治的同学在课堂上认真听讲的占到 91%，所以要达到良好的教学效果，对学生学习兴趣的培养尤为重要。当被问到上完军事理论课后你对军事理论知识的掌握程度是什么时，除了有 38% 的人对大部分所学内容留有印象外，有高达 60.7% 的学生表示对一些感兴趣的章节有印象。

教师在军事理论课的教学过程中应该注重对学生学习兴趣的培养，设计一些讨论问题、穿插一些案例、关注一些军事热点问题，都可以起到良好的教学效果。学生的学习兴趣被激发起来后，就有了积极主动探究学习的动力，教学更有可能也更容易达到良好的效果。

总之，军事理论教学质量的提高是一项长期而又复杂的系统工程，我们不能仅仅从单方面入手，应权衡多个方面，无论从政府、高校还是教师、学生层面都有不可推卸的责任。对于高校管理层和军事课教师而言，应该进一步完善教学管理机制、创新教学体系、丰富教学内容、优化教学手段、激发学生学习兴趣。军事理论教学在任何时候任何情况下都是关系到国家长治久安的战略性任务。大学生作为国家未来发展的栋梁，高素质兵源的主力军，应更加注重对其进行国防教育。

**参考文献**

[1] 张进喜、陶劲松：《中外国防教育比较》，武汉理工大学出版社 2004 年 8 月第 1 版。

[2] 张宇斐：《推进大学生军事理论教育改革创新探析》，《广西教育》，2014 年 5 月。

[3] 李瑾、成岩龙：《论普通高校军事理论教学中的心理学运用》，《苏州大学学报（工科版）》，2010 年 5 月。

# 试论“O2O”混合教学模式在普通高校国防教育课程中的应用

姜　军*

**摘　要**：“O2O”混合教学模式，是一种混合了线上教学与线下教学的新教学模式，对于这种教学模式的讨论，已有时日。但论及这种模式在国防教育类课程中的应用成果还不多见。相对于传统课堂教学来说，“O2O”混合教学模式有资源丰富、形式立体、内容变化灵活等特点，这些特点可以为国防教育课程在课堂翻转、内容更新、师生交流、考评体系等方面带来诸多变化。当然，这一模式在实际教学运用的过程中，也存在一些问题，主要集中在线上教学平台建设问题、学生学习主动性问题、给任课教师带来的挑战等几个方面。总之，这一模式在国防教育课程中有巨大的应用潜力，同时，这一模式给教师与学生的教学与学习习惯带来的挑战也十分明显。

**关键词**：“O2O”　线上线下　混合教学　国防教育

普通高校的国防教育，是以大学生为主要对象、以国防精神和国防素质的培养为主要目的、以国防知识传授为主要途径的新型的高等教育内涵，其根本目的是加强大学生爱国主义观念教育、培养社会发展需要的素质全面的合格人才。目前我国普通高校的国防教育课程一般分为军事理论课、军事技能训练课、其他国防、军事类选修课等。

混合式教学，一般可以将其分为以下三个大类，即教学方法的混合、教学模式和传输媒介的混合、网络教学（线上教学）和课堂教学（线下教学）的混合。网络教学（线上教学）和课堂教学（线下教学）相混合即“O2O”混合教学模式，这种混合式教学模式在当下发展极为迅速。把这样一种新型教学模式引入高校国防教育课堂，势必对国防教育课程产生较大影响。

## 一、什么是“O2O”混合教学模式

“O2O”（Online To Offline）最早起源于美国，原本是商业领域的一种运行模式，后来被引入教育领域，做线上与线下教学模式的整合，成为当前教学改革的一个重要方向。教育部《教育信息化十年发展规划（2011～2020）》明确提出了高等教育信息化的核心任务是：“推进信息技术与高等

---

* 作者简介：姜军（1983年～），男，2007年毕业于吉林大学中国古代史专业，硕士学位，现任哈尔滨理工大学马克思主义学院讲师，主要从事国防教育、军事思想方面的研究。

教育的深度融合，创新人才培养模式”。与此同时，MOOC、“微课”、SPOC 等一系列新教学模式被迅速推广。所有这些新模式都是在“互联网 +”这个大时代背景下进行，都依赖于网络教学，这与传统的课堂教学产生了巨大差异，为了取长补短，发挥新、旧两种教学模式的优势，线上线下混合式教学模式，即“O2O”混合教学模式被提出。在教育行政部门的大力支持下，很快在全国高校范围内普及开来。“O2O”教学模式就是一种把线上教学与线下教学结合起来的新型教学模式。线上教学通常包括大规模开放在线课程 MOOC、小规模私有在线课程 SPOC、线上讨论、其他线上活动等形式；线下教学则包括传统的课堂教学、实践教学、线下讨论、其他交流活动等。

“O2O”教学模式主要包括线上活动、线下活动、线上和线下相融合三部分。由于线上、线下教学活动都有各自的优势和局限（参见表 1），“O2O”模式存在的价值就是要取长补短，因此线上、线下的高效、有机的融合，就成为“O2O”模式的关键。

**表 1　线上、线下教学活动优缺点比较表**

| 线上 | 线下 |
|---|---|
| 课程覆盖面广 | 主要覆盖本学校内的部分学生 |
| 资源丰富 | 课堂内资源有限 |
| 课程时间短（<20 分钟） | 时间相对长（>45 分钟） |
| 教学过程可随意重现 | 教学过程不可重现 |
| 严格程序化 | 可随机应变 |
| 师生情感交流薄弱 | 教书与育人相结合 |
| 学生反馈不能全覆盖 | 学生反馈全覆盖，且回复及时 |
| 师生思想碰撞不易 | 师生思想容易产生火花 |
| 不利于因材施教 | 易于因材施教 |
| 要求学生学习自主性强 | 教师可以实时监督 |

相比较于传统的课堂教学，“O2O”混合教学模式有如下几方面特点：

第一，学习资源极大丰富。传统课堂教学过程中，学习资源主要来源于课本、讲义、课件和其他参考文献。而“O2O”混合教学过程中，线上的资源几乎是无穷尽的，而且可以随时获取。检索、查找、翻阅、比对的效率非常高。

第二，知识讲授形式更加立体全面。以国防教育课为例，传统课堂教学如果采用 PPT 教学，那么所有讲授内容在上课之前都已经固定，每页 PPT 的内容和演示过程几乎不可能临时调整。如果课堂上遇到学生提问，范围超过 PPT 既有内容，那么教师的回应就只能通过语言和板书讲解来完成。如果不采用 PPT 教学，那教师的整个授课形式就会更加单薄。而“O2O”混合教学模式，只要把线上的资料库及时更新，图片、视频、PPT、讲座视频、电子图书、时事新闻影像与评论等，都可以随时应用于教学，可以为师生之间的讨论提供各种所需要的素材和证据。

第三，教学内容灵活多变。由于线上教学部分，已经把知识点进行了合理拆分，那么在线下教学过程中，教师对教学内容的讲解主要是起到一个融汇贯通的作用。因此，本学科的各种知识点、各种小的理论要素，随时可以调阅和支配，甚至是跨学科的知识要素，也可以自由使用。这必将改变传统的严格受教学内容的先后顺序支配的教学模式。

其实，“O2O”混合教学模式的特点，还有很多，篇幅所限，本文不一一列举。仅以上三例，足以改变传统国防教育课程的面貌。

## 二、“O2O”在国防教育课程中的应用策略

国防教育课，目前在普通高校里边主要包括军事理论和军事技能训练两门，当然有些院校还开设了很多相关的选修课。除了军事技能训练课、定向越野等偏向于实践的课程外，其他国防教育类课程中“O2O”都有广泛的应用空间。当然，类似于定向越野这样课程中的理论教学部分，“O2O”混合教学模式的使用仍然大有空间。

### （一）教学过程要翻转

课堂翻转，是当下教学改革中最火热的议题之一。正是由于“O2O”混合教学模式的存在，为翻转课堂提供了强有力的支持，国防教育课也是如此。国防教育课，更多的是思想教育类课程，如果一味的填鸭式地传授知识，不发挥学生主观能动性，不引发学生积极思考，就不会取得什么好效果。“O2O”混合教学模式把原来的单向知识传授过程搬到了线上，知识内化、思想交融的过程搬到了线下。这样一来的直接结果就是课堂翻转。国防教育课中的概念性的东西，完全可以以 MOOC 的形式，交给线上教学，线下教学更多的是思想的讨论、实践环节等。

任何思想教育类的课程，都不可能仅仅通过知识传递来完成。因此传统课堂的“读”“背”“考”显然不能够有效支撑国防教育类课程。爱国主义教育，忧患意识的养成，国家、民族责任感的培养，是需要通过内化来完成的。这个内化过程是一个自发的过程，课堂教育在这一过程中扮演

的角色主要依靠“提出问题”—“引发思考”—“情感共鸣”—“形成共识”这样一个过程。这样一个过程往往需要较长的一个时段，一两节课很难形成好的效果。“O2O”混合教学模式可以很好地弥补课上教学不连续的问题，在课下对学生进行持续的思想教育。而且可以鼓励学生进行自学，让学生自己发现问题、分析问题，产生的疑惑在课上提出，大家共同讨论。

**（二）对最新资讯的准确把握与高效利用**

由于线上和线下的有机结合，在国防教育课程中，对时政新闻、最新军事科技、军事前沿实时动态、国际热点等方面的内容一定要及时更新，线上各种资源非常丰富，教师要做到对这些信息快速辨别、选择、整合，最后把资讯引入课堂，供学生们利用。尤其是军事理论课中的第三部分“国际战略环境”、第四部分“军事高技术”和第五部分“信息化战争”这几章，对于这些新资讯的快速掌握与运用，是一个军事教师必备的能力。对最新资讯的长期跟踪关注，也是军事教师应该有的学习习惯，更是我们要培养给学生的重要技能。

国防教育课中有很多内容更新速度非常快，这与课程性质有关。这就使得教材内容永远都存在某种程度的滞后性。新知识、新思想需要教师及时在教学过程中补充进去。但是由于教师知识体系相对固化的问题，对于那些不是任课教师研究方向的内容，教师很难做到及时更新。线上教学这时的作用就凸显出来，由于线上教学汇集了众多名师、专家、学者，大家各有所长，新知识、新思想的更新便可以更加全面和及时。

**（三）师生思想交流的途径要多样化**

由于“O2O”混合教育模式给我们提供了更多的途径与学生进行交流，师生之间的思想碰撞就不能还停留在传统课堂上，线上的各种交流途径应该发挥更多作用。比如，教师可以利用线上教学平台，把理论前沿问题、热点最新变化、个人观点等内容，随时发布出去，供学生们来讨论。同时要求学生及时反馈自己的观点、想法和疑惑，就大家共同关注的问题，建立讨论群组。针对不同的议题，教师要及时提供研究方向、最新理论成果、参考文献，引导学生把讨论不断地深入下去。讨论深入的议题，最后可以帮助学生形成理论成果，发表在线上平台，供更大范围的学生们学习和讨论。

同时，教师也应该挖掘各种网络平台的功用，利用学生们常用的新媒体、新平台与大家进行交流。例如微信里的聊天群组、朋友圈等，都是很好的思想宣传教育阵地。线上知识的传授效率要远远高于线下，各种聊天群组基本上也能够实现面对面讨论的效果。当然，线上进行思想交流的途径也有一些有待解决的问题，比如，主动性的问题。以上我们列举的交流途径的前提是，学生有意愿去交流，如果学生没有这个主动性，那么这些线上交流途径的效果就要大打折扣了。

**（四）进一步完善考核方式与评价体系**

“O2O”混合教学模式提供了更多样的考核方式。传统的客观类命题考试试卷，全都交由线上题库随机考核来完成。在线上、线下的考核中还可以增加学生互评的环节，而且在每一个学习阶段，都可以随时形成阶段性考核评价，最后汇总为最终评价。这样一来，对学生的考核过程，将会贯穿于整个学习过程，考核方式也不再是传统的一张试卷加平时测验的简单集合。对学生的评价体系，也会更加立体化，形成一个全方位的、综合的、客观的评价体系。

## 三、“O2O”混合教学模式在普通高校国防教育课程中的一些问题

“O2O”混合教学模式，给普通高校国防教育课程带来诸多好处的同时，目前也存在着一些问题。

首先，线上教学平台建设问题。线上教学平台的建设，需要各方面的资源，不是单个老师或者某个教学团队，甚至是学校层面能够解决得了的。一般学校都是依赖于专业的科技公司开发的网络平台，比如“超星”“智慧树”等。这些线上教育平台也是在刚起步、发展阶段，有些方面还需要完善才能更好地适应高校教学的需要。一个平台下，有几十所甚至数百所高校在同时使用，涉及学生数以百万计，在保证了规模效应的同时，个体差异如何保障？以学生为本，因材施教，很难实施。另外，目前国内主要的一些含有国防教育课程的线上教学平台中，很多教学课程的设置与教学大纲不一致；还有课程时数、进度的设置与学校的教学进度不一致（当然，各高校教学进度本来就不一样，同一平台很难兼顾所有）；还有就是针对同一问题，线上平台的声音过于一致，观点太过统一。虽然，针对党的理论、方针、政策类的内容，我们要牢牢与党中央保持一致，对学生进行思想教育，政治立场要坚定。但是有些问题，在同一政治立场下，仍然需要不同的声音和观点。只有不同，才能产生争论，学生们才能在争论的过程中学会思考、学会辨别、提高思想理论水平。

其次，线上教学要求学生有较高的学习自主性。无论是 MOOC，还是 SPOC 形式，都要求学生有很强的自主性和主动性才能有效进行。虽然通过技术手段，可以在一定程度上监督学生线上学习活动进程。但是具体学习的认真程度和效果，却很难监控。这就需要学生有很好的学习自主性。

普通高校的国防教育课，属于通识性的课程，不是学生的专业性课程，对于国防和军事感兴趣的同学，他们学习的主动性尚可，但对国防和军事不感兴趣的同学的学习动因就很难把握了。线上教学的过程基本上都是利用学生业余时间来完成的，这样教师对学生学习效果的监督，十分有限。不同层次高校的学生的学习主动性差异也十分大，一本院校学生的自主学习能力与学习意愿整体明显强于其他院校。因此不同层次的高校，在使用线上线下混合教学模式的时候，面临的困难会有很大差异，不同层级的高校教师应该注意区别对待。

最后，“O2O”混合教学模式对教师提出更高要求。传统课堂教学，教师备课备什么，课堂上就讲什么。即便课堂上有讨论，范围也大多集中在本节课所学的知识点中，至多也不会超越教材范畴。而混合教学模式以后，课堂翻转过来，学生成为真正的主体，老师备课简单地备教材远远不够。线上丰富的资源，学生们活跃的思维，学习内容的范围将被无限延伸。对于教师来说，要具有扎实的基础理论，宽广的学术视野，丰富的知识面，完整的知识结构等等。这和以往相比，对教师的要求，无疑大幅提高了。国防教育课本身的特点就是知识面极广，涵盖了理、工、文、史、法、军事等诸多学科，这对教师来说本身就是挑战，混合教学模式会进一步放大国防教育课知识体系的广度，而且对教师及时更新最新资讯提出了新要求。总而言之，混合教学模式对国防教育课程的教师提出了更高的要求。

**参考文献**

[1] 吴东醒：《网络环境中面向混合学习的教学模式研究》，《中国电化教育》，2008 年第 6 期。

[2] 顾苏军：《线上线下（O2O）混动式教学法在高校课程教学中的应用研究》，《教师》，2014 年第 17 期。

[3] 杨宇翔、黄继业、吴占雄：《线上线下混合教学模式实施方案设计》，《课程教育研究》，2015 年第 5 期。

[4] 陈然、杨成：《SPOC 混合学习模式设计研究》，《中国远程教育》，2015 年第 5 期。

# 《军事理论》MOOC 教学改革的理论与实践

杨　蕾　李有祥　徐东波*

**摘　要：** MOOC 教学是《军事理论》课程教学的发展机遇，也是解决课程教学过程中一系列问题的重要手段，反过来也部分促进了 MOOC 教学浪潮的进一步深化。相较于传统教学体系而言，《军事理论》MOOC 课程教学体系的构成要素增加了课程平台和技术支持团队，且教学团队的内涵也有所深化。当前《军事理论》MOOC 课程开发的三种类型，都是教学信息化趋势推动的结果，但也面临着标准化建设难题和标准化评估队伍确立的问题。

**关键词：** 军事理论　MOOC　教学改革

在高等教育信息化背景下，信息技术承载着教育改革的使命，成为发展和变革高等教育的有力工具。① MOOC 教学是当前教育领域中重要的改革浪潮，在推动课程信息化、实现课程区域共享和提高课程教学实效方面，起到了至关重要的作用。《军事理论》MOOC 教学正是顺应这股教育信息化浪潮的产物。从 MOOC 的"M"，即"大规模"的概念出发，《军事理论》课程是最适宜采用 MOOC 教学的课程之一。这主要是由于课程本身的必修性质，导致课程在单一高校内拥有较大的受众面，甚至高达 8000～10000 人的学习规模，相比于只有几百人学习规模的专业课程而言，MOOC 特性更为明显。从更为现实的角度出发，由于《军事理论》课程自 2007 年开始在全国普通高校中强制性开展，师资建设一时处于滞后状态，导致各高校师资奇缺，以江苏省为例，专职教师仅为 16 名（非上报统计口径）。因而，组织优质师资，实行校际联动的 MOOC 课程教学，一方面暂时解决了师资缺乏的现实窘境，缓解兼职教师的教学压力；另一方面，也有利于课程标准的统一化，为课程教学的规范化发展提供了有效载体和平台。

---

* 作者简介：杨蕾（1994 年～），女，江西南昌人，南京农业大学人文社会科学学院文学学士学位，现任职于东南大学；李有祥（1962 年～），男，江苏南京人，博士，现任东南大学军事教研室副教授、研究生导师；徐东波（1986 年～），男，安徽巢湖人，南京大学、中国南海研究协同创新中心博士，现任南京农业大学军事理论教研室主任、讲师。

基金项目：2014 年度教育部哲学社会科学研究重大课题攻关项目《新时期学校国防教育和学生军事训练工作体系建设研究》（14JZD052）、教育部军地国防教育和学生军事训练协同研究基地项目资助。

① 李红美：《后 MOOC 时期高等学校教学新模式探索》，《高等工程教育研究》，2014 年第 6 期。

## 一、《军事理论》MOOC 教学的体系构成

与传统课程教学体系相区别的是，《军事理论》MOOC 教学体系由三个重要的组成部分构成。而前者往往表现为单一的、地域联系广度较低的、教学内容时效性较差的教学团队，缺少平台载体和支撑及技术支持队伍。

### （一）军地化的教学团队

一般课程的教学团队，很少涉及军方师资，而《军事理论》课程更多地涉及军方师资的参与。为解决普通高校军事教师师资不足，解放军原总参谋部选派了近 1000 名派遣军官帮助实施军事课程教学。这些军方师资是当前普通高校军事课程教学中重要的骨干师资力量。鼓励和吸引这类师资参与 MOOC 课程的开发和教学，是有效推进课程发展的重要举措。这也是弥补普通高校校内师资专业涵养不足、师资队伍不健全的有效途径，更是提升课程教学层次，盘活课程发展的校内外有利因素的重要渠道，夯实课程的校内发展基础。因此，实行《军事理论》MOOC 课程教学，首要的体系要素之一就是军地化的教学团队。

组建军地化的教学团队，首要的问题就是要明确团队在职称和年龄上的梯次性。从而保证团队的发展性和延续性。分析当前既有的《军事理论》MOOC 课程，一个最大的问题就是缺乏教学团队，往往是 1 ~2 位教师自始至终组织一门课程开展，而且师资年龄同质化现象严重，缺少青年教师，这样的课程发展性与延续性就显得相当欠缺。其次的问题则是团队教师在专业上能够形成互补。部分既有的《军事理论》MOOC 课程存在的问题是教师学缘结构差，专业过于相近，而军事课程是涉及学科较多的课程之一，如军事学、教育学、历史学、国际关系学和政治学等学科。在可能的情况下，组建教学团队要考虑到这种专业上的互补，以提升课程质量。另外一个重要的问题就是优质师资及其优质课程的遴选。正如专业上的互补性一样，《军事理论》课程内容涉及不同学科，尽管教师对全部内容都较为熟练，但单一教师可能对某一领域较之其他教师来说更为熟悉，这就构成了课程中的优质师资，在 MOOC 教学团队组建时应该做好“人尽其能”。

### （二）稳定友好的 MOOC 平台

当前，有众多的在线课程教学平台。较大的有 Edx 和 Coursera 等国外教学平台，国内教学平台如网易云课堂、超星尔雅教学平台、卓越智慧树平台、惠科高校邦平台和中国传媒与艺术联盟的传学网平台等。众多课程教学平台是近五年 MOOC 教学流行过程中迅速兴起的教学平台，在课程市场中受到了诸多高校用户和分散用户的青睐。尽管有众多在线课程教学平

台，但一个严峻的现实情况则是少有稳定且友好的平台。相当部分平台在用户界面友好度、学习资源链接广度和大规模在线学习支持量等方面存在诸多问题。一方面是由于短期内，各大平台处于探索建设期，另一方面，也是国内课程平台市场的客户意识较低所致。

所谓稳定，是指课程平台能够随时随地满足不同用户终端设备的访问，且不会出现资源偶然性缺失、用户和学习者使用与学习数据的随意丢失，以及平台能够支持以万为单位的访问者同时访问的能力。笔者认为，这是考察 MOOC 平台是否能够有效支撑教学的首要标准前提，在笔者参与过的 MOOC 教学实践中，出现过由于竞争公司恶意实行网络攻击，导致平台在短期内无法正常访问而影响教学的情况，造成教学进度停滞、学生学习数据丢失等情况的发生。所谓友好，是指课程平台能够有较好的用户体验感，能够以最简化、最有效的方式展现界面，使得学习者能够在最短的时间内迅速掌握平台学习规则，各学习栏目和板块之间在做到有效联系的前提之下，减少冗余和重复，平台各功能按钮能够准确响应任务诉求。平台架构设计过程中，能够充分体现在线开放式课程教学的主要特点，而非简单的视频资源的堆集和传统网络课程资源库，能够充分展现出课程资源随时随地的互联互通性，并实现与相关课程的联结运行。

### （三）高效的技术支持队伍

MOOC 教学与传统教学的最大区别之一就是需要技术支持队伍，与助教队伍有所区别的是，技术支持队伍并不是课程专业队伍，而是课程平台专业队伍，是保证课程平台稳定且友好的公司开发技术人员队伍。高质量的《军事理论》MOOC 课程教学体系，不可或缺的即是技术支持队伍。这是诸多 MOOC 课程在实际运行过程中，最容易忽视的一点。最突出的表现之一，即是极少听从技术支持队伍的课程运行建议，忽视课程技术支持队伍与助教团队、教师团队的沟通。从而导致 MOOC 教学团队与传统课程教学团队在人员构成上，并没有清晰的区分。实际上，最终也会导致课程运行的萎缩。

简单来说，MOOC 教学的技术支持队伍主要在三个方面体现其独特价值。其一是在课程制作过程中，MOOC 技术支持队伍能够运用其规模大、开放性、网络化的特征，通过数字化、网络化手段展现教师教学意图。[①] 这一点在军事课程中更是如此，大量的军事高技术概念和信息化战争概念，仅以语言表达来求得学习者的有效掌握和理解，是较为困难的。而辅之以通俗易懂的动画或动漫形式，往往准确有效地达成教学设想。其二是

① 王永固：《MOOC：特征与学习机制》，《教育研究》，2014 年第 9 期。

在课程运行中，作为非平台开发者的教师，对不同平台的功能和特色实际上并不能做到有效了解和掌握。如果不注重技术支持队伍在平台使用方面的经验和特色介绍，往往无法最大化展现出平台的教学功能和实效，而各大平台实际上各有千秋。其三是在课程运行结束后，传统教学过程中缺少课程评估报告。而 MOOC 教学过程中，技术支持队伍能够就后台学习大数据，基于已有研判规则，给出课程教学报告，这对教学团队改进教学、提升教学质量，无疑具有极大的帮助。这也是传统教学中难以实现的一点。《军事理论》MOOC 课程教学中，其大数据的课程教学报告更具有参考价值。

## 二、《军事理论》MOOC 教学现状分析

由上述得知，《军事理论》MOOC 教学实际上是由三个重要的组成部分构成，这也是一般在线开放课程要遵守的基本逻辑。按照此逻辑，我们可以对当前《军事理论》MOOC 教学现状做归类分析，笔者认为，主要分为以下三类：

### （一）公司主导型课程

鉴于《军事理论》课程具有较大的受众面，特别是由于师资缺乏带来的市场空白，以及在此基础上较大的市场效应。近年来，以超星、卓越、金智和惠科等国内较大的课程开发公司为代表，分别召集全国或区域内有影响力的师资队伍开发《军事理论》MOOC 课程。超星公司先后与东南大学、南开大学、上海交通大学、哈尔滨工业大学和同济大学教学团队相继开发了相关课程。

卓越公司组织国内外知名军事专家联合打造的《军事理论》MOOC 课程在其东西部高校课程共享联盟平台上运行，共有 224 所高校，近 30 万学习者参与。客观而言，这是当前影响力最大的《军事理论》MOOC 课程。然而，从学术角度考量，笔者认为，该课程也存在一些亟待改进之处，即过于注重“宏大叙事”和“将军场面”，缺少对 MOOC 精髓——课程翻转的践行，师资团队极少有精力组织线上答疑互动，各参与高校师资受制于当前普通高校军事教师实际水平整体低下的现状，难以有效组织线上答疑互动。超星公司至目前推出的《军事理论》MOOC 课程系列，由于诸种原因，一直处于不断更换当中。与卓越课程类似，缺少互动翻转。当然，此种情况，也与各高校当前 MOOC 教学条件关系甚深。

### （二）行业联盟型课程

就目前来看，行业联盟开发的《军事理论》MOOC 课程仅为中国传媒与艺术联盟旗下传学网 MOOC 平台运行的课程。该课程由南京四所高校军事教师联合推出，2017 年 5 月正式上线，供 50 余所联盟高校使用。行业

联盟型课程的最大特点是可以以超大规模组织课程运行，课程整体效应较强，相比于公司主导型课程而言，其用户相对稳定，能够前瞻性地做出很多课程调整和改革，并且具有行业的针对性。以传学网《军事理论》MOOC 为例，该课程又名《军事与传媒》MOOC 或《军事理论》传媒版 MOOC，顾名思义，即是对传媒艺术类专业开设的有行业特色的军事理论在线开放课程。

然而，笔者也深刻地感觉到课程运行的压力。一是由于课程的针对性和特色性，而教师团队并非是传媒类专业出身，在课程组织和今后在线课程教学过程中，较难把握课程的专业导向性。笔者认为，需要传媒类师资的参与，才能使得课程更为完善。二是由于尽管教学团队中大多为军校转业师资或有军校学习背景的师资，但军地性体现不甚明显，课程“卖点”有待提升。三是课程教学团队精力有限，较难投入大量精力运行课程。因此，在今后课程运行中，必然要扩建翻转教学团队，以保障课程有效运转。

### （三）学校自主开发型课程

《军事理论》MOOC 课程除上述两种类型外，还存在学校自主开发型课程类型。这类课程能帮助推动大学课程教学细胞的信息化、数字化改造。[①] 主要是由于少数高校走在课程信息化的前列，占据了 MOOC 信息化浪潮的前沿地带，组织校内师资制作了《军事理论》MOOC 课程，如南京农业大学和西安交通大学等高校先后开展了《军事理论》MOOC 课程建设。这些课程的建设和运行，成为上述两种类型之外的有益补充。从发展的视角来看，也是这两类课程持续性发展的基础所在。值得一提的是，学校自主型《军事理论》MOOC 课程的制作方和平台提供方也是上述相关公司，这主要是由于当前，各高校缺乏平台开发能力所致。

由于课程的使用范围局限于校内，从在线开放课程的特点来看，实际上并不是 MOOC 课程，而是 SPOC 课程，即小范围私密性课程。[②] 而且部分高校的 SPOC 课程并不是给所有学生使用，而是限定在部分班级。此外，由于师资数量极少，线上翻转较为吃力，翻转质量较低。尽管在线平台打破了师资的校际局限，但限于各高校师资缺乏的实际，校外师资也难以参与在线翻转教学过程，使得教学设想往往大打折扣。但无论如何，这类课程使得《军事理论》MOOC 课程在学校整体 MOOC 课程体系发展中，占有

---

① 朱泓、赵磊：《MOOC 的创新特质之于高效教学路径的信息化变革》，《中国高教研究》，2014 年第 12 期。

② 曾明星：《从 MOOC 到 SPOC：一种深度学习模式建构》，《中国电化教育》，2015 年第 11 期。

重要位置。以南京农业大学为例，《军事理论》MOOC 课程是校内第一门 MOOC 课程，2017 年获得了校级教学成果一等奖。

值得注意，也必须要指出的是，上述课程，由于版权归属较为分散，相当一部分《军事理论》MOOC 课程也在中国大学 MOOC 上运行。但就目前来看，几乎不符合完整的 MOOC 教学标准要求。

## 三、《军事理论》MOOC 教学标准化建设

纵观当前《军事理论》MOOC 教学现状，笔者认为，标准化建设是当前课程建设过程中一个重要的且亟待解决的问题。

### （一）制定标准化建设框架

如果仔细分析当前《军事理论》MOOC 课程，我们会发现另外三个重要的共同点：其一，课程内容不尽相同。尽管最新大纲没有出现，但根据 2007 版大纲要求，内容上应该尽可能做到整齐划一，这也是课程特点之一。但部分课程要么侧重于军事思想，要么侧重于国防概论，或是侧重于军事高技术等。其主要原因是由于师资本身对此类领域较为熟悉，而对其他课程内容熟悉度一般，从而有意避开。即使是各个部分都有兼顾，但受制于课程学时限制，往往难以突出课程自主特色。其二，课程准确度欠缺。同样的概念，但在不同课程中，且表述不同，甚至内涵上也存在差异。反映出的问题是不同的教学团队和师资对课程的理解不同，实际上是对课程内容的准确度把握不足。其三，教师资格限定过松。当前《军事理论》MOOC 课程教学团队中，存在相当多的行政兼职教师，他们无法投入全部教学精力。这在一定程度上影响了课程质量。

因此，关于《军事理论》MOOC 课程的标准化问题，就成为课程发展的重要建设方向。扼要而言，对应如上问题，标准化建设首先应该细化课程内容，做到在大纲基础上的内容细化，在总体上统一课程内容，做到内容严谨。其次，统一课程概念表述，使得课程严谨。在此，课程教学团队和助教团队的资质必须要进一步明确，确保教学严谨。

### （二）确定标准化评估队伍

要做到课程建设的标准化。关键的问题是要建立一支标准化的评估队伍。对成熟学科而言，标准化的评估队伍建立不是难事。但对于《军事理论》MOOC 课程而言，却不是易事。一方面是因为评估队伍主体分为军地双方。地方师资严重缺乏，如果以当前地方专职师资作为评估主体，“运动员同时也就成了裁判员”，无法保证评估的信度和效度；军方评估主体往往对地方高校理解不清，难以做到准确评估。另一方面是由于《军事理论》MOOC 课程仅是在国内存在，国外并没有该类课程，难以做横向比

较，因而即使是组建了标准化评估队伍，对评估活动的把握，也很难做到准确有效。

然而，就现状来看，并不能就此因噎废食。笔者认为，当前确定相应的标准化建设评估队伍，可以从两个方面来把握：一方面是当前各级军事课教学指导委员会，可以作为评估主体，委员会本身就有军地双方专家成员。但在评估规则中，要注意与课程教学团队多做协商沟通，且注意避免一些常规性问题，如专家回避等。另一方面，可以吸收其他成熟学科在线开放课程评估专家参与《军事理论》MOOC课程评估中，并赋予一定的评估权重。

### （三）接受市场评估

事实上，MOOC浪潮本身也是满足社会公众享有高等学校优质教育资源的重要途径。尽管《军事理论》MOOC课程，是针对在校大学生设置的必修课程，但在标准化建设过程中，也可以向公众开放。《中华人民共和国国防教育法》指出，学校国防教育是全民国防教育的基础，当前全民国防教育资源也是在相当程度上有所缺失，高校国防教育资源充分予以填充，不失也是一个有益路径。因此，促进课程的标准化建设，充分吸引普通民众和市场参与，是一个重要的建设策略。以传学网《军事与传媒》MOOC课程为例，其在“喜马拉雅”平台的课程学习量中，大部分非在校学生，而是普通社会学习者。

当然，吸引民众参与，接收市场评估，一个重要方面是制定市场评估的规程与规则。最重要的问题其实也不在于此，而在于市场为何要评估。这就需要政策引导以及相关政策的制定。不仅是高等教育范畴的事情，也是涉及各级各类单位国防教育的问题，这与当前强调军民融合式发展有较大关系。评估主体的选择也由此应当具有差异性，来自不同行业领域，从而确保市场评估有效准确。当然，为了更有效地吸引市场参与评估，课程的标准化建设应该进一步提升。由此来看，所谓的课程评估与课程的标准化建设实际上构成了互为促进的整体概念。

### 参考文献


［1］李红美：《后MOOC时期高等学校教学新模式探索》，《高等工程教育研究》，2014年第6期。

［2］王永固：《MOOC：特征与学习机制》，《教育研究》，2014年第9期。

［3］朱泓、赵磊：《MOOC的创新特质之于高效教学路径的信息化变革》，《中国高教研究》，2014年第12期。

［4］曾明星等：《从MOOC到SPOC：一种深度学习模式建构》，《中国电化教育》，2015年第11期。

# "慕课+翻转课堂"教学模式在高职院校军事理论教学中的应用与问题研究

黄卓晔*

**摘　要：**高职院校是高等教育的重要组成部分。随着网络信息的发展，慕课的出现给高职院校军事理论课程教学变革带来了机遇。本文从引进军事理论慕课，分析在高职院校构建"慕课+翻转课堂"教学模式的可行性，对"慕课"和"翻转课堂"在高职院校的实际应用进行了现状和问题研究，进而有针对性地提出军事理论课采用"慕课+翻转课堂"教育模式在高职院校的发展对策。

**关键词：**慕课　翻转课堂　军事理论教学　高职院校　应用研究

## 一、"慕课+翻转课堂"教学模式的基本内涵

所谓"慕课"（MOOC），是综合利用镜头语言、技术手段和教学理论，将传统的课程内容重新分解、整合、再造，编排成一个个内容丰富、有机组合的学习板块，而后通过互联网技术手段展示给学生，让其进行学习体验、互动等进而汲取知识的教学模式。①

"翻转课堂"又称"反转课堂"。② 其基本内容是：翻转传统教学模式，课前，学生观看微视频，学习微视频资源或是经过教师筛选的教学微视频以及拓展学习资料；课堂上，教师角色由"主导者"向"引导者"转变，更多的时间用来帮助学生解答问题、修正学生作业，深化学科重点、难点，进而实现知识的掌握。

"慕课+翻转课堂"教学基本方式是，"慕课"平台为"翻转课堂"的实施提供学习资源保障，学生在线下完成知识的学习，"翻转课堂"变成了老师与学生之间和学生与学生之间互动的场所，包括答疑解惑、巩固知识、理解运用等，从而达到更好的教育效果。

---

* 作者简介：黄卓晔（1981年~），男，广东广州人，硕士，现任广东轻工职业技术学院武装部副部长、助理研究员，主要从国防教育方面的研究。

① 桑新民：《"慕课"潮流对大学影响的深层解读与未来展望》，《中国高等教育》，2014年Z1期，第12—15页。

② 李斐、黄明东：《"慕课"带给高校的机遇与挑战》，《中国高等教育》，2014年7月，第22—26页。

## 二、高职院校军事理论课实施“慕课+翻转课堂”教学模式的可行性

### （一）有利于共享名校优质教育资源

目前，高职院校军事理论课存在师资力量少、大班授课和“填鸭式”教学等普遍性问题，导致教学质量难以得到保证。“慕课”的出现，不仅为军事理论课的教学改革提供新的契机，同时为其教学质量的提高提供了可能。“慕课”的主讲教师基本都是行业内的知名专家教授，“慕课”平台还提供其课程的课件，这些优秀教师对课程准确的理解、对知识的运用、对教材的分析、对课堂教学的设计都是优质的教学资源，是其智慧和经验的结晶，这些成果可被教师和学生通过网络共享，实现优质教育资源在高职院校的共享。

### （二）有利于提高教师课堂授课水平

在“慕课+翻转课堂”教学过程中，教师的角色既是知识的传授者，也是“慕课”的学习者。作为“慕课”的学习者，跟随名师精学专业理论知识及其教学方法，以此提升教学水平。作为“翻转课堂”的设计、引导者，需要通过自身对教学课程的学习领悟设计课堂翻转方案。“慕课”使教师从泛泛的讲授中解放出来，让教师有更多的精力系统地、整体地进行教学设计，提高其课堂授课水平。

### （三）有利于学生成为知识的主动建构者

“慕课+翻转课堂”彻底改变传统教学中学生被动听课的局面，教师根据课程内容和学生观看的教学视频等设计思考题，学生在课前带着问题自主学习。学生自由选择学习时间和地点，还可以根据自己的学习情况来反复听课，学习进度可自由控制，使学生主体地位得以凸显，学生成为知识的主动建构者。

## 三、“慕课+翻转课堂”教学模式在高职院校军事理论课的具体应用

2016年，为进一步深化军事理论课教学改革，丰富学校课程体系，共享校外优质课程资源，实现“慕课”时代教育教学方式创新，促进教师教育教学理念更新以及学生综合素质和自主学习能力的提高，我校正式引入超星尔雅通平台《军事理论慕课》作为高职学生必修课。

### （一）教学设计

1. 基本要求

授课教师根据教学内容和学生的特点，向学生介绍课程学习的目标与

任务，使学生明白“慕课＋翻转课堂”教学的课程安排，明确课程学习的具体要求。结合《军事理论慕课》的课程内容，学生自己利用课前自主学习资料，完成课前自主学习任务，在授课教师和教学助理的组织下进行“翻转课堂”教学，课后组织检查。对于课程中的重难点，授课老师需采用“课前在线学习＋课堂讲授与讨论＋课后活动”的形式引导学生学习和思考，拓展知识面，带领学生深入理解重点难点。对于一般性知识点，采用课下在线学习形式，制定相关的自主学习任务并监督学生在线讨论，帮助学生实现教学目标。课后每位学生可凭自己兴趣对某些专题或课后问题进行更进一步地分析，可与授课教师或同学进行讨论。

2. 布置任务

通过自主学习平台向学生布置学习任务，列出本课程的阅读书目、学习的慕课、所学章节需巩固掌握的军事热点问题具体要求。授课前，教师安排学生下载或在线学习“慕课”视频，教师根据课程内容、实践项目结合教学视频选取案例，并进行层层深入的思考题目的设计，引导学生带着问题自主学习“慕课”。教师通过自主学习平台向学生收取思考题答案及实验结果。例如学习绪论章节：授课老师推荐相关的影视资料《集结号》《南京南京》让学生课前学习观看；布置的教学任务为：“选择观看一部电影，在线讨论观影感受并思考为什么我们要学习《军事理论》这门课”；准备课堂讨论：“军事理论课与大学生人才素质的关系”。

3. 学生学习过程

对学生进行分组，让学生以学习小组为单位进行学习和讨论。在自主平台建立班级讨论群，作为学生之间、师生之间沟通的畅通渠道，这样方便学生在课前与同学讨论，课后追问教师课堂上遗漏的问题，完成与本次课程相关的案例学习和实践项目，解答思考题。

4. 翻转课堂过程

由学生观看《军事理论慕课》视频，授课教师由“慕课”或相关拓展学习资料引入。如针对绪论章节，由电影引入，讲授高校大学生军事课的地位及作用，分小组讨论，“军事理论课与大学生人才素质的关系”，授课老师点评总结小组讨论结果，带领学生回顾总结“慕课”学习的重要知识点，最后由学生先总结课堂收获，授课老师再总结知识点。

**（二）“慕课”应用状况**

我校2016级的军事理论课采用“慕课＋翻转课堂”的形式进行，学生可以用电脑或者手机APP进行《军事理论慕课》课程学习。“慕课”管理平台数据统计显示：有6267位同学进行《军事理论慕课》学习，系统总访问量达到950809次，平均每位同学访问151次。统计任务点完成情况：课程完成情况普遍较好，平均任务点完成率为98.08%。本次课程导入的学习人数6267人是所有登记在册的学生人数，由于一些其他原因（入伍、休学等），最终参加学习的人数为6174人。其中，及格人数6137人，占学习人数的99.40%；优秀人数4894人，占学习人数的79.27%；平均分86.31分。数据分析显示，本学年同学们学习《军事理论慕课》的积极性都比较高，在学习过程中使用手机APP进行访问的超过半数，可见移动学习也成为同学们最喜欢的方式之一。

通过后台监测学生讨论和评价情况，总体来说，同学们对于网络学习这种便捷、高效率的学习方式认同感比较高，对《军事理论慕课》主讲老师的课程也普遍比较赞赏。同时，许多同学利用网络上的讨论平台，积极发表自己的个人见解，也充分证实了该门课程确实能够增强同学们的爱国热情和民族自豪感。

**（三）“翻转课堂”应用状况**

依托“慕课”平台，构建适合于军事理论理念的“翻转课堂”教学改革思路，即“知识引导—知识认知—知识消化—知识内化”的流程。知识引导安排在“翻转课堂”前，给学生全方位讲解课程性质。知识认知是指依托“慕课”平台观看专家教授课程视频的过程。知识消化需要凭借学生的理解能力，借助教师的辅导，变他人的知识为自己的知识的过程。知识内化是知识消化的更高层次，不是知识点的简单记忆，而是能灵活运用，转变为自身能力，并将其融会贯通。

高职院校人才培养和学生有其固有特点，构建符合高职院校学生特色的军事理论“翻转课堂”，要采用一系列明确的教学措施。我校在“翻转课堂”前给学生分组，有计划、有组织地开展两人或两人以上学生参与的群体性学习活动，实现团队学习，团队成员通过互动获取、整合和分享知识，并在此基础上改善行为。“翻转课堂”任课教师根据课程目标、课程内容、知识体系，设计具有探究价值的问题，采用“提出问题创设环境、项目分工、协作训练、问题研讨、评价反馈”的理念和模式，帮助学生实现知识内化、能力提高、素质提升。并设置开放式讨论题，主要是对当前的国际时事热点和我国国家安全形势进行分析和判断。各小组成员分工合作，就问题进行讨论、资料查找、PPT制作、发言准备等，改变了以往课堂教学中传统的枯燥的灌输式的“老师讲、学生听”，充分调动了学习的积极性和主动性，让学生充分地表达看法、观点，展现自己的知识积累、兴趣爱好、爱国情怀，课堂气氛生动、有趣；同时，每个小组发言后，老师的讲评能补充学生理解的不足，增加教师与学生交流的机会，加入过程性考核任务，改变完全放任学生自学的局面。

**（四）评价多样化**

传统教学中，教师是唯一评价主体，以课程期末考试为主，即使兼顾平时课堂考勤等情况，也不能对学生的学习过程进行科学的考核，造成了易抹杀学生积极性等问题。军事理论课实现“慕课”化改革基础上，采取了“网络慕课＋翻转课堂”的混合评价模式。除依托“慕课”平台对学生知识理论掌握程度考核之外，还通过在线学习中的在线时间、讨论参与积极性等，对学生的学习态度与学习进度进行考察，并可以采用案例分析、研读报告、小型论文等形式，综合考察学生军事理论掌握程度，从而实现考核内容从认知应试型向能力素养型的转变。“翻转课堂”时，教师从“慕课”管理平台了解学生《军事理论课》的学习进度，如中国国防章节，针对学生未在线自主学习的“国防建设”内容进行督促；对学生单元测试不达标的学习内容进行提示，从而较好地掌握学生的学习进度，及时解决学生学习过程中遇到的问题，同时对学生进行的分组讨论“公民的国防义务与权力”内容进行实践成果展示，教师对学生的实践成果分析评价，对优秀成果加以表扬，也鼓励不同组学生间对实践项目进行讨论改进。实现过程性评价与结果性评价的结合，提升学生课程学习效果。

## 四、“慕课＋翻转课堂”在高职院校应用存在的问题及对策

“慕课”的出现为高职院校军事理论课教学改革的实施带来了一个良好的契机，与此同时要注意，“慕课”引入军事理论课教学之中也存在一定的问题。

**（一）人才培养目标与教学资源的融合**

目前，“慕课”教学资源的优势主要来自于普通高等教育的名校名师，其教学目标、教学对象都与高职院校有较大不同。高职教育的教学目标更注重学生技能的培养，学生在学习主动性和学习能力上要相对弱一些，所以将名校“慕课”资源运用于高职教育需要进行调整。如结合高职院校各专业的人才培养计划和高职学生特点，对《军事理论慕课》资源根据教学要求进行内容的删减，或分成必修和选修，如对电子与信息通讯专业学生授课时多结合军事高技术、信息化战争的内容，适当加入实例和训练，有利于提升教学效果。

**（二）教师教学理念的革新**

采用“慕课＋翻转课堂”进行教学时，教师不再占用课堂的时间来讲授信息，课前课后及时了解学生的学情反馈，课堂上教师的任务是与学生交流，在课堂上从“主角”转为“导演”。教师作为学校教学活动的组织者和引导者，其教育理念的质量直接关系着教学活动的开展与质量，军事

理论课程的教师必须必备有先进的教学理念和思想，必须不断创新教学方法和手段，提高自身的教学技能。教学理念作为教学活动开展的充分必要条件，表明军事理论课程离不开正确教学理念的指导，表明没有科学的军事理论“慕课”教学理念认识上的自觉更新和主动创新，教师无法实现行动上的教学实践创新和发展。军事理论课程“慕课”教学要求教师必须彻底改变传统单一的教室作为唯一授课地点以及教室教学作为唯一授课方式的观点，必须要主动迎接“慕课”的到来，必须将知识、教法和“慕课”理念相结合，必须在授课之时积极唤醒学生的好奇心、想象力以及创造力，激发学生的潜力以及对学习的自觉性、主动性。因此，军事理论教师必须树立科学的教学理念，认真将“慕课”理念融到自身的教学方法中，增强学习趣味性。

### （三）学生学习方式的改变

“慕课”在军事理论课中的应用不仅要求教师掌握其先进的理念以及教学技能，同时也要求学生对“慕课”理念以及具体使用方法有一定的了解。“慕课+翻转课堂”理念虽然在实践中存在着很多问题以及质疑，比如：如何保证学习完成率、考试诚实度、成本问题等。但它作为一种崭新的新兴网络式教学模式，是时代发展和教育发展的必然趋势。在高职院校军事理论采用“慕课+翻转课堂”模式，是以学生为中心的教学方式，更需要充分发挥学生的主观能动性。从现有的实践经验来看，这种教学方式大大激发了学生的学习积极性，尤其是学生的团队协作能力得到很大提高。当然有部分学生不适应这种方式，认为耗时较多，精力不够，这需要教师和学生双方不断磨合。通过“慕课”平台，学生可以自主学习，还可以看视频讲座、听播客、阅读电子书，还能在网络上与别的同学讨论，能在任何时候去查阅需要的材料。学生需要自主规划学习内容、学习节奏、风格和呈现知识的方式，在教师引导下促成个性化学习，改变学习方式的目标是为了让学生通过军事理论知识的翻转实践来获得更真实的学习。

### （四）教师军事知识的更新

教师的自我发展首先是教师自我需要，教师作为一门传道授业解惑的职业，随着时代的不断发展，知识的不断更新，要求教师不断进行学习才可以获得长久的职业知识与技能。尤其对于军事理论教师来说，知识更新的周期逐渐缩短，周边安全、军事政治时事不断变化，就要求军事理论课教师不断学习专业知识。尤其在“慕课+翻转课堂”教学模式中，教师是讨论题目的发起者、层层深入的思考题目的设计者。课堂上教师的职责是保持课堂讨论气氛的活跃度和控制学生对知识探讨的深度和广度，学生对知识的获取在课前完成，包括视频、案例、思考题、实践项目等。在课堂上，学生运用课前所学的知识进行军事理论案例问题的实践翻转，实现“做中学”“练中学”“用中学”，教师组织学生对案例进行分析，对疑问进行探讨，学生知识来自亲身体验而不是教师的灌输。在整个“翻转课堂”的学习过程中，尤其是针对世界军事热点的讨论，需要教师及时关注世界军事概况，做到有足够的知识储备，进行系统的思考，才能通过案例教学法对学生无法进行下去的实践项目进行引导。这种“讨论式”“启发式”的教学模式彻底打破学生在传统教学中被动学习的沉闷气氛，能够更有效地提高学生分析问题和解决问题的能力，提高“慕课 + 翻转课堂”模式的实效。

目前，《军事理论慕课》大多都是国内外一流大学的“慕课”，高职院校学生的认知水平、知识层次、心智特点都与一流大学的学生存在差异，需要针对高职院校人才培养模式，持续总结“慕课 + 翻转课堂”的教学经验。此外，在“慕课 + 翻转课堂”的教学中，为了保证“课外时间”最大化来完成对教学时间的延伸和“翻转课堂”教学的高效性及活跃度，需要教师根据教学内容选择好难易程度适中、时事热点密切相关的实践项目，可循序渐进地引导学生思考的案例和思考题目的设计，这是高职院校军事理论教师需要根据“慕课 + 翻转课堂”教学模式应用的实际做进一步探索。

**参考文献**

[1] 李晓东：《“慕课”对高校教师教学能力的挑战与对策》，《南京理工大学学报（社会科学版）》，2014 年第 2 期。

[2] 潘燕桃、廖昀赟：《大学生信息素养教育的“慕课”化趋势》，《大学图书馆学报》，2014 年第 4 期。

[3] 郝林晓、折延东：《翻转课堂理念及其对我国课堂教学改革的启示》，《比较教育研究》，2015 年第 5 期。

[4] 杨丽琴：《慕课、SPOC 和翻转课堂在高职院校应用的思考》，《教育现代化》，2016 年第 3 期。

[5] 徐建军、周永卫：《军事理论教学的“翻转课堂”论》，《教育虚实》，2016 年第 5 期。

[6] 杜宪：《慕课对应用型本科高校的影响及启示》，《鸡西大学学报》，2016 年第 11 期。

# “慕课”视角下的高校军事教学及对策研究

何静怡*

**摘　要：**高校军事教学是大学教育的必修课，它承担着对高校大学生进行思想政治教育的任务，同时也是对高校大学生进行系统的国防教育的途径之一，有利于提高高校大学生的爱国主义意识。随着现代社会信息技术的发展，传统的填鸭式军事教学方式在为学生集中传授知识的同时，不可否认在一定程度上降低了学生的学习兴趣和学习自主性，同时也使任课教师对工作的热情与创新有所下降。随着当今“互联网＋”在各领域的不断深化，教育行业也紧跟步伐引入了“慕课”。这种以数字化、信息化和网络化的全新教学形式和以“学”为本的教学价值取向，冲击着中国大学长期以来以“教”为主的教学模式，引起中国高校教育改革的大讨论，并倒逼中国教学体系的改革。

**关键词：**“慕课”　军事教学　对策

## 一、“慕课”的概述

所谓“慕课”（MOOC），即“Massive Open Online Course”，代指一种大规模的、开放的和在线式的网络课程。它是综合利用镜头语言、技术手段和教学理论，将传统的课程内容重新分解、整合、再造，编排成一个个内容丰富、有机组合的学习板块，而后通过互联网技术手段展示给学生，让其进行学习体验、互动等进而汲取知识的教学模式。①

“慕课”起源于20世纪60年代。1962年，美国发明家道格拉斯·恩格尔巴特（Douglas Engelbart）提出的“增进人类智慧：斯坦福研究院的一个概念框架”方案，暗含了“慕课”运用信息技术达到大规模教育资源共享的理念。2008年，出现了“MOOC”这个术语，“慕课”则由此词音译而来。2011年，《人工智能导论》课程免费传到网上，吸引了万人注册，规模空前，催发了Udacity平台的诞生。2012年被称为“‘慕课’元年”，Udacity、Coursera、edX被称为“慕课”发展历程中的“三驾马车”“三巨头”。

2013年5月21日，北京大学、清华大学加入被视为MOOC“三驾马

---

* 作者简介：何静怡（1992年～），女，四川南充人，西华师范大学硕士研究生。

① 李曼丽、张羽、黄振中：《“慕课”正酝酿一场新教育革命》，《中国青年报》，2013年5月23日。

车”之一的 edX 在线课程项目；7 月 8 日，上海交通大学宣布加盟 MOOC 三大平台之一的全球最大在线课程联盟 Coursera，成为加入 Coursera 的第一所中国内地高校。当天晚间，复旦大学与 Coursera 达成一致，向 Coursera 网络免费提供中文或英文教学的在线课程。[①] 与此同时，国内的 MOOC 平台如雨后春笋般纷纷建立，或建立 MOOC 平台，或提供 MOOC 课程。随着“慕课”逐渐被引入高校军事教学，传统的教学模式受到一定程度的冲击。这带来的既是机遇，也是挑战。

## 二、“慕课”视角下的高校军事教学分析

随着中国各大高校发表参与“慕课”课程，“慕课”开始冲击着中国传统的军事教学体系，并引发了有关革新的探讨。就军事教学而言，“慕课”体现出较强的优越性，但不可否认其在应用的过程中存在一定的不足。

### （一）“慕课”视角下的军事教学优势

1. 打破传统课堂的封闭和局限

“慕课”最基本的特征之一就是其教学的开放性，它使任何人可以在任何时间、任何地点共享丰富优质的教学资源，打破了传统课堂只能在教室里接受任课教师单方面授课的局面。而且，“慕课”的线上课程非常丰富，是由全国居于领先地位的教育团队负责设计，集结了全国该领域最为优秀人才的智慧，从而使学生能够通过“慕课”这个大平台学习到更为广泛的知识，大大提高了课堂教学内容，有利于改善当前我国高校优质课程资源分布不均、发展不平衡的局面，有利于实现高校教育公平。

2. 引导学生转变学习方式

传统的军事教学是以教师在课堂上讲授为主，教师是教学的中心。而“慕课”实现了以“教师为中心”向以“学生为中心”的转变，它使学生根据自己的兴趣自主选择学习什么军事教学课程、想什么时候学就什么时候学、想在哪里学就在哪里学、喜欢哪所高校哪位教师就选他的课程学，学生从线上通过网络平台学习了丰富的短视频课程，体验了海量的学习资源。心理学相关研究显示，人的最佳专注时间是 15 ~ 20 分钟，而“慕课”课程一改传统课堂每节课半小时以上的局限，整个课堂过程犹如游戏般有趣，在 15 分钟左右的短视频中穿插必答提问，使学生从填鸭式的教学中解脱，激发了学生的学习兴趣，挖掘了学生的学习潜力，突出了学生的主体地位。

---

① 许小桐：《基于慕课视角的我国大学教学改革研究》，大连大学硕士学位论文，2015 年。

3. 激励教师提升创新

在“慕课”平台的建设中，教师不再是军事教学课程的唯一掌控者，而是“慕课”建设团队的一分子。由于“慕课”在制作的过程中汇集了全国该领域最优秀人才的智慧和结晶，无疑激励着高校军事教学教师们努力学习高校军事教学知识以求与时俱进，这在一定程度上有利于提高教师知识水平，更深入地研究军事教学课程。

由于教师教学质量的好坏会在“慕课”网络交流平台上收到无数的反馈评价，因此对于教师来说，不仅需要在军事知识的掌握上有所深入，在如何引导学生有效进行军事理论学习的教学模式上也应当有所突破。“慕课”的应用有利于教师积极思考如何提高学生对军事教学课程的兴趣、调动学生的学习积极性和激发持续性学习的动力。

**（二）“慕课”视角下军事教学的不足**

1. 对特定的实践操作课不宜采用

“慕课”平台上的高校军事教学课程集结了全国领域优秀军事教学专业人才的智慧，由专门的团队开发，但这些课程主要包括高校公共类基础课程，对于某些特定的军事理论实践课以及与军事教学相关的实践操作课，“慕课”还不具备提供学习的能力。比如军事技能训练课的学习，是“慕课”平台无法提供的，学生只能在室外接受学校专门请来的军官及军事教师授课。

2. 对学生的能力要求较高

现阶段高校大学生仍存在学习积极性不足、内在学习动力不够、合作探究性学习意识缺乏等问题，即使大学生活里有充分的课余时间可供调配，学生似乎已经习惯了应试教育背景下被动的接受式学习方式，再加上“慕课”具有开放性这一特征，使得军事课程学习对学生主动性和自我控制能力要求较高。当前的技术手段很难保证是学生本人在参与军事课程学习和每场线上测试，同时也难以判定军事课程线上考试成绩的真实性，因为学生可以一边通过互联网在线搜索考题答案，一边进行线上考试。无疑，“慕课”不仅对高校学生的能力提出了更高的要求，对考试诚信问题也是一个挑战。

3. 无法提供传统军事教学的个性化特质

“慕课”属于线上教学，只要有电脑和网络，就可以不受时间和地点约束而学习。通常情况下，学生出于便利，不会像传统学习那样集体性的在同一个地点进行“慕课”军事学习。传统的高校军事教学形式是学生在教室里接受军事理论教师的授课，这种学生与教师、学生与学生之间面对面的沟通和交流与高校本身的学术氛围相融合。师生之间共同生活学习，不仅有利于建立一定的人脉关系，一定程度上还可以避免由于人与人之间较少交流接触而引发的自闭等心理问题。而传统军事教学课堂的这种个性化特质是“慕课”军事课程无法提供的。

## 三、“慕课”视角下高校军事教学对策

### （一）学校层面

1. 保障军事教学经费及设施投入

学校应当成立军事教研室负责军事教学的管理和协调工作，同时保障军事教学经费投入，完善配套设施。一方面，将更多的军事教学优秀视频课程吸收到本校“慕课”平台中，同时要与时俱进，尽可能地整合最新的“慕课”教学纸质及电子教材，实时更新教材内容，尽量做到在教材选用上，既符合统一要求，又有针对性地结合本校发展特色；另一方面，加大对“慕课”军事教学的多媒体设备等所需配套设施建设，为“慕课”军事教学提供专门的学习室，为学生交流“慕课”学习提供良好的环境。

2. 深化课程改革，线上课堂与线下考试相结合

健全的规范制度是“慕课”军事课程得以深化改革的保障。首先，建立以院系班为单位的三级管理制度及体制，具体负责“慕课”军事教学运作；其次，建立教学运作实施机构管理制度及机制，设置专门的“慕课”军事教学管理及师资队伍；最后，建立考评激励机制，负责“慕课”军事教学评估。①

在制度的保障下，坚持线上课程与线下考试相结合。线上部分为军事理论课程视频播放学习；每个课程小视频播放完毕后的小测试。线下部分由军事教学教师统一安排考试。学生的期末考试成绩则由线上课堂、线下考试以及军事实践操作课三方的考评成绩按适当比例折算而得。

### （二）教师层面

1. 与时俱进，转变教育观念

“慕课”的到来给高校军事教学带来了现实冲击，由此带来的诸多产物也加快了军事教学的诸多变革。军事教学教师首先需要积极转变教育观念，摒弃过去以教师为中心、以教材本位、以灌输为主的陈旧观念，树立以学生为中心、以培养学生能力为目标的新思想。尤其是高校中年纪偏大的军事教学资深教师，应与时俱进，熟练掌握一定的信息技术手段，充分利用“慕课”教学资源。

---

① 姜益琳、陈建波：《浙江省地方本科院校大学生军事理论课 MOOC 教学模式实践运作研究》，《西北医学教育》，2015 年第 3 期。

2. 提升教学能力，改进教学方法

“慕课”海量的教学资源要求高校军事教学教师必须始终让自己保持学习状态，加强与其他军事教师的交流沟通，不断充实自己的军事理论知识。不仅如此，还要积极植入创新性的元素让自己的课程与众不同，可以通过创造性的设置学习情境的方式，提供探究活动，将自己现有的知识储备及丰富经验提供给学生，辅助学生完成知识的同化吸收。

对于线上课堂学习，军事教学教师应积极了解学生学习进度，对学生完成的每个线上小测试严格把关，关注学生是否根据相应要求按时完成。对于线下考试，应根据学生平时课程的掌握情况，有重点地出题、审题和阅题。

**（三）学生层面**

1. 树立主人翁角色，积极自主学习

对于高校学生而言，充分利用相对充足的学习时间，明确自己的学习目标，了解自身兴趣特点，有利于快速准确地定位到合适的“慕课”资源。学生应充分认识到自己的主人翁角色，积极践行“以学生为中心”的军事教学模式，逐渐养成自主学习的习惯，主动在“慕课”平台中寻找学习伙伴，形成学习团队，相互促进，合作学习，积极交流，实现共同进步。

2. 正确认识和把握“慕课”课堂与传统课堂的关系

就现阶段来看，虽然“慕课”课堂显示出极大的优越性，但传统课堂的地位仍举足轻重，两者在地位上相互并列、内容上相互补充。高校学生应该严格按照学校规定，不仅主动积极学习“慕课”平台上的军事教学资源，认真按时按质完成线上测试，还应以端正的态度完成军事理论实践课的学习，理性辩证地把握“慕课”课堂与传统课堂的关系。

## 四、小结

“慕课”本身不是万能的，对于高校军事教学中面临的一些问题，它很难提供切实具体的解决办法。但不可否认，“慕课”背景下的传统军事教学进行了大的翻转，从过去单纯的填鸭式教学转变为以讨论、交流、探究为主的教学，进而推动了军事教学教师和学生创新精神与实践能力的提高。“慕课”作为一种新兴资源，有其自身的优势和不足，我们应当以乐观谨慎的态度，辩证地看待这一系列影响，取其之长，借力使力，努力找到“慕课”与传统军事教学这二者之间的最佳契合点，并不断进行优化，寻求适合高校军事教学发展的更佳道路。

## 参考文献


［1］孙士庆：《“慕课”背景下高校军事理论教学改革刍议》，《理论观察》，2017 年第 1 期。

［2］李曼丽、张羽、黄振中：《“慕课”正酝酿一场新教育革命》，《中国青年报》，2013 年 5 月 23 日。

［3］许小桐：《基于慕课视角的我国大学教学改革研究》，大连大学硕士学位论文，2015 年。

［4］姜益琳、陈建波：《浙江省地方本科院校大学生军事理论课 MOOC 教学模式实践运作研究》，《西北医学教育》，2015 年第 3 期。

［5］杨凯、戴谋元：《“慕课”视域下军事理论课教学研究》，《湖北科技学院学报》，2016 年第 1 期。

［6］杨育林：《现代教育技术视野下的高校军事理论教学改革》，《牡丹江大学学报》，2011 年第 5 期。

# 基于 SPOC 教学模式在高校军事理论课教学中的应用研究

曾雅琴*

**摘　要：**SPOC 是 MOOC（线上教学）与课堂教学（线下教学）相结合的混合式教学模式。SPOC 这种新型教学模式应用于军事理论课具有重要意义。文章通过对 SPOC 教学模式在高校军事理论课教学中的应用价值的分析，提出了 SPOC 教学模式在高校军事理论课教学中的应用，以学生需求为中心，做好的课前课程设计；以思想启迪为取向，实现课上教学目标；以综合测评为依据，检验学习效果。并指出 SPOC 教学模式在军事理论课教学中可能遇到的挑战与困难。旨在为军事理论课程教学改革、提高教学质量和人才培养模式提供借鉴和参考。

**关键词：**SPOC　教学模式　高校军事理论课

SPOC 教学模式，是一种结合了课堂教学优点和在线教学优点的教学模式。简单说就是，任课教师给学生布置线上视频材料作业，让其观看消化，而后在课堂中回答学生在观看视频中产生提出的问题，最后达到理解、吸收的目的。这种混合式的教学模式符合高校军事理论的教学特点，适合当前高校学生的学习方式，是有效解决高校军事理论课教学瓶颈的新模式。

## 一、SPOC 教学模式在高校军事理论课教学中的应用价值

目前，大学生思想政治教育和国防教育主要通过高校军事理论课教学开展，所以高校军事理论课成为大学生提升自身综合素质的重要途径之一。2007 年我国教育部联合总政治部、总参谋部印发了《普通高等学校军事课教学大纲（修订版）》（以下简称《大纲》）。自从《大纲》印发并执行之后，我国高校就开始针对军事理论课教学开展了一系列的研究，不断将新的教学理论和方法应用到该课程教学活动之中。虽然高校军事理论课教学开展取得了阶段性成果，但在开展过程中仍然存在一些问题。本文认为应用 SPOC 教学方法可以有效解决这些教学问题。

### （一）有助于增强军事理论课教学的时效性

虽然和平与发展是全球倡导的发展理念，但就目前而言，国际局势较

---

* 作者简介：曾雅琴（1979 年～），女，福建宁德人，硕士，现任福建船政交通职业学院助理研究员，主要从事高校国防教育与思政管理研究。

为动荡，一些军事问题和国防问题不断显现，高校大学生学习军事理论的目的不只是为了提高自身的思政水平，同时也为了认清当前的发展局势，以便更好地为保卫国家主权和国防安全贡献个人力量。因此，高校在开展军事理论教学课程时教师需要不断加强与实践的结合，不断加强最新军事理论成果的渗透，从而让学生掌握最先进的军事知识和技能。传统的教学模式难以将理论和实践有机结合在一起，但 SPOC 教学模式则可以轻松地实现此教学目标。因为在 SPOC 教学模式中，教师可以通过放映视频的方式将最先进的军事情况和军事理论传递给学生，让学生通过网络获得相应信息，而且还可以实现学生和教师、学生和学生的线下互动，最终促使教学目标得以实现。由此可见，应用 SPOC 教学模式有助于增强军事理论课教学的时效性。

### （二）有助于增强军事理论课教学的针对性

较之 MOOC，SPOC 主要的特点在于人员固定、人数少，不仅可以通过网络进行学习和练习，同时还可以补充、弥补线下课堂教学的不足。该特征有助于教师通过多种途径满足学生的学习需求，以便学生更加有目的性、有针对性的学习军事理论。其一，在 SPOC 线上教学实施过程中，教学团队要根据在线学习学生的实际情况（包括学生专业、学生兴趣与爱好等）展开深入的调查与分析，最终得出调查结果。在结论的基础上录制各种教学视频，这样的视频教学材料是适合学生的，有很强的针对性。其二，在 SPOC 线下教学（课堂教学）实施过程中，军事理论课教师要专门针对学生提出的问题以及他们在线上学习过程中没有掌握的情况，进行有针对性的答疑、教导，所以课堂教学也具有很强的针对性。

### （三）有助于增强军事理论课教学的实效性

高校开展军事理论教学的目的旨在增强学生对军事理论的认知，培养大学生的综合素质。但传统教学模式在开展过程中难以全面实现教学目标，教学效果也差强人意。究其原因，主要表现在两方面：一方面，传统教学模式无法让学生发挥主体作用，在实践教学活动开展过程中，教师依然占据主导地位，机械性地、程式化地向学生进行知识的灌输，无法从根本上激发学生学习的热情，这样的教学，实效性大打折扣；另一方面，军事理论课“慕课”的学习过程中，因学生人数多，学生的学习情况与效果无法得到较好的掌控与管理。

由于 SPOC 教学模式在开展过程中十分重视学生的主体地位，所以将该教学模式应用到军事理论课教学过程中可以有效解决相关问题。加之，线上教学是 SPOC 教学模式的特征之一，该特征有助于教师以调查结果为借鉴进行视频的制作，教师做到“因材施教”，满足学生之所需；通过

SPOC 线下教学（课堂教学），解决线上所不能解决和存在疑惑的问题。笔者认为，SPOC 课堂教学和在线教学的相互补充，应该能让学生的学习倍感轻松，使教学效果达到较佳状态。

## 二、SPOC 教学模式在高校军事理论课教学中的应用

2013 年 SPOC 教学模式在我国出现，它是一种综合性较强的教学模式，既具有传统科学教学的优点，同时还具有 MOOC 教学模式的特征，而且从 SPOC 的发展前景来看是很可观的。但是 SPOC 目前仍然处于发展的第一阶段，我们必须对 SPOC 在高校军事理论课教学中应用进行有效的分析、研究，让 SPOC 在高校军事理论课教学中得以顺利推进。

### （一）以学生需求为中心，做好课前课程设计

“因材施教”是一项先进的教学理念，也是指导教师开展教学的主要方法。由于学生的个人素质、学习能力、认知水平等具有一定的差异性，如果教师采用统一的教学方法和教学理念对待学生，容易造成学生学习效果的参差不齐，不断拉大学生之间的成绩差距。因此，需要教师根据学生和教学知识的特点，面向学生分层次、分阶段开展针对性教学活动，以便激励学生的学习自信心，促使学生结合自身实际情况学习知识，最终实现学生成绩的整体提升。因校施教是 SPOC 教学模式的特点之一，我们可以从以下几个方面进行考虑：

1. 量身定做凸显需求

在课前做好准备，是 SPOC 教学模式在军事理论课取得良好教学效果的基础。在教学活动开展之前，教师可以从学习兴趣、习惯、学习内容等方面入手，不断调研分析学生的学习情况，针对不同的学生设计不同的教学方案。在调研过程中，教师可以采用访谈法或问卷调查法，根据专业和年级不同展开一系列的学习需求调查，从而为教学方案的设计奠定基础，同时在教学方案设计过程中教师还需要结合一些校园文化、教学资源等，以保证教学方案的可行性和实效性，使军事理论课教学过程灵活、有动力，促进学生的积极性与参与度，使教学效果得以提高。

2. 运用案例改变模式

军事理论课本身具有较强理论性，教师讲授军事思想篇、国防建设篇、环境篇和军事技术，需要结合我国的实际情况和现状，以保证教学内容贴合实际。例如，将海湾战争作为教学案例，穿插一些教学理论和实践，从而增强教学课堂的生动性，调动学生的学习积极性。在 SPOC 教学模式实施过程中线上教学应该加强教学视频的应用，为线上教学提供更多精彩，整合经典短视频，同时不但保持高格调的军事理论课能够弘扬主旋

律、传递正能量，达到教育引导目的，还让学生在情感上得以共鸣。

3. “上下”结合推陈出新

SPOC 教学模式在军事理论教学课堂应用，可以将线下（课堂教学）、线上教学相结合的混合教学过程，形成线上课堂和线下课堂的协同教育。线上教学活动在开展过程中应该以教学大纲为蓝本，同时紧贴社会热点和国防现状，以便增强教学内容的丰富性，从而调动学生学习军事理论的热情；课堂教学结构较之传统形式也发生变化：学生主体性得以发挥，教师不再单方面灌输给学生理论知识，不再是教师说的都是对的，师生的互动更加频繁，更能提高教学的实践性。SPOC 的教学模式推陈出新，呈现出非凡的优越性。

所以，在 SPOC 教学中，我们一定要树立正确的教育理念，尊重和爱护每一个学生，用敏锐的目光，培养认识他们的真本领，尊重他们的特点，让每一个学生在教学中散发光芒。也只有这样，SPOC 教学模式才能起到更好的教学效果。

**（二）以思想启迪为取向，实现课上教学目标**

高校军事理论课教学效果的好坏，除了对教材的选择、内容的选择、教学方法与手段的选择有着很高的要求外，同时还表现在教学效果的实效性方面，即引导作用和启蒙作用发挥的高低。SPOC 教学模式的应用可以有效整合教学资源，实现课堂教学的讨论，从而可以实现上述综合性较强的教学目标。

军事理论课教师可以采用社会现象、人物事迹等素材制作有用的优质教学资源，使学生情感上得以升华。例如，在“精确制导技术”一课，教师可以采用 MOOC 教学模式，同时积极融入一些教学资源，视频、音像资料等。如可以播放《中国导弹之父钱学森》的纪录片，讲述钱学森先生在 50 年代毅然回国，为中国的导弹事业做出许许多多杰出的贡献。这样的教学资源，直观形象地为大学生阐释了“信仰理想”“爱国奉献”“国防建设”等教学内容的深刻内涵，引发学生对“三观”的深刻思考。这样的案例植入，正是高校国防教育的重要内容之一，同时也是推进大学生素质教育和培养大学生爱国主义精神的重要方式。如此，SPOC 教学模式在军事理论中的应用，也达到了提高国防教育的作用，发挥了视频教学资源的授课效果。

**（三）以综合测评为依据，检验综合素质**

大学生综合素质测评主要指对大学生综合素质进行评定和判断的过程。该测评体系主要以我国党和政府出台的教学方针为指导思想，从“德、智、体、美”四方面入手，采用科学的方法和指标，对大学生进行的一系列测评活动。测评指标主要包括大学生的学习情况、生活实践、思想道德水平等。该测评体系主要从定量和定性两方面对大学生综合素质进行测评，测评结果往往可以真实、全面地反映我国当代大学生的综合素质水平，从而引导大学生不断提高自身的道德思想水平和综合素质，而建立一套科学、合理的大学生综合素质测评体系是关键。所以 SPOC 综合测评体系是教师检验学生学习效果的有效途径，也是对学生国防意识培养和综合素质提高的重要依据。

1. 对学生学习效果的检测

传统军事理论课的考评，基本是以期末成绩作为检验学生的标准，而 SPOC 对学生学习效果的检测是全过程的。以往学生思想上不重视，旷课时有发生，期末搞突击、临时抱佛脚，学习效果差，而 SPOC 很大程度上提高了军事理论课的实效性。双重测评方式是 SPOC 测评体系的显著特征，主要通过线上和线下实现对学生学习情况的全面测评，有助于教师及时了解学习情况，从而督促学生改正学习问题和不足，做到军事理论课的考评的科学化和实用化。具体可以这样实施：线上教学占期末总成绩的 45%，学生观看 MOOC 及相关视频，完成每次课程的测试和线上期末考试；线下课堂教学占期末总成绩的 35%，课堂讨论分组进行，学生分组汇报，教师答疑解惑、考评；期末总结，结合线上线下所学知识，学生完成论文或报告一篇，此环节占期末总成绩的 20%；与传统的军事理论课期末考核相比，SPOC 的综合测评是多渠道的，是具有规划性、系统性和有效性的。

2. 对学生综合能力的检验

相较于传统的军事理论考核体系，SPOC 综合测评体系的测评效果更加明显，已经成为促进学生学习动力形成和学习能力提高的重要测评方式之一。通过该模式还有助于为教师提供教学参考信息，使教师对学生的培养要求和教学目标，有了更加明确的方向，更有利与教学水平的提高。与传统军事理论课对学生考核作用相比，SPOC 在学生的教育功能上明显的优于传统的军事理论教学，切实推进素质教育，提高大学生综合素质，改进和加强大学生思想政治工作。

## 三、SPOC 教学模式在军事理论课教学应用中应注意的问题

SPOC 在军事理论课中，主要基于视频资料展开一系列的教学，而且视频资料的运用穿插到不同的教学环节，如教学设计、评价测试、教学实施等环节，有助于教学内容的丰富，实现过程性评价与线上教学和线下教学（课堂教学）考核相结合。SPOC 在军事理论课教学中凸显出了极大的优越性，但也对现实的问题提出了挑战和考验，还必须在实践中不断完善

和发展。

**（一）SPOC 教学模式对学校教学条件的考验**

保证 SPOC 在军事理论课中发挥更好的作用，达到预期目标，学校对军事理论课线上教学的支持是重要的前提。对于一所高校来说，是一项重要工程，涉及学校的方方面面，需要人力、财力与智力上的相互合作。在思想上要认识到此项工作的重要性，在人力、经费支出和技术上要得到学院的支持。在执行过程中还得有学院的政策支持，这样才能真正促使 SPOC 教学模式在高校军事理论教学课程中应用和开展。高校领导可以发挥牵头作用，联合学校教师组建 SPOC 开发领导小组，学校主管领导亲自挂帅，引起更大的关注。各方相互协调，达成共识，协同推进，才能使 SPOC 得以真正的实施，达到效果。另外，还需要加强 SPOC 教学教材的开发和编创，为该模式在高校军事理论课开展奠定教学资源基础。

**（二）SPOC 教学模式对军事理论课教师综合能力的考验**

混合型教学是 SPOC 教学模式的显著特点，该教学模式在应用过程中往往需要过硬的互联网技术做支撑，因此，教学需要掌握相关方面的知识和技能。而且该教学模式在应用过程中主要以全过程课堂讨论式教学为主，对教师理论水平和业务水平等都是很大的考验。例如，当学生问到“为什么毛泽东说战争是不流血的政治”等问题，教师是否能给学生合适的满意的解答。在课程的设计、视频的选择、课上互动和课后作业的考核等方面，均对教师的素质和水平提出很高的要求。还有，要求教师具有较高的信息技术处理和操作能力，才能更好地完成教学活动。

**（三）SPOC 教学模式对军事理论课学生配合程度的考验**

SPOC 教学模式在军事理论课教学中应用时学生在线上和线下的参与度，关系到军事理论课的教学效果。一是学生的主动性，能否积极地加入线上的学习和课堂的讨论，学生是否将自己关注的和感兴趣的问题带入学习中，学生的性格差异性，如何传达给军事理论课的教师；二是线上教学，学生如何做到自觉，能够自我学习、自我管理，这是 SPOC 线上教学能否有效实施的关键；三是客观条件因素，每个学生都具备线上教学所需的硬件条件，这也是 SPOC 教学模式能否达到预期目标的重要因素。

**（四）SPOC 教学模式对学校教学条件的考验**

保证 SPOC 在军事理论课中发挥更好的作用，达到预期目标，学校对军事理论课线上教学的支持是重要的前提。由于 SPOC 教学模式的开展对于计算机和互联网技术的要求较高，学校需要从相关方面入手，不断为 SPOC 教学模式的应用创造良好的教学环境。第一，开发功能齐全、操作方便的系统功能，保证教师和学生通过使用各种功能完成 SPOC 教学。系统在开发过程中需要设计多元化的分析功能，以便加强对学生学习情况、成绩、作业完成情况的分析，让教师通过网络监督学生的学习；再如，系统需要以学生为中心，不断设计课堂表现查阅功能、线上讨论功能等，以便学生在学习过程中自我检测，及时纠正学习问题。第二，学校需要加强相关方面的资金投入，以便为 SPOC 模式的开展提供高质量、高水平的硬件和软件设施设备。

## 结　语

教育需求和社会发展需要是军事理论教育专业设置的前提与基础。通过教育不断丰富大学生的军事理论和技能，同时增强大学生的爱国主义和集体观念，不断培养大学生国家安全和国防意识，从而为我国培育出大量的优秀大学生，也为解放军队伍提供高素质的军事人才选拔梯队。随着结构体系、课程内容、教材建设、教学管理、师资配备与培训、经费保障的完善，逐步在人才培养以及学科定位上，也更加完善。SPOC 教学模式的大力推广将大大地促进大学生综合素质的提高。我们应针对实践过程中存在的问题逐步完善，边实践、边总结、边升华，为课程教学改革、提高教学质量和人才培养模式提供借鉴和参考，为国家和社会输送更多人才起到应有的作用。

## 参考文献

[1] 马雯瑄：《基于 SPOC 平台的〈军事理论〉课教学资源建设研究》，《教育现代化》，2017 年第 14 期。

[2] 刘卫平：《SPOC 在高校思想政治理论课教学中的应用研究》，《学校党建与思想教育》，2015 年第 24 期。

[3] 王宁敏：《基于网络教学平台的军事理论课教学管理浅析》，《教育观察（上旬刊）》，2015 年第 5 期。

[4] 恽安平：《关于提高高校军事理论课教学质量的若干思考》，《东南大学学报（哲学社会科学版）》，2006 年第 S1 期。

[5] 康叶钦：《在线教育的“后 MOOC 时代”——SPOC 解析》，《清华大学教育研究》，2014 年第 1 期。

[6] 陈世利：《关于提高普通高校军事理论课教学质量的思考》，《湖南医科大学学报（社会科学版）》，2008 年第 6 期。

# 基于“以学生为中心”的高校军事理论课教学探讨

朱福娇*

**摘　要**：在高校军事理论课教学实践中引入“以学生为中心”的教育理念，构建基于“以学生为中心”的军事理论课教学，强调尊重学生的主体地位，更新育人理念，创新育人方式，完善考核标准，促进学生自主学习、合作探究能力，增强军事理论课堂教学的吸引力和感染力，从而提高课程教学效果，更好地发挥军事理论课在人才培养方面的积极作用。

**关键词**：“以学生为中心”　军事理论课　教学

2017年1月国务院印发《国家教育事业发展“十三五”规划》，其中明确提出：加强高等学校军事理论教学，提升青少年国防意识和军事素养，提高学生综合国防素质。① 军事理论课作为培养国家和民族需要的高素质创新型合格人才，承担着实现中华民族伟大复兴中国梦的历史使命。引入“以学生为中心”的教育理念，探索新形势下高校军事理论课教学路径，在师生课堂互动中提高课堂效果，更好地发挥军事理论课的积极意义。“践行‘以学生为本’教育理念，已成为转变教育发展方式、提升高等教育质量的应有之义。”②

## 一、“以学生为中心”教育理念的基本内涵

“以学生为中心”教育理念是美国教育学家、人本主义心理学之父卡尔·罗杰斯提出，他认为，教学要以学生为本，充分尊重学习者的主体性地位，通过学生对学习对象的分析、研究，引导学生进行对知识的建构和价值的认同。自“以学生为中心”教育理念提出，逐渐在教育领域获得关注和认同。中国高等教育学会院校研究分会会长刘献君教授指出：“以学生为中心”的教育理念，是以学生的发展为中心。学生是学习的主体和知识的建构者，让学生去参与课堂、构建知识；教师是学习的组织者和指导者，进行合理教学设计，引导学生发现问题、分析问题、解决问题。③ “以

---

* 作者简介：朱福娇（1988年~），女，2011年6月毕业于东南大学，硕士，现任扬州大学人武部实习研究员。

① 国务院印发：《国家教育事业发展“十三五”规划》，《人民日报》，2017年1月20日第5版。

② 邓建平：《“以学生为本”：何以可能及如何实现》，《教育研究》，2014年第6期。

③ 刘献君：《论“以学生为中心”》，《高等教育研究》，2012年第8期。

学生为中心”教育理念具有两个基本特征：一是质的特征，即促进学生全面和谐发展，也就是综合素质发展；二是量的特征，即全体学生都得到发展，也就是关注每一位学生。①

将“以学生为中心”教育理念贯彻落实到高校的军事理论课教学中，遵循教育规律和学生的学习规律，从课程设计到课程实施立足于全体学生的全面发展，使军事理论课教学内容、教学方法和教学考核方式更具科学性。这既是适应素质教育的要求，也是遵循教育规律和学生的学习规律，使学生掌握基本的军事理论知识，培养其自主学习、实践创新能力的同时，强化其爱国主义精神和军魂意识，最终达到提高综合素质的目的。

## 二、高校军事理论课落实“以学生为中心”教育理念的现状

目前，高校课堂应“以学生为中心”的教育理念已被广泛认同，然而在实际教学活动中，教师为了完成教学任务往往忽视了学生主体性地位，偏重结论的灌输，轻视学生学习能力培养、情感陶冶，使课堂气氛沉默、寂静，造成学者无趣、教者亦无味的课堂状态。

### （一）课程目标导向不清晰，不易培养学生综合素质

课堂教学活动需要有明确的目标导向，引领教与学的方法与过程，这也是教学的起点和归宿。目前在军事理论课堂上，部分教师并未明确指出课时的教学目标，造成学生学习目的不明确，参与课堂的积极性受挫。或者课时教学目标设置单一，仅仅停留在所要掌握的考试知识，没有根据学生认知水平和专业特点，设置出能促进学生知识的获得、学习方法的养成、情感的陶冶的“三维目标”，也未能突出学生“核心素养”的培养目标。

### （二）教学内容设置不合理，不易激发学生学习兴趣

根据《普通高等学校军事课教学大纲》的规定，军事理论课内容多、涉及面广，新知识、新技术又日新月异、层出不穷，由于教材的滞后性与局限性，部分军事理论课课堂只停留在对教材的简单复述，没有保证教学内容的先进性、前沿性；另外，军事理论课偏重理论化，实践教学只限于参观国防教育基地，学生对于单一的实践教学感觉厌倦。综合这两方面原因，军事理论课堂难以激发学生对国防知识、国家安全问题的真正关注和兴趣，难以培养学生的国防素质，更难以塑造学生爱国主义情怀和军魂意识。

---

① 朱欣：《“以学生为中心”教育理念的历史审视与价值定向》，《现代教育管理》，2012年第4期。

**（三）教学方法选择简单化，不易调动学生课堂参与**

目前，军事教师在课堂上大多采用“传输—接受”的讲授法，偏重于对知识的灌输，忽略对学生的启发引导，虽然也结合多媒体教学，但也只停留在课件的点击和大量军事视频的播放，使本应生动、鲜活、有趣的国际战略形势问题、大国关系问题等失去了原有的吸引力。所以，教学方法的单一选择、忽视现代教学技术的应用，很难调动学生参与课堂的积极性，也不易于培养学生的自主学习能力、研究探索意识以及创新精神。

**（四）教学评价方式单一化，不易培养学生全面发展**

目前，军事理论课的考核评价单一，忽视过程性评价，忽视多元化评价。对学生的考核主要依赖期末考试成绩，往往“一张试卷定乾坤”。这种只注重考试成绩的考核方式，导致学生不重视平时课堂活动，课堂参与度低；这种单一的考核标准，容易挫伤学生全面发展的积极性，忽略技能的养成、情感态度的获得，这也不符合素质教育的多元化评价要求。

## 三、构建“以学生为中心”的军事理论课教学的策略探讨

高校军事理论课以教育目标、教学内容、教学方法以及课程考核等要素为基础，因此，构建“以学生为中心”的教育模式，须将“以学生为本”的理念贯彻到整个教育过程中。不仅要求军事教师树立科学的教育理念，而且要根据军事理论课的课程特点与大学生学习特点，把握军事理论课程的知识性、思想性和综合性，将认知、能力、情感等教学内容有机整合，对课程教学过程进行系统优化设计，更新育人理念，创新育人方式，完善考核标准，激发学生的学习积极性，促进学生自主学习、合作探究能力，培养学生掌握和运用知识的态度和能力，增强军事理论课堂教学的吸引力和感染力，从而提高课堂效果。

**（一）建立“以学生为本”的整合化教学目标，提高军事课教学科学性**

教学目标是教师教学活动的出发点和归宿点，教师在进行教学设计过程中，应以学生为中心，着眼于学生全面发展，有效实施教学的“三维目标”和切实培育学生的“核心素养”。在教学目标价值取向上，“三维目标”着重回答了如何培养全面发展的人的问题；而“核心素养”则着重回答了全面发展的人是什么样的人，即具有哪些核心素养，“核心素养”是对“三维目标”的继承与发展。①

① 李润洲：《继承与超越——“三维目标”与“核心素养”的异同辨析》，《当代教育科学》，2016 年第 22 期。

1. 确立学生主体地位，有效实施教学的“三维目标”

实施“以学生为中心”的军事理论课教学，在教学活动中教师应明确学生在课堂中的主体地位，促进学生“三维目标”的实现。

所谓“三维目标”，是指知识与技能、过程与方法、情感态度与价值观，它们是一个教学目标的三个方面，是统一的不可分割的整体。[①]“知识领域主要包括国防基本知识、基础理论、国防经验及能力和信息知识；情感领域主要包括学习态度、作风品质、理想信念、政治素质、国防观念、国防意识和国防精神；技能领域主要包括身体素质、运动技能和军事技能。”[②] 这就要求教师对军事理论课教学过程进行系统优化设计，将“三维教学目标”认知、能力、情感等教学内容有机整合，使学生掌握军事理论基本知识的同时，形成自主学习方法和终生学习意识，在这个过程中强化爱国主义精神和军魂意识，从而促进学生综合素质的提高。

2. 重视学生主体地位，切实培育学生的“核心素养”

教学的根本目标是促进人的全面发展，提高学生的核心素养。学科则是促进学生全面发展的载体或者素材，军事理论课也不例外。2016 年 9 月，北京师范大学核心素养研究课题组发布了《中国学生发展核心素养》，认为“核心素养主要指学生应具备的，能够适应终身发展和社会发展需要的必备品格和关键能力，指出中国学生核心素养综合表现为人文底蕴、科学精神、学会学习、健康生活、责任担当、实践创新六大素养”。[③] 军事理论课的特色价值在于爱国主义教育，军事教师应在把握价值前提下，厘清军事理论课对学生核心素养所发挥的作用，精心设计教学过程，挖掘教材内容，倡导启发式、案例式、参与式多样化教学方法，营造思考、探究、具有创新性的课堂环境，培养学生爱国主义情怀的同时，帮助学生发展必备的品格和关键的能力。

**（二）挖掘“以学生为本”的多维度教学内容，提高军事课教学针对性**

教育部印发的《普通高等学校军事课教学大纲》规定：军事理论课程包含中国国防、军事思想、国际战略环境、军事高技术和信息化战争五部分内容，几乎涵盖了历史与现实、军事与政治、国内与国外，从古代兵家将帅和当代政坛风云人物，从国际战略格局到我国周边安全环境，从国防科技发展前沿到国防作战指挥体系，可见其涉及面之广，时代性之强，信

---

① 钟启泉：《“三维目标”论》，《教育研究》，2011 年第 9 期。

② 何正方、胡正平：《宏观构建普通高校国防教育目标体系初探》，《东南大学学报（哲学社会科学版）》，2006 年第 S2 期。

③ 林崇德：《构建中国化的学生发展核心素养》，《北京师范大学学报（社会科学版）》，2017 年第 1 期。

息量之大，趣味性之浓。所以军事教师在课程设计中，要充分发挥课程的内在优势和独特价值，以学生为本，激发学生的学习热情，调动学生的学习兴趣，从而使得这门课程的国防教育功能得以有效实现。

1. 传统知识与时事政治相结合，凸显教育内容的时代性

在重视传统军事理论知识教学的同时，更要紧密联系国际国内形势的变化和世界新军事变革的进展。军事教师要及时跟踪了解时事形势，尤其是热点问题的发展变化，及时搜集、整理有关资料，更新教学内容，增强教学内容的时效性和针对性。军事教师可以利用课堂前几分钟时间通报最新军事新闻，或者介绍军事科技的发展成果，把学生最关心的世界热点、最新形势引入课堂，让学生根据已有的理论知识对时事进行分析、探讨，培养学生将理论知识运用于实践的能力，以此激发学生学习军事理论的兴趣，使军事理论课始终充满生机和活力。

2. 课堂理论和实践体验相结合，凸出教育内容的实践性

在进行课堂理论知识教学的同时，更要结合所讲授知识点组织学生体验军事化活动。仅仅依靠课堂上的理论知识的讲授，不易内化为学生自我教育，通过课堂讲授联系军事化的实践活动，让学生亲眼目睹、亲身体验，可以更好地将国防知识内化为强烈的爱国情怀，外化为坚定的爱国行为。比如可以依托军事实践基地，体验绿色军营生活，可以通过执行军人一日生活制度、内务卫生制度；进行军事拓展训练，挑战个人极限，挖掘潜能；参观新式武器装备，零距离感受体验作战；也可以组织学生参观红色基地，现场感受历史的厚重感，对理论的认识更加直观、深刻。通过军事化的实践活动，使教学内容丰富鲜活起来，这样既可以巩固国防知识，培育国防情感，激发学生关注国防的热情，更重要的是培养了他们过硬的军事素质、吃苦耐劳的精神，引导更多学生立志投身于关注国防、建设国防之中。

**（三）探索“以学生为本”的开放式教学方法，提高军事课教学互动性**

英国著名教育家阿什比说过：“大学教育的试金石不是讲授伟大真理，而是用什么高明的方法来讲授伟大的真理，所以，讲授什么不及如何讲授更重要。”① 探索“以学生为中心”的教学方法，坚持以发展学生的能力和综合素质为导向，鼓励学生自主学习，满足学生需要，增强课堂互动，激发学生积极参与教学活动的热情，这也是提高军事理论课堂教学质量的重要保障。

---

① ［英］阿什比著，滕火春等译：《科技发达时代的大学教育》，人民教育出版社1983年版，第17—18页。

1. 坚持以启发式为主，融合多样化教学方法

军事理论课的教学方法既具有重导学、重探究、重实践等一般性特点，也具有合作性、辨理性、实践性等学科性特点。事实上，没有任何一种教学方法能让所有学生喜欢，能让学生保持持久的注意力和积极性，因此，教师需要融合多种教学方法，根据学生的反映灵活转换。

比如，在军事理论课堂上，教师应坚持以启发式教学为主，逐步展开教学内容，层层深入启发学生思考，引导学生自觉领会知识，从而主动发现问题、分析问题、解决问题。同时也要融合多种教学方法，比如在导入新课时可采用问题法，引导学生思考；提出问题可运用探究法，鼓励学生开展讨论发表己见，调动学生积极性参与课堂活动；为防学生注意力集中时间较长而产生疲劳，可适当采用互动式来活跃课堂气氛。这种多种教学方法相融合的教学方式，有利于提高课堂教学互动性，培养学生自主、合作、探究的学习方式。

2. 依托现代教育技术，推进深度化互动教学

现代教育技术参与课堂教学，创设了一个崭新的教学情境，为教育教学注入了新的活力。"以多媒体计算机、软件技术和网络技术为核心的现代教育技术，将文字、数据、图形、声音、动画等信息有机地组合，交互地传递，能够有效地促进学生的认知发展。"① 随着现代教育技术的迅速发展，在军事理论课堂中，学生接受信息的广度、深度、质量、数量都已得到扩大和深化。传统的教学方法已不能满足生活在网络时代的学生，与现代科技相结合的多媒体教学、网络教学、微课、翻转课堂等教学方法已走进课堂，为推进互动协作的学习环境提供了全面支持。如基于手机微信平台，可实现课堂的实时互动，关注学生课堂参与、在线答题等情况；基于计算机的网络课程，可实现学生的深度学习，利用课余时间进行网上针对性学习，进行在线测试，师生答疑交流。而教师通过系统平台，可观察学生的学习情况和测试结果，了解学生自主学习情况，及时调整教学内容和教学策略。

**（四）完善"以学生为本"的综合化课程考核，提高军事课教学有效性**

《国家教育事业发展"十三五"规划》提出："要充分发挥教育评价对科学育人的导向作用，把促进人的全面发展、适应经济社会发展作为评价教育质量的根本标准。"这就要求教师完善"以学生为本"的综合化课程考核，发挥评价的激励作用，关注学生的成长与进步，并通过分析指

① 李禾：《现代教育技术在大学生创新思维能力培养中的作用》，《黑龙江高教研究》，2014年第6期。

导、促进学生的发展，以提高军事课教学效果。

1. 重视过程性评价，促进学生终身化发展

军事理论课的考核标准，应遵循平时考核与期末考试相结合的原则，其中平时成绩需综合上课出勤率、课堂回答问题、个人展示成绩、小组合作作业成绩、撰写论文或调研报告，以及参加国防教育实践活动等情况进行评定。改变“一卷定江山”的局面，试卷成绩不再是考核的唯一标准，这样学生会用更多的时间精力来面对平时的课堂作业和展示，从根本上提高了学生参与课堂活动的积极性。

2. 强调多元化评价，促进学生个性化发展

军事理论课的考核方式，在关注学业成就的同时，还应关注学生发展的其他方面。将学生在课堂上的学习态度、学习表现、综合素质纳入考核范围。不仅关注学生所获得的知识，还应该对能力增长、情感态度等进行考察和综合评价，使军事理论课的考核方法更加客观反映学生知识水平及综合素质，尊重学生的独特性，促进学生的个性化发展，以适应社会对多样化人才的需求。

**参考文献**


［1］国务院印发《国家教育事业发展“十三五”规划》，《人民日报》，2017 年 1 月 20 日第 5 版。

［2］邓建平：《“以学生为本”：何以可能及如何实现》，《教育研究》，2014 年第 6 期。

［3］刘献君：《论“以学生为中心”》，《高等教育研究》，2012 年第 8 期。

［4］朱欣：《“以学生为中心”教育理念的历史审视与价值定向》，《现代教育管理》，2012 年第 4 期。

［5］李润洲：《继承与超越——“三维目标”与“核心素养”的异同辨析》，《当代教育科学》，2016 年第 22 期。

［6］何正方、胡正平：《宏观构建普通高校国防教育目标体系初探》，《东南大学学报（哲学社会科学版）》，2006 年第 S2 期。

［7］钟启泉：《“三维目标”论》，《教育研究》，2011 年第 9 期。

［8］林崇德：《构建中国化的学生发展核心素养》，《北京师范大学学报（社会科学版）》，2017 年第 1 期。

［9］［英］阿什比著，滕火春等译：《科技发达时代的大学教育》，人民教育出版社 1983 年版。

［10］李禾：《现代教育技术在大学生创新思维能力培养中的作用》，《黑龙江高教研究》，2014 年第 6 期。

# 军事技能训练

# 论普通高校预备役部队编组与学生军事训练创新

蔺玄晋　尹建平*

**摘　要：** 预备役部队是国防后备力量建设的重要组成部分，是战时迅速实施武装力量动员的重要组织形式。在普通高校成建制编组预备役部队，既是高等教育落实《兵役法》《国防法》的重要举措，也是军民融合军事人才培养改革的必然要求，同时也是预备役部队信息化建设的现实需要。高校在编组预备役部队时，要注重发挥高校的学科专业优势，制定完善的预备役军事人才培养方案，要成建制编组形成规模，结合高校的学生管理模式，通过集中住宿、准军事化管理，实现预备役部队建设的制度化、正规化。在普通高校编组一支高素质的预备役部队，同时可以有效缓解学生军训承训兵员不足的突出矛盾，有利于学生军事训练内容的更新以及学生军事训练成果的保持，是推动高校学生军事训练工作创新发展的有效路径。

**关键词：** 普通高校　预备役　学生军训　创新

预备役部队是国家武装力量的重要组成部分，是战时迅速实施武装力量动员的重要组织形式，是常备军快速补充兵员的重要力量。① 在当前军队改革的大背景下，预备役部队职能任务由过去以执行作战任务为主，向配合作战与支援保障相结合、以支援保障任务为主转变；预备役部队编成侧重利用地方信息科技资源优势，注重提高信息攻防、战略投送、高科技武器装备维修保障等能力。地方普通高校是人才和智力资源最集中的地方，在普通高校成建制编组预备役部队，将极大地提高预备役部队的科技素养和专业对口率，增强预备役部队打赢信息化战争的能力素质。同时，在普通高校成建制编组预备役部队，还可以解决高校学生军训承训官兵不足、学生军训内容陈旧以及军训成果难以保持等突出矛盾，是推动学生军训工作创新发展，提升高校国防教育水平，增强青年大学生国防素质的可靠路径。教育部《关于深化学生军事训练改革的意见》征求稿中就明确提出："……有重点地培养储备预备役军官，走出在高校组建并开展预备役部队训练的路子。"

---

* 作者简介：蔺玄晋（1979 年～），男，山西大同人，博士，现任中北大学讲师，主要从思想政治教育与国防教育方面的研究；尹建平（1975 年～），男，山西阳泉人，博士，现任中北大学教授、博士生导师，主要从事武器装备技术研究。

基金项目：2014 年度教育部哲学社会科学研究重大课题攻关项目《新时期学校国防教育和学生军事训练工作体系建设研究》（14JZD052）。

① 张杰主编：《国防后备力量建设教程》，军事科学出版社 2012 年版，第 122 页。

## 一、普通高校预备役部队编组的必要性

新的形势下，在普通高校编组预备役部队，既有明确的法律依据，也有客观的现实需要。首先是普通高等教育落实国家《兵役法》的必然要求，其次也是预备役部队信息化建设的必然要求，此外也是军民融合军事人才培养和高校国防教育创新发展的必然要求。

### （一）是高校落实《兵役法》的必然要求

《兵役法》第 3 条规定："中华人民共和国公民，不分民族、种族、职业、家庭出身、宗教信仰和教育程度，都有义务依照本法的规定服兵役。"第 13 条规定："国家实行兵役登记制度。每年十二月三十一日以前年满十八周岁的男性公民，都应当在当年六月三十日以前，按照县、自治县、市、市辖区的兵役机关的安排，进行兵役登记。经兵役登记并初步审查合格的，称应征公民。"第 23 条规定："依照本法第十三条规定经过兵役登记的应征公民，未被征集服现役的，办理士兵预备役登记。"第 22 条规定："士兵退出现役时，符合预备役条件的，由部队确定服士兵预备役；经过考核，适合担任军官职务的，服军官预备役。"第 45 条规定："普通高等学校的学生在就学期间，必须接受基本军事训练。根据国防建设的需要，对适合担任军官职务的学生，再进行短期集中训练，考核合格的，经军事机关批准，服军官预备役。"① 此外，2017 年各地政府还专门出台政策，要求男性大学生必须进行兵役登记。如山西省教育厅、公安厅、征兵办公室就联合下发了《山西省兵役登记暂行条例》。《兵役法》各条规定以及最新出台的兵役登记政策，都为普通高校编组预备役部队提供了坚实的法律依据，更是高等学校贯彻落实《兵役法》的必然要求。

### （二）是预备役部队信息化建设的必然要求

按照新形势下强军目标的要求，我军预备役部队整体建设质量与打赢信息化战争的要求还有较大差距。预备役部队编成中步兵、坦克、炮兵、高炮等作战类部队比重过大，通信、工程、防化、后勤、装备等保障类部队不足 15%。信息化条件下作战支援保障力量短缺，如电磁频谱管理、网络信息、舆论宣传、无人操作系统、海上救援、高技术装备保障等新型预备役力量，目前建设十分薄弱甚至空白。② 此外，预备役部队兵员结构也不能适应信息化建设的需要，目前预备役部队人员编组主要在工矿企业和

---

① 《中华人民共和国兵役法》第 3、13、22、23、45 条。

② 刘海洋、胡博：《预备役部队建设调整改革问题研究》，《国防》，2014 年第 5 期，第 36 页。

机关企事业单位，人员年龄偏大，日常工作任务繁重，信息化素质普遍较低，对新的武器装备操作接受能力明显不足，很难适应预备役部队信息化建设的要求。而普通高校作为国家高素质人才培养的基地，既有先进的科学研究条件，特别是一些具有鲜明国防军工特点的高校，本身就从事高技术武器装备的研制生产任务，能为预备役部队的信息化建设提供可靠的技术支撑；同时，学校还有大批掌握信息化知识的高素质青年大学生，一旦加入预备役部队，能够显著提升预备役官兵队伍的整体信息化素质。因此，在普通高校编组预备役部队是推动预备役部队信息化建设的必然要求。

**（三）是军民融合军事人才培养的必然要求**

中共中央、国务院、中央军委联合发布的《关于经济建设和国防建设融合发展的意见》指出，加强教育资源统筹，完善军民融合的人才培养使用体系，提升军事人才质量。而在构建这一体系的过程中，统筹利用国民教育和国防教育资源，使军事教育和国民教育深度融合，进一步拓展军民融合式人才培养的路子，提高军事人才培养开发的整体效益，应该是军地双方贯彻落实军民融合战略的重中之重。根据军队改革有关部署，将对国防生制度进行改革，由定向招录、全程培养逐步调整为面向地方院校毕业生直接选拔招录，建立健全相关配套政策。这样调整，主要是进一步拓展军民融合培养军事人才的路子，更加广泛地利用国家教育资源，同时为更多地方优秀人才进入军队提供广阔平台。那么，将来有志于建功军营的毕业生的军政素质如何保证？学生在校期间又如何提高自身的军事理论水平？如何充分利用大学四年的时间为未来的军事人才打下坚实的军政素质基础？在普通高校编组预备役部队就是非常科学的选择，选拔有志于参军报国的优秀大学生在校期间服预备役，充分利用部队和学校的优质资源，使学生在校期间接受严格的军事训练和军事理论教学，为将来适应部队的训练生活以及满足第一任职需要打下坚实的基础。因此，在普通高校编组预备役也是贯彻落实军民融合发展战略，提高军事人才培养质量的必然要求。

**（四）是高校国防教育创新发展的必然要求**

高校国防教育是全民国防教育的基础，是进行社会主义核心价值观教育，落实立德树人根本任务的重要途径。但是，目前大部分普通高校的国防教育仍然停留在以学生军训为主的单一模式阶段，国防教育的形式和手段都非常单一，学生在校四年期间除军训以外，很少有机会再接受系统专业的国防教育，这在一定程度上削弱了高校国防教育的地位作用。而在高校编组预备役部队，相当于在校园里增添了一支开展国防教育的生力军，预备役部队在校园内富有军事特色的训练生活本身就是国防教育的典型。此外，通过定期组织预备役部队的军营开放日活动、观摩预备役部队的日常训练、预备役部队与普通班级结对帮扶等形式，潜移默化中增强青年学生对国防的热爱。同时，依托预备役部队开展丰富的军事实践，可以不断创新国防教育活动形式。例如，中北大学就依托预备役部队在校园里开展了“彭德怀元帅杯”国防技能大赛、兵棋推演大赛等特色鲜明的国防教育活动，吸引了上千名普通大学生参加，收到了良好的国防教育效果。

## 二、普通高校预备役部队编组的基本方法

在普通高校编组预备役部队，既要满足部队建制化、正规化建设的需要，也要遵循高等教育的普遍规律。从有利于军事人才培养的角度，普通高校预备役部队编组应主要从以下三个方面着手：

### （一）注重成建制编组，形成规模效应

所谓成建制，就是按照军队营连编制的组织架构进行编组，最小编组单位为连，最大为营。目前，部分普通高校尽管也编组有预备役部队，但基本上都是心理战分队、网络战分队之类的非正规编制，人员相对较少，一般都在十几人到几十人之间，管理也不规范，日常很少开展军事训练和国防教育活动，很难在校园里形成影响力。中北大学在编组预备役时，注重成建制编组，形成规模效应。首次在高校编组了陆军某预备役高炮旅直属指挥二连，编制 124 人，其中连长由现役军官担任，指导员由学校教师担任，其他预任干部由优秀退伍大学生士兵担任，战士选拔标准坚持退役大学生、有参军入伍愿望、党团员、学生骨干优先的“四优先”原则，另外，连队设一个女兵排。由部队统一配发迷彩服、预备役标识以及预备役士兵证和军官证，召开隆重的成立大会，省军区领导、学校领导和旅领导全部出席，通过各种媒体进行大面积报道，在全校师生和社会各界中形成了较强的影响力。目前，学校和军方正在协商预备役连队的扩编事宜，计划从一个连扩大到一个营，人数稳定在 300～400 人之间，并建设综合训练场、模拟射击场等，确保形成较强的规模效应，既满足预备役部队现代化建设需要，又便于高校国防教育的开展。

### （二）加强正规化建设，实行准军事化管理

高校编组预备役部队，要注重加强正规化建设，实行准军事化管理，形成预备役部队建设的长效机制。中北大学在编组预备役部队之初，经过校长办公会讨论，形成了“建设全军一流预备役部队样板工程”的共识，制定了《中北大学预备役连队管理规定》，对预备役部队的组织领导、人员选拔、权利义务等进行了明确的规定。学校专门调配了预备役部队正规

化建设用房，建设了连部、值班室、会议室和三个装备器材库，实现了预备役部队的集中住宿、集中管理，周一至周五组织早操训练，周末进行军事理论教学和军事技能训练，晚上组织晚点名，严格落实一日生活制度。建立健全党、团组织机构，强化官兵的政治思想教育。正规化的军事训练培养了预备役官兵良好的军事素养，为完成部队承担的各项任务以及高校赋予的军训工作奠定了坚实的基础。

**（三）遵循高等教育规律，制定预备役人才培养方案**

高校在编组预备役部队时，要以为部队培养输送大批高素质合格兵员、储备优质后备军官以及依托军营文化促进校园文化为目的，要遵循高等教育的普遍规律并结合军事教育的特点，制定专门的人才培养方案，确保军事人才培养的质量。中北大学在预备役部队编组的过程中，充分借鉴了学校 17 年来在国防生人才培养领域的成功经验，制定《中北大学预备役军事人才培养方案》，面向预备役官兵开设《人民军队导论》《中国国防》《军事思想》《信息化战争》等四门军事理论课程；《单兵队列动作》《军事地形学》《战术基础》《轻武器射击》等四门军事训练课程，纳入正常教学计划，替换选修课学分和社会实践学分，形成了“军事理论教学 + 军事技能训练 + 军事（演习）实践”“三位一体”的预备役军事人才培养体系。同时，学校将预备役官兵在部队学习训练工作的表现以及立功受奖等情况纳入学校奖学金评价体系，设立了专门的国防训练奖学金，鼓励青年大学生在校期间积极投身预备役部队建设。中北大学近年来预备役建设的实践证明，专门的预备役军事人才培养体系的建立，既满足了学生在校期间的基本要求，又符合军事人才培养的基本特点，受到了学生和部队的高度肯定。

## 三、普通高校预备役部队编组与学生军事训练创新

在普通高校编组预备役部队，除满足新形势下预备役部队现代化、信息化建设之外，更重要的是能为解决当前普通高校学生军事训练存在的突出问题（如承训兵员不足、训练内容单一、训练效果无法保持等）提供可靠的路径，能够有效推动普通高校学生军事训练工作的创新发展。

**（一）创新学生军训教官培养模式**

目前，制约普通高校学生军训发展的突出问题就是部队承训官兵不足，部队能够排除的军训教官数量远远不能满足学生军训的需要。根据 2015 年全国教育事业发展统计公报的数据，2015 年全国共有普通高等学校 2560 所（含独立学院 275 所），普通高等教育本专科共招生 737. 85 万

人。[①] 按照军训期间每30名学生编一个排，每排由一名现役军人担任排长组织训练，仅普通高校就需要近27万官兵担任学生军训教官。如果考虑每年近800万的高中一年级学生军训，则还需要20多万官兵，两者相加就需要50多万现役军人才能完成全国的学生军训任务，占到我军总员额的1/4强，这无论如何也无法完成。新时期以来，随着部队进一步精简整编，部队的使命任务更加向战斗力生成聚焦，每年新生入学的八九月份正是部队大规模组织演习训练的时间，这就进一步加剧了学生军事训练承训教官不足的突出矛盾。为了解决这一矛盾，各高校进行了不同形式的尝试。如由国防生担任军训教官，这种模式既满足了军训的需要又为国防生提供了难得的实践锻炼机会，受到了高校的普遍认可，但近年来国防生招生人数逐年下降，2017年明确国防生停止招生，这种军训教官模式已经难以为继。另一种就是各高校自己培养军训教官，如湖南农业大学以校学生组织——“学生纠察队”为依托，让部分军政素质高、学习成绩好、组织纪律强且热爱国防教育的纠察队员参与学生军训的“老生训新生”军训模式。[②] 这种模式确实方便了高校的学生军训工作，但其弊端也是显而易见的，首先，它得不到法律的支持，法律明确规定学生军训由部队承担。其次，自训教官的军事素质得不到保证。还以湖南农业大学为例，其“军训教官队”每年4~5月份进行报名选拔，暑期集中训练15~20天，加上周末训练，全部训练时间也只有20~25天左右，这和学生军训的时间基本相同，就相当于一名刚参加完军训的学生就去给别的学生当教官，而我军训练一名合格的士兵需要三个月到半年的时间才能分配到连队，因此，自训教官的军事素质是无法保证的。同时，由于高校自训教官的军事素质相对较低，也就决定了军训内容只能在走走队列、喊喊口号、叠叠被子等简单的低水平徘徊，变相地制约了学生军训的创新发展。高校编组预备役部队恰恰很好地解决了以上的矛盾，首先，预备役部队是中国人民解放军的正式一员，其官兵都有军队的正式任命，担任学生军训教官完全符合《兵役法》和学生军事训练大纲等法律法规的规定；其次，预备役官兵接受了严格的军事训练，中北大学预备役官兵在两年服役期内，要经历从早操、晚点名到周末训练、部队实践、专业技能比武竞赛、应急处突演练、实弹演习等过程，学习八门军政课程，完成600左右课时的军事训练任务，其军

---

① 2015年全国教育事业发展统计公报，http：//www. ec. js. edu. cn/art/2016/7/7/art_ 4269_ 195082. html。

② 雷志敏：《普通高校“老生训新生”军训模式中学生军训教官培养的探讨》，《理论观察》，2012年第3期，第160页。

事素质完全能够达到军人的标准，为高标准完成学生军训任务打下了坚实的基础。因此，可以说，高校编组预备役部队真正实现了军训教官培养模式的创新，在较长时间内解决了承训兵员不足的突出矛盾。

**（二）创新学生军训的内容形式**

目前，大部分高校的学生军训基本停留在站军姿、踢正步、练队列、唱军歌、军体拳等基础训练上，军训的内容形式简单枯燥，趣味性不足。[①]既不能满足新形势下国家安全教育的需要，面对思想活跃的“90后”青年大学生，又缺乏吸引力，导致现在的学生军训效果比20世纪有明显的下降。客观上看，军训内容的简单枯燥与军训教官承训能力的不足有极大的关系，很多“军味浓”“实战意识强”的科目教官没有组织经验，根本无法完成。中北大学在使用预备役官兵担任学生军训教官的过程中，注重发挥预备役官兵的过硬军事素质和专业特长，不断创新学生军训的内容形式。如在2016年的学生军训中，增加了警棍盾牌操训练、反恐战术手语训练，并且组织了带战术背景的校园反恐实战演练，模拟恐怖分子在校园里人群密集场所劫持学生为人质，动用无人机、无线电通信设备，演练了学生遇急突发事件的应对能力，受到了参训学生的热烈欢迎。此外，还使用激光模拟设备，试点开展了班与班之间的模拟战术对抗，使学生真实地感受到战争的氛围，增强对学生军训的理性认识。总之，高校编组预备役部队为学生军训内容和形式的创新提供了可靠的保证。

**（三）形成保持军训效果的长效机制**

大学生在校四年期间，除了刚入学时接受为期一个月左右的军事训练外，四年中几乎再也没有机会接受军事训练，军训期间养成的良好的军人习惯，随着时间的推移慢慢淡化，军训的效果无法长期保持。大学里最容易看到的明显反差就是大一军训结束后，宿舍的内务卫生干净整洁，但到了大四毕业时，宿舍却基本都是脏乱差现象。如何能够形成保持学生军训效果的长效机制？就需要有一支率先垂范、督促检查的专门队伍，在高校编组的预备役部队恰恰能够扮演这一重要角色。首先，成建制编组的预备役部队在校园里开展正规化的军事训练，口号嘹亮、步伐整齐、军容严整，成为展示军训成果的亮丽名片，塑造了浓郁的校园国防氛围，能够提醒同学们经常想起军训期间学到的军人作风。上市公司上海金发集团董事长2016年来校招聘时，早上看校园里正在出早操的预备役学生精神抖擞，感慨地说：“具备优良军人素质的学生正是企业需要的优秀人才，这样的毕业生有多少要多少！”其次，预备役官兵在军训结束后，还要被学校聘

---

① 黄相亮：《学生军训将向何处去》，《中国青年报》，2016年5月19日第12版。

任担任一年的班级军训辅导员，负责督促检查军训后学生的早操、内务卫生和仪容仪表，确保了军训效果的长时间保持。第三，依托预备役部队开展形式多样的国防教育活动，吸引全校各年级学生参加。比如，中北大学每年组织全校学生干部参观预备役营区、官兵宿舍，观摩军事科目表演；每年组织国防知识竞赛、军事体能竞赛、涵盖识图用图和无线电测向的国防技能竞赛等，吸引数千人次的普通大学生参与其中，形成了保持军训成果的长效机制。

从逻辑上讲，高校预备役部队的编组会带来学生军事训练的创新，军事训练的创新又会提高预备役部队建设的整体水平，这是双赢的选择。同时，预备役部队的编组和学生军训创新，会为高校征兵工作带来质的变化。中北大学2015年就有150名大学生参军入伍，2016年有105名，参军报名人数每年都在500人左右。

高校编组预备役部队是新形势下推动预备役部队建设和学生军事训练创新的有益探索，在编组的过程中只要处理好军事训练与学习成绩的关系、短期编组与长期建设的关系、部队要求与学生成才的关系①，就具有在全国高校推广的广阔前景。在当前大力推进军民融合发展战略的大背景下，我们有理由相信，在部队和高校的共同努力下，高校预备役部队编组工作一定会取得圆满的成功，制约高校军事训练创新的难题也一定会得到有效的解决。

**参考文献**

[1] 张杰主编：《国防后备力量建设教程》，军事科学出版社2012年版。
[2]《中华人民共和国兵役法》第3、13、22、23、45条。
[3] 刘海洋、胡博：《预备役部队建设调整改革问题研究》，《国防》，2014年第5期。
[4] 雷志敏：《普通高校“老生训新生”军训模式中学生军训教官培养的探讨》，《理论观察》，2012年第3期。
[5] 黄相亮：《学生军训将向何处去》，《中国青年报》，2016年5月19日第12版。
[6] 杨国洪：《大学生预备役部队编组策略》，《学校党建与思想教育》，2011年第5期。

① 杨国洪：《大学生预备役部队编组策略》，《学校党建与思想教育》，2011年第5期，第73页。

# 探索新形势下大学生军训承训部队落实难题破解之道

廖廷阳*

**摘　要：** 通过对现行大学生军训承训模式、优劣及所面临的问题进行分析，明确所需面对的新形势下大学生军训承训部队落实难题，进而就破解此难题进行了理论探索，提出了以坚持由军队承担起大学生军训之重任为主，以高等院校组建以本校大学生退役兵为基础的军训教官队伍承训为辅的破解方法。

**关键词：** 大学生军训　承训　落实　难题　破解

从 1985 年开展试点开始，大学生军训已经走过了 30 多年。却出现了一个在外人看来不应该是问题的问题，那就是大学生军训承训部队越来越难落实，这正如做一桌满汉全席的材料已经备好了，却发现做这满汉全席的厨师请不到。承训部队教官的素质、水平和能力是决定大学生军训效果的关键因素，找到、落实好承训部队并建立起长效机制，这是搞好大学生军训的前提和保障。

## 一、现行大学生军训承训模式、优劣及所面临的问题

### （一）军队承训模式

1. 基本情况

军队承训模式是最为广泛的一种模式，是由军队派出官兵组成承训团队，对大学生进行军训的一种模式。这里的军队即包括中国人民解放军陆军、海军、空军甚至是新成立的火箭军、保障军部队，也包括武装警察部队、公安边防部队、公安消防部队等；从承训官兵的身份而言，既可能是现役官兵也可能是预备役官兵甚至是民兵。

2. 优与劣

军队承训模式优势明显，军队，无论是解放军还是武警部队，都是我军军事技能及革命精神的最正宗传承者。由最正宗的传承者对大学生进行军事技能训练，应当说更容易达到军训要求和目的。劣势主要有长期军事化管理之下的部队官兵多了几分严肃少了几分活泼；作为教官的部分士兵学历低于受训的大学生缺乏应有的自信等。

---

* 作者简介：廖廷阳（1972 年～），男，1996 年 6 月毕业于中国人民公安大学，2014 年 12 月获法律硕士学位，现任梧州学院科长、讲师，主要研究方向是法学、国防教育。

3. 面临的问题

首先，军队与高等院校的关系处于一种比较尴尬的状态，“为军训而共建，共建只为了军训”，有些关系维系依靠双方主管之间的交情；其次，本轮军队改革部分部队换防或撤并已是必然趋势，这种以大学生军训为目的的共建关系名存实亡，即便军、校双方都有共建合作的意向，终究拗不过客观事实的改变。

**（二）国防生担任教官模式**

1. 基本情况

由本校国防生作为教官对本校大学新生进行军训曾经是许多没有国防生的高等院校极其羡慕的模式。一般是从高年级的国防生中挑选各方面素质尤其是军事技能水平较高的学生担任教官，对本校的大学新生进行军训，整个军训的组织、管理、实施均由学校独立完成。

2. 优与劣

由于整个军训活动是由学校独立组织实施的，没有了与承训部队沟通、协调的环节，整个军训实施过程会更加顺畅。同时，由于同为一所高等院校的学生，由师兄师姐训师弟师妹，在学校校风、学风、校纪等的教育与传承比军队承训更有优势，其效果也是军队承训所无法达到的。但是，同样基于师兄师姐训师弟师妹这个原因，持续多次之后会可能会造成军事技能的习得与传授上存在瑕疵。另外，这种模式也仅限于有国防生的高等院校才适用。

3. 面临的问题

据 2017 年 5 月 26 日的新闻报道，根据中央军委的决定，从 2017 年起不再招收国防生，这也就意味着以国防生担任大学生军训教官的模式将成为历史。

**（三）军校学员担任教官模式**

1. 基本情况

在军队院校的学员挑选军事技能水平较高、有一定组织能力和教学能力的学员担任教官，对地方高等院校的大学新生进行军训。整个军训的组织、实施和管理与军队承训模式基本相同，只是担任教官的人员的身份不同而已。

2. 优与劣

由于施训者和受训者均为大学生，在学历上拉近了两者之间的距离甚至是零距离，两者之间的沟通是无障碍的，最大限度避免了因文化水平之间的差距造成冲突的可能，更有利于军训的实施与管理。由于此模式受军队院校与地方院校必须在同一座城市这一条件的限制，且需要军队院校与地方院校有着各种官方或非官方的密切联系，因此只能是一种小众型的模式。

3. 面临的问题

由于军队改革也涉及军队院校撤并，因此即便是原来与地方院校有军训合作关系的军队院校是否仍然可以派出学员承训成为一个变数。而且改革之后的军队院校是否仍然被允许对外承接地方院校的新生军训也是一个未知数。

**（四）企业承训模式**

1. 基本情况

近年来，在部分地区相继成立了一些主要为青少年、企事业员工等提供国防教育和军事拓展教育服务，同时为退役士兵就业提供职业教育和技能培训的企业。这为各高等院校在找不到军训承训部队的情况下提供了一个新的选项。这些企业的成立是一些商人看准了学生军训承训部队越来越难落实这一商机的创新之举，其以退役士兵作为教官为学校提供学生军事技能训练服务。

2. 优与劣

既然是企业，其运作均为市场化的，因此在为高等院校提供大学生军训服务的灵活性会更强。同时由于学生军训市场空间潜力巨大，从目前的情况下看，为了拓展市场并尽可能多地占有市场份额，其所提供的服务应该说还是有一定质量的。但是，同样基于市场化运作这一根本，由企业承训学校所需支出的费用是前三个模式支出费用的若干倍，这是大部分高等院校比较难以接受的。虽然担任教官的均为退役士兵，军事技能可能没有问题，但其已脱离了军队体系，与企业只是一种劳动用工关系，其他方面的素质尤其是思想政治素质则比较难以掌控。

3. 面临的问题

首先，企业作为军训承训的主体资格是否合格？按照《学生军事训练工作规定》第十八条规定：“普通高等学校组织实施学生军事技能训练所需的帮训官兵，由省教育行政部门提出计划，由省军区协调驻军部队、军队院校和武警部队、院校派出，或者报军区统一安排。高中阶段学校组织实施学生军事技能训练所需的帮训人员，由军分区或者县人民武装部协调驻军部队、武警部队和预备役部队帮助解决。”显然，企业作为军训承训主体的资格是不符合规定的。其次，如何保证所选派的充当军训教官的退役士兵的素质和能力符合大学生军训的需要，同时能有效地维护军训期间的正常秩序与安全？

### （五）学校自建学生教导队承训模式

1. 基本情况

这是一些高校在新形势下，针对如何保持本校新生军训的长效性，兼顾学生群体差异性，同时也为了给学校培养学生管理骨干的探索之举。主要方式是从高校本校大二的学生当中选拔部分优秀学生作为培养对象，组建学生教导队，经过一定的培训并达到相应的要求后担任本校新生军训的教官，目标是建立一支稳定的、高素质的、符合本校新生军训要求的学生教员队伍。这种模式因难以查证，应该说只是极少数高等院校采取的一种模式。

2. 优与劣

由于同为一所高等院校的学生，由师兄师姐训师弟师妹，在学校校风、学风、校纪等的教育与传承比军队承训更有优势，这与国防生承接模式相同。而且由于教员可能都是学校管理的骨干，有利于学校对大学新生在今后学习、生活等各方面的管理。劣势在于，无论经过多么系统、规范的培训，毕竟这些充当军训教员的学生均未经过军营的磨砺，就算军事技能再好，训练效果也难达到预期，在国防意识培养、军队优良作风的传承等方面是否到位是令人怀疑的，也就是只能达到形似而神不似的效果。

3. 面临的问题

组成学生教导队的学生既不是兵也未当过兵，作为军训的教员，其身份与《学生军事训练工作规定》的要求不符。

## 二、探索承训部队落实难题破解之道

依据《中华人民共和国国防法》《中华人民共和国兵役法》《中华人民共和国国防教育法》以及国务院、中央军委有关文件精神，大学生军事课即军事技能训练及军事理论教学是以通过军事教学，使学生掌握基本军事理论与军事技能，增强国防观念和国家安全意识，强化爱国主义、集体主义观念，加强组织纪律性，促进综合素质的提高，为中国人民解放军训练储备合格后备兵员和培养预备役军官打下坚实基础为目的的国防教育的重要内容。也就是无论遇到多大的困难，按质按量完成大学生军事技能训练任务是军事机关、教育行政部门以及各高等院校义不容辞的责任。何为新形势下大学生军训承训部队落实难题破解之道，笔者做了以下理论的探索。

### （一）军队应承担起大学生军训之重任

国防法、兵役法、国防教育法均规定了军队在国防教育中的主体职责，在《学生军事训练工作规定》第九条则明确规定：“军事机关负责向普通高等学校派出派遣军官，安排承训部队和帮训官兵，提供学生军事训练所需武器弹药的保障。”对于军队而言，军事改革导致部队的换防或撤并等都是暂时的，所要面对的最大的问题是承接学生军训的官兵数量是否能够满足需要。根据教育部《关于做好 2017 年普通高等教育招生计划编制和管理工作的通知》中公布的全国各省市 2017 年高考招生计划，全国各地、各部门共计招生 6536340 人，按照 90% 的报到率及每名教官带 75 名学生军训计算，需要承训官兵约 7.8 万人。以 2017 年报名参加高考人数 940 万为基准，估算 2017 年高一新生人数为 900 万人，仍按每名教官带 75 名学生军训计算，高中新生军训需要承训官兵约 12 万人。由此我们可以估计在 2017~2018 学年第一学期开学（即 9 月份），全国需要学生军训承训官兵将近 20 万人，这将占我国武装力量总数的约 1/10。而此时又恰逢新兵入伍集训期间，部队自身也需要一定数量的军事技能骨干去保证新兵集训的质量，而且新兵军训中军训教员与新兵之比为 1∶10。这种供不应求的状态下也就是形成高等院校苦寻军训承训部队这一怪象的根本原因。

1. 基本思路

如何打破这一怪象？笔者认为可以采取这样的思路：自下而上，区域统筹分批实施。

所谓自下而上，即由各高等院校将每年拟接受军训的大学新生的人数（可以以招生计划人数与上年学生报到率作为推算依据）上报到省级教育行政部门，省级教育行政部门会同省军区本省（区、市）对高等院校军训实际需要，结合驻军的实际情况做出初步承接计划安排后报战区。战区根据各部队年度训练及战备任务情况对各省上报的计划安排进行审核与调整，确定后由战区直接下达承训任务到部队，同时报总参谋部备案及通知省军区、省级教育行政部门和高等院校。此为自上而下。自上而下还包括一层意思，由于战区、省军区对于武装警察部队并无管辖权与指挥权，就必须由总部自上而下要求武装警察基层部队有积极配合省军区统筹安排承接学生军训的义务。

所谓区域统筹分批实施，则是指在一定的区域内（可以是 1~3 个地级市范围内），高等院校对新生军训教官的需求量与部队所能承受的量之间进行科学统筹，在供需之间找到平衡点，分期分批实施军事技能训练。

2. 几点要求

首先，尽可能地选派大学生（包括大学毕业生、在校生、高校新生）士兵担任教官。这可以从学历层面使得施训者与受训者无差距，使教官多一分自信少一分自卑，建立起作为教官的心理优势，更有利于军训的组织实施。

其次，担任教官的士兵必须达到“五会”教员的标准。军队的“五会”即“会做、会讲、会教、会做思想工作、会抓安全教育”。从以往学生军训的情况来看，由于教官们一般都是部队军事技能骨干，因此“会做”方面没有问题，但“会讲”“会教”有待进一步加强。这两个方面主要涉及教学的方法、技能与技巧等问题。“会做思想工作”“会抓安全教育”方面往往是被弱化的内容，却恰恰是大学生军训不可缺少的重要内涵，也必须要落实好。

**（二）以大学生退役士兵为基础组建自己的军训教官队伍**

笔者组建高校自己的军训教官队伍的想法始于2006年。2005年，所在高校组建了民兵应急连，在当年的自然灾害应急处置中，这支民兵队伍表现优秀且得到了锻炼。2006年，由于之前的承训部队的兵力难以承担起扩招之后的本校新生军训任务，在学校重新寻找承训部队的过程中，笔者产生了挑选学校民兵连中军训技能较强的民兵来承担新生军训任务的构思。十年间，所在学校的承训部队虽然只有两次变更，但在每一次变更的过程中，这种构思也得到了不断充实，从开始的以民兵为主体，发展到后来的以“民兵+退役大学生”为主体。到了2017年初，在统计2016年本校应征入伍学生的基本情况时，发现应征入伍的在校生、新生超过了50人，当他们服役两年后退役时首先从人数上足以承担本校的新生军训任务，而且从对国家征兵政策分析中可以肯定的是，大学生入伍数量只会增加不会减少，同时受到了高等院校自建学生教导队模式的启发，以大学生退役兵为基础组建本校自己的军训教官队伍的思路就逐步完整显现在脑海中。如果由部队承训确实难以落实，这一思路极有可能在两三年后付诸实践。

1. 可行性及优势分析

首先，高等院校本身就是大学生军训的主体，而退役大学生士兵按照国家的要求均应在退役后服预备役，因此无论从承训机构还是教官的身份应该说是符合大学生军训主体资格要求的。其次，退役大学生士兵至少接受了两年正规的军事技能训练，虽然未必全部达到部队“五会”教员的要求，但只要在承训前进行一定规范的强化训练，完全可以达到承训大学新生所应具备的要求。其三，由本校退役大学生士兵担任教官由于存在的固有的学校与学生之间的关系，更便于在施训过程中对他们的组织、指挥和管理。而最大的优势就如在前述国防生承训模式、自建学生教导队承训模式中提到了，我们可以利用施训者与受训者为同门师兄（姐）弟（妹）的特殊关系，有意识地把军训作为新生入学教育的一个自然延伸，在军训期间进一步培养新生对学校的认同感、优越感，这将为今后对学生的管理打下坚实的基础。

2. 需要解决的问题及方法

首先，组织管理问题。这里的组织管理问题主要是指学校军训管理部门，如武装部、学生工作部等，在对退役大学生士兵承训前强化训练、非军训期间训练常规化的管理问题，这是军训工作对学校武装部或学生工作部提出的新的要求。要做好组织管理工作首先要解决制度建设问题，我们可以参照军队的条例条令，结合高等院校的实际，建立起一整套完善的有关退役大学生士兵军训教官队伍训练、管理、建设等方面的制度。在日常管理实施上，可以弱化学校武装部或学生工作部的管理职能，按照大学生“三自原则”强化学生的自我管理；为了增强凝聚力，可以考虑将这支队伍社团化，即成立退役大学生士兵军训教官队伍社团组织。另外，在承训前按照“五会”标准进行的强化训练则必须借助地方军事机关的力量才能更好地实现。

其次，队伍稳定问题。退役大学生士兵军训教官队伍的相对稳定将更有利于新生军训的顺利、有效地开展，作为军训教官必然要付出时间与汗水，而且大学生活丰富多彩，每一名大学生都有追求属于自己的大学生活的权利，退役大学生也不例外。那么，这一矛盾将会是影响队伍稳定的关键因素。如何让退役大学生士兵军训教官队伍保持稳定？笔者认为可以从以下两个方面着手：一是从学业及成长成材角度，将坚持日常训练、承担并完成新生军训任务的退役大学生士兵，可以免修公共体育课、劳动课或者认定为实践实验课经历，还可以作为评优评奖等的加分项；二是从经济角度，在担任教官承担新生军训任务期间享受津贴及伙食补助。

**参考文献**


[1] 梁庆周：《一种多赢的军训课程改革模式——国防生担任军训教官的视角》，《高等教育研究学报》，2015 年第 1 期。

[2] 许冬冬、胡超、李献华：《军校党员承担地方高校大学生军训的意义及方法》，《军事体育学报》，2017 年 1 月第 1 期。

[3] 吴勇：《学校军训教学模式改革的探索与实践——以宁波大红鹰学院为例》，《中国教育学刊》，2013 年第 6 期。

# 高校组建预备役分队对提高国防教育的实效性探析
## ——以成都学院预备役分队建设为例

易贤文　田　东　吴双玲*

**摘　要：** 在当今和平年代，随着主权国家观念的强化，国防教育受到各国的普遍重视。高校是国防教育的重要阵地，其国防教育开展效果的优劣关乎当代大学生能否更好地适应国家人才培养战略目标和国防后备力量建设的需要。研究发现，在当前高校国防教育中，存在着学生对国防教育的重视程度不高，国防教育频率短、平、快，专业师资力量极其匮乏，军事训练模式滞后，经费投入明显不足，部队派兵帮训日益困难等问题。提高高校国防教育的时效性，应深入贯彻军民融合理念，共建军地培养平台，充分发挥国防教育客体的主观能动性。本文以成都学院预备役分队建设为研究对象，从高校与军队共建大学生预备役连队实际出发，利用军队的优良传统和优势资源，探索大学生国防教育新途径，全面提高国防教育时效性。

**关键词：** 高校　预备役分队　国防教育　时效性

国防教育是高等学校教育体系的重要组成部分，对大学生有组织、有计划地进行国防教育是党中央的一贯思想。高校国防教育是实现大学生全面发展的重要途径，是爱国主义教育的重要方式，是全民国防教育的重要组成部分。对于增强学生的国防观念和国防意识，实现人才的培养和国防后备力量建设的和谐统一，促进大学生素质的全面提高具有重要的意义。

## 一、高校国防教育缺乏时效性的原因探析

学校的国防教育是全民国防教育的基础，是实施素质教育的重要内容，国防教育应贯彻全民参与、长期坚持、讲求实效的方针。[①] “讲求实效”指讲求国防教育的实际效果，即国防教育的实效性。改革开放以来，我国高校国防教育在保障体系、组织领导、经费投入以及模式创新方面已经有了显著的成就。然而，面对国际和平发展的主题，社会多元思想的冲

---

* 作者简介：易贤文（1958 年 ~），男，中共党员，空军政治学院经济管理专业毕业，2009 年 5 月起任成都学院（成都大学）党委副书记、纪委书记，主管学校纪律检查工作；田东（1972 年 ~），男，中共党员，四川师范大学教育学硕士，现任成都学院（成都大学）党委武装部部长（保卫处处长）、讲师；吴双玲（1988 年 ~），女，西华大学法学硕士，现任职于成都学院（成都大学）党委武装部国防教育科、军事教研室。

① 《中华人民共和国国防教育法》，http：//www. gov. cn/gongbao/content/2001/con - tent_ 60892. htm。

击，大学生对国防教育的认知态度不一；同时，当前高校国防教育缺乏有效的教学价值驱动机制，面临“有教学无考核评估”的现状，高校不必受到来自上级的国防教育效果评估和监督的外在压力，导致一系列地方高校国防教育普遍存在着时间和经费保障不到位，师资力量薄弱不专业等现象，一些学校对国防教育忽视抑或走走形式。具体来说，高校国防教育缺乏时效性的原因主要有以下几个方面：

**（一）高校国防教育思想认知存在偏差**

高校国防教育的指导思想应该以学生为对象，以国防现代化为目标，以爱国主义为重点，提高高校学生的国防意识与保家卫国的本领。① 可以说，高校国防教育的指导思想已经非常明确，但是在实际的践行过程中却火候不够，存在诸多不足。从国防教育的目的来说，一些高校把国防教育的目的仅仅理解为对学生意志力的培养和锻炼，却忽视了国防教育更高层次的重要价值，舍本求末。还有的仅仅把国防教育作为一种应付差事的既定程序，根据国家法律法规的要求设置必修学分，至于开展国防教育的真正价值和目的，则遭到忽视。更有甚者，一些高校把国防教育作为谋利的手段，以军训为托词，趁机收取额外费用。在国防教育的基本内容上，一些高校仅仅是站站军姿，举行一场叠军被比赛或者进行一次分列式汇报表演就算进行了国防教育，稍微强一些的就是进行几次实弹训练，学学军体拳，反而将国防教育变成了一种“锦上添花的亮点”，应付差事。在国防教育的保障与地位方面，缺乏自上而下的统筹安排，没有区域内的学校与部队的持续合作，缺少固定的国防实践场地，国防教育的课程与学生的专业和文化课脱节，更缺少相应的课程评价体系，难以调动学生的积极性，从而在很大程度上遭到忽视。

**（二）高校国防教育课程建设存在不足**

首先，国防教育课程目标需要与时俱进。从 2006 年新修订的大纲中可以看到，国防教育课程的教育目标主要体现在以军事理论教学为重点，使学生掌握基本军事理论与军事技能，增强国防观念和国家安全意识，强化爱国主义、集体主义观念，加强组织纪律性，促进综合素质的提高，为中国人民解放军训练储备合格后备兵员和培养预备役军官打下坚实基础。从中不难发现，国防教育课程目标主要立足于传统安全，注重理论讲授，技能培养，提供后备人才。然而，随着国际安全问题日益复杂与多样，国家安全面临着越来越多的威胁和挑战，影响国家安全的因素也越来越多样化

---

① 俞念胜、操国胜：《新形势下高校国防教育的现状及应对策略》，《池州学院学报》，2017 年第 1 期，第 135 页。

和不确定化。传统安全威胁和非传统安全威胁的因素相互交织，传统的国家安全观在不断地演变与重构，培养具有新的安全观的复合型人才成为时代要求。因而高校国防教育应与时俱进，根据不同的时代特点不断更新教育目标。

其次，教学内容亟待丰富。当前国防教育内容设置主要有“国际战略环境、中国国防、军事思想、军事高技术、信息化战争”① 五大方面。然而，这五大方面的内在关系并不严整，如果整体讲授，会出现“杂而不精”的缺点；如果单一设置课程，则会导致课程过多，学生任务繁重。另外，表现世界新军事变革和信息化战争发展趋势的内容，缺乏教育模型及与军事理论教材相配套的军事科技教学片，课程难以激发学生的兴趣。

再次，教学方法相对单一。目前高校国防教学主要以大课讲授为主，很多教师采用播放影视资料的方式加以弥补，但是效果并不明显。高校国防教育授课很少有老师采用其他课程常用的情景演示、分组讨论、“慕课”教学等模式。学生被动听讲，很难培养好奇心与探索精神，也难以对国家安全产生应有的重视。

最后，国防教育师资严重不足。目前，大部分高校缺乏国防教育的讲师，大部分是兼职性讲授，大部分军事教师的身份游离于教师与行政人员之间，绝大部分是由思政老师、辅导员和保卫干部兼任，甚至有些学校以形势教育或理论讲座代替军事理论课教学。高校国防教育需要复合型人才，需要兼有政治学、历史学、地理科学、逻辑学与军事学等方面的基础，兼职教师基于自己理论的不足，容易出现照本宣科，泛泛而谈，无法引导学生对国防安全的深入讨论，更由于学生多、课时短等问题，使得国防教育流于形式。

### （三）高校国防教育训练组织仍需加强

其一，从领导管理体系来看，很多高校的军训管理机构规范性不足，军训由学校与武装部合作，将军事教研部单列的高校很少，缺少配备的军事教师队伍，军训期间，仍然是辅导员管理体制。为对全国学生军训实施科学高效有力的工作领导，应在国办发［48］号文件要求基础上，进一步对顶层设计、计划协调、组织实施等工作力量提出需求建议，把学生军训工作机构设置问题切实纳入国家和军队改革总体方案，通过改革，建立健全各级领导机构，尽快建立军地结合、上下贯通、机制顺畅的学生军训工作组织领导管理体系，进一步加强、规范军事教研室和武装部建设。

---

① 李科：《高校国防教育课程教学的问题及改革措施探析》，《教学与研究》，2014 年第 5 期，第 78 页。

其二，从军训实施的保障来看，随着高校扩招，军训时间过于集中，往往出现“撞车”现象。大多学校军训存在两种形式，即“走出去”和“请进来”。“走出去”方式是指进入军营，这种方式能让学生亲身感受军旅生活。然而，随着学生的增多，部队接待能力有限，使得这种方式难以实施。而“请进来”的方式是指条件好的高校请军校学员给大学生军训，一定程度上弥补了不足，但是公共设施的不足，军事场地、器材的短板，射击训练无法开展；缺少军事地理教学模型与战术教室，使得很多教学形同虚设，走队列的军事模式很难让学生感受军营的真实生活，使军训效果大打折扣。

其三，从学生对军训的评价方式来看，有调查显示：“有34%的人认为‘体能得到了锻炼’，27.5%的人认为‘培养了坚强意志’，17.5%的人认为‘培养了协作精神’，15.6%的人认为‘培养了集体主义精神’，14.4%的人认为‘增强了国防知识，培养了国防观念’，还有7%的人认为‘没有多大收获’。”① 从中可以发现，调查显示只有14.4%的人认为增强了国防知识，这与军事教学的目标有很大差距。另外，在今天很多高校中，军训的评价体系相当模糊，整体队列展示和汇报演出成为主要模式，全员过关，缺少层次。这种评价方式，虽彰显了整体协调性，增强了整体荣誉感，但是在个人方面，难以做到有效测评。

## 二、大学生预备役建设是增强高校国防教育时效性的新举措

为有效增强高校国防教育的时效性，不断提高大学生综合素质，促进大学生成长成才和全面发展，有必要充分发挥军队优势，贯彻军民融合理念，探索高校与部队合作育人的新路径。以大学生预备役分队建设为载体，通过军事化管理、理想信念教育、习惯养成教育等，将国防教育融入军事训练和日常生活学习，打造高校国防教育新高地，以榜样示范带动国防教育上新台阶，促进大学生国防教育取得实效。预备役分队的成员平时是学生，穿上军装是军人。他们在暑假集中接受高强度的正规军事训练，平时利用周末进行巩固训练，正常学习期间主要进行文明习惯养成教育。假期训练正规化，平时生活军事化。在高校国防教育中，除常规的新生军训外，依托大学生预备役分队建设，可以不断丰富国防教育的手段，是增强高校国防教育时效性的新举措。

第一，拓展了高校国防教育的空间。将国防教育从高校延伸到军营，

① 张华：《新时期高校国防教育三大课堂体系的构建》，《企业导报》，2010年第12期，第93页。

提高了大学生的军事技能。进入预备役连队的大学生，以军人为标准，从规范早操和内务卫生抓起，每年暑假在地方部队训练基地接受正规军事训练，集训时按照现役部队的标准要求进行队列训练、轻武器射击、高炮操作、军事理论、实弹射击、野外拉练等，提高了大学生的军事技能和素质。

第二，强化了军训指导的力度。每年的新生军训中，学校从大学生预备役连队中，抽调优秀战士担任助理教官，协同配合部队教官共同完成军训任务，强化了军训指导的力度，使国防教育的客体转变为参与国防教育的主体，实现训管结合，保障了训练的质量。

第三，丰富了国防教育的内容。参加预备役分队的国防教育理论课教师，结合连队建设的实践，开展教学研究，开展学术研究，充实军事理论教学内容，提高了国防教育研究水平。学校以大学生预备役分队建设为依托，组织预备役连队优秀战士举办主题宣讲会，激发同学们艰苦奋斗的精神和献身国防建设的热情，可以拓展大学生社会实践的空间，加强大学生学军活动的力度，深化了大学生学军活动，从而丰富国防教育的内容。

## 三、成都学院国防教育特色化的实践性探索

### （一）大学生预备役分队的组建与管理

为深入贯彻落实习主席关于把军民融合发展上升为国家战略的重要指示，积极响应中央《关于预备役部队编兵整组范围向大中专院校扩展》的号召，2016 年 5 月 16 日，经过一年筹建，成都学院正式与四川某预备役部队签署战略合作协议，军地双方相互支持、携手共建，不断强化政治责任，从维护国家安全高度，增强责任感和使命感，牢牢把握共建工作的新情况、新特点，全面落实共建责任，不断推动军民融合、协同发展迈上新台阶。共建以来，深化互动交流，以更高的标准、更实的措施全面推进“军民融合，协同发展”向纵深推进，不断巩固扩大共建成果。党委武装部作为学校党委军事职能部门不断发挥联结军地双方的桥梁纽带作用，进一步拓宽军民融合发展的渠道，做到共建工作制度化和规范化。双方完善领导协调机制，促进军校双方团结协作、互相支持、融合发展，形成鲜明的工作导向，注重完善常态化宣传机制，强化舆论宣传，努力在全校营造军地携手服务发展、服务国防教育的良好氛围。

1. 管理结构精细化

2015 年 5 月，我校开展了大学生预备役网络心理战分队的组建工作，6 月，我校征集的 4 名预备役军官、52 名士兵成为了成都大学预备役网络心理战分队第一批官兵，并按照预备役部队整组点验要求，对分队的办公

地点、士兵宿舍及相关库室进行了统一规划，在第16栋学生宿舍建立了分队队部，设立了队部办公室、战备库房、会议室、资料室和官兵宿舍。分队设立了队部、网络攻防排、攻心防护排、法规咨询排及炊事班，同时结合学校学科特色及队员专业特点，又分别设置了网络攻防、心理作战、新闻宣传、医疗救护、国旗护卫和后勤保障六个小组，将分队所有队员按专业特点和个人兴趣编入相对应的小组，这样既可以保障各小组成员的均匀分布，也根据队员的特点充分发挥他们的自身潜力。同时，为提高分队士兵的自身科研能力，在分队内部组成了一个以学校信工学院学生为主的科研团队，负责分队管理及训练方面的课题研究。

2. 思政工作常态化

2016年6月份和9月份，分队在学校2015级和2016级学生中新征集了80名学生加入了分队组织，从他们入队开始，思想政治工作就深入到他们的训练和学习中。在2016年暑期集训中，校领导、预高师某团领导对所有的队员分别做了以部队传统教育和爱国主义教育为主题的专题讲座，同时组织分队到成都市烈士纪念馆和建川博物馆参观学习，结合“红军长征胜利80周年”专题教育，与成都市团市委共同发起了“不忘长征精神　寻找红色故事”为主题的走访成都市老红军活动，活动期间走访目前居住在成都市内的老红军15人，对传承红军精神、加强爱国主义教育发挥了重大作用。

3. 理论学习长效化

分队在每周一次的理论学习中，安排队员学习部队政策法规，还专门聘请部队教官、专业教师以及校外的专家作为分队的兼职教师，在平时的训练中进行相关军事理论及专业技能学习。

4. 军事训练制度化

分队每学期制定训练计划，每月每周均有训练安排。坚持每周一次军事训练、一次升旗仪式、两次早操和巡逻，把训练任务落实到人到点。按照部队训练要求，每年暑假组织分队全体官兵到部队进行为期半月的封闭式训练，通过平时的校内训练和暑期的封闭集训，极大增强了分队官兵的身体素质、军事素质，磨炼了官兵的意志品质。

5. 应急管理、文化建设体系化

预备役组建以来，协助学校保卫处完成多次大型活动、集会的安全保卫工作，指导学校附近中小学开展升国旗等爱国主义活动。组建国旗护卫队，参加了多次校园文化活动，如担任军训助理教官、“国家安全日”启动仪式、每年运动会开幕式、每周升旗仪式等，通过所有队员的努力，参与的各项工作都获得了师生的好评，也得到了校领导和部队首长的肯定。

### （二）组建大学生预备役分队的意义

预备役成员在自身锻炼提高的同时，通过对校园文化的辐射作用，带动校风学风的好转，促进文明校园的建设，在一言一行的校园生活中巩固着国防教育的成果。

1. 接受军地双方指导，提升军地应急应战能力

网络心理战分队接受部队和学校的双重领导，担负军校双重任务：一方面，担负预高师某团舆情监控、网络攻防、心理干预及上级赋予的其他军事训练任务；另一方面，担负成都大学校园内应急、维稳、处理突发事件等任务。

2. 开展新生军训合作，开辟国防教育新平台

双方开展新生军训长期合作机制，预高师某团承担我校新生国防教育和军训任务，按照军训有关规定和学校要求抓好军训工作，广泛开展爱国主义教育，确保军训的质量和效果，展现亮点和特色，为我校的国防教育开辟了新阵地，提供了新平台。

3. 加强学术经验交流，拓宽军地人才培养渠道

军校双方定期指派学术专家、教授到对方单位进行辅导授课、学术研讨。学校定期安排教师到预高师某团进行高新知识、时事政治、心理疏导、医疗救护等讲座，并在官兵考研、升本等学历升级和专业技能培训等方面给予优先安排，优先录取；预高师某团定期安排官兵到学校开设国防知识讲座、大学生军事训练、大学生征兵入伍宣讲、组织师生到部队过军事日，体验军营文化生活等活动。

4. 积极构建信息互通，解决军地人才后顾之忧

军校双方利用自身资源优势、加强信息互通，积极解决双方人才就业后顾之忧。部队每年为我校的大学生征兵入伍工作提供业务指导和咨询服务，积极推荐优秀大学生应征入伍；我校在对外招聘工作人员时，优先考虑符合择业条件的部队退役官兵和随军家属。

总之，我校以预备役分队建设为载体，深化军校战略合作，推进军民融合深入发展，是全面推进素质教育、促进大学生健康成长、对大学生进行国防教育的新阵地，在进一步拓宽人才培养渠道、提升人才队伍素质、搭建人才互通平台、创新人才培养机制等方面都具有重大意义。通过预备役这个平台，大学生不仅可以接受专业的国防知识教育和军事技能训练，还可以亲身体验军营，学习到人民解放军艰苦奋斗、爱国奉献、勇敢顽强、坚忍不拔的优良作风。大学生预备役网络心理战分队也为我校安保队伍注入新生力量，在应对和处置学校安全突发事件，参与校园治安巡逻、纠察、大型活动执勤、升国旗等方面将发挥重要作用。

### （三）大学生预备役分队建设的教育效果

对编入预备役的大学生进行的跟踪调查情况表明，参加预备役的学生无论是吃苦奉献，还是遵纪勤学，都优于其他学生。① 通过训练，预备役学生艰苦奋斗精神明显增强，团结协作意识显著提高，综合素质大有提升；同时，带动了校风学风的明显好转。

1. 强健体魄，陶冶情操

按照我校预备役分队训练大纲规定，每年暑期会对预备役士兵开展集训，集训分为两个阶段：第一阶段是校内集训和社会实践，为期十天，分别开展体能训练和战地救护科目学习训练；第二阶段为入驻预高师某团训练基地开展封闭式军事技能和理论训练，为期两周。集训时按照现役部队的标准要求进行队列训练、轻武器射击、高炮操作、军事理论、实弹射击、野外拉练；平时每周末进行常规军事素质训练，每天早晨六点半出操，进行队列训练；内务整理、衣着、言行都以军人标准要求。火热的军营生活，使大学生强健了体魄，陶冶了情操，升华了思想境界。

2. 磨砺意志，增强信心

预备役学生完成了军姿、队列、军体拳、射击、操炮等多科目高强度的训练任务。在紧张的训练中，他们通过了心理、体质、意志以及快节奏军营生活的一系列严峻考验，进一步增强了战胜各种困难的坚定信心。

3. 学会团结协作，增强组织纪律性

预备役学生对部队严格的军事纪律约束经历了从不习惯到习惯、从不自觉到自觉的转变过程。从无数次简单枯燥的口令中体会服从命令、听从指挥，有效地树立起纪律意识和集体精神，消除了自由散漫的不良作风。同时在训练过程增强了集体荣誉感，学会了团结协作。

4. 发挥辐射作用，带动校风学风

预备役连的同学利用他们在部队训练时养成的好品德、好思想、好习惯去影响、感染周围的同学，进而带动了校风学风好转。一个寝室只要有一名预备役队员，就会带动该寝室的内务整理、清洁卫生和其他文明行为的养成；一个班里有三名预备役学生，就会带动该班成为优秀班级。② 预备役作为加强和改进大学生思想政治教育的有效载体，充分发挥了带动和辐射功能，对促进学校学风建设起到了积极作用。

---

① 黎拥宪：《大学生战士素质果然不凡》，《中国教育报》，2006 年 4 月 28 日。

② 周凯：《大学生预备役与传统学生思想政治教育之比较》，《教育与职业》，2007 年第 36 期，第 59 页。

5. 取得丰硕成果，受到各界好评

通过全校上下扎实地开展学生国防教育工作，近年来我校国防教育取得显著成绩。2014 年我校被成都军区评为“征兵工作先进单位”；2016 年被四川省军区和四川省人民政府授予“大学生征兵工作先进单位”荣誉称号；2016 年完成退伍士兵研究生招生计划三名，2017 年完成退伍士兵研究生招生计划八名。

2015 年我校军事课教师获四川省第二届军事教师优质课评比竞赛三等奖；2016 年在四川省学生军训工作创新发展理论研讨会上，我校《大学生预备役建设与军训结合刍议》获学生军训工作创新发展理论成果一等奖。

预备役分队暑期社会实践在学校 2015 年思想政治理论课暨大学生暑期文化科技卫生“三下乡”实践活动中荣获一等奖；2017 年 3 月 24 日，我校预备役分队荣获“四川预高师全面建设先进连级单位”称号；六名预备役成员荣获 2016 年度“优秀预备役士兵”荣誉称号。

国防教育作为大学生思想政治教育的重要组成部分，在大学生综合素质提升，促进学生成长成才方面发挥着不可替代的作用。我校将不断持续努力打造一支有战斗力的国防教育队伍，作为学校国防教育的宣传队、安全稳定工作的应急队、抢险救灾的突击队、社会主义核心价值观的示范队，为全面构筑绿色军营国防教育体系、营建携笔从戎崇军尚武之风、打造军校共育人才互通平台、营造拥军优属军民同心良好氛围不懈努力。

**参考文献**

［1］《中华人民共和国国防教育法》，http：//www. gov. cn/gongbao/content/2001/con - tent_ 60892. htm。
［2］俞念胜、操国胜：《新形势下高校国防教育的现状及应对策略》，《池州学院学报》，2017 年第 1 期。
［3］李科：《高校国防教育课程教学的问题及改革措施探析》，《教学与研究》，2014 年第 5 期。
［4］张华：《新时期高校国防教育三大课堂体系的构建》，《企业导报》，2010 年第 12 期。
［5］黎拥宪：《大学生战士素质果然不凡》，《中国教育报》，2006 年 4 月 28 日。
［6］周凯：《大学生预备役与传统学生思想政治教育之比较》，《教育与职业》，2007 年第 36 期。

# 军训保障创新

# 充分挖掘国防教育基地功能，提高国防教育效果
## ——以湖南城市学院为例

刘红星　刘红蓉*

**摘　要：**湖南城市学院作为地方本科院校，根据自身特点，挖掘益阳军旅文化，依托厂窖惨案遇难同胞纪念馆，校地结合，大力开展国防教育，在几年的探索中形成自己的特色。本文在此基础上，以学生在接受国防教育的过程中，如何形成正确的世界观、人生观和价值观为研究对象，以国防教育共同体构建为研究重点，找出国防教育共同体构建的途径。湖南城市学院与厂窖惨案遇难同胞纪念馆（大学生国防教育实践基地）亟待进行国防教育共同体构建的理论研究和实践探索，充分挖掘国防教育基地功能，提高国防教育效果，为高校进行国防教育提供有效的借鉴。

**关键词：**地方院校　国防教育基地　教育效果　厂窖惨案　国防意识

## 一、湖南城市学院与国防教育基地介绍

湖南城市学院是一所隶属于湖南省人民政府的全日制普通本科院校。学校位于长江中下游平原、洞庭湖南岸的环湖生态经济圈核心城市——湖南省益阳市。学校前身为1970年创办的益阳地区师范专科学校和1978年创办的益阳基础大学。2002年3月，经教育部批准，当时的益阳师范高等专科学校和湖南城建高等专科学校合并为湖南城市学院。现有教职工1207人，468个教学班，学生16445人，其中男生9364人。

厂窖惨案遇难同胞纪念馆建于1986年，现有展陈面积1600平方米。目前，纪念馆园区占地70亩，园区修建了警钟亭、洗雪轩长廊、雕塑群、血水河等纪念设施。

纪念馆位于湖南省益阳市南县西南隅的厂窖镇，厂窖属洞庭湖区淤积平原，三面环水，形似半岛，扼洞庭湖西北水路要冲，地理位置特殊。1943年，侵华日军悍然发动“江南歼灭战”，5月9～11日，从水、陆、

---

* 作者简介：刘红星（1975年～），男，湖南城步人，中南大学社会学专业在读博士，现任湖南城市学院军事理论教研室主任、讲师，主要从事大学生国防教育，社会学理论前沿研究；刘红蓉（1978年～），女，湖南城步人，硕士，现任职于湖南城市学院，中一，主要从事汉语言文学研究。

基金项目：“‘平安高校’创建中的群防群治体制机制研究”，湖南省教育科学“十三五”规划2016年度课题（XJK016BFZ001）；“公民道德素质提升的法治化路径研究”，湖南省教育厅2016年度研究课题（16B051）。

空合围厂窖垸。三天时间屠杀我无辜同胞30000多人，日均杀人过万，震惊中外，史称“厂窖惨案”。纪念馆现为湖南城市学院爱国主义教育基地和大学生国防教育实践基地。

## 二、国防教育共同体诠释

目前，普及和开展全民国防教育主要通过两种形式：一种是学校国防教育，一种是社会国防教育。全社会各单位和各部门都应当根据《国防教育法》的规定，结合各自的实际情况，组织本地区、本部门、本单位开展国防教育，关心、支持国防教育事业。①

国防教育共同体是指政府、高校、社会、教师和学生等各构成要素以培育和提升国防意识，形成大国防观念为目的的培育载体，它是推进实施“实践育人共同体建设计划”的重要基础。构建国防教育共同体是一项系统工程，既需要政府、高校、家庭和社会的通力协作，又需要专业课程、校园文化、教师和学生等教育教学各环节各要素之间的协调统一。② 因此，湖南城市学院与厂窖惨案遇难同胞纪念馆（大学生国防教育实践基地）亟待进行国防教育共同体构建的理论研究和实践探索，切实推动校地育人，增强大学生国防教育的实效性。

## 三、校地共教的实施途径

共同体的构建主要包括目标共同、价值共识、利益共赢、资源共享、基地共建等核心要素。实践表明，夯实基础、丰富载体、营造氛围是构建育人共同体的有效途径。③

国防教育是素质教育的一个重要组成部分，她所传授的知识、所培育的国防观念，是一个公民必须具备的最基本、最重要的素质。因而她不仅具有“增强全民国防观念，提高全民国防意识”的“国防功能”，且对于促进学生整体素质的全面发展，具有很强的“综合育人功能”。

普通高校国防教育过程中的军事化管理，非常有利于道德行为的规范和养成。军事化管理对学生的组织纪律性、生活起居、礼节礼貌、言谈举止、军容风纪等都做出了明确具体的规定和要求。

国防教育可以培养学生的创新思维。从知识特点来讲，“军事斗争的

---

① 史秀平、吴秀峰：《普及和加强国防教育是全社会的共同责任》，《国防》，2001年第9期，第25页。

② 胡建军：《积极构建大学生实践能力培育共同体》，《光明日报》，2015年3月。

③ 朱华：《实践育人共同体的构建与实践探索》，《学校党建与思想教育》（下），2016年第11期，第73页。

对抗性、残酷性和复杂性，孕育了军事思想的创造性特点”。军事科学拥有人类最先进、最前沿的科学研究成果。可以这样认为，军事科研处于世界前沿，必然带动军事科学在思维方面的创造性特点①，而创造性思维正是创新意识和创新能力的源泉，素质教育的核心②。

**（一）健全机构，完善队伍**

湖南城市学院与国防教育实践基地紧紧围绕“立德树人”这个中心环节，把国防教育工作贯穿教育教学全过程，实现全程育人、全方位育人，努力构建共同育人新局面。近年来，学校与国防教育实践基地大力开展国防教育，增强学生的忧患意识，培养他们爱军尚武的精神，努力造就全面发展的中国特色社会主义事业的建设者和接班人。

学校严格按照《国防法》《国防动员法》《兵役法》的要求，成立了以党委书记为组长，以分管武装工作的副校长为副组长的国防教育领导小组。学校党委会、校长办公会不定期听取武装部工作和国防教育教学工作汇报。根据国家相关法律法规和上级部门的要求，2013 年 7 月，学校成立了军事理论教研室，负责全校国防教育教学工作。教研室 10 名教师中，副高以上 3 人（教授 1 人），博士 3 人，硕士 7 人。师资配备合理，教学和科研能力强。

**（二）实施方法与措施**

1. 抓好“两堂课”，营造国防教育氛围

军训不只是单纯地完成上级布置的任务，更是培养学生不畏艰辛、勇于克服困难的坚强意志和独立的品格。为此，学校高度重视军训工作。2015 年学校与国防科技大学签订军训帮扶协议。两年的军训，教官的自身素质直接影响学生的行为，他们吃苦耐劳，严于律己的作风，深受学校领导、老师和学生的广泛赞誉。千教万教不如身教，良好习惯的养成、守纪守时的观念逐渐深入学生心中。

学校根据形势发展的需要，于 2013 年 7 月成立了军事理论教研室，担负起全校军事理论课程教学和国防教育工作，在教学中要求教师着基层武装部服装上课，体现了军事课程的特殊性与严肃性。每年大一新生军训后，开设 24 个理论课时，其余 12 个课时以讲座和网络课程形式完成教学，总计完成 36 学时，这就进一步完善了国防教育体系，把军训实践课和军事理论课很好地结合起来，在全校营造了关心国防、热爱国防、献身国防的

① 刘丽华：《浅谈高校国防教育在人才培养中的作用》，《零陵学院学报》，2004 年第 5 期，第 163 页。

② 陈远：《学生军训与高校素质教育》，《青海师范大学学报（哲学社会科学版）》，2003 年第 2 期，第 131 页。

良好氛围。

2. 扩大影响，拓宽国防教育渠道

单靠学校提高国防教育，只是一枝独秀；单靠军队重视国防，也只是一厢情愿，没有全民的参与，国防观念的钢铁长城难以在全社会形成。未来的信息化战争，是要靠人才来完成的。2016 年 4 月，湖南城市学院为了扩大国防教育的影响，拓宽国防教育渠道，推荐学校军事理论教研室主任、专职教师参加益阳市国防教育讲师团。一年来，该同志进机关、进社区、进学校、进厂矿担负了十多次宣讲任务，内容涵盖了国际国内形势、军事高科技、信息化战争、国防意识等，质量高、效果好，得到了听课人员的一致好评。2016 年 5 月，湖南城市学院与厂窖惨案同胞遇难纪念馆联手，构建国防教育共同体，对大学生实行全方位的素质教育，增强忧患意识，弘扬爱国主义精神，以利于他们树立正确的世界观、人生观和价值观。逐渐形成了学校、军队、社会三位一体的国防教育立体网，爱军尚武的精神在城市学院进一步凸显。

3. 加强“四个保障”，确保国防教育有效实施

“四个保障”即是人员保障（专人负责）、机构保障（军事理论教研室）、场地保障（军训场地）、经费保障（军训、教学经费预算）。湖南城市学院为了确保军训、国防教育有效实施，在学校党委的领导下，党政办、财务处、学生处、武装部、资产处、后勤管理处、团委以及各二级学院的主要负责人都是国防教育领导小组成员。每年定期召开两次会议，商量和解决国防教育教学中存在的问题。正是有了坚强有力的保障，城市学院国防教育工作有了很大进步，快速跻身全省一流团队。

4. 多渠道，提升国防教育质量

“三室一库”是指多媒体教室、国防教育资料室、军兵种陈列室和枪械库。这是学校进行国防教育、军事训练等工作必备的基本教学设施。每年的军事理论课要求学生必须参观军兵种陈列室、国防教育资料室，之后写出心得或感想，军事理论课必须在多媒体教室完成，国防教育讲座要在多功能报告厅完成。大一新生军训中要求有一天半的瞄准练习，军训的最后一天是实弹射击。为了检验军训效果，还要求会操表演。通过军训、军事理论课、参观学习、实弹射击、国防教育讲座，学校的国防教育质量得到了进一步提升。

抢抓机遇上台阶。采取走出去学习，请进来交流的模式，提高军事教师的军事素养。每年学校组织军事教师定期去省内兄弟院校交流军训、国防教育等工作的经验，改进教育教学方法，近年来先后选派九名教师参加省里为期一个星期的业务培训学习，提高了教育教学水平。“四会教员”

的学习培训，进一步提高了学生、教师的军事素养，在军训、国防教育工作中发挥了更大的作用。尤其是邀请了著名的专家、教授进行了讲座，拓宽了我们的思路，开阔了我们的视野，他们先进的教学理念和教学手段，对学校军训、国防教育等工作的提升，具有较大影响。

5. 发挥媒体作用，宣传国防教育的措施经验

工作做了，不总结不提炼，是不会进步的，必须改变“酒香不怕巷子深”的陈旧观念。学校领导要求宣传部、学生处、武装部联合做好宣传工作。必须充分发挥自身优势，利用现有的媒体资源，宣传国防教育、学生军训教学等工作的做法与经验。近年来，学校利用学校官网、报纸、微信平台、《益阳日报》、益阳电视台、省学生军训办的官网、微信平台、《湖南国防教育周刊》、中国高校之窗，中国教育新闻网介绍和宣传学校的国防教育、学生军训教学等工作。几年来的坚持不懈，学校国防教育教学出现了多手段、多范围、多层次、多渠道的大好局面。

**（三）发挥基地的主题教育作用**

一是有计划地精心组织社会各界参观凭吊。围绕“弘扬爱国主义精神、强化忧患意识”这一主题，纪念馆先后与湖南城市学院、驻军、其他学校、社区、机关单位以共建爱国主义教育基地和国防教育基地为契机，组织武警、消防官兵、大中小学生、机关干部、社区群众在纪念馆内参观，在纪念碑前凭吊，开展爱国主义教育和全民国防教育活动。

二是利用节假日开展主题纪念活动。利用每年 5 月 9 日厂窖惨案遇难同胞纪念日、8 月 15 日日本投降日、9 月 3 日抗战胜利日以及 12 月 13 日南京大屠杀死难者国家公祭日，纪念馆与湖南城市学院组织当地大中小学生、机关团体适时开展主题纪念活动。

三是厂窖惨案调研有成果。为了揭露日本侵略者在厂窖犯下的滔天罪行，教育国人，勿忘国耻，政府投入 1000 多万元，先后拍摄和制作了《厂窖惨案》《1943 厂窖惨案幸存者说》等 4 部电影、纪录片，时长达 260 分钟，近 7 年共放映 4200 场，观众达 45 万人次。还收藏了 30 余部有关厂窖惨案的调查报告、论文、纪实文学、专门著作和调查手稿。

四是展示方式多样、形象生动。展厅设有大型场景三处，配有电子沙盘、电视视频、空中翻书系统、电子签名系统等展览辅助设备；参观结束后可以走进放映厅观看反映厂窖惨案的影视作品，展示方式多样、形象生动，使纪念馆成为一个融纪念性、独创性、故事性、艺术性和互动性于一体的全新展示空间。

五是与旅行社对接、推进红色旅游。纪念馆在接待自驾游客的同时，积极与省内外旅行社对接，主动做好团队游的热情接待，做到详细讲解。

湖南城市学院商学院的学生成立志愿者团队，积极参与纪念馆的工作，2016～2017年上半年接待团队近300个。在发展红色旅游的同时，爱国主义教育和国防教育无形中渗入广大游客心中。

## 四、校地共教的效果

近年来，在各级领导的关怀与支持下，湖南城市学院国防教育共同体构建工作取得了一定的成绩与荣誉。

湖南城市学院通过了湖南省军事理论课程教学工作评估并获优秀学校等次；多名教师参加军事理论课专职教师授课比赛获一、二等奖；教师参加湖南省首届军用枪射击比赛获团体一等奖，三名教师获优秀射手荣誉；学校近年来获湖南省大学生军训先进单位两次，先后两人获湖南省大学生军训先进个人；学生应征入伍近300名，提干和考取军校的学生30多名；学生参加湖南省第五、第六、第七届大学生军用枪射击锦标赛男女团体、以及女子速度射击团体的成绩都在前三；2016年8月，学校代表湖南省高校参加教育部组织的第三届军事训练营活动，学生李振坤和邱鑫美被评为优秀营员，军事识图用图、单兵战术动作、核生化防护、无线电测向、战地紧急医疗救援等5个项目均获三等奖。

1995年，厂窖惨案遇难同胞纪念碑被列为首批湖南省爱国主义教育基地；1996年，厂窖惨案遗址被公布为省级重点文物保护单位；2005年，厂窖惨案遇难同胞纪念碑被公布为湖南省全民国防教育基地；同年，厂窖惨案遇难同胞纪念馆被益阳市人民政府确定为红色旅游景点，2011年，被列入省级重点红色旅游景区，同年，被评为国家3A级旅游景区；2013年，厂窖惨案遗址德伏村、肖家湾村白骨坑遗址被国务院公布为全国重点文物保护单位；2014年9月1日，厂窖惨案遇难同胞纪念碑和纪念馆又被国务院公布为第一批80处国家级抗战纪念设施、遗址名录；2017年，厂窖惨案遇难同胞纪念馆被中宣部命名为全国爱国主义教育示范基地。

## 五、结语

大学生作为当代年轻人中比较优秀的群体，对他们的教育决不能仅局限在科学知识的层面，高校要培养人才，但更重要的是培养乐于奉献、热爱祖国、忠于人民的人才。我国社会全球化程度加深等变革对大学生的人生观、世界观和价值观产生了巨大影响，本文所研究的校地国防教育共同体构建，一方面是大学生成长成才必备的思想素质，另一方面也是促进他们形成正确价值观的重要途径。大学生的国防意识，事关国家安定与社会发展，对其培育工作的研究必须与时俱进，既不能离开理论的指导，又必须紧密联系实际。时代的发展离不开教育的进步，大学生国防意识的培育，任重而道远。①

**参考文献**

[1] 史秀平、吴秀峰：《普及和加强国防教育是全社会的共同责任》，《国防》，2001 年第 9 期。

[2] 胡建军：《积极构建大学生实践能力培育共同体》，《光明日报》，2015 年 3 月第 7 版。

[3] 朱华：《实践育人共同体的构建与实践探索》，《学校党建与思想教育》（下），2016 年第 11 期。

[4] 刘丽华：《浅谈高校国防教育在人才培养中的作用》，《零陵学院学报》，2004 年第 5 期。

[5] 陈远：《学生军训与高校素质教育》，《青海师范大学学报（哲学社会科学版）》，2003 年第 2 期。

[6] 张枫瑶：《当代大学生国防意识培育研究》，南昌航空大学硕士学位论文，2012 年 12 月。

① 张枫瑶：《当代大学生国防意识培育研究》，南昌航空大学硕士学位论文，2012 年 12 月，第 52 页。

# 高校国防生军事自媒体素养教育的理论与实践研究

杨聪林 *

**摘　要：** 国防生是国防和军队体系的重要组成部分，加强国防生军事自媒体素养教育具有重要的现实战略意义。开展国防生军事自媒体素养教育，在指导思想上要做到“三坚持”，在内容选取上要保证“三有利”，在实施方法上要实现“四育人”。“三坚持”：坚持以立德树人为基本出发点、坚持以培养社会主义建设者和接班人为总体方向、坚持以打造新时期中国军人为具体目标；“三有利”：有利于认清自媒体本质与规律、有利于抵御西方意识形态渗透、有利于树立军队良好形象；“四育人”：教学育人、管理育人、实践育人、宣传育人。

**关键词：** 国防生　军事自媒体素养　理论与实践

为国防而生，生为国防。国防生是军队根据国防建设需要，由中国人民解放军、中国人民武装警察部队依托地方普通高校协同培养后备军（警）官的重要举措，是实施国防和军队现代化建设优先发展战略、提升战争制胜问题决定因素、实现党在新形势下强军目标①的有效方略。根据总参总政近两年来的总体部署与实施计划，全国已有73所签约普通高校参与国防生招生与人才培养工作，在校国防生人数大约在2万左右，其中2015年、2016年招生人数分别为0.6万②和0.47万③。国防生是国防和军队体系的重要组成部分，与部队官兵的最大区别在于物理场域不同，以及由此衍生出来的虚拟环境差异。具体来说，国防生因专业不同而分布在不同院系，有别于部队其周遭人群和外围环境（尤其在意识形态领域）具有更加明显的非特定性、多元性以及复杂性。因此，国防生既直接受到非军队正统环境之多重思想冲击，又以军人形象直接曝晒于社会大众视野之下，这当中的客体被外影响与主体对外影响两种势能或相互交织、或彼此生成，进而使得关于国防生的思想政治教育工作变得范围更广、挑战更

---

* 作者简介：杨聪林（1984年～），男，重庆人，现任重庆大学讲师，主要从事国防生教育与日常管理研究。

① 习近平：《牢牢把握党在新形势下的强军目标　努力建设一支听党指挥能打胜仗作风优良的人民军队》，《人民日报》，2013年3月12日第1版。

② 总参谋部、总政治部：《39所军队和武警院校招生2.1万名，73所签约高校招收国防生0.6万名》，《解放军报》，2015年5月6日第5版。

③ 中国军网微信公众号：《65所高校国防生招生计划和历年录取分数线出炉》，http://www.81.cn/jmywyl/2016-06/24/content_7118111.htm。

多、难度更大。

## 一、研究背景：紧扣“自媒体”时代脉搏

理清军事自媒体素养的内涵问题是论证加强国防生的军事自媒体素养教育必要性的首要问题。自媒体（We Media），是由美国谢因波曼与克里斯威理斯首先联合公开提出，是公民用以自主“发声”的一种新型传播载体，比如博客、微博、微信、BBS论坛等。军事自媒体是自媒体在国防与军队领域的专业术语和具体存在形式，其内涵主要包括两个方面：一是从事自媒体公共账号运营的国防与军队人员应当具备的与自媒体相关的品德、知识、能力等维度的基本素养；二是国防与军队体制下的官兵个体（包括国防生）在使用或接触自媒体的过程中应当具备的与自媒体相关的品德、知识、能力等维度的基本素养。由于研究的出发点使然，本文所指“军事自媒体素养”的内涵为后者。

随着网络信息技术的不断发展与广泛应用，我国已经步入自媒体时代。在自媒体信息时代，人人都有麦克风，人人都是信息传播者。通过各大自媒体平台，网民们拊髀雀跃，争先恐后地进行形色发声。这些年来，我们既看到了北大教授孔某因谩骂网友“狗汉奸”而受到法律惩罚的法理之事，也看到了国家发改委原副主任刘某因网友“实名举报”而被依法查处的正义之举；既看到了网络红人郭某各种拜金炫富的低俗劣行，也看到了网络励志哥张某为救亲人几度倾家荡产的高尚德行；既看到了誓言要谣翻中国的秦某如何从“火火”变成“祸祸”，也看到了昆明某市长如何进行网络实名辟谣、果敢传递网络真声音……总之，自媒体对任何人而言好比一把双刃剑，是好是坏，是祸是福，是功是过，关键在于“持剑之人”具有怎样的自媒体素养。

国际上许多国家和地区都十分重视自媒体素养教育工作，比如新西兰已将自媒体素养教育纳入了英语课程纲要；日本文部科学省专门设立了相关的“综合教育”科目；台湾地区颁布了《媒体素养教育政策白皮书》，等等。目前，自媒体在包括国防生在内的青年群体中应用非常广泛，加强国防生军事自媒体素养教育具有十分重要的现实意义。通过对国防生进行军事自媒体素养教育，一方面可以提升国防生在使用自媒体的过程中对各种信息的理解与评估、质疑与选择、传承与创造等能力；另一方面可以帮助国防生擅用自媒体、善为自媒体，用其自媒体言行来捍卫军人形象，展现军队风采，传递国防力量，从细微点滴处营造一种全社会关心国防、支持国防、建设国防的自媒体氛围。

## 二、指导思想：牢固把握“三坚持”

### （一）坚持以立德树人为基本出发点

立德树人是教育的根本任务，是发展中国特色社会主义教育事业的核心所在①，是对包括国防生在内的大学生进行思想政治教育的本质要求。纵观自媒体发展史，网络生态环境的错综复杂性、网络经济链条的利益驱动性、网络法制社会的现实滞后性等因素严重影响了自媒体的本色与质地。诸如网络舆情、网络谣言、网络杂音的“三高”问题，长期侵蚀自媒体领地、影响网民群体心态、冲击国家主流核心价值，对国家长治久安、社会和谐稳定以及网民三观带来不可估量的消极影响。在现实与虚拟世界，国防生的身份是多元的，比如中国人、大学生、军人、网民等。站在教育学视角，国防生首当其冲的身份应是一名在普通高校接受高等教育的在校大学生。百年大计，教育为本；教育大计，德育为先。不论教育环境如何变化、教育客体如何特殊、教育形势如何复杂，任何阶段、任何类型、任何内容、任何方法的教育（包括对国防生开展军事自媒体素养教育）都必须始终坚持立德树人这一根本任务。唯有坚持住这一根本任务，任何时候在面对或使用自媒体时，我们的教育工作才能始终做到不变本、守底线，我们的教育对象才能真正实现走正道、弘正气。

### （二）坚持以培养社会主义建设者和接班人为总体方向

目前，在校国防生普遍为“90后”，与其他“点着鼠标长大”的大学生青年群体一样，他们早已全面烙上网络化标签。根据易观智库和腾讯QQ联合发布的《2014年中国90后青年调查报告》来看，“90后”青年一般都有较长的网龄，很多都是从小学、初中就开始接触网络，对互联网的基本操作都非常熟练，52.8%的人会每天上网3小时以上。值得警醒的是，互联网绝非太平之地。长期以来，敌对势力把互联网当成倾销西方意识形态的“租借地”②，他们利用微博、微信等主流自媒体，千方百计铺设“价值陷阱”，长期推行“文化冷战”战略，力图颠覆我们的国家信念与民族精神。高校是教育的重阵地，也是思想文化的重阵地。毛泽东早就指出：“思想这个阵地，你不占领，别人就会占领。”习近平也强调，意识形态工作是党的一项极端重要的工作③，高校肩负着培养中国特色社会主义事业

---

① 徐晓宁：《新形势下高校辅导员队伍专业化建设的难点及对策》，《思想政治理论教育导刊》，2012年第4期。

② 伍正华：《决不能让互联网成为人心流失地》，《解放军报》，2015年5月13日。

③ 习近平：《胸怀大局把握大势着眼大事　努力把宣传思想工作做得更好——在全国宣传思想工作会议上的讲话》，《人民日报》，2013年8月21日。

建设者和接班人的重大任务，各级党委要牢牢把握社会主义大学的办学方向，切实加强和改进高校思想政治工作。因此，各高校开展国防生的军事自媒体素养教育工作，必须始终坚持培养社会主义合格建设者和可靠接班人这一根本方向，主动直面挑战，理直气壮地讲问题、摆事实、谈道理，旗帜鲜明地捍卫社会主义意识形态，重点防范历史虚无主义、全盘否定主义以及其他新自由主义。

### （三）坚持以培养新时期中国军人为具体目标

强国必先强军，强军方能强国。面对深刻复杂变化的国际国内形势，习近平强调，为适应强军目标要求，把坚定官兵理想信念作为固本培元、凝魂聚气的战略工程，把握新形势下铸魂育人的特点和规律，着力培养有灵魂、有本事、有血性、有品德的新一代革命军人。① 这一重要论述，为新形势下推进军事人才队伍建设深刻指明了具体目标，是新时期加强国防和军队建设的基本遵循。当下，网络信息时代正大踏步迈进，世界一体化进程正加速推进，各式各样的自媒体风起云涌，世界多元思想文化相互交织，各种价值观念彼此交锋，个人主义、拜金主义、享乐主义、历史虚无主义等“有毒思想”层峦迭起。就教育实践而言，如何才能保证包括国防生在内的新时期中国军人始终做到红色基因不变、红色本领不减、红色气节不移、红色品性不弃？如何才能帮助他们真正成为有灵魂、有本事、有血性、有品德的新一代革命军人？这是一个亟待研究解决的重大现实课题。因论文篇幅关系，笔者主要围绕关于如何加强国防生军事自媒体素养教育展开具体研究，望达抛砖引玉、见微知著之效。

## 三、选取依据：始终坚持“三有利”

“教育要面向现代化，面向世界，面向未来。”邓小平这一著名论断为改革开放初期我国教育体制改革和发展指明了方向，是很长一段时间以来我国教育学界教育研究与实践的重要方略。笔者在前文用较长篇幅论述了关于加强国防生军事自媒体素养教育的重要性和必要性。现针对当前各签约高校在关于国防生军事自媒体素养教育的内容安排上是存在明显缺失的社会现实，笔者认为关于军事自媒体素养教育内容的选取依据问题目前仍是一个崭新的现实课题。为此，笔者提出三个“有利于”作为基本依据，以期引起学术关注、提供实践参考。

### （一）有利于国防生认清自媒体本质与规律

马克思主义认为，人与动物的本质区别在于人能制造和使用生产工具

① 习近平：《为实现党在新形势下的强军目标而奋斗》，《人民日报》，2014 年 11 月 2 日。

从事生产劳动。自媒体其实质就是人们在长期的社会生产生活实践中制造的一种传播信息的工具。与他媒体不同，自媒体更加强调“自”的主观能动性，人们可以通过它摆脱束缚、时时自主发布和获取信息。也正是基于此，自媒体才会一开始就跻身为社会主流，从根本上改变传统的信息传播模式，使原来的“明传播”变成了“潜传播”[①]。格物致知，笃学明理，是科学的第一要务。人只有认识工具，才能更好地驾驭工具。对国防生开展军事自媒体素养教育，首要目标是帮助他们知晓军事自媒体本质、掌握军事自媒体规律、熟悉军事自媒体运用，然后才是其他。因此，有利于认清军事自媒体本质，把握其传播规律，是对国防进行关于军事自媒体素养教育的内容选取依据之一。

### （二）有利于国防生抵御敌对势力意识形态渗透

“和平演变”是以美国为首的西方国家企图颠覆社会主义国家的常规战略。长期以来，他们在政治、经济、文化、意识形态等领域花心思、动手脚、做手段，全面推行其西方世界的价值观。虽说“外因通过内因起作用”“内因起决定性作用”，但是美国的“和平演变”战略对20世纪90年代苏联的解体产生了推波助澜的负面影响是不争的事实。面对正在崛起的社会主义中国，以美国为首的西方国家企图再次故技重施。尤其鉴于其在网络信息技术的绝对优势（比如全球13台根服务器中有9台放置在美国，中国1台也没有），互联网就自然成为了他们最偏爱的首选战场。通过微博、微信、BBS等自媒体，他们培植了一批又一批盲目歌颂西方体制、专黑中国政府、尽传西方价值观的“网络名人”，长期进行着千方百计的意识形态渗透。因此，关于军事自媒体素养教育的内容选取依据之二，必须是有利于国防生在接触和使用自媒体的过程中能够明真假、辨是非、识敌友，正确防范和有效抵御西方敌对势力的意识形态渗透行为。

### （三）有利于国防生树立中国军队良好形象

兵法云：“居则有礼，动则有威，进不可当。”从毛泽东亲自制定的《三大纪律八项注意》，到邓小平强调“军队要像军队的样子”，再到习近平提出“军队要有五种精气神”[②]，充分表明中国共产党历来都非常重视军队形象建设。良好的军队形象既能振奋军心、凝聚士气、增强战斗力，又能为国防与军队建设创造良好的外部环境。国防生作为国防与军队体系的

---

① 尹韵公、刘瑞生：《新媒体发展的全球视野与中国特色——2009年中国新媒体发展态势与前沿问题》，社会科学文献出版社2010年版。

② 党建网微平台：《军队要有五种精气神》，http：//news. china. com. cn/2016 - 03/20/content_ 38069027. htm。

重要组成部分，其个体局部形象代表的是部队整体形象。相比部队军人，国防生对现实与虚拟的周遭人群关于军队形象的影响面积更大、影响方式更直接、影响效力更深远。一是由于国防生长期在大学校园里学习生活，在与大学生进行零距离接触的过程中可能会无意识地表现出“本我”的非理性一面；二是因为国防生同样作为自媒体的持有者和使用者，他们与其他“90后”青年群体一样，也可能会表现出各式各样的非理性“自媒体”行为。因此，关于军事自媒体素养教育的内容选取依据之三，在于有利于国防生提高身份自觉、增强行为自律、树立军队良好形象。

## 四、主要方法：夯实落地“四育人”

### （一）以课程课堂教学为措施进行教学育人

课堂教学是学校教育的原点，是学校教育中最基本的表现形式。教育立德树人的根本任务，在任何时候都无法在脱离课程教学的状态下获得完美实现。① 参考美国实用主义教育家杜威的“教育即生活”理论，教育与生活具有同质性，教育应重点关照人的生活，促进人在社会生活中“健康生长”。在网络信息时代，自媒体早已成为青年群体社会生活的“日用品”，长期对他们的思想与行为产生着广泛而深刻的影响，作为肩负立德树人根本任务的教育理应予以过问与关照。课程是教育目标、教育内容的核心载体，是教师课堂教学活动的重要依据。因此，加强国防生军事自媒体素养教育，首先应以课程为载体、以课堂教学为手段进行教学育人。同时，关于课程（教育内容）的选取问题，笔者虽已在前文提出了以“三个有利”为基本依据，但从实践落地的视角出发，建议还应从教育部层面牵头学科专家成立相关的“课程委员会”，由“课程委员会”来负责关于军事自媒体素养培养教材的撰写、甄别以及选取等工作。

### （二）以条例条令管理为手段实现管理育人

孟子有云：“不以规矩，不能成方圆。”“治理一个国家、一个社会，关键是要立规矩、讲规矩、守规矩。”② 习近平在不同场合多次强调“规矩意识”。《中华人民共和国宪法》作为中华人民共和国的根本大法，说到底就是每一位中国公民都必须遵从的大规矩，各级单位内定的条例条令、守则规定等就是其内部人员应当遵从的小规矩。当前正值蓬勃发展的网络世

---

① 吕庆生、许豪杰：《课程育人立德树人的根本途径》，《新课程（综合版）》，2015年1月8日。

② 习近平：《在中共十八届四中全会第二次全体会议上的讲话》，《人民日报》，2014年10月24日第1版。

界，既是虚拟世界，也是现实世界，置身其间的网民同样应该讲规矩、守规矩。一方面，国家通过修订完善《中华人民公共国宪法》，对互联网行为规范进行了明文规定；另一方面，国家互联网信息办公室为进一步规范网络行为、还原风清气正的网络空间，专门提出了"七条底线""九不准"。总体来看，此两举对规范网民行为、强化网络规矩发挥了重要作用，但真正就实践操作层面而言，还需要依托各单位建立具体的条例条令来作为法律与道德底线的重要补充。因此，加强国防生军事自媒体素养教育，各高校应在以《中华人民共和国宪法》"七条底线""九不准"作为基本遵循的基础之上，结合自身一线管理实际情况，制定切实可行的条例条令，进而依托规矩手段来实现管理育人。

**（三）以社会实践活动为依托实现实践育人**

习近平指出："既要向书本学习，也要向实践学习。"[①] 实践活动是高校育人工作的重要载体，也是深受学生喜欢的教育形式。教育部曾专门出台了《关于进一步加强高校实践育人工作的若干意见》，要求各高校成立实践育人工作领导小组，把实践育人工作纳入重要议事日程和年度工作计划。现阶段，社会实践活动的形式和载体是非常宽泛的，按照不同的维度标准，可以分为线上与线下、校内与校外、脑力与体力、长期与短期等。不过纯粹就普通高校通过何种社会实践活动来加强国防生军事自媒体素养教育而言，笔者认为为推进学校网络意识形态工作理论创新、实践探索、品牌建设，首先可以启动军事自媒体实践项目，鼓励国防生组队从事军事自媒体的研究与实践；其次要为国防生创造条件、争取机会、提供平台，除了日常学习和基础训练外，还应组织更多人参与"全校新生军训带训""国防生内部以老带新""校园治安巡逻治理""全校寝室内务评比"等实践活动，在实践中逐步培养他们多用、会用、擅用军事自媒体的意识和能力；第三，为更好发挥表彰奖励的激励导向作用，应定期开展军事自媒体主题表彰活动，对依托自媒体积极传递社会正能量、弘扬社会主义主旋律、彰显中国军人时代风采的典型人物进行表彰，从更多层面发挥先进典型的先锋模范带头作用，从更多维度全面培养国防生的政治意识、大局意识、核心意识、看齐意识。

**（四）以网络媒介宣传为抓手实现宣传育人**

习近平强调，宣传思想工作一定要"找准工作切入点和着力点，做到

---

① 习近平：《在中央党校建校80周年庆祝大会上的讲话》，《人民日报》，2013年3月3日第1版。

因势而谋、应势而动、顺势而为”①。那么，这个“切入点和着力点”到底是什么？这是一个值得深入研究的现实与理论问题。就高校而言，鉴于教育对象已全面步入网络化的社会现实，笔者认为自媒体就是高校开展宣传思想工作的关键“切入点”和重要“着力点”。尽管从表面上看，网民之间通过自媒体大多是各行其是、各取所需，比如获取资讯、发表动态、网上购物、娱乐休闲等，但是按照马克思主义“世界普遍联系”的观点，在实质上网民之间是或显性或隐性地进行着某种关联、或直接或间接地产生着某种影响，尤其在意识形态层面更为凸显。自媒体归根结底还是一种传播媒介，各式各样的线上自媒体活动其实质还是一种宣传行为。而宣传又作为高校育人工作的必备环节，与教学、管理、实践一样，它同样可以发挥十分重要的育人功能。因此，为进一步加强国防生军事自媒体素养教育，更好发挥宣传育人功效，高校应强化军事自媒体的研究与实践，着力培养一批专业、精干、可靠的军事自媒体教师专家，加快成立一批标新、担当、有责的军事自媒体学生社团，常态运营一批亲民、务实、活跃的军事自媒体公众账号，不断创作内涵、高能、创新的军事自媒体文化作品。

**参考文献**


[1] 习近平：《牢牢把握党在新形势下的强军目标　努力建设一支听党指挥能打胜仗作风优良的人民军队》，《人民日报》，2013 年 3 月 12 日第 1 版。

[2] 总参谋部、总政治部：《39 所军队和武警院校招生 2.1 万名，73 所签约高校招收国防生 0.6 万名》，《解放军报》，2015 年 5 月 6 日第 5 版。

[3] 中国军网微信公众号：《65 所高校国防生招生计划和历年录取分数线出炉》，http：//www.81.cn/jmywyl/2016－06/24/content_ 7118111.htm。

[4] 徐晓宁：《新形势下高校辅导员队伍专业化建设的难点及对策》，《思想政治理论教育导刊》，2012 年第 4 期。

[5] 伍正华：《决不能让互联网成为人心流失地》，《解放军报》，2015 年 5 月 13 日。

[6] 习近平：《胸怀大局把握大势着眼大事　努力把宣传思想工作做得更好——在全国宣传思想工作会议上的讲话》，《人民日报》，2013 年 8 月 21 日第 1 版。

[7] 习近平：《为实现党在新形势下的强军目标而奋斗》，《人民日报》，2014 年 11 月 2 日第 1 版。

[8] 尹韵公、刘瑞生：《新媒体发展的全球视野与中国特色——2009 年中国新媒体发展态势与前沿问题》，社会科学文献出版社 2010 年版。

[9] 党建网微平台：《军队要有五种精气神》，http：//news.china.com.cn/2016－03/20/content_ 38069027.htm。


① 习近平：《胸怀大局把握大势着眼大事　努力把宣传思想工作做得更好——在全国宣传思想工作会议上的讲话》，《人民日报》，2013 年 8 月 21 日 1 版。

[10] 吕庆生、许豪杰：《课程育人立德树人的根本途径》，《新课程（综合版）》，2015 年 1 月 8 日。
[11] 习近平：《在中共十八届四中全会第二次全体会议上的讲话》，《人民日报》，2014 年 10 月 24 日第 1 期。
[12] 习近平：《在中央党校建校 80 周年庆祝大会上的讲话》，《人民日报》，2013 年 3 月 3 日第 1 版。
[13] 习近平：《胸怀大局把握大势着眼大事　努力把宣传思想工作做得更好——在全国宣传思想工作会议上的讲话》，《人民日报》，2013 年 8 月 21 日第 1 版。

**图书在版编目（CIP）数据**

国防教育与学生军训：新时期、新机遇、新挑战/陈波，白丹主编．—北京：时事出版社，2018. 7
ISBN 978-7-5195-0207-2

Ⅰ. ①国…　Ⅱ. ①陈…②白…　Ⅲ. ①国防教育—教学研究—文集②学生—军训—文集　Ⅳ. ①G418－53

中国版本图书馆 CIP 数据核字（2018）第 079014 号

出 版 发 行：时事出版社
地　　　址：北京市海淀区万寿寺甲 2 号
邮　　　编：100081
发 行 热 线：（010）88547590　88547591
读者服务部：（010）88547595
传　　　真：（010）88547592
电 子 邮 箱：shishichubanshe@ sina. com
网　　　址：www. shishishe. com
印　　　刷：北京朝阳印刷厂有限责任公司

开本：787×1092　1/16　印张：21　字数：380 千字
2018 年 7 月第 1 版　2018 年 7 月第 1 次印刷
定价：128. 00 元
（如有印装质量问题，请与本社发行部联系调换）